Una violencia indómita

Historia

Julián Casanova

Una violencia indómita

El siglo XX europeo

CRÍTICA

PEFC Certificado

Este libro procede de bosques gestionados de forma sostenible

PEFC

PEFC/14-38-00305 www.pefc.es

Crítica, un sello editorial de Editorial Planeta, S. A.
Avda. Diagonal, 662-664, 08034 Barcelona (España)
editorial@ed-critica.es
www.ed-critica.es

Adaptación de la cubierta: Booket / Área Editorial Grupo Planeta
Fotografía de la cubierta: ozgurdonmaz
Primera edición en Colección Booket: mayo de 2024

Depósito legal: B. 6.501-2024
ISBN: 978-84-08-28745-2
Impresión y encuadernación: Liberdúplex
Printed in Spain - Impreso en España

Biografía

Julián Casanova es catedrático de Historia Contemporánea en la Universidad de Zaragoza y profesor visitante en la Central European University de Viena. Es autor de los libros *España partida en dos*, *Europa contra Europa*, *La venganza de los siervos*, *Una violencia indómita* y *La iglesia de Franco*, entre muchos otros. Ha sido miembro del Institute for Advanced Study de Princeton y profesor visitante en prestigiosas universidades europeas, estadounidenses y latinoamericanas. En la actualidad es Distinguished Professor en el Center for Europe and Eurasia de la Universidad de Míchigan.

Para Lourdes y Miguel

Agradecimientos

Comencé a investigar este libro, hace ya años, en la Central European University de Budapest. Y lo maduré y le di forma en el Institute for Advanced Study de Princeton, en el curso académico 2018-2019.

El Institute for Advanced Study, uno de los principales centros de investigación del mundo, me ofreció completa libertad intelectual para investigar sin cargas docentes ni compromisos burocráticos y una generosa financiación proporcionada por The Andrew W. Mellon Foundation.*

Marian Zelazny y Brett Savage, de la School of Historical Studies, me ayudaron a solucionar todos los problemas cotidianos. Es difícil encontrar bibliotecarias y archiveras tan eficaces y rápidas en el servicio como Marcia Tucker, Kirstie Venanzi, Cecilia Kornish y Karen Downing, de la Historical and Social Science Library. Y estoy sumamente agradecido a Jonathan Haslam.

* La investigación se ha beneficiado también del apoyo del Ministerio de Economía y Competitividad al proyecto HAR2015-64348-P; del Gobierno de Aragón al grupo de investigación H24; y de la Central European University de Budapest. Agradezco a la Universidad de Zaragoza la concesión de permisos y licencias siempre que los he necesitado. Y a Fernando Rodríguez Santamaría, por su generosa y eficaz ayuda en la corrección de pruebas.

Introducción

«Mañana seremos testigos no solo del comienzo de un nuevo año, sino de un nuevo siglo», anunciaba *The Sunday Times* el 31 de diciembre de 1899. Esa noche de domingo se celebró en toda Europa el final del siglo XIX y el comienzo del XX, con fuegos artificiales, toques de campanas y bandas de música.

Europa era en 1900 el continente más rico y poderoso del mundo, con el monopolio, casi exclusivo, de la fuerza militar moderna. La burguesía y las clases medias saludaron el nuevo siglo con entusiasmo y orgullosas de los avances de la industrialización y de sus posesiones coloniales. Pese a los «críticos sociales» que destacaban las diferencias entre ricos y pobres, las luchas de clases y guerras imperialistas, «el estado de ánimo en las grandes potencias era optimista y muchos creían que el nuevo siglo traería más bienestar, crecimiento económico y progreso tecnológico».[1]

Dos décadas después, en las notas de un discurso para las elecciones de 1922, Winston Churchill se refería a la «larga serie de sucesos desastrosos que habían ensombrecido» los veinte primeros años del siglo XX: «Hemos visto en todo el mundo, en un país tras otro, donde se había levantado una estructura organizada, pacífica y próspera de sociedad civilizada, recaer en una secuencia espantosa de quiebra, barbarismo o anarquía».[2]

Churchill transmitía una desilusión compartida entonces por muchos escritores, políticos, profesionales y burgueses de su época. La Primera Guerra Mundial, y la revolución bolchevique como uno de sus principales efectos, habían transformado el orden internacional establecido e inaugurado un período de inestabilidad política y económica de terribles consecuencias para la población que lo vivió. En la generación ya entrada en edad —Churchill había nacido en 1874— se instaló una clara nostalgia y melancolía por ese mundo próspero anterior, como si antes de 1914 todo hubieran sido «buenos tiempos», olvidando las tensiones y rivalidades entre Estados, el militarismo y el nacionalismo radical, que fueron precisamente los que condujeron a esa guerra desastrosa.

Otro ilustre personaje del siglo XX, el economista John K. Galbraith, nacido en 1908, escribió muchos años después que, aunque su generación siempre pensó en la Segunda Guerra Mundial «como el gran momento crucial del cambio», en realidad, desde el punto de vista social, las transformaciones más decisivas las había provocado la Primera Guerra Mundial. Fue con ellas cuando «las viejas certezas se perdieron» y comenzó «la Era de la Incertidumbre». Galbraith resaltó además la importancia de Europa del Este. «Fue allí, y no en Europa Occidental, donde aparecieron las primeras grietas en el viejo orden. Fue allí donde se deshizo, primero en desorden, después en revolución».[3]

La agitación social que se extendió por Europa Central y del Este tras las revoluciones de 1917 en Rusia señaló también la «gran muerte» de la aristocracia, de siglos de tradición barridos de la noche a la mañana. Los monarcas y aristócratas perdieron en esa parte de Europa la Primera Guerra Mundial. Aunque algunos terratenientes conservaron todavía sus propiedades durante dos décadas más, hasta los combates de la Segunda Guerra Mundial, la herencia, la distinción por el nacimiento, iban a significar ya muy poco en las relaciones de poder. «Los hijos de los aristócratas estaban muertos o heridos, sus hijas se vieron forzadas a ser solteronas o a casarse con plebeyos, sus propiedades estaban en ruinas por la destrucción, revolución o los impuestos.» El Antiguo Régimen había muerto en Europa: «la revolución francesa fue su primera tumba; la Primera Guerra Mundial su cementerio; y la Segunda Guerra Mundial su réquiem».[4]

Pasada la Segunda Guerra Mundial y derrotados los fascismos, desde Occidente comenzó a considerarse a la Primera Guerra Mundial como la auténtica línea divisoria de la historia de Europa, la ruptura traumática tras décadas de primacía de la política y de la diplomacia. «El siglo XIX acabó en 1914 —escribió el sociólogo Feliks Gross en 1972—. El nuevo período histórico comenzó en 1918 con el surgimiento de Estados independientes en Europa del Este y la desintegración de los viejos imperios.»[5]

Esa idea de que el siglo XIX finalizó en realidad en 1914 le sirvió al historiador Eric Hobsbawm para establecer una interpretación ya clásica de la historia del mundo moderno, «el largo siglo XIX», desde la revolución francesa en 1789 hasta el comienzo de la Primera Guerra Mundial. Desde finales del siglo XVIII, una combinación de revoluciones políticas e industriales había iniciado la transformación social más grande de la historia. La Primera Guerra Mundial, sin embargo, «marcó el derrumbe» de esa civilización (occidental) del siglo XIX, la civilización capitalista, liberal, burguesa, «brillante por los adelantos alcanzados en el ámbito de la ciencia, el conocimiento y la educación, así como del progreso material y moral (...) y profundamente convencida de la centralidad de Europa».[6]

A ese siglo XIX «largo» le siguió, según Hobsbawm, un siglo XX «corto», que duró solo desde 1914 hasta la desintegración de la Unión Soviética en 1991. Fue una «especie de tríptico o sándwich histórico», con una «Era de la Catástrofe», desde 1914 hasta la posguerra de 1945; una «Edad de Oro» de veinticinco a treinta años, hasta comienzos de los años setenta, «de extraordinario crecimiento económico y transformación social»; y un nuevo período de «descomposición, incertidumbre y crisis», en la última parte del siglo XX, especialmente para la Unión Soviética y los países del centro y este de Europa dominados por ella de 1948 a 1989. Cuando Hobsbawm cerró ese siglo XX «corto», a comienzos de los años noventa, el futuro era «desconocido y problemático, pero no necesariamente apocalíptico».[7]

Aunque está claro el significado histórico que encierran esas dos fechas de inicio y final del siglo «corto», el análisis de la violencia indómita en Europa que propongo en este libro rompe con esa periodización y la muy aceptada división del siglo XX en dos mitades, de contrastes, una primera muy violenta y una segunda pacífica. Esa división cronológica refleja un enfoque «europeo-occidental», elaborado sobre todo desde Gran Bretaña y Francia, que resta importancia, o ignora, los diferentes procesos históricos de una amplia región de Europa Central y del Este y de los países mediterráneos.

Al romper con esos enfoques e ideas muy extendidos en la historiografía de Occidente, cargados de tópicos y representaciones superficiales sobre los otros países, propongo una narración e interpretación diferentes, en el espacio y en el tiempo, de las manifestaciones de violencia, recurrentes y a veces continuas, que desde el terrorismo anarquista a las guerras de sucesión en Yugoslavia marcaron a sangre y fuego la historia del siglo XX europeo.

Los dos primeros capítulos examinan la tensión entre el mundo de privilegios, lujo y poder en el que estaba instalada una parte de la sociedad europea antes de 1914, en la que muy pocos anticiparon su hundimiento, y «el volcán que estaba siendo alimentado por el poder explosivo del colonialismo».[8] El reparto oficial del gran pastel africano desde los años ochenta del siglo XIX significó un punto de inflexión para el nuevo imperialismo de las principales potencias europeas, que contagió a amplios sectores de sus sociedades con racismo, militarismo y etnonacionalismo.

El primer bombardeo aéreo contra un «enemigo» se registró en 1911, durante la invasión italiana de Libia, y los primeros campos de concentración europeos fueron abiertos en Cuba por los españoles, en Sudáfrica por los británicos y en África del Sudoeste (Namibia) por los alemanes, «presagiando la inmensa violencia y destrucción de la primera mitad del siglo XX». La violencia e inseguridad que acompañaron los últimos años y desintegración de los imperios otomano, Romanov y Habsburgo, con masacres y pogromos, han sido identificadas por Cathie Carmichael como una «fase pre-genocida» antes de la «crisis genocida», con Armenia en el centro, del período entre 1912 y 1923. «Y fue en las colonias donde comenzó la orgía de violencia que destruyó las vidas de millones de personas y que rebotó a Europa, volviendo a la dirección de origen, en 1914.»[9]

Varios historiadores, por lo tanto, han identificado en los últimos años los componentes básicos que desde finales del siglo XIX allanaron el camino a la violencia que afloró con una fuerza e intensidad desconocidas en el continente europeo desde el estallido de la Primera Guerra Mundial: el nacionalismo étnico-racista; el imperialismo colonial; los conflictos de clase, agudizados por el triunfo de la revolución bolchevique y una crisis prolongada del capitalismo. Nada antes de 1914 había preparado a Europa para lo que iba a suceder, pero la violencia había esparcido ya sus semillas. Y la línea fronteriza entre combatientes y no combatientes había desaparecido en las colonias, donde mujeres y niños fueron también asesinados en guerras planificadas con políticas racistas y de exterminio. Conforme avanzó el siglo XX, el número de víctimas civiles en las guerras respecto a las militares no dejó de aumentar, constituyendo la mayoría de los asesinados, mutilados y violados.

Los capítulos tercero y cuarto, lo que denomino «culturas de guerra y revolución», cubren la primera gran oleada de violencia masiva que vivió el continente a consecuencia de la Primera Guerra Mundial, las revoluciones de 1917 en Rusia y las secuelas de conflictos armados y paramilitarismo que dejó la quiebra de los imperios y del sistema tradicional de poderes en una gran parte de Europa Central y del Este. Porque, aunque oficialmente duró cuatro años y tres meses, la Primera Guerra Mundial no acabó en noviembre de 1918, con el Armisticio, y fue seguida de una oleada de violencia paramilitar, de «brutalización» de la política y de glorificación de las armas, de la violencia y de la masculinidad. Las experiencias de millones de soldados «brutalizados» en el frente y en las trincheras continuaron después del

Armisticio con la derrota, los disturbios y el miedo a la revolución, y la desintegración del control del Estado sobre la sociedad civil. Transitan también por esas páginas los protagonistas y acontecimientos más destacados de la violencia revolucionaria y contrarrevolucionaria.

La crítica a la democracia ganó terreno tras los desastres de la guerra y con el miedo a la revolución y al comunismo que llegaban desde Rusia. La Primera Guerra Mundial contempló el primer intento de construir «una coalición de potencias liberales». No salió bien y el precio de ese fracaso dejó pequeños todos los cálculos posibles, porque, a comienzos de los años treinta, «abrió una ventana estratégica de oportunidades» por la que se colaron «fuerzas de auténtica pesadilla», políticos agresivos e insurgentes que metieron al mundo en un brutal caos.[10]

Tras la Gran Depresión, que comenzó a sentirse con fuerza a partir de 1930, la democracia aguantó solo en unos pocos países, y un nuevo autoritarismo, representado por los fascismos y los movimientos populistas de derecha radical, triunfó en todos los demás, en un continente económica y políticamente roto. Fascismo y violencia fueron unidos desde el principio, porque los fascistas contemplaron la violencia no solo como un instrumento en la lucha política, sino como el «eje», «elemento unificador» de su propia existencia.[11]

El orden pactado de posguerra se desmoronó y las pretensiones revisionistas y expansionistas de Hitler cambiaron el escenario de la política internacional y obligaron a resolver la crisis por las armas, en una nueva guerra, «total», combatida por poblaciones enteras, sin barreras entre soldados y civiles. Toda la construcción de la cultura aristocrática, burguesa e imperial de Europa se hundió en el abismo en esas tres décadas. En España, en una guerra civil de tres años, causada por un violento golpe de Estado, se sucedieron, en grado sumo, todas las manifestaciones de violencia que había conocido el resto del continente desde la Primera Guerra Mundial: la revolucionaria, contrarrevolucionaria, paramilitar, fascista/nacionalista, la de los asesinatos masivos, sobre todo en la retaguardia, y la de bombardeos de poblaciones civiles.

En el capítulo quinto, «Violencia sin fronteras», hago un recorrido transversal por diferentes casos extremos de violencia, principalmente la limpieza étnica, el genocidio y la violencia sexual. Los verdugos, asesinos y violadores crearon sus propios rituales de violencia, practicados de forma individual o en grupo, vistos por muchos más, víctimas, testigos y aprendices de criminales.

La limpieza étnica y el genocidio son formas de violencia que persiguen a las personas por su raza, religión, nacionalidad o etnicidad y aunque no siempre coinciden en la dimensión y magnitud de la destrucción, ambos fenómenos aparecieron juntos en cuatro diferentes «oleadas de violencia» de la historia del siglo XX. La primera comenzó con la guerra de los Balcanes en 1912 y finalizó con el Tratado de Lausana en 1923. La segunda coincidió con el período de hegemonía nazi en Europa y con el momento en el que la Unión Soviética de Stalin pasó de la persecución de determinados grupos sociales, especialmente campesinos, a las deportaciones masivas de grupos definidos por su nacionalidad. La tercera, menos mortal pero con más población desplazada, ocurrió en el momento final de la Segunda Guerra Mundial y en los años posteriores. La última tuvo lugar en la antigua Yugoslavia en los años noventa, cuando se creía que la limpieza étnica y el genocidio eran hechos de una «era de atrocidad» dejada ya atrás décadas antes.

Fueron precisamente las violaciones masivas de mujeres musulmanas en Bosnia-Herzegovina —y el subsiguiente reconocimiento internacional como crímenes de guerra— las que orientaron una nueva historiografía de estudios sobre la violencia sexual en otras guerras, revoluciones y contrarrevoluciones, posguerras y ocupaciones militares, desde el genocidio de los armenios a la Francia de Vichy, el Holocausto, la Italia de Mussolini o la España de Franco. Los diferentes conflictos armados que jalonaron el siglo XX europeo crearon un entorno con dinámicas específicas y excepcionales de violencia sexual, de licencia para violar de forma repetida y como espectáculo público.

Las dos guerras mundiales y las revoluciones de 1917 fueron las escuelas en las que se forjaron los principales lazos de sangre, étnicos, nacionalistas y de clase a través de los cuales he construido los relatos, argumentos y acontecimientos más relevantes.

La derrota de los nazis y el avance del poder soviético por el continente europeo en la primavera de 1945, parecían poner punto final a la ocupación extranjera, los bombardeos aéreos, la persecución, las limpiezas étnicas, los campos de concentración y el genocidio. Pero la Segunda Guerra Mundial tampoco acabó en 1945 y en los tres años siguiente cientos de miles de personas, fascistas, colaboracionistas y criminales de guerra fueron víctimas de violencia retributiva y vengadora.

En el capítulo sexto analizo ese amplio catálogo de sistemas de persecución, desde linchamientos hasta sentencias de muerte, prisiones y trabajos forzados. Los soldados soviéticos, en su avance por el este y centro de Europa, saquearon y violaron con desenfreno. En las grandes capitales de Budapest, Viena y Berlín, liberadas por el Ejército Rojo tras fieros combates, del 10 al 20 por ciento de las mujeres fueron violadas, una historia silenciada durante largo tiempo, hasta el derrumbe del comunismo en 1989.

Del apocalipsis emergió una Europa cambiada por completo. Estados Unidos y la Unión Soviética pasaron a ocupar el vacío dejado por la desaparición de las grandes potencias, con Alemania destruida y Francia y el Reino Unido muy debilitados. Mientras que la primera de esas guerras del siglo xx había dejado un legado de convulsión, la segunda, una catástrofe todavía peor, dio luz a un período de estabilidad imprevisible y, en la mitad occidental, a una prosperidad incomparable. La violenta derrota del militarismo y de los fascismos allanó el camino para una alternativa que había aparecido en el horizonte de Europa Occidental antes de 1914, pero que no se había podido estabilizar después de 1918. Era el modelo de una sociedad democrática, basado en una combinación de representación con sufragio universal, estado de bienestar, con amplias prestaciones sociales, libre mercado, progreso y consumismo.

La violencia no desapareció en las democracias, porque desde 1945 hasta comienzos de los años sesenta los principales países europeos occidentales estuvieron implicados en guerras «sucias» contra rebeliones nacionalistas en sus colonias, con abundantes episodios de tortura y violación. Y desde los años sesenta surgieron nuevas organizaciones terroristas —anticolonialistas, neofascistas, izquierdistas o nacionalistas— que utilizaron la violencia de forma calculada y sistemática para conseguir cambios políticos o eliminar a sus enemigos, y amenazaron la capacidad de los Estados para proteger a sus ciudadanos.

Pero, frente a lo que había pasado en la primera mitad del siglo xx, a partir de 1945 la cultura dominante en la política y en la sociedad democráticas rechazó la violencia. Esta continuó, sin embargo, en los Estados del bloque soviético dominados por los partidos comunistas, aunque cambiara sus formas y manifestaciones, y en las dos únicas dictaduras ultraderechistas surgidas con los fascismos antes de 1939, en Portugal y España, y que se perpetuaron durante las tres décadas posteriores a la Segunda Guerra Mundial. De 1967 a 1974, la persecución política, las cárceles, la tortura y los asesinatos formaron también parte de la vida cotidiana en Grecia, durante el régimen de los Coroneles. Fueron las anomalías más importantes en la trayectoria histórica de Europa Occidental democrática y capitalista durante la segunda mitad del siglo xx.

Desde el punto de vista de la democracia y de las libertades, España, Portugal, Grecia y Europa Central y del Este, desde la frontera austriaca hasta los montes Urales, desde Tallin hasta Tirana, quedaron fuera de esa complaciente descripción de «Edad de Oro» europea que procedía de Gran Bretaña, Francia y Alemania Occidental. La paz en todo ese amplio territorio uniformado por un sistema definido como «socialismo», «comunismo» o «totalitarismo» fue impuesta por los tanques del Ejército Rojo.

La victoria de Stalin en la Segunda Guerra Mundial le proporcionó una oportunidad sin precedentes para imponer su visión del comunismo a los países vecinos. Lo que no había sido posible después de la revolución bolchevique, llegó tras el triunfo sobre el fascismo. La Unión Soviética, aunque económica y demográficamente deteriorada, emergió de las batallas que casi la destruyeron como una «superpotencia», atrayendo el respeto y el miedo de sus vecinos y antiguos aliados.

Eso es lo que narro en el capítulo séptimo, los caminos diferentes y escenarios de confrontación que vivieron los ocho países que componían ese amplio territorio al que se llamó Europa del Este, desde la ocupación por el Ejército Rojo en 1945 hasta las guerras de sucesión en Yugoslavia. En esas sociedades se instaló el miedo, la denuncia, la sumisión y la despolitización. Bajo la apariencia de uniformidad, disciplina y férreo control, en algunos lugares comenzaron a surgir protestas, manifestaciones de resistencia e insurrecciones abiertas, como las que ocurrieron en Berlín en 1953, en Budapest en 1956 y en Praga en 1968. Cada vez que desde diferentes frentes se intentó renovar el sistema comunista desde arriba o derribarlo desde abajo, la intervención militar aplastó la resistencia. El sistema aguantó, pero cada vez fue más difícil legitimar el argumento de que actuaba en nombre del pueblo o de las clases trabajadoras.

Todo se derrumbó con las revoluciones de 1989, que causaron los cambios de mayor alcance que experimentó el continente europeo desde las dos guerras mundiales. Una transformación profunda, aunque, comparada con las revoluciones anteriores, sin mucha violencia ni muchos muertos que contar. Entre 1989 y 1991 el mundo contempló un acontecimiento extraordinario, la disolución pacífica de un gran poder multinacional. El final del comunismo en esos países hasta entonces satélites aceleró el proceso de desintegración de la Unión Soviética y estimuló movimientos patrióticos nacionales en los países bálticos y en Ucrania.

Pero quedaba Yugoslavia, que apareció desde comienzos de los años noventa en las portadas de todos los medios de comunicación, con historias de masacres, violaciones, expulsiones y desplazamientos de población. Mientras Europa Occidental hacía frente a la inmigración masiva, a «sociedades multiculturales» y a nuevos retos para la democracia, y en el resto de los países del bloque comunista una serie de revoluciones causaban en 1989 una transformación esencial del orden existente, parecía que Yugoslavia volvía al pasado y esas guerras ponían a los Balcanes de nuevo en el mapa.

Finalizo el libro con una aproximación a cómo se recuerdan esos pasados fracturados desde el presente dividido. Las cicatrices visibles u ocultas que ha dejado ese siglo XX de violencia indómita.

Como no hay una única historia europea, sino múltiples historias que se superponen y entrecruzan una con otra, he intentado situar las principales manifestaciones de la violencia en un contexto transnacional y comparado. Tampoco hay una teoría general sobre la violencia, ni los casos específicos ayudan por sí solos a establecer lo que ha sido mi principal propósito: descubrir y conceptualizar la lógica de la violencia a través de las similitudes y diferencias entre los distintos episodios históricos. Y en esa lógica suelen destacar como hilos conductores las ideologías de la raza y de la nación, los momentos de crisis generados por las guerras y las revoluciones y los proyectos de utopías totalizadoras.

Detrás de esas ideologías y proyectos había individuos que tomaban decisiones concretas y estratégicas, cuyo protagonismo no puede ser ignorado. De ahí la relevancia que concedo a los actores políticos, principales y secundarios, casi siempre masculinos, a los Estados, a miembros de los movimientos paramilitares y terroristas, de la violencia revolucionaria y contrarrevolucionaria, de guerras y posguerras. Pero también a las mujeres y a los niños, que sufrieron más que nadie la arbitrariedad e inseguridad de las ocupaciones, deportaciones, el hambre y las epidemias.

Con algunas excepciones, señala Eric. D. Wetiz, «los fenómenos de violencia más extrema asociados con genocidios y limpiezas étnicas tuvieron características muy similares en los diferentes períodos y lugares específicos, aunque la cámara de gas fue una "especialidad" nazi, la tortura como parte del ritual de confesión fue perfeccionada por el comunismo y la violencia sistemática contra las mujeres fue una práctica común de los nacionalistas serbios en Bosnia-Herzegovina».[12]

Este es un libro sobre el siglo XX europeo, en el sentido más amplio, y no solo sobre Europa Occidental. La historia con mayúscula de los «grandes personajes» —principalmente hombres, blancos y cristianos— se cruza, encuentra y a veces choca con historias en minúsculas de la multitud, de hombres y mujeres anónimos. Un mosaico incompleto cuyas piezas he tratado de ajustar a través de una variedad caleidoscópica de lecturas sobre el pasado. Comienzo con el asesinato de la emperatriz Isabel de Baviera, la figura real más seductora de aquel final del siglo XIX, dominado por monarquías unidas por lazos de sangre, y finalizo con un relato de las violaciones de mujeres musulmanas en la pequeña ciudad bosnia de Foca en 1992. Como prueba de que la historia nunca es una calle de una sola dirección. Y la forma de narrar que he elegido plasma también esa evolución, se vuelve más sombría conforme la violencia individual del atentado contra reyes y tiranos dio paso de forma definitiva a la de masas, a la eliminación de grupos definidos por la clase, la raza, la religión o la nación.

Las fuentes históricas siempre son fragmentarias, iluminan algunos aspectos y acontecimientos y dejan otros en la oscuridad. Esos últimos son precisamente los que los historiadores debemos buscar. Y así lo he hecho yo, para que ustedes, lectores, los conozcan.

Zaragoza, 30 de diciembre de 2019

1

Un mundo de privilegio, lujo y poder

> Recuerdo un viaje en automóvil con amigos por algún lugar en Europa central en el verano de 1912. El conductor paró delante de un edificio pequeño y preguntamos por qué. «Es la frontera —respondió—. Tengo que mostrar la documentación del coche.» No recuerdo siquiera qué frontera era. En aquellos días toda Europa era nuestro patio de recreo.
>
> (Duquesa di Sermoneta, *Sparkle Distant Worlds*, Londres, 1947, p. 7)

El 16 de octubre de 1910 Luigi Lucheni fue encontrado muerto en su celda de la prisión de L'Evêché en Ginebra, ahorcado con su cinturón, o eso es lo que dijo la versión oficial. De mediana estatura y complexión fuerte, pelo negro rizado y ojos verdes grisáceos, Lucheni había asesinado doce años antes, el 10 de septiembre de 1898, a Isabel de Baviera, emperatriz de Austria, reina consorte de Hungría, esposa del emperador Francisco José.

Lucheni representaba bien al anarquista solitario que, sin pertenecer a ningún grupo o asociación obrera, estaba entonces hipnotizado por la idea de matar a esos opresores —miembros de la realeza o gobernantes— que vivían por encima del pueblo en palacios y hoteles de lujo. Entre los años 1892 y 1901, anarquistas como Lucheni asesinaron, además de a Isabel de Baviera, al presidente Sadi Carnot de Francia (1894), a Antonio Cánovas del Castillo, presidente del Gobierno de España (1897), al rey Humberto I de Italia (1900) y al presidente William McKinley de Estados Unidos (1901).

Lucheni tuvo el honor y la fama de acabar con la vida de la figura real más seductora de aquella época, dominada por monarquías unidas por lazos de sangre, apoyadas por aristocracias poderosas. Los aristócratas, como recordaba con nostalgia años después por ese mundo perdido la duquesa di Sermoneta, no tenían fronteras, viajaban donde querían y aunque muchos de ellos habían visto reducido por reformas y revoluciones parte del poder que tradicionalmente les había otorgado la posesión de la tierra, vivieron todavía, tras la muerte de la reina Victoria, el 22 de enero de 1901, unos años dorados, su «Indian summer», en expresión de Andrew Sinclair, antes de que su mundo se trastornara en 1914.[1]

La persistencia del Antiguo Régimen

La reina de Gran Bretaña, coronada en 1837, había ocupado el trono durante 63 años y 7 meses. Victoria tuvo un funeral militar, como había solicitado en las instrucciones que dejó por escrito. Decenas de miles de marinos y soldados acompañaron su féretro hasta el lugar de su descanso final, el mausoleo de Frogmore, al lado de su querido príncipe Alberto. Al funeral, junto al nuevo rey, Eduardo VII, y el emperador alemán Guillermo II, nieto de la reina, asistieron un gran número de nobles extranjeros, casi todos unidos por lazos de sangre con Victoria.

Entre la gente de la realeza y la aristocracia la llamaban la abuela de Europa. Su amplia familia, de 9 hijos, 36 nietos y 37 bisnietos, estaba representada en casi todas las cortes europeas. Además del emperador alemán, cinco de sus nietas eran reinas consortes a comienzos del siglo XX: la zarina Alejandra de Rusia, la reina Victoria Eugenia de España, Maud de Noruega, Sofía de Grecia y María de Rumanía. Todas nacieron en ese mundo de privilegios, lujo y poder que persistía en Europa, pese a la modernización y los avances industriales. A diferencia del reinado de su abuela, de continuidad y estabilidad, todas ellas vivieron épocas de disturbios y tragedias a partir de 1914. Victoria Eugenia y Sofía murieron en el exilio. Alejandra fue brutalmente asesinada junto con su familia.[2]

Con la excepción de Francia, donde había surgido una República de la derrota de la guerra con Prusia en 1870, todos los grandes poderes europeos eran monarquías a comienzos del siglo XX. El republicanismo era, en casi todos esos Estados, un movimiento político radical bastante marginal y ser republicano era considerado en los imperios ruso y austro-húngaro revolucionario.

La idea de que la nobleza y la aristocracia habían iniciado desde la revolución francesa un declive y decadencia imparables, acosadas por el proceso de modernización y democratización liderado por la burguesía, fue cuestionada hace ya años por Arno Mayer. Se había menospreciado, según el historiador estadounidense, la capacidad de adaptación de las elites terratenientes a los contextos políticos cambiantes. Fueron más bien las burguesías emergentes, la clase media alta y los nuevos ricos, quienes experimentaron una aristocratización de sus estilos de vida. Y además los monarcas de toda Europa continuaron favoreciendo a las familias nobles en la concesión de los altos cargos.[3]

En Inglaterra, Francia o Alemania, por citar a las naciones más poderosas, una oligarquía de ricos y poderosos, de «buenas familias», de nobles y burgueses conectados a través de matrimonios y consejos de administración de empresas y bancos, mantenían su poder social a través del acceso a la educación y a las instituciones culturales.

Dinastías de aristócratas y burgueses que hicieron grandes fortunas en las décadas anteriores a la Primera Guerra Mundial estaban unidas por lazos de parentesco y sangre, a través de matrimonios perfectamente calculados para incrementar riquezas. Eso incluía en bastantes casos la búsqueda de mujeres americanas herederas de familias millonarias. En Inglaterra y Francia, príncipes, duques, marqueses, condes y barones buscaron millones y nueva sangre con matrimonios de conveniencia al otro lado del Atlántico.[4]

Además de los matrimonios, la práctica de la caza era también un importante vínculo internacional entre la aristocracia de las naciones europeas. Según Andrew Sinclair, «la mayoría de los hombres de Estado, monarcas, ministros y embajadores» se reunían en cacerías donde se hablaba de política, matrimonios y negocios. En esas casas de campo se tomaban en ocasiones decisiones más importantes que en la corte. Hay decenas de fotografías de la aristocracia, más hombres que mujeres, posando con las presas tras practicar su deporte favorito. Podían ser perdices, pero también rinocerontes, leones y elefantes en las lejanas colonias de África o Asia.[5]

La clase y el rango se distinguían por el vestido, las poses, la forma de hablar y el empleo de sirvientes y criados, algo muy común también en las clases medias altas que copiaban la forma de vida de la aristocracia. En 1901 los empleados en el servicio doméstico en Inglaterra eran el grupo más numeroso por ocupación. De los cuatro millones de mujeres asalariadas, un millón y medio trabajaban en casas de nobles y ricos y familias acomodadas que, incluso en caso de declive o pérdida de rentas, mantenían a los sirvientes hasta el último momento.[6]

Los herederos con título eran todavía muy importantes en los primeros años del siglo XX e incluso en la industrial y urbana Inglaterra todos los primeros ministros hasta 1902, excepto Benjamin Disraeli y William Gladstone, habían sido nobles. Entre 1886 y 1914, casi la mitad de los miembros del consejo de ministros eran aristócratas. Dominaban puestos esenciales en la administración y en las profesiones más cualificadas y compartían, con el resto de las elites políticas, de la administración y de los negocios, la educación en las mejores universidades inglesas, Oxford y Cambridge, y en los mejores colegios privados, especialmente Eton.

Precisamente por eso, por saber cómo retener el poder político en un país industrializado y llamado ya democrático, la aristocracia británica era admirada en otros países donde la nobleza tenía más rango de casta que de clase.[7]

Así era, sin duda, en Rusia, donde la burocracia imperial era una casta de elite que se encontraba muy por encima del resto de la sociedad y esa elite dominante procedía sobre todo de la vieja y rica aristocracia terrateniente, los Strogonov, Dogorukov, Sheremetev, poderosas dinastías que se habían mantenido en la cúspide del Estado ruso desde su gran expansión territorial en el siglo XV.

En Europa Central y del Este los cambios y reformas de esas décadas fueron controlados por la elite dominante del Antiguo Régimen. En esos países, la liberación de los siervos no modificó las formas de tenencia de la tierra. «Como la elite nobiliaria había ayudado a reformar y transformar los viejos regímenes feudales en sistemas capitalistas, las grandes propiedades sobrevivieron y proporcionaron una sólida base para conservar los poderes económicos y posiciones sociopolíticas de la nobleza terrateniente.» En esas sociedades, las personas asociadas con el capitalismo, propietarios y ricos burgueses, ocuparon posiciones menos privilegiadas a causa de la persistencia de los rangos feudales y del principio de nacimiento.[8]

Pese al crecimiento de las clases medias, menos numeroso en la Europa del Este o del Sur que en Inglaterra y los países nórdicos, las desigualdades sociales eran profundas y muy visibles. La distancia entre esas buenas familias, que extendían sus raíces genealógicas por las monarquías e imperios de Europa, y la mayoría de la población pobre era sideral. La pobreza estaba conectada con las enfermedades, la baja esperanza de vida, el analfabetismo y la falta de expectativas sociales. La mayoría de los europeos morían en la misma posición social que habían nacido.

En Gran Bretaña, la sociedad más próspera de Europa, el 30 por ciento de la población vivía en la pobreza crónica cuando comenzó el siglo XX, e incluso los sectores más afortunados de las clases trabajadoras sufrían largas jornadas de trabajo, con poca seguridad y sin servicios médicos o seguros de enfermedad.[9]

Quien más riqueza acumulaba en esos años finales del siglo XIX y comienzos del XX era la burguesía industrial y comercial, que comenzaba a competir en estilos de vida y mansiones de lujo con la nobleza de las cortes europeas del centro y este de Europa. A William Gladstone, primer ministro liberal británico, le impresionó el lujo que vio en un banquete en la residencia del banquero berlinés Gerson Bleichroeder y eso que Gladstone estaba bastante acostumbrado al esplendor de la vida social de la clase alta de Londres. La mansión estaba construida con mármol y oro, y entre sus múltiples salones había una galería para músicos «que tocaban a Wagner, y solo Wagner», y varias con obras de arte.[10]

Todas esas desigualdades eran especialmente acusadas entre las mujeres. Las diferencias eras sociales, económicas, culturales y políticas. Su esperanza de vida era menor, el analfabetismo más alto, carecían de independencia económica, las leyes legitimaban su subordinación a los hombres, y la tradición y las costumbres culturales limitaban su esfera de influencia al hogar. El Código Napoleónico, vigente en Francia y adaptado a otros países europeos, había reforzado durante todo el siglo XIX la tradicional autoridad del hombre, padre y marido, en la posesión de propiedades o en las decisiones en torno a la educación de los hijos.

En la mayoría de los países católicos, con España e Italia al frente de ellos, el divorcio estaba prohibido y las mujeres eran también las plebeyas en el mercado de trabajo, donde además el acoso y abuso sexual por parte de los jefes, capataces y sus propios compañeros trabajadores era el pan de cada día.

Las mujeres estaban excluidas de la política, del gobierno, de muchas instituciones educativas, profesiones y ocupaciones. Cuando comenzó el siglo XX todavía no habían conseguido el derecho al voto en ningún país europeo y, aunque pudieron votar en Finlandia (1906) y Noruega (1913) —antes lo habían hecho en Nueva Zelanda (1893) y Australia (1902)—, la barrera electoral no se rompió en Inglaterra, Alemania o en España hasta después de la Primera Guerra Mundial y en Francia o Italia hubo que esperar hasta el final de la Segunda.[11]

Aunque muchos ciudadanos europeos tenían restringida la libertad para hablar su idioma o practicar su religión y sufrían notables discriminaciones por el género, la raza o la clase a la que pertenecían, esos grupos de privilegio y poder veían a Europa como «el mundo civilizado» y creían que el final de ese camino de crecimiento económico y prosperidad, muy visible desde finales del siglo XIX, conduciría a la «europeización del mundo».

Porque Europa era a comienzos del siglo XX el centro del mundo, sus principales países se habían repartido Asia y África y, además de la industria y tecnología, tenían casi el monopolio de la fuerza militar moderna. Europa estaba en la edad del teléfono, del coche, de las ametralladoras y submarinos, con un optimismo y fe considerables en el racionalismo, la ciencia y el progreso, pero esos «buenos tiempos» estaban reservados para los propietarios, hombres blancos, cristianos y ricos.[12]

La democracia y la presencia de una cultura popular cívica, de respeto por la ley y de defensa de los derechos civiles, eran bienes escasos, presentes en algunos países como Francia y Gran Bretaña y ausentes en la mayor parte del resto de Europa. Tampoco los parlamentos gozaban de buena salud en países como Rusia, Italia, Alemania o España, donde, debido a la corrupción, el sufragio restringido y la intervención de los monarcas en los gobiernos, aparecían ante intelectuales radicales y socialistas como instrumentos de gestión pública al servicio de las clases dominantes.

Estaba emergiendo la «sociedad de masas», de sindicatos y partidos políticos que atraían a amplios sectores de las clases trabajadoras que, con sus organizaciones, movilizaciones, disturbios y huelgas, aparecieron en el escenario público y pidieron insistentemente que no se las excluyera del sistema político. Pero no todos creían en esa estrategia de reforma gradual del sistema liberal capitalista. Y frente al uso continuo del aparato represivo por parte de los Estados, las tendencias violentas y el terrorismo tuvieron también su protagonismo desde las dos últimas décadas del siglo XIX, estimulados primero por el populismo en Rusia y después por las corrientes del anarquismo que favorecieron «la propaganda por el hecho», un término que al principio significaba insurrección contra los opresores, el ejército y el capitalismo, más que el asesinato político.

Muerte al tirano

El primer laboratorio de ese terrorismo decimonónico, con notable continuidad en la primera década del siglo XX, fue Rusia. En su larga historia de oposición al zarismo, los revolucionarios rusos recurrieron frecuentemente al terrorismo. Los primeros grupos, con nombres como «La Voluntad del Pueblo» y «Tierra y Libertad», surgieron en los años sesenta y setenta del siglo XIX, con el nihilismo y el movimiento populista, y sus métodos adquirieron una reputación internacional tras el asesinato del zar Alejandro II en marzo de 1881. Y pese a que la socialdemocracia consiguió abrirse camino en los años posteriores, rechazando precisamente el terrorismo, las bombas y los atentados alcanzaron su punto álgido en 1905-1907, tras la creación del Partido Social Revolucionario, y mantuvieron su atractivo hasta que la Primera Guerra Mundial y las revoluciones de 1917 posibilitaron la rápida transición del terrorismo individual al de masas.[13]

Ese modelo de terrorismo compartía características esenciales, con algunas similitudes y diferencias, con el que propagaron los anarquistas en otros países de Europa: los principales objetivos eran gobernadores, políticos y miembros de la policía; era un fenómeno urbano; la venganza contra los represores y explotadores, contra la violencia de la tiranía, era su principal legitimación; jóvenes y personas con acceso a estudios desempeñaron un papel importante teórico y organizativo; y un número sustancial de mujeres participaron en los atentados.

La imagen del «asesino virtuoso», encarnada en la ética del sacrificio por la causa, y el rechazo a derramar sangre «inocente» fueron bastante comunes en esos años de finales del siglo XIX y sería muy difícil de encontrar después en otros ejemplos de terrorismo.[14]

El 17 de febrero de 1905, Iván P. Kaliaev arrojó una potente bomba de nitroglicerina contra el carruaje del gran duque Sergei Alexandrovich, séptimo hijo de Alejandro II, que saltó por los aires y destrozó el cuerpo del tío del zar Nicolás II. Kaliaev podría haberlo matado dos días antes, según el plan previsto, a la salida de un concierto en el teatro Bolshoi, pero, como iban con él su mujer y dos de sus sobrinos, esperó mejor ocasión, a que estuviera solo, para el atentado. Kaliaev fue ejecutado unos días después y fue inmortalizado como «asesino puro» en la obra teatral de Albert Camus *Les Justes* (1949).

Los atentados terroristas dejaron miles de muertos entre 1905 y 1907, coincidiendo además con la primera gran revolución de la historia de Rusia y con la guerra contra Japón, y 782 personas fueron ejecutadas por el zarismo en 1908. La represión se hizo más eficaz, la policía se infiltró en los grupos terroristas y además mucha de esa violencia se desvinculó de los objetivos políticos iniciales —desestabilizar al sistema y proporcionar la chispa para la rebelión popular—, y derivó en violencia criminal, sostenida en robos de bancos y trenes para ganancia personal de quienes la practicaban. Hacia 1910 el terrorismo en Rusia estaba en retirada. El que le costó la vida al jefe de Gobierno Piotr Stolypin en septiembre de 1911 fue el último gran atentado de un ciclo de violencia que duró casi cuatro décadas.

Aquella represión, llevada a cabo por la Ojrana, la policía secreta del régimen zarista, caracterizada por sus crueles métodos y el uso de agentes provocadores reclutados en los bajos fondos, contribuyó a extender los poderes del Estado. La actividad terrorista coincidió, como en otros países, con un período de escaso avance de las instituciones representativas y declinó además por la modernización de los sistemas policiales de identificación y prevención y por la cooperación internacional que comenzó a ponerse en marcha después de la «Conferencia Internacional para la defensa de la sociedad contra los anarquistas», celebrada en Roma en noviembre-diciembre de 1898.[15]

Esa conferencia, a la que asistieron representantes de la mayor parte de los países de Europa —con la importante excepción de España—, fue convocada por el gobierno italiano como reacción al asesinato de la emperatriz Isabel unas semanas antes. En la propuesta final se rechazaba que el anarquismo fuera una doctrina política y se acordaron medidas amplias y enérgicas para su represión, castigo y eliminación.

El perfil del asesino de la emperatriz de Austria era muy diferente al de esa importante minoría de revolucionarios rusos que con sus prácticas de violencia política tuvo en jaque al Estado de un imperio de más de 120 millones de habitantes en las décadas anteriores a la Primera Guerra Mundial.

Luigi Lucheni había nacido en París en 1873, hijo de padre desconocido y de una criada italiana que le abandonó sin dejar rastro. Tras pasar por varios orfanatos, en la capital francesa y en Parma, fue confiado a unos padres adoptivos y a la edad de 9 años ya estaba trabajando en el ferrocarril entre Parma y Spezia. Unos años después, fue reclutado, participó en la guerra de Abisinia, en 1896, y tras finalizar su servicio militar, a finales del año siguiente, se instaló en Suiza, una república rodeada de monarquías, que se había convertido en refugio de conspiradores, revolucionarios y anarquistas de todas nacionalidades, que disfrutaban de cierta seguridad, sin acoso policial. Allí Lucheni entró en contacto con anarquistas italianos expatriados.[16]

A finales de agosto de 1898 la emperatriz Isabel viajó a Suiza, donde tras disfrutar de estancias en balnearios y diversas mansiones de la familia Rothschild, llegó a Ginebra el 9 de septiembre. Al día siguiente, en el trayecto desde el hotel Beau Rivage al muelle de Mont Blanc, antes de subir al barco de vapor, Lucheni le clavó un estilete en el pecho. Isabel cayó, logró recuperarse con la ayuda de su acompañante, la condesa Sztaray, pero tras subir al barco se desmayó y murió poco después en el hotel.

Lucheni, que eligió a la emperatriz como víctima cuando se enteró de su presencia en Ginebra por la prensa, fue detenido y condenado a cadena perpetua. Él mismo pidió la pena de muerte, buscando la gloria como mártir revolucionario, pero no estaba entonces en vigor en ese cantón suizo y tras insistir en varias ocasiones en vano de que le trasladaran a Italia, sufrir torturas y castigos, se ahorcó con un cinturón en su celda en octubre de 1910.[17]

El anarquismo parecía de entrada una utopía derivada de la filosofía optimista de la Ilustración que mantuvo, como hijo del mismo tiempo que era, estrechas conexiones con las conspiraciones y sociedades secretas. Pero al mismo tiempo iba mucho más lejos de lo proyectado por el racionalismo liberal y el populismo, con su pretensión de abolir el Estado, colectivizar los medios de producción y sobre todo con su antipoliticismo, la verdadera seña de identidad del movimiento, el rasgo que marcó la ruptura con sus sucesivos compañeros de viaje, socialistas o, ya en el siglo XX, comunistas.

Como ideología política decimonónica bebía de dos corrientes doctrinales, el individualismo liberal y el comunitarismo societario, una dualidad muy difícil de equilibrar en la práctica pese a todas sus llamadas a la armonía natural.[18]

El anarquismo que triunfó en España en el siglo XX, estrechamente ya unido al sindicalismo revolucionario, fue el «comunitario», el «solidario», el que confiaba en las masas populares para llevar a buen puerto la revolución. Durante las primeras décadas de su gestación, sin embargo, coexistió con otro «individualista», más europeo y elitista, que despreciaba a las masas y ensalzaba a los individuales rebeldes, siguiendo a Stirner y Nietzsche.

Esa mezcla de anarquismos contagió su modelo político y organizativo. «Creo que hacen falta dos organizaciones, una abierta, amplia, funcionando a la luz del día; la otra secreta, de acción», escribía Piotr Kropotkin en 1881.[19]

Pero eso no significa, como se piensa a menudo, que el anarquismo saliera del cascarón matando. La verdad es que, tras veinte años de existencia de la Internacional en España, con cortos períodos de actividad legal y largas etapas de clandestinidad, pocos atentados había habido, lo que contradecía la opinión de las autoridades.

Todo cambió, sin embargo, en los años noventa, cuando se impuso la tendencia violenta, animada por los vientos que en el anarquismo europeo soplaban favorables a «la propaganda por el hecho», un intento desesperado del movimiento anarquista internacional de escapar al aislamiento. El terrorismo acompañó a la desorganización y a la clandestinidad de los anarquistas, floreció en años de decadencia de la organización obrera, de marginación, provocado también por la brutalidad e intransigencia del poder, que alimentó los argumentos de los partidarios de la acción violenta, de usar algo más que la palabra o la escritura, de «poner la química al servicio de la revolución».[20]

El terrorismo anarquista fue un fenómeno internacional que produjo fuera de España muchas más víctimas, y extranjeros eran algunos de los terroristas que se movieron por su territorio —como Michele Angiolillo, Joseph Thioulouze, Tomás Ascheri y Jean Girault— , aunque también en la sociedad española dejó su señal de muerte, con actos sonados como el atentado contra Martínez Campos y la bomba del Liceo, ambos en 1893; la bomba contra la cola de la procesión del Corpus en julio de 1896; y el asesinato de Cánovas del Castillo en agosto del año siguiente.

Muchos de esos atentados ocurrieron por venganza, represalias contra un poder que torturaba y condenaba a muerte a personas que nada tenían que ver con los asesinatos, que detenía indiscriminadamente a anarquistas, republicanos, librepensadores, sin garantías, reverdeciendo la leyenda de la «Inquisición española», haciendo pasar a la historia la fortaleza de Montjuich como el «castillo maldito», lugar de tortura y muerte.[21]

Y la venganza de los «mártires de Jerez» fue uno de los pretextos para las primeras bombas en Barcelona. El 8 de enero de 1892, casi diez años después de la Mano Negra, y en el mismo escenario, la «violencia campesina» volvió a aparecer. Unos centenares de campesinos armados con sus hoces intentaron liberar a sus compañeros presos en la cárcel. Como escribió Vicente Blasco Ibáñez, «miraban con ojos feroces a Jerez. El desquite de los pobres estaba próximo y la ciudad blanca y risueña, la ciudad de los ricos, con sus bodegas y sus millones, iba a arder, iluminando la noche con el esplendor de su ruina».

El asalto fracasó y sus protagonistas, que se apoderaron de las calles durante unas horas, mataron a dos transeúntes. La respuesta gubernamental fue dura, lo habitual en aquella época: cientos de detenidos, numerosas torturas y cinco ejecuciones, las de los supuestos «inspiradores» de la insurrección. Se cumplían así las palabras que el mismo Blasco Ibáñez ponía en boca del amo de su ficción, aunque tan cerca de cualquier amo real, don Pablo Dupont, cuando este se enteró de que los campesinos iban a entrar en Jerez: «Un poco de susto en el primer momento, y después, ¡pum, pum, pum!, el escarmiento que les hace falta, el presidio, y hasta su poquito de garrote, para que vuelvan a ser prudentes y nos dejen quietos una temporada».[22]

Tanta represión y «sangre inocente» transformaron la retórica revolucionaria en «propaganda por el hecho». En otoño de 1893 comenzó la oleada más importante de atentados en España. Primero fue Paulino Pallás quien arrojó dos bombas contra el general Arsenio Martínez Campos cuando pasaba revista militar en la Gran Vía barcelonesa. Era el 24 de septiembre, festividad de la Merced. Martínez Campos, artífice de la Restauración, resultó levemente herido. Pallás se dejó prender, proclamando su autoría. Unos días después, el 6 de octubre, tras sentarse ante un consejo de guerra, fue ejecutado.

El 7 de noviembre, Santiago Salvador lo «vengó» arrojando dos bombas «Orsini» en el patio de butacas del Liceo, donde se inauguraba la temporada de ópera de Barcelona con *Guillermo Tell*. El resultado fue de 22 muertos, con escenas de pánico y fuerte conmoción en la ciudad. Se detuvo a un centenar de anarquistas, a quienes se torturó en Montjuich. Algunos murieron en la cárcel. Otros, como Martí Borrás, se suicidaron. Por medio de torturas la policía obtuvo cinco confesiones de culpabilidad, falsas porque el 2 de enero de 1894 fue detenido en Zaragoza Santiago Salvador, quien se declaró único autor del atentado. Salvador fingió arrepentirse y convertirse al catolicismo. De nada le sirvió. Lo ejecutaron, igual que a los otros cinco, lo cual muestra la «eficacia» de aquella brigada antianarquista que se había puesto en marcha tras la masacre.

A la brutal represión siguieron dos años de pausa en los atentados, hasta que el 7 de junio de 1896, el domingo siguiente al día del Corpus, otra potente bomba «Orsini» estalló en la cola de la procesión cuando pasaba por la calle Cambios Nuevos de Barcelona: 12 muertos y 44 heridos. La policía, pese a que nunca halló al verdadero autor —al parecer, el anarquista francés Girault, que huyó a América—, llenó las cárceles de anarquistas, con detenciones indiscriminadas de militantes ya detenidos en 1893, librepensadores y dirigentes republicanos. La campaña contra el «castillo maldito» arreció y en mayo de 1897 se ejecutó a cinco anarquistas acusados de ser los autores del atentado. Tres meses más tarde, Michele Angiolillo, anarquista italiano que había vivido en Barcelona, pasó la frontera procedente de Londres, llegó al balneario guipuzcoano de Santa Águeda y disparó contra el presidente de Gobierno, Cánovas del Castillo, que murió el 8 de agosto de 1897. Los servicios de seguridad españoles, que tenían informes franceses sobre la llegada de Angiolillo a España para cometer un magnicidio, demostraron una vez más su inutilidad. Angiolillo fue agarrotado en la cárcel de Vergara unos días después.[23]

Lo de la ineficacia policial merece un comentario. En realidad, solo cogieron a quienes actuaron a cara descubierta como Pallás o Angiolillo. Por la bomba del Liceo ejecutaron a cinco personas que nada tenían que ver. De los otro cinco fusilados por el atentado contra la procesión del Corpus, solo Tomás Ascheri, que había sido confidente policial, se declaró culpable. Antes de llegar a esas ejecuciones, la policía necesitó detener a cientos de anarquistas y republicanos, a quienes torturaban arrancándoles las uñas, retorciéndoles los genitales o aplicándoles hierros rusientes en el cuerpo.

A falta de una policía eficaz, ahí estaba el ejército, omnipresente en la política de seguridad y de orden público, beneficiado por la «utilización abusiva» del estado de guerra, por la persistente suspensión de las garantías constitucionales. Los atentados anarquistas más importantes de la época pasaron por manos militares y fueron también consejos de guerra donde se condenó a tanto inocente. En el que juzgó a los detenidos por la bomba de la calle Cambios Nuevos, celebrado en diciembre de 1896, el fiscal solicitó nada menos que 28 penas de muerte. No es extraño que lanzara aquella famosa declaración: «agobiado por el número, cierro los ojos a la razón».[24]

El caso es que a fuerza de cerrar los ojos a la razón, de detener, torturar y ejecutar, de aprobar leyes de represión de terrorismo y de hacer levantar la leyenda del «castillo maldito», los atentados se acabaron. Y cesaron tras asesinar a Cánovas, al político que había construido el sistema político de la monarquía restaurada, como si eso significara ya, como había sucedido con el presidente Carnot en Francia tres años antes, que se había conseguido el máximo objetivo, que ya no había nadie por encima de él a quien matar, en un momento en que, con una reina regente, ni siquiera había rey.

La «propaganda por el hecho» era, con el cambio de siglo, una cosa del pasado. El terrorismo de la acción individual ligado al anarquismo desapareció con Cánovas. Apenas duró un lustro. Y solo se impuso, como se ha tratado de demostrar, tras la derrota y represión de los sucesivos proyectos legales en que los anarquistas habían confiado. Porque la intransigencia gubernamental y patronal en España ni siquiera admitía movimientos reivindicativos reformistas, lo cual explica también, aunque esa no sea la única causa, que los socialistas fueran durante tiempo una secta, o que los anarquistas acabaran salpicados con sangre inocente en vez de crear asociaciones obreras. No fue la violencia el rasgo constante del anarquismo en las tres primeras décadas de su existencia, pero cuando apareció lo hizo, o al menos así lo justificaban sus instigadores, como una violencia «revolucionaria» frente a la que emanaba de la sociedad burguesa y de sus tiranos.

Con Cánovas no solo desapareció ese terrorismo anarquista de la «propaganda por el hecho». Un año después de su asesinato, la crisis del 98 fue el primer golpe duro para el sistema que él forjó. Y aparecieron proyectos regeneracionistas, los republicanos comenzaron a salir de las catacumbas, los motines populares aumentaron y las clases trabajadoras hallaron otros caminos de movilización. Más de treinta años habían tardado socialistas y anarquistas en ver la luz, en salir del aislamiento y de las consecuencias de las polémicas entre grupos rivales.

Había otros fenómenos que ocupaban mayor espacio y preocupaban más que el terrorismo: el republicanismo lerrouxista derrotaba a las candidaturas dinásticas con sonados éxitos electorales y las sociedades obreras catalanas encontraban en Solidaridad Obrera nuevas armas de lucha ya ensayadas por el sindicalismo revolucionario francés y que cristalizaban en 1910 en la CNT. Pero a la vez que se gestaba todo eso, Barcelona conoció en los inicios del siglo XX una nueva fase terrorista, de explosiones indiscriminadas, que le colgaron el nombre de «ciudad de las bombas», con características muy diferentes a la que se había conocido en la anterior década.

Entre 1904 y 1907 estallaron bombas en plazas, en calles, en mercados, en sitios de fácil colocación, atentados nunca reivindicados por los anarquistas, que los rechazaron y atribuyeron a la policía o a la «reacción». Terrorismo turbio, en cualquier caso, que no seleccionaba sus víctimas y que, excepto en algunos casos, no tenía objetivos políticos y pretendía más bien crear inquietud y disturbios.

Y como turbio que era, a ese terrorismo le acompañaron todo tipo de montajes policiales, detenciones de anarquistas cada vez que se oía un petardo y salida a la luz de rocambolescas invenciones e historias de confidentes. La palma se la llevó el caso de Joan Rull i Queraltó, un zapatero anarquista que, de supuesto terrorista, llegó a ser confidente del duque de Bivona, gobernador civil de Barcelona con el gobierno de Segismundo Moret en los primeros meses de 1906, quien le proporcionaba dinero a cambio de información sobre atentados y colocaciones de bombas. El gobernador que lo sustituyó, Francisco Manzano, se negó a dar más dinero a Rull y prescindió de sus servicios. Los incidentes con bombas aumentaron. Como pronto llegó otro gobernador, el conservador Ángel Ossorio y Gallardo, Rull fue a ofrecerle de nuevo su colaboración. Cada vez pedía más dinero: quinientas pesetas para evitar un nuevo atentado. Ossorio le mandó solo la mitad. Estallaron más bombas. En julio de 1907, la policía arrestó a Rull, a su hermano y a sus padres. En el juicio se comprobó que había hecho del terrorismo un negocio familiar, en el que incluso su señora madre depositaba algunas de las bombas. El garrote vil acabó con él el 8 de agosto de 1908. Al resto de la familia le cayeron varios años de prisión.[25]

Además de bombas, hubo en esos años un intento de matar al presidente del Gobierno, Antonio Maura, en 1904, y dos atentados contra el nuevo rey, Alfonso XIII, en 1905 y 1906. El primer tiranicida frustrado, Joaquín Miguel Artal, también resultó ser un tipo curioso. Joven y tímido, con «aspecto de estudiante u obrero aseado», como lo describía la prensa de la época, agredió a Maura con un cuchillo al grito de «¡Viva la anarquía!», cuando el presidente salía de la catedral de Barcelona, a donde había ido a acompañar al rey. Maura resultó levemente herido en el pecho. Artal fue condenado a 17 años de cárcel.

Los atentados contra Alfonso XIII habían sido planeados en Barcelona y formaban parte de un cuidadoso complot donde había republicanos y anarquistas. En París, estaba entonces Pedro Vallina, un anarquista que se dedicaba a redactar hojas contra «L'Espagne Inquisitoriale», en las que recordaba la Mano Negra, Jerez, Montjuich, se elogiaba a Artal, aunque hubiera fallado, enseñaba a elaborar explosivos y llamaba a los «hombres de acción» a actuar contra todos los tiranos, desde Alfonso XIII al sultán de Turquía. Junto con Carlos Malato y otros republicanos, entre quienes se encontraba Alejandro Lerroux, preparó un atentado contra el monarca español que iba a visitar París en la primavera de 1905. Las autoridades francesas detuvieron a Vallina y a Malato pero, aun así, el 31 de mayo de 1905 una bomba estalló bajo el coche que llevaba al rey al lado del presidente Émile Loubet. Solo murió uno de los caballos, y el grupo revolucionario salió absuelto del juicio.

Justo un año después, el día de la boda de Alfonso XIII con la princesa inglesa Victoria Eugenia de Battenberg, Mateo Morral arrojó, desde el tercer piso del número 88 de la calle Mayor de Madrid, una bomba envuelta en un ramo de flores cuando pasaba el carruaje real. Los reyes salieron ilesos pero el artefacto dejó allí 23 muertos y un centenar de heridos. Morral huyó y en Torrejón de Ardoz, tras matar a un guardia jurado que intentó detenerlo, se suicidó. El atentado tuvo relevancia porque, además de la escabechina que dejó, había implicados personajes que eran ya o se iban a hacer muy famosos: Nicolás Estévanez, Francisco Ferrer i Guardia y Alejandro Lerroux.[26]

Joaquín Romero Maura sostiene que la idea de matar al rey era «el doctorado de los propagandistas por el hecho», pero no parece que los anarquistas echaran mucha carne en ese asador, dedicados como estaban a otros menesteres. A los anarquistas, el terrorismo de finales del siglo XIX les había hecho mucho daño, sumergiéndolos en un período de desorganización, de escasa presencia entre las sociedades obreras, aunque, si se rastrean otros síntomas de vida, se encuentran ateneos obreros, cooperativas, periódicos, escuelas laicas, y diferentes manifestaciones de una cultura popular, antioligárquica y anticlerical, donde el republicanismo y el obrerismo —anarquista o socialista— se daban la mano.

Dicho de otra forma, la tradición anarquista, la federal, la de sentimientos anticlericales y anticentralistas bullían en la Cataluña urbana de la primera década del siglo XX. Y ahí se manifestó el catalanismo político. Y nació en 1907 Solidaridad Obrera, por iniciativa socialista, aunque con fuerte inspiración anarquista, precedente de la CNT. Y emergió la personalidad de Alejandro Lerroux, que hizo votar republicano a los estratos obreros y ejerció de anticatalanista en el corazón de Cataluña.

El terrorismo anarquista, «la propaganda por el hecho», se basaba en la esperanza de conseguir fines revolucionarios, convirtiendo un ataque específico contra un tirano u opresor en la mecha para una explosión de reacciones de protesta social, represión, venganzas y señal decisiva para la acción de masas. Los atentados eran eficaces, pensaban sus instigadores, porque tenían un fuerte impacto en la opinión pública.[27]

Y aunque el número de víctimas fue relativamente pequeño, alrededor de cien entre todos los países, la relevancia de algunos de ellos —una emperatriz, un rey, jefes de Estado y presidentes de Gobierno— incrementaba la repercusión de ese tipo de violencia, exagerada por el sensacionalismo de la prensa. La historia del anarquismo quedó asociada a la bomba y al revólver, a la siniestra figura del hombre de la capa negra con el cartucho de dinamita. La daga, la pistola y la dinamita.[28]

No era una conspiración internacional organizada, pero ese terrorismo se consideraba en la mayoría de los países un peligro mayor que los conflictos sociales, que intentaban taparse, a la vez que se desviaba la atención hacia los atentados, ocultando la represión estatal. Siguiendo los estudios del criminólogo italiano Cesare Lombroso, que aplicó las técnicas de la antropología criminal al anarquismo, los integrantes de ese movimiento eran locos y suicidas que usaban tatuajes, como los criminales, y carecían «de sentido moral, falta por la que les parece sencillísimo el robo, el asesinato y todos los crímenes que a los demás parecen horribles». Como se podía leer en la prensa alemana tras los asesinatos de la emperatriz Isabel y el presidente McKinley, «una minoría muy pequeña de fanáticos sin escrúpulos aterrorizan a toda la raza humana. El peligro para todos los países es grande y urgente».[29]

Aunque para una parte de la prensa y la imaginación popular anarquismo y terrorismo eran sinónimos, solo una minoría de anarquistas participaron en atentados o actos violentos y frente a la imagen del criminal, la prensa anarquista y quienes defendían y practicaban la «propaganda por el hecho» opusieron la del mártir, altruista y dispuesto al sacrificio.

Luigi Lucheni, como hemos visto, quería ser ejecutado como prueba de su acto sublime, matar a una emperatriz. Después de que una persona sin identificar hiciera explosión de una bomba en la Haymarket Square de Chicago, en mayo de 1886, varios anarquistas fueron detenidos. Albert Parsons escapó al acoso policial, pero se entregó después a la justicia para compartir la suerte de sus compañeros y fue ejecutado, junto con cuatro de ellos, negándose a solicitar el indulto. Los «mártires de Chicago» murieron en la horca, protestando contra la pena de muerte y acusando al sistema capitalista de provocar la miseria y la injusticia.

Con el nacimiento de la CNT en 1910, el anarquismo español transitó a formas más disciplinadas, convirtiéndose en un movimiento de masas en los años de la Primera Guerra Mundial, justo cuando, con la excepción de Argentina, había quedado reducido a una ideología política marginal en el resto del mundo. El discurso ritual de la clandestinidad y de la «subcultura» anarquista dio paso al de los lenguajes de clase. Y el terrorismo de las bombas se esfumó, como antes que él se había esfumado ya el asesinato individual de la «propaganda por el hecho», aunque el atentado protagonizado por Manuel Pardiñas, que costó la vida en Madrid al presidente de Gobierno José Canalejas en noviembre de 1912, tenía todavía sabor de terrorismo decimonónico. Solo una bomba explotó en Barcelona en 1910, y ninguna en los cinco años siguientes. La violencia que afloró después, ya al final de esa década, mostraba otra cara y se desarrolló bajo circunstancias muy diferentes, bajo la égida del sindicalismo revolucionario.

Dadas las connotaciones negativas del término, la mayor parte de los movimientos sociales que emergieron del socialismo y anarquismo en la segunda mitad del siglo XIX rechazaron la etiqueta de terroristas que el poder solía colgarles. La violencia terrorista apareció también en la lucha por obtener independencia o autonomía política de las minorías nacionalistas en los Balcanes y en el imperio otomano. Se trataba, en la mayoría de los casos, de pequeños grupos de intelectuales, con escasa base social entre obreros y campesinos, que supieron movilizar, sin embargo, en algunos momentos a amplios sectores de la población.[30]

Los movimientos sociales más importantes de Europa se dividieron entre quienes optaban por los medios legales y la oposición parlamentaria y los que seguían defendiendo la vía insurreccional y, en los casos más extremos, la violencia terrorista. La vía «reformista» fue muy clara en Alemania, con el crecimiento del Partido Social Demócrata y su conversión en una organización de masas, pero incluso en Rusia y en España, los revolucionarios y anarquistas estuvieron muchas veces dispuestos a aprovechar las escasas vías que el sistema y el Estado ofrecían.

Porque la historia de esa violencia terrorista no puede explicarse sin su relación y confrontación con el Estado. El terrorismo no disminuyó el poder del Estado, que concentró cada vez más funciones y reforzó en casi todos los países su monopolio de la violencia con la creación de nuevas fuerzas de policía y el reclutamiento en los ejércitos. En esos últimos años de finales del siglo XIX y comienzos del XX, casi todas las potencias europeas habían establecido un período de servicio militar obligatorio, que servía también para disciplinar e instruir a cientos de miles de jóvenes varones en los valores patrióticos, militares y en la obediencia al orden y a la autoridad.

Más allá del terrorismo anarquista o revolucionario ruso, los asesinatos políticos, para cambiar dinastías o eliminar a pretendientes al poder, con fines también nacionalistas, de unión de pueblos de la misma raza o religión, fueron comunes en Bulgaria y Serbia desde el siglo XIX. Al día siguiente del asesinato del rey Alejandro I, *The Times* describía a Serbia como «la tierra de asesinatos, abdicaciones, pronunciamientos [sic] y golpes de Estado».

En la noche del 10 al 11 de junio de 1903, un grupo de oficiales del ejército serbio, liderados por el capitán Dragutin Dimitrijevic, asaltó el palacio real de Belgrado y asesinó al rey y a su esposa Draga Masin. El asesinato significó el fin de la casa de Obrenovic, que había reinado desde 1815 a 1842, y de nuevo a partir de 1858, y dio paso a la dinastía Karadordevic con el rey Pedro I, que reinó en Serbia, y después en Yugoslavia, hasta que el rey Pedro II fue depuesto y enviado al exilio en noviembre de 1945.[31]

Otros reyes fueron asesinados en esos primeros años del siglo XX —Carlos I de Portugal en 1908 y Jorge I de Grecia en 1913—, antes de que el atentado que costó la vida al archiduque Francisco Fernando y a su mujer, Sofía Chotek, provocara el inicio de la Primera Guerra Mundial. Con esa guerra, con las revoluciones que la acompañaron y con los dos grandes movimientos y regímenes políticos que de ella resultaron, el comunismo y el fascismo, la violencia individual dio paso de forma definitiva a la de masas, a la eliminación de grupos definidos por la clase, la raza, la religión o la nación. Antes de que eso ocurriera, varias y diversas insurrecciones, urbanas y campesinas, desafiaron a la autoridad y a ese mundo de privilegio y poder que parecía intocable, que pudo sobrevivir todavía durante un tiempo gracias a la superioridad decisiva y control absoluto de sus fuerzas armadas sobre los revolucionarios.

El desafío al orden

Contemplado desde Europa Occidental, especialmente desde Gran Bretaña, Francia o Alemania, el crecimiento de los sindicatos y, en menor medida, de los partidos políticos socialistas marcó la historia de las clases trabajadoras en los últimos años del siglo XIX y comienzos del XX, hasta 1914. Eso, sin embargo, no es lo que ocurrió en otros países de Europa Central y del Este y tampoco la fotografía sería completa si no se tuvieran en cuenta además importantes movimientos sociales e insurrecciones que no entraban en la categoría de protesta obrera organizada.[32]

El desarrollo del capitalismo y la industrialización provocaron, sin duda, cambios en la estructura de la protesta social, donde la huelga y los conflictos entre patronos y obreros fueron gradualmente sustituyendo al motín. Esa protesta industrial moderna tenía como objetivo solucionar las penosas condiciones que padecían en las fábricas, talleres y fuera de ellos los trabajadores. Y para ello era fundamental la organización en sociedades de apoyo/socorro mutuo, resistencia, sindicatos y partidos políticos independientes de los conservadores y liberales.

Aunque las revoluciones de 1848 y la insurrección en París en 1871, y antes la revolución francesa de 1789, habían configurado algunos de los modelos y símbolos revolucionarios más potentes —incluidos los himnos, las banderas y las representaciones artísticas—, a comienzos del siglo XX las revoluciones no tenían un buen récord de triunfos. Y algunas de sus principales manifestaciones, como los disturbios, las huelgas o las insurrecciones, habían sido siempre controladas y sofocadas por unos Estados cada vez más eficaces —y violentos, si era necesario— en la represión.

Las barricadas y la vía insurreccional habían desaparecido en algunos países y, aunque las ideas socialistas o anarquistas alarmaban a los gobiernos y a la gente de orden, su impacto en la práctica era menor y había una notable diferencia entre la amenaza percibida y la real. Los socialistas mantenían la retórica revolucionaria, mientras que aspiraban a ocupar asientos en los parlamentos nacionales, pero el sufragio universal masculino, que sustituyó gradualmente al censitario, se había establecido solo en unos pocos países, normalmente como concesiones de los liberales para mitigar las aspiraciones de los socialistas al poder.[33]

Hasta la Primera Guerra Mundial solo una pequeña parte de los trabajadores europeos estaban afiliados a organizaciones políticas o sindicales socialistas y, en términos electorales, únicamente en Alemania se había consolidado un influyente partido socialista de masas. Los desafíos más importantes a la autoridad, al sistema de propiedad y al orden imperial antes de 1914 tuvieron lugar en Rusia, el país que, teniendo una clase obrera industrial poco numerosa comparada con su ingente campesinado, paradigma del atraso para muchos observadores de la época, se convirtió a partir de 1917 en faro de todos los revolucionarios europeos, con la importante excepción de los anarquistas españoles.

Rusia era una sociedad campesina en tiempos de Alejandro II, el zar que decretó en 1861 la abolición de la servidumbre, y continuaba siéndolo a comienzos del siglo XX bajo el reinado de su nieto Nicolás. La población del imperio se aproximaba entonces a 130 millones y no existía allí ni una poderosa burguesía industrial, o una clase media que pudiera constituir la base social para una democracia liberal, ni un proletariado que pudiera articular a través de sindicatos y partidos políticos una alternativa revolucionaria al régimen autocrático.

En realidad, la mayoría de los disturbios sociales del período anterior a la guerra mundial reflejaban todavía las formas de protesta preindustrial, motines e insurrecciones, casi desaparecidas en los países europeos más avanzados, mientras que las huelgas, que requerían una mayor organización y disciplina, se extendían únicamente por las industrias modernas localizadas en Ucrania, los Urales y San Petersburgo. La legislación zarista prohibía a los trabajadores organizarse, declaraba ilegales las huelgas y condenaba a la mayoría de esos obreros fabriles a largas jornadas laborales y a vivir en condiciones calamitosas, con el alcoholismo muy extendido y con epidemias, como el cólera, que castigaba a toda esa población empobrecida cada pocos años.

Aunque Nicolás llegó al trono en un momento de modernización y cambio, la elite gobernante procedía predominantemente de la aristocracia terrateniente tradicional. Era un sistema patrimonial y el mismo Nicolás lo describió con una metáfora más ilustrativa que la mejor definición: «Yo concibo a Rusia como un latifundio en el que el propietario es el Zar, el administrador la nobleza, y los trabajadores son los campesinos».[34]

El grandioso imperio ruso parecía fuerte, pero, además de las debilidades ya señaladas, era también un continente, con enemigos por todas partes. A la amenaza de sus vecinos y rivales de siempre, Prusia/Alemania, Austria/Hungría y Turquía, un nuevo y potente desafío surgió en el este, Japón. Y cuando ese país asiático puso en marcha a comienzos del siglo XX sus planes expansionistas, apuntó como objetivo a las lejanas posesiones de Rusia en el extremo oriente. En enero de 1904 comenzó una guerra entre los dos países por el dominio de Manchuria y Corea. La guerra llevaría a la primera revolución a la que tuvo que hacer frente Nicolás, y aunque sobreviviría a sus consecuencias, fue un ensayo de lo que iba a pasar, con magnitud incomparable, entre 1914 y 1917.

Cuando la guerra comenzó, como consecuencia del ataque japonés a la flota rusa en Port Arthur (Manchuria), hubo una oleada de patriotismo encabezada por círculos liberales y por la mayoría de los *zemstvos* provinciales —consejos elegidos por los campesinos, aunque dominados por los nobles—, en los que tuvo un papel destacado el príncipe Lvov. Pero la guerra fue larga, casi un año y medio, combatida a más de nueve mil kilómetros de la capital, y con derrotas estrepitosas que socavaron pronto el fervor patriótico y que fueron atribuidas a la incompetencia del gobierno y del comandante en jefe, el general Mijaíl Alekséyev.

La debacle militar precipitó una crisis política y social, que casi llegó a una confrontación total de la sociedad con el régimen. El 9 de enero de 1905 una manifestación masiva, de 150.000 personas, que incluía a muchas mujeres y niños, confluyó desde diferentes barrios de San Petersburgo en frente del palacio de Invierno. Las tropas concentradas para evitar que llegaran allí abrieron fuego, causando unos doscientos muertos y ochocientos heridos. Los trabajadores levantaron barricadas y algunos grupos asaltaron armerías y tiendas de licor. Nadie dirigía aquella revuelta, porque los partidos socialistas eran todavía débiles y sus principales líderes estaban en el exilio, pero el «Domingo Sangriento» tuvo un profundo efecto en la conciencia de mucha gente.

En las semanas y meses siguientes, hubo huelgas y se creó el primer soviet —consejo, en ruso— de la historia en la capital, dirigido por León Trotski. En octubre, el zar, que había pasado aquellos días trágicos en su residencia en Tsárskoye Seló, llenando sus diarios de apuntes sobre el tiempo y la caza de pájaros, fue presionado para que firmara un manifiesto, redactado por su primer ministro, el conde Serguéi Witte, en el que garantizara libertades civiles y poderes legislativos a una Duma elegida por sufragio democrático.

Esa buena declaración de intenciones del zar, sin embargo, no calmó las huelgas y conflictos en el campo, que se extendieron durante todo el año por diferentes partes del imperio y con especial intensidad en las zonas fronterizas no rusas de Letonia, Polonia, Finlandia, las provincias del Báltico y las que iban más allá del Cáucaso, Georgia, Armenia y Azerbaiyán.

El ejército fue utilizado en cientos de ocasiones para reprimir brutalmente revueltas e insurrecciones campesinas que siempre reclamaban una justa distribución de la tierra. Los motines alcanzaron a las fuerzas armadas, como el de junio en el acorazado *Potemkin*, que ocasionó, tras apoderarse los amotinados del buque y conducirlo a Odesa, donde una huelga de obreros mantenía a la ciudad en estado de sitio, una matanza de dos mil personas, con más de tres mil heridos.

Todos esos conflictos fueron acompañados también de violencia popular, asaltos a propiedades y vandalismo, de odio a los ricos, aristócratas y a la autoridad, formas de expresión de algunos sectores militantes y de las clases populares que saldrían a la superficie con mucha más virulencia en 1917 y que constituyeron siempre un problema para los dirigentes que querían mantener el control de la revolución.

Las protestas, insurrecciones y revueltas no derivaron en una revolución triunfante en 1905 porque, aunque afectaron a las fuerzas armadas, fueron todavía escasas y limitadas, y la caballería, los cosacos y los regimientos del frente continuaron obedeciendo órdenes. Los reclutamientos, al contrario de lo que sucedería en los años de la Primera Guerra Mundial, entre 1914 y 1917, tuvieron lugar en ciudades lejanas, evitando el riesgo de una comunidad de intereses entre los soldados y sus poblaciones de origen.

Sin embargo, el hecho de que el ejército se utilizara tanto en la represión de los conflictos, en el campo y en la ciudad, comenzaba a tener notables efectos en la disciplina. Como señala Allan K. Wildman, en su estudio del declive del ejército imperial ruso, desde que se estableció el servicio militar obligatorio, la composición social del ejército cambió, reflejo de la sociedad, con una mayoría de campesinos maltratados muy a menudo por la tradicional casta de oficiales. En muchas de esas huelgas y revueltas de 1905 comenzaron ya a participar además ex soldados que exhortaban a las tropas a unirse a ellos.[35]

Cuando la marea revolucionaria cedió, los terratenientes reclamaron represión y restablecimiento del orden, contrataron a grupos armados para defender sus propiedades y crearon asociaciones patronales. Surgieron también grupos ultraderechistas paramilitares, como las «Centurias Negras», organizados en torno a la Unión del Pueblo Ruso, que se enfrentaron a los revolucionarios en las calles, se manifestaban con estandartes patrióticos y retratos del zar y lanzaron pogromos contra los judíos en muchas ciudades. A finales de 1906 tenían más de 300.000 miembros, muchos de ellos reclutados en las estratos bajos obreros y campesinos, de funcionarios y policías, y a los que en sus acciones más violentas se les juntaban criminales comunes. En perspectiva histórica comparada, fueron el más claro precedente de los movimientos fascistas de los años veinte y treinta.[36]

La revolución de 1905 fue, en definitiva, un momento crucial en la historia del conflicto del siglo xx en Rusia y aunque no pudo conseguir su principal objetivo, el desmantelamiento del sistema autocrático, el viejo orden se tambaleó y algunos cambios institucionales sobrevivieron tras tres años de conflictos, protestas sociales y represión.

Como demostró Abraham Ascher en su exhaustiva investigación, ningún grupo ni región geográfica quedó al margen de los disturbios. La revolución afectó a varias ciudades, al campo, a las áreas periféricas del imperio, al ejército y a la marina. Y los movimientos sociales que desafiaron a la autoridad representaban a casi todos los sectores de la sociedad: liberales de las clases medias y propietarias, trabajadores industriales, campesinos y minorías nacionales. El zarismo pudo sobrevivir porque los desórdenes no ocurrieron de forma simultánea y porque el Estado mantuvo la lealtad de la mayor parte de las fuerzas armadas y, por lo tanto, el control de los medios de represión.[37]

En ese mismo año en el que el imperio ruso se encontraba en medio de aquel terremoto político y social, el rey de Rumanía, Carol I, proclamaba orgulloso: «Rumanía es el único país en el que reinan la paz y el orden, mientras que en el resto de lugares que nos rodean hay nubes de tormenta amenazantes (...). Europa debería darnos las gracias por gobernar este país con precaución y sabiduría y mantener las pasiones controladas».[38]

El monarca tenía motivos para elogiar la estabilidad de Rumanía, un Estado joven que había ganado su independencia en 1878 del imperio otomano, porque los otros Estados que habían nacido en esa parte periférica del vasto imperio —Grecia, Bulgaria y Serbia— estaban siempre inmersos en convulsiones sociales y violencia política.

Había signos de modernización, de crecimiento industrial y agrario, pero bajo su fachada liberal constitucional y parlamentaria existía un notable clientelismo político y el rey Carol I nombraba al jefe de Gobierno, que convocaba elecciones que siempre ganaba el partido en el poder. Dos partidos dominaban ese juego, el conservador, que representaba los intereses de los grandes terratenientes, y el liberal, de pequeños propietarios y clases medias. El voto estaba restringido a la minoría rica, y los campesinos, la mayoría de la población, no tenían ninguna representación política.

Aunque el campesinado había sido emancipado en 1864, con alguna redistribución de la tierra en lotes, la tenencia de la tierra en Rumanía estaba dominada por grandes terratenientes que subarrendaban la propiedad a intermediarios que sacaban beneficios de la explotación de los campesinos. Una buena parte de esos arrendatarios eran «extranjeros» —griegos, armenios, pero sobre todo judíos—, «a quienes se les asociaba con los aspectos negativos del capitalismo incipiente».[39]

El 8 de febrero de 1907, los campesinos de Flamanzi, una comuna de Botosani, en el norte de Rumanía, se rebelaron contra uno de los terratenientes, el príncipe D. M. Sturdza, contra las familias judías que monopolizaban el mercado de las rentas y contra las autoridades locales que los mantenían a raya. La cosecha del año anterior había sido una de las peores en décadas y los campesinos comenzaron a protestar contra las opresivas condiciones de trabajo y contra las promesas incluidas de mejorar los contratos de arrendamientos. Unas semanas después, campesinos de todo el país, de norte a sur, se habían sumado a la rebelión, con numerosas destrucciones de propiedad y una extendida amenaza de desestabilizar el sistema.[40]

El ejército movilizó a los reservistas y, en el sur, grupos de campesinos se organizaron en formaciones paramilitares. Como el gobierno ordenó poner fin al conflicto con todos los medios necesarios, incluida la artillería pesada, los asaltos a los pueblos que más resistían y las ejecuciones sin juicio fueron comunes. El gobierno dio la cifra de 2.000 muertos, pero las investigaciones más recientes la elevan a 11.000.[41]

Al uso de la violencia, primero por parte de los campesinos rebeldes y después de forma mucho más brutal por las autoridades y el ejército, se añadió el antisemitismo, que funcionaba en Rumanía, al igual que en otras partes del este de Europa, especialmente en Rusia, como «cortina de humo» para desviar la atención de las causas reales de los conflictos. Las elites terratenientes hicieron circular rumores de que había una gran conspiración judía para derribar al joven reino de Rumanía, una forma de proteger sus intereses y propiedades y estimular la xenofobia en un territorio fronterizo con los imperios austrohúngaro y ruso y donde coexistían rumanos, ucranianos, húngaros, austriacos, búlgaros, judíos y gitanos.[42]

Los antagonismos de clase y desigualdades sociales, la explotación del campesinado, la violencia política —incluidos los asesinatos de monarcas—, el antisemitismo, la corrupción y la violencia de los Estados en la represión de los conflictos e insurrecciones mostraban la enorme distancia que en esos países de Europa del Este había entre las elites políticas y económicas y la gente común. Esa fotografía, muy bien documentada, se sale del marco de las narraciones originadas en los países occidentales, de esos supuestos *good times* en los que el continente vivía antes de que todo se derrumbara en 1914.

España, que no estaba en el este, también aportó algo a esa historia de corrupción sistemática, campesinado explotado, conflictos y violencia del Estado. Y allí ocurrió el último ejemplo de insurrección antes del estallido de la Primera Guerra Mundial, aunque el principal escenario no fue el campo sino Barcelona, la ciudad donde los ateneos obreros, las escuelas laicas, el republicanismo y las organizaciones sindicales anarquistas estaban sustituyendo la memoria de las bombas y los atentados terroristas. Todo eso y mucho más confluyó en la famosa Semana Trágica.[43]

La chispa que hizo estallar el conflicto poco tuvo que ver de entrada con ese obrerismo emergente o con los conflictos políticos en Cataluña. Comenzó como consecuencia de las presiones económicas y militares para incrementar la presencia española en Marruecos. Antonio Maura, presidente del Gobierno, aprovechó un ataque de las cabilas rifeñas en la primavera de 1909 para organizar una fuerza expedicionaria de castigo. Los reservistas fueron llamados a filas el 11 de julio de 1909, eligiendo Barcelona como puerto de embarque, con todo un ceremonial que, en palabras de Joan Connelly Ullman, parecía calculado para «excitar a las masas»: las tropas recorrían los barrios populares, sin que nadie hiciera «ningún gesto conciliatorio hacia el reservista ni hacia su familia, abandonada sin medios de subsistencia». En vez de eso, «los oficiales pronunciaban discursos patrióticos mientras las damas de la alta sociedad, cuyos hijos podían pagar las 1.500 pesetas necesarias para quedar exentos del servicio militar, distribuían medallas religiosas».[44]

La tensión creció de tono el domingo 18 de julio, cuando las tropas se dirigieron al muelle recorriendo el centro de la ciudad, a una hora en que había mucha gente paseando por las calles. La multitud rodeó a los soldados, «que pronto rompieron la formación para caminar del brazo con sus parientes o amigos». Ya en el muelle, algunos de los soldados arrojaron las medallas al agua, mientras en la multitud comenzaban a gritar: «Tirad vuestros fusiles. Que vayan los ricos; o todos o ninguno. Que vayan los frailes».[45]

Un comité obrero decidió la huelga general, que comenzó en Barcelona el lunes 26. La decisión partió de Solidaridad Obrera y en el acuerdo intervinieron el anarquista Tomás Herrero y el socialista Fabra Ribas. La huelga general se extendió «como una traca», según dijo el gobernador civil de la provincia Ossorio y Gallardo, triunfó en varias ciudades catalanas y los enfrentamientos violentos se extendieron al menos por 19 provincias. El capitán general, Luis de Santiago, proclamó el estado de guerra. Ya en la noche del lunes al martes ardieron los dos primeros edificios religiosos, algo que a partir de ese momento caracterizaría a aquellas jornadas: varias decenas de iglesias, conventos, escuelas y residencias religiosas fueron pasto de las llamas; además, se profanaron tumbas, aunque no hubo víctimas entre el clero.

El jueves 29 llegaron tropas desde Valencia y Zaragoza, que reconquistaron la ciudad, con bastantes resistencias en los barrios obreros, donde incluso fue necesario utilizar cañones en el asalto. El lunes 2 de agosto todo se había acabado. Hubo alrededor de 2.000 detenidos, de los cuales 600 serían condenados, 59 a cadena perpetua y 17 a muerte. Solo se ejecutó a cinco. El primero que cayó fusilado, José Miguel Baró, era el único que tenía algo que ver con la dirección de la insurrección popular. El último en morir ante el piquete de ejecución fue Francisco Ferrer i Guardia, el 13 de octubre, creador de la Escuela Moderna, considerado como «autor y jefe de la rebelión» por un tribunal militar carente de las mínimas garantías legales.

El fusilamiento de Ferrer, «el mártir de Montjuich», como lo llamó Antonio Fabra Rivas, un suceso de impacto internacional, fue una venganza en toda regla, que castigaba a un teórico revolucionario que había desafiado el control eclesiástico de la enseñanza y no tanto a un dirigente anarquista de la revuelta popular, que nunca lo había sido. [46]

Como hemos visto en este capítulo, la modernización de Europa fue acompañada de enormes sufrimientos y trastornos para amplios sectores de su población. Mientras que en Occidente, «la creciente rivalidad entre los diferentes Estados por los recursos coloniales condujo a la militarización y a una carrera de armamento sin precedentes», en el Este la tardía y rápida expansión del capitalismo en los últimos años del siglo XIX y comienzos del XX abrió importantes fracturas «que dejaron a las minorías religiosas y étnicas vulnerables».[47]

La relevancia que adquirieron en algunos países europeos el racismo y el etnonacionalismo, la expulsión y eliminación de minorías étnicas, y sobre todo la violencia que acompañó a las guerras coloniales y a las de los Balcanes (1912-1913), pusieron la semilla de esa «guerra de treinta años» que duró de 1914 a 1945.

2

La semilla de 1914

> Mi preciada idea es una solución para el problema social: para salvar a los 40 millones de habitantes del Reino Unido de una sangrienta guerra civil, nosotros, los estadistas colonizadores, debemos adquirir tierras para establecer a la población, proveer nuevos mercados para los bienes producidos en las fábricas y minas. El imperio es una cuestión de primera necesidad. Si quieren evitar la guerra civil, deben convertirse en imperialistas.
>
> Cecil Rhodes, 1895

Cecil John Rhodes (1853-1902) sabía, por experiencia propia, lo que decía. Las posesiones coloniales daban pingües beneficios, prestigio, influencia global y servían de válvula de escape para los conflictos sociales internos. Rhodes se hizo millonario con los diamantes, político para allanar sus ambiciones y usó la violencia para imponer sus ideas supremacistas, siempre aderezadas de patriotismo y referencias a los planes divinos reservados para la raza blanca. Dos países, Rodesia del Norte y Rodesia del Sur —Zambia y Zimbabue hoy—, llevaron su apellido. La reina Victoria lo adoraba, pese a su fama de misógino. Y algunas de las leyes que se aprobaron mientras fue primer ministro de la Colonia del Cabo sentaron las bases de las políticas discriminatorias del *apartheid* en Sudáfrica.[1]

Raza e imperio

El término imperialismo empezó a ser de uso común en inglés, según Richard J. Evans, en los años setenta del siglo XIX y «el culto a la grandeza imperial de Gran Bretaña» se extendió por la prensa, los mítines políticos, los anuncios publicitarios y la literatura sobre todo después de que en 1877 la reina Victoria fuera declarada emperatriz de la India. «Era el símbolo del dominio global de una monarquía más allá de su territorio nacional y así fue celebrado con ceremonias reales y desfiles de tropas coloniales.»

No era solo Gran Bretaña porque el sueño de conquistar otras partes del mundo se extendió por otros países de Europa espoleado por políticos patrioteros y nacionalistas. Entre la Conferencia de Berlín (1884-1885), con el reparto oficial del gran pastel africano, y el inicio de la Primera Guerra Mundial las posesiones coloniales europeas aumentaron de forma espectacular, como creció también la creencia de la superioridad de Europa y de la raza blanca sobre los «salvajes».[2]

La jerarquía entre naciones dominantes, en declive, y grupos étnicos subyugados era muy evidente en la Europa de comienzos del siglo XX, resultado de decenios de guerras internacionales con vencedores y vencidos. Mientras que España era un viejo imperio en retirada tras su «desastre» final, británicos, franceses y alemanes estaban en su momento cumbre, con austriacos y rusos manteniendo todavía mucho de su esplendor. Y la imagen tópica de la decadencia y del inmovilismo tan extendida en España contrastaba con el orgullo que mostraban en los imperios que aumentaban su poder, riqueza y fuerza militar. Así lo expresó lord Salisbury, primer ministro británico, en un discurso pronunciado en el Albert Hall de Londres el 4 de mayo de 1898, tres días después de la derrota naval española en Cavite, en aguas de Filipinas: «Podemos dividir las naciones del mundo *grosso modo* en vivas y moribundas, las grandes y ricas y las débiles y pobres».[3]

El reparto de África entre los principales poderes europeos significó un punto de inflexión para el nuevo imperialismo, que adquirió nuevas formas y un carácter muy diferente al viejo modelo colonial. La difusión del sentimiento imperialista contagió a amplios sectores de esas sociedades con una «poderosa mezcla de nacionalismo, militarismo y racismo».[4]

Los avances tecnológicos y científicos, que causaron importantes cambios en los medios de producción y consumo y una segunda revolución industrial cuando el siglo XIX llegaba a su fin, modificaron también de forma radical la fabricación de armamentos y las estrategias militares. Las nuevas máquinas de matar incluían rifles que disparaban cuarenta balas por minuto, ametralladoras que arrojaban cientos de ellas en el mismo tiempo y proyectiles de alto calibre armados con nitroglicerina. En su tratado *The Future of War* (1892), el hombre de negocios ruso Ivan Bloch «predecía que esa maquinaria bélica, producto de los cambios en la industria y en la tecnología, mataría a millones de soldados en la siguiente guerra, arruinaría la economía europea y provocaría violentos trastornos sociales».[5]

Antes de que eso ocurriera en el continente, esas armas fueron letales en las rápidas conquistas de los nuevos mercados y territorios, donde se desató una «orgía de violencia» que se llevó por delante a millones de vidas, con un efecto rebote en Europa a partir de 1914.[6] La superioridad armamentística de los europeos subyugó a todos los pueblos africanos y solo Italia tuvo algunas derrotas estrepitosas en Etiopía.

Además de los intereses económicos, de la búsqueda de recursos naturales y de mercados para amortizar las inversiones más rápidamente, las rivalidades políticas y nacionalistas actuaron de propulsores en la frenética pelea por África y por la adquisición de colonias. Un proceso acompañado de excesos y manifestaciones violentas, en el que desempeñó un papel importante la adopción de elementos básicos del darwinismo social, la interpretación de la vida y del desarrollo humano como una cruel lucha por la supervivencia donde los fuertes dominaban a los débiles. Traducido al sistema de relaciones internacionales, las naciones reafirmaban su posición en el sistema a través del uso del poder político y de la fuerza militar.

De acuerdo con esa ideología, propagada a comienzos del siglo XX por intelectuales como Herbert Spencer y Ernst Haeckel, la «selección natural» permitiría sobrevivir solo a los más aptos. Y si eso se vinculaba al imperialismo, se explicaba el amanecer y ocaso de las naciones en la historia y se construía una imagen del mundo como un «lugar competitivo» en el que solo las naciones más fuertes podrían florecer, mientras que las más débiles declinarían de forma inevitable. Una filosofía así, las naciones vivas y moribundas de lord Salisbury, sirvió para respaldar y promocionar la guerra.

Para las naciones ya establecidas en la cumbre del sistema de poder, como Gran Bretaña, el rápido desarrollo de Alemania amenazaba su confortable posición de ventaja y su apuesta colonial era otra fuente de fricción, porque molestaba la división establecida del mundo y el reparto imperial en el que participaban también Francia y Rusia. El poder de los zares se había extendido durante el siglo XIX desde la Rusia europea al Cáucaso y, más allá de los Urales, hasta Siberia. La ciudad que fundaron en la costa del Pacífico, Vladivostok, significaba «Dominio sobre Oriente», un nombre muy apropiado para sus ambiciones imperiales en Asia.[7]

La expansión imperial encontró desde el principio argumentos justificativos y explicaciones críticas. Una de las críticas más influyentes, un análisis ya clásico, que abrió las puertas a los posteriores de Vladimir Lenin o Rosa Luxemburgo, la publicó en 1902 John A. Hobson, un historiador y periodista que, dentro de la corriente denominada «New Liberals», defendía una mayor intervención en la economía que los liberales clásicos. Tanto él como los posteriores análisis marxistas argumentaban que la industria europea necesitaba las materias primas de las colonias y mercados para sus productos, así como nuevos territorios en los que invertir el capital excedente. En su interpretación, los intereses mercantiles en las grandes naciones europeas podían manejar el poder de los Estados para obtener beneficios en las colonias.[8]

Hobson no pensaba que el principal motivo del imperialismo fuera económico y, por el contrario, subrayaba el papel de factores no económicos como el «patriotismo, la aventura, la iniciativa militar, la ambición política y la filantropía». Lo que hacía la economía era manipular «las fuerzas patrióticas que los políticos, militares, filántropos y comerciantes generaban».[9]

Y antes de que Lenin definiera, en 1916, el imperialismo como la fase superior del capitalismo, los socialistas alemanes habían anticipado la idea de que las economías capitalistas dominadas por gobiernos conservadores utilizaban la expansión colonial «como una forma de desviar el descontento de las clases trabajadoras y su apuesta revolucionaria y convertirlo en entusiasmo nacionalista e imperial».[10]

Las justificaciones y elogios del imperialismo abundaron, no obstante, más que las críticas. Llevar la cristiandad y la civilización superior de los blancos a los pueblos de África y Asia fue una de las más repetidas por políticos, intelectuales y eclesiásticos. Y la genética proporcionó una base pseudocientífica para apoyar la superioridad de unas naciones y pueblos sobre otros. En Inglaterra, sir Francis Galton, sobrino de Charles Darwin, sostenía que la raza humana podía mejorarse a través de la ingeniería genética.

Ya antes de 1914 hubo un movimiento eugenésico que defendió la esterilización obligatoria de hombres y mujeres con discapacidad, sospechosos de transmitir enfermedades o calificados de «asociales». El mismo Galton escribió en 1908 que el primer objetivo de la eugenesia, vista también en otros países europeos como una ciencia «progresista», era limitar la tasa de nacimiento de los «no aptos». En Alemania, la esterilización de los seres «inferiores» fue una idea «que comenzó a ganar terreno en círculos médicos». En Estados Unidos, la manía eugenésica se extendió a finales del siglo XIX y principios del XX y se aprobaron leyes en 27 estados que limitaban el número de los considerados «genéticamente incapacitados»: inmigrantes, judíos, negros, enfermos mentales y «delincuentes inmorales».[11]

Junto a los incapacitados y «asociales», las minorías étnicas, con los judíos como los mejor identificados, fueron objeto de ataques racistas. La judeofobia, presente en la sociedad europea desde hacía siglos, recibió en esos años un impulso del racismo biológico que difundía la idea de que los judíos eran genéticamente diferentes e inferiores. Como veremos, ya antes de 1914, pero sobre todo tras la subida al poder de Hitler, el antisemitismo más radical invocó a esas supuestas investigaciones científicas para favorecer políticas de exterminio de los judíos. En Europa Central y del Este, el protagonismo de la minoría judía, «su diferente estructura social y ocupacional, su alta representación en ámbitos decisivos de la economía y de la sociedad y su bien preservada y cuidada identidad se convirtieron en los puntos de partida de la llamada cuestión judía». El «expansionismo judío», la ocupación de las posiciones más productivas y rentables de la sociedad, «fue percibido como un obstáculo para el avance social de las masas "nativas"».[12]

Los libros de texto en Gran Bretaña subrayaban la inferioridad racial de los pueblos sometidos. Los nativos australianos eran «feos (...) con costumbres degradantes y sucias». Los malayos estaban siempre al acecho, como «bestias de caza (...) para saciar su sed de sangre y saqueo». Dado ese salvajismo, el dominio británico, de la «raza anglosajona», como la llamó Joseph Chamberlain, estaba justificado.[13]

Lo que interesa ahora es comprobar que esa división entre razas superiores e inferiores se aplicó sobre todo, y con violentas consecuencias, a las relaciones entre las grandes potencias y sus colonias. La superioridad de la raza blanca respecto a los pueblos de África y Asia era cultural, económica y biológica. En palabras de Volker R. Berghahn, «la invasión de etnonacionalismo europeo en la "pelea por las colonias" fue tan profunda que no solo destruyó las economías locales y los sistemas políticos sino que, en muchos casos, la cultura y las gentes de las sociedades coloniales».[14]

El imperialismo tuvo efectos devastadores y la violencia utilizada para sofocar la resistencia indígena anticipó lo que tanto impactó después, porque se creía que nunca antes había ocurrido, en el frente oeste durante la Primera Guerra Mundial. Las políticas racistas y de exterminio dejaron baños de sangre, con varios millones de víctimas entre todos ellos, en el dominio británico de Sudáfrica, el alemán de África del Sudoeste, la actual Namibia, y especialmente en el de Leopoldo II como «reino soberano» en el Congo. De todo ello ofreció un influyente análisis Hannah Arendt en 1951, en sus *Origins of Totalitarianism*; y más recientemente, Adam Hochschild, a partir de sus investigaciones sobre el Congo belga, ha calificado al colonialismo europeo como «el tercer sistema totalitario», anterior en el tiempo al comunismo y al fascismo, los dos ejemplos clásicos desde los cuales se elaboró el concepto de totalitarismo.[15]

El reino de Bélgica había comenzado su independencia en 1830, tras siglos de ser un territorio codiciado por varias potencias europeas, y no tenía tradición colonial. Fue su segundo monarca, Leopoldo II, el responsable del imperio, quien persiguió y aseguró la propiedad de un territorio en África. Cuando Estados Unidos y las potencias europeas le reconocieron en 1885, llamado État Independant du Congo, era una colonia personal de Leopoldo y así permaneció hasta que en 1908 la cedió, bajo presión, a Bélgica. En ese momento, su Estado y sociedad heredaron el pesado y violento legado de abusos y la tradición de propaganda nacionalista e imperial que se mantuvo durante décadas.[16]

Leopoldo II había ascendido al trono en 1865 con el sueño de adquirir una colonia y, tras probar varias opciones, se aseguró un amplio territorio en África central. A partir de ese momento, además de rey de Bélgica, fue «rey soberano» del État Indépendant du Congo. Pese al reconocimiento, su interés por extender la ocupación, explotación y el territorio entró en conflicto con otras potencias europeas. El resultado, en palabras de Matthew G. Stanard «fue un régimen represor, militar y agresivo». Declaró monopolios sobre todas las materias primas, gigantescas concesiones a compañías europeas e inició la explotación masiva de marfil y caucho. Y así continuó el modelo por él creado desde 1908 a 1960, período en el que el Estado, el capital privado y la Iglesia católica formaron los tres pilares básicos del imperialismo belga en África, con una propaganda a gran escala que legitimaba ese entramado con amplios apoyos sociales.[17]

Leopoldo II era admirado en muchas partes de Europa como un monarca «filántropo» que acogía a misioneros cristianos en su posesión particular del Congo, derrotaba a los comerciantes de esclavos que explotaban a los pueblos indígenas e invertía su dinero en obras públicas que beneficiaban a los africanos. Frente a esa visión, nuevas investigaciones han subrayado en las dos últimas décadas las diferentes manifestaciones de torturas, violación y exterminio que conectaron las atrocidades en esa colonia con el Holocausto judío.[18]

La codicia y la determinación de utilizar esos territorios para su propio beneficio, sobre todo con la explotación del marfil y del caucho, cuya demanda se había disparado con el uso extendido de la bicicleta y la aparición del automóvil, llevaron a Leopoldo II y a sus tropas coloniales a reprimir brutalmente las resistencias. Las tristemente famosas expediciones de «pacificación» convirtieron en norma diaria la tortura, el asesinato y la muerte de niños y mujeres por hambre y enfermedades. Diez millones de víctimas mortales causó aquella «codicia y terror» entre 1890 y 1914. Fue «el horror, el horror», narrado por Joseph Conrad en *El corazón de las tinieblas* (1902). En ese Congo propiedad personal del rey, el capitán Léon Rom tenía cabezas empaladas en el jardín de su casa y otro oficial, Guilleume Van Kerckoven dirigía violentas expediciones de castigo y daba recompensas por las cabezas que le llevaban. Eran personajes reales, aunque Rom sirvió de inspiración para Kurtz, el comerciante de marfil protagonista de la ficción de Conrad.[19]

Aunque puede calificarse el dominio de Bélgica en el Congo, con Leopoldo II y en los años posteriores, como un «crimen de dimensiones genocidas», las atrocidades allí cometidas no fueron tan diferentes a las de otras potencias imperialistas. La administración francesa en el vecino Moyen-Congo, y sus concesiones a importantes compañías, tuvo un buen récord de abusos de trabajadores que, tras numerosas denuncias, llevó al gobierno francés a restringir en 1907 el uso de trabajos forzosos.

Los alemanes en África del Sudoeste, de 1904 a 1907, mataron al 80 por ciento de los herero y casi al 50 por ciento de los nama. La conquista alemana del territorio había comenzado en 1885 con la llegada del inspector imperial Dr. Heinrich Göring, el padre del futuro líder nazi Hermann Göring. En mayo de 1907, la mayor parte del territorio nama se convirtió en propiedad del gobierno colonial también. La destrucción de los herero fue «la inauguración del genocidio del siglo XX». De una población total de 125.000 habitantes —entre los herero, nama y damara—, la represión alemana se llevó aproximadamente 80.000 vidas en tres años, a un coste de 676 alemanes muertos, 907 heridos y 97 desaparecidos. Y las primeras leyes raciales alemanas fueron decretadas en ese territorio, «que prohibían matrimonios entre los colonizadores y las mujeres africanas y privaban de los privilegios y derechos de la ciudadanía alemana a los hombres que las incumplieran». Esas leyes, según Eric. D. Weitz, mostraban claras similitudes con las de Núremberg promulgadas en 1935 por el régimen nazi.[20]

El general Valeriano Weyler y su violenta supresión de revueltas indígenas, con la creación de campos de concentración durante la guerra en Cuba (1895-1898), tuvieron una clara réplica en los métodos de lord Kitchener en la segunda guerra bóer en Sudáfrica (1899-1902). Y los británicos dejaron morir de hambre, sin hacer nada para remediarlo, a millones de personas en la India durante aquella década. Prácticamente todas las colonias europeas fueron conquistadas de forma violenta y Michael Mann ha defendido el argumento de que los Estados en vías de democratización estuvieron especialmente predispuestos a la limpieza étnica y al genocidio, de tal forma que las «limpiezas coloniales representaron la primera cara oscura de la democracia moderna emergente».[21]

Weyler, un militar con fama de duro, que había sustituido al capitán general Arsenio Martínez Campos, tachado de débil, decidió ir «a la guerra con la guerra». Las columnas españolas, en marchas y contramarchas extenuantes, hostigaban sin descanso a los rebeldes. La reconcentración de la población rural alrededor de las ciudades y guarniciones era su método de política de tierra quemada para eliminar los apoyos sociales y las bases económicas de los independentistas. Una estrategia de guerra a ultranza que desprestigiaba la imagen exterior de España, denunciada como cruel e inhumana, y que proporcionó a Estados Unidos el argumento que necesitaba para justificar su beligerancia y una posible intervención militar no solo en las islas de Cuba y Puerto Rico, cercanas a sus costas, sino también en Filipinas, donde en agosto de 1896 se había producido una rebelión independentista que obligó al gobierno español a desplazar hasta el lejano archipiélago a 30.000 soldados comandados por el general Camilo Polavieja, otro militar inflexible que no dudó en mandar fusilar a José Rizal, el líder de los nacionalistas.

Esas similitudes en los medios de dominio colonial y opresión fueron el resultado de procesos de colaboración internacional y de imitación en la conquista y en la supresión de las revueltas. La violencia desatada por los europeos en las colonias siguió modelos similares que incluían el despliegue de fuerzas auxiliares indígenas, la construcción de campos de concentración o el uso de represalias colectivas. La introducción de leyes raciales discriminatorias y la construcción de identidades coloniales de supremacía blanca formaron también parte de esas experiencias compartidas, desde los tiempos de Cristóbal Colón en el siglo XV a las guerras de descolonización de mediados del siglo XX. E irónicamente fue en esas guerras violentas en las colonias donde los europeos hicieron uso y abuso de la retórica de la «misión civilizadora». Las guerras coloniales fueron, en ese sentido, guerras culturales.[22]

Al contrario de lo que había pasado en ese momento en las guerras convencionales del siglo XIX, las mujeres y los niños fueron también asesinados, como ocurrió en la guerra planificada, de exterminio, de las tropas alemanas contra los herero. Según Volker R. Berghahn, «los responsables de esas acciones apreciaron que esa crueldad significaba un cambio fundamental en las normas de la guerra e intentaron justificarlas». Se crearon campos para los supervivientes y las mujeres herero fueron forzadas a limpiar con cristales rotos la piel de los cráneos que después eran llevados a centros de investigación en Alemania.[23]

Los ejércitos, desde la instauración del servicio militar obligatorio en esas décadas, eran instituciones jerárquicas coercitivas, preparadas para administrar la violencia, tanto en posibles guerras civiles como en las coloniales o frente a otras naciones. La tensión entre formas militares y civiles de organizar la sociedad parecía afectar menos a Gran Bretaña que a los imperios centrales del continente europeo, pero el entusiasmo patriótico en Inglaterra durante la segunda guerra bóer se notaba de forma intensa en los relatos literarios, en los periódicos y revistas y en manifestaciones populares. Las escuelas comenzaron a celebrar el «día del Imperio» y se crearon los Boy Scouts en 1908 para preparar a una nueva generación para el servicio militar en las colonias. En vísperas de la Primera Guerra Mundial, según Richard Evans, «el imperio era una parte central de la identidad nacional británica», con claros tintes racistas y «de denigración de otras culturas y civilizaciones».[24]

La presencia de lo militar en la vida pública era muy perceptible en España, que inauguró el siglo XX tratando de cerrar las grietas dejadas por el «Desastre» de 1898 y con un nuevo rey, Alfonso XIII, que accedía al trono en 1902 dispuesto desde un principio a intervenir en la vida política y a no renunciar a ninguna de sus prerrogativas. Y al militarismo heredado del siglo XIX se sumó la guerra de Marruecos, un conflicto que iba a marcar la historia de España durante décadas. Ningún país europeo dedicó tantos recursos durante tanto tiempo para asegurar un territorio tan irrelevante. Y si tenemos en cuenta la gravedad de los acontecimientos posteriores, desde el conflicto abierto en 1921 con el desastre de Annual hasta la rebelión de julio de 1936 y su posterior brutal represión, protagonizada por los militares africanistas, una parte de la sociedad española lo pagó carísimo.

La presencia española en el norte de África había quedado fijada por el acuerdo secreto firmado con Francia en 1904 y por la Conferencia de Algeciras en 1906. Un espacio de influencia, no muy relevante en el contexto internacional, limitado a la zona montañosa del Rif. El interés de ese territorio estaba motivado, más que por su situación estratégica o por sus posibles beneficios económicos, por una cuestión de prestigio nacional, maltrecho desde la pérdida de las colonias. Los altercados y enfrentamientos con las cabilas vecinas, visibles desde 1908, se hicieron más frecuentes en 1909, sobre todo alrededor de las minas explotadas cerca de Melilla.[25]

Tras los graves sucesos de julio de 1909 —la masacre de una columna militar en el Barranco del Lobo—, la Semana Trágica, el descontento generado por la guerra y la hostilidad hacia el injusto sistema de reclutamiento demostraron que eran un buen recurso para movilizar a la población. En una época en la que el imperialismo nacionalista incitaba a las masas populares de las potencias europeas a identificarse con el Estado, en España se producía el fenómeno contrario. Tras haber perdido los últimos restos del imperio colonial, era incapaz de derrotar a un enemigo insignificante situado en las puertas de su propia casa. El recuerdo del «Desastre» del 98 y las escenas vividas en el verano de 1909 agrietaron la legitimidad del sistema de la Restauración y anunciaron la crisis de hegemonía del Estado, irreversible a partir de 1917, pese a que España no participó en la Primera Guerra Mundial y de sus irreparables consecuencias.

En la época del imperialismo, de la exaltación del nacionalismo en los Estados europeos, a España le faltó un enemigo exterior definido. No tuvo empresas ni aventuras exteriores prestigiosas, como las grandes potencias, ni el temor de una posible invasión extranjera, como era el caso de países más pequeños.

En la corte española imperaban todavía los usos y hábitos del Antiguo Régimen. Alfonso XIII nació siendo rey y fue educado como tal en un ambiente aristocrático, clerical y militar, en el escenario sobrio y profundamente religioso recreado por su madre, M.ª Cristina, alejado de la realidad exterior. Sus compañeros de juegos habían sido los hijos de los nobles; sus instructores eran palaciegos de conocida militancia confesional y militares tradicionales con una concepción castrense de la vida pública. De esa formación vendrían sus convicciones católicas, su afición por los uniformes y desfiles y el agrado con el que representaba su papel de rey-soldado, siempre pendiente del bienestar del ejército.

Alfonso XIII era el comandante en jefe de las Fuerzas Armadas, con amplia potestad para nombramientos, ceses y condecoraciones de militares, como quiso dejar claro desde el primer Consejo de Ministros que presidió. Los poderes que le confería la Constitución de 1876 no terminaban ahí. Su persona era «sagrada e inviolable», irresponsable frente al parlamento. Elegía al presidente del Gobierno, podía nombrar y separar libremente a los ministros, designaba senadores vitalicios, compartía el poder legislativo con las Cortes, a las que convocaba y disolvía, cuidaba de la administración de justicia y dirigía las relaciones diplomáticas. Consciente de sus amplias competencias, pronto mostró su voluntad de no renunciar a ellas, de intervenir en la política como un rey gobernante, no como un monarca relegado a un mero papel de moderación y representación.

Y desde los primeros pasos de su reinado, Alfonso XIII y los militares obligaron a los políticos a ceder a sus exigencias. En marzo de 1906 se aprobó la Ley para la Represión de los Delitos contra la Patria y el Ejército, conocida como Ley de Jurisdicciones, que incluía los ataques de la prensa dentro del fuero militar. Los militares podían confiar en la violencia como una estrategia exitosa para lograr sus fines, algo que pondrían en práctica en el futuro cada vez que sintieran amenazados sus intereses corporativos o pensaran, como guardianes de los valores patrios, que la integridad nacional estaba en peligro.

En España, la inexistencia de cuerpos de policía dejaba en manos militares el mantenimiento del orden público y la represión de cualquier tipo de disturbio, por pequeño que fuera. El empleo inadecuado de la Guardia Civil, armada con fusiles Mauser, y el recurso constante al ejército provocaban un grado de violencia desproporcionado, la sujeción de los paisanos detenidos a la jurisdicción militar y la hostilidad de la población hacia las fuerzas armadas.

Todo eso aumentó la distancia que separaba al ejército de la sociedad civil, el sentimiento antimilitarista de una parte importante de la población avivado, sobre todo desde 1898, por el mantenimiento de un sistema de reclutamiento injusto y el recurso constante a los cuarteles cada vez que el orden público se veía amenazado.[26]

En esa confrontación entre las formas militares y civiles de organizar la sociedad en Europa, las primeras lograron importantes victorias desde 1914 hasta 1945 en los países occidentales, fueron una constante en los Balcanes y otros países de Europa Central y del Este y marcaron el paso de la sociedad española durante casi todo el siglo XX.

Las semillas las habían sembrado, como hemos visto, el colonialismo, el etnonacionalismo y los argumentos sobre la superioridad de una raza sobre otras, ajustados a los escenarios nacionales y a las relaciones con el mundo no europeo. La violencia contras las minorías étnicas y religiosas, incluidas en ocasiones su eliminación, hizo también su aparición antes de 1914 en Rusia y otros países del Este. Fue lo que Carmichael denomina la fase «pregenocida», que tuvo después un «efecto rebote» cuando las guerras en los Balcanes y la Primera Guerra Mundial abrieron las puertas a los «eliminacionistas» y a las condiciones propicias para la destrucción total de las minorías.[27]

Antisemitismo y ultraderecha en Rusia

Al contrario de lo que había sucedido en Europa Occidental, donde el proceso de modernización y de creación de Estados y naciones fue lento y gradual, durante varias generaciones, el este de Europa y Eurasia experimentaron una asombrosa aceleración en los años finales del siglo XIX y comienzos del XX. En ese momento Europa del Este seguía dominada por vastos imperios dinásticos que en el caso de los Habsburgo, los Romanov o los sultanes de la monarquía turca otomana llevaban siglos en el poder. Tanto en el imperio ruso como en el otomano los gobernantes habían dado notables privilegios a la Iglesia ortodoxa y al islam, a la vez que habían puesto en práctica medidas de discriminación contra las minorías religiosas. En el período final de la desintegración del imperio otomano y en las décadas anteriores a la quiebra del zarismo aparecieron esporádicos estallidos de violencia extrema en forma de pogromos y masacres. Y en los Estados independientes balcánicos que reemplazaron a la autoridad otomana antes de la Primera Guerra Mundial, las minorías, especialmente los musulmanes, vivían en medio de la inseguridad y la persecución.[28]

La expulsión, traslado o eliminación de minorías étnicas o de grupos a los que se consideraba diferentes, ofrecía oportunidades para arrebatarles sus propiedades, ocupar su lugar en el comercio y desviar el malestar social en momentos de conflicto. Para los nacionalistas partidarios de la homogeneización racial o religiosa y para las primeras organizaciones de ultraderecha se convirtió en una vía de defensa violenta del orden social frente a la revolución y de solución de la «cuestión nacional».

Rusia era a comienzos del siglo XX un imperio de 125 millones de habitantes, multiétnico, multiconfesional, con más de ochenta diferentes grupos lingüísticos y con la comunidad judía más grande del mundo, unos cinco millones, la mayoría de ellos en la «Zona de Asentamiento» creada en las fronteras occidentales, donde se les permitía vivir, frente a la clara discriminación que sufrían en otras partes de la Rusia europea. Aunque los judíos habían sido objeto de violentos ataques desde el siglo XVIII, los pogromos, como comenzó a llamarse en ruso a esa violencia desde los años setenta del siglo XIX, fueron comunes durante el reinado de los zares Alejandro III y Nicolás II.

El odio a los judíos estuvo alimentado en Rusia de forma creciente desde la publicación en 1902, en San Petersburgo, de los *Protocolos de los sabios de Sión,* un libelo inventado por la policía zarista y jóvenes oficiales del ejército y que, según Orlando Figes, proporcionó, mucho antes de su enorme éxito en la Europa de Hitler, «una base popular en Rusia para el mito de que los judíos formaban parte de una conspiración mundial para desposeer y subyugar a las naciones cristianas». Fue también en aquellos años de preguerra cuando se propagó una amplia literatura sobre los rituales de asesinatos, vampirismo y trata de blancas que los judíos supuestamente cultivaban, muy utilizados por todos los contrarrevolucionarios. El antisemitismo, señaló Serguéi Witte, ministro de Economía de 1892 a 1903, era considerado una «moda elegante» entre la elite.[29]

Los *Protocolos* se convirtieron en el vehículo del antisemitismo. Entre 1920, cuando aparecieron por primera vez en Europa Occidental, y 1942, momento en el que Joseph Goebbels le concedió relevancia en su maquinaria propagandística, circularon por el mundo en varios idiomas, con millones de copias, sirvieron como justificación a la masacre de judíos durante la guerra civil en Rusia, y en manos de Hitler y de sus más fanáticos seguidores ayudaron a allanar el camino al Holocausto.

Llegaron a España iniciada ya la Segunda República, difundidos por el sacerdote catalán Juan Tusquets Terrets, para demostrar que los judíos pretendían destruir la civilización cristiana utilizando a masones y socialistas y fueron manejados como prueba contra el gobierno republicano-socialista por figuras influyentes de la aristocracia y del clero a través de la revista monárquica ultraderechista *Acción Española*. Y aunque en España había pocos judíos, el falso libelo fue tomado muy en serio por intelectuales conservadores y por destacados militares africanistas como Emilio Mola y Francisco Franco que extendieron la idea del «contubernio» judeomasónico y bolchevique.[30]

Junto con otros panfletos y relatos fantasiosos, los *Protocolos* actuaron desde el principio en Rusia como riego ideológico y agitador de las matanzas de judíos. La primera de ellas ocurrió durante la Pascua de 1903 en Kishinev, Besarabia (en la actualidad Chisináu, capital de Moldavia), con 49 muertos, decenas de mujeres violadas, saqueos, casas destruidas y varios cientos de heridos. El instigador, Pavolachi Kreshevan, había comenzado cinco años antes a publicar ataques fanáticos contra los judíos en un periódico local que él mismo había fundado y fue la primera persona que publicó los *Protocolos*. Tras el pogromo, un agitador que lo representaba, Georgi Pronin, declaró en el juicio que los causantes de aquellos violentos sucesos eran verdaderos patriotas que defendían al zar y a la sagrada Rusia contra una temible conspiración internacional.[31]

La situación en el imperio ruso se deterioró desde enero de 1904 cuando comenzó una guerra en el extremo oriente contra Japón por el dominio de Manchuria y Corea, que causó estrepitosas derrotas y una crisis política y social, con huelgas e insurrecciones durante 1905. En octubre, el zar Nicolás II fue presionado para que firmara un manifiesto, redactado por su primer ministro, el conde Witte, en el que garantizaba libertades civiles y poderes legislativos a una Duma elegida por sufragio democrático. Lo firmó pero, poco después, lamentó haberlo hecho, rodeado de influencias reaccionarias que encabezaban su madre, María Feodorovna, el gobernador general de San Petersburgo, Dimitri Trepov, y algunos de los grandes duques.

Cuando la marea revolucionaria cedió, surgieron grupos ultraderechistas paramilitares, organizados en torno a la Unión del Pueblo Ruso, que se enfrentaron a los revolucionarios en las calles, se manifestaban con estandartes patrióticos y retratos del zar y lanzaron pogromos contra los judíos en muchas ciudades. La Unión del Pueblo Ruso actuó como catalizador para regenerar una sociedad que consideraba que había perdido contacto con su identidad política y cultural. Querían una autocracia patriarcal, que no estuviera sometida a las fuerzas que amenazaban su autoridad.[32]

Los grupos paramilitares que aparecieron en diferentes partes del imperio se organizaron como «Centurias Negras», «hermandades de combate», que utilizaban la violencia para defender los «valores básicos rusos», que incluían la autocracia, la primacía de la Iglesia ortodoxa y la nacionalidad rusa. Así lo explicó uno de sus principales dirigentes, Aleksandr Dubrovin, durante una audiencia con el zar en diciembre de 1905, poco tiempo después de su formación. Estaban allí en representación del pueblo ruso, para mostrarle su devoción «como zar-autócrata y padre».[33]

Las «Centurias Negras», al igual que Action Française, eran un movimiento a medio camino entre la ideología reaccionaria tradicional decimonónica y la ultraderecha populista/fascista del siglo XX. Por sus estrechos y sólidos lazos con la monarquía y la Iglesia pertenecían esencialmente al pasado pero, como comprendieron la crucial importancia de movilizar a las masas, fueron precursoras de los nuevos partidos que surgieron tras la Primera Guerra Mundial y la quiebra de los imperios.[34]

Su bautismo en la sociedad rusa fue violento, como actores principales de los pogromos antijudíos que se cobraron varios cientos de víctimas en diferentes ciudades, entre las que destacó Odessa, la más castigada en esa oleada de ataques. Sophie Witte, hermana del conde y primer ministro del zar Nicolás II, escribió en 1907, haciendo referencia a ese terror, que a cada miembro de esa organización se le daba «una insignia y un bastón de goma. La placa les concede el singular derecho de detener a la gente y registrar sus casas, mientras que el bastón lo usan para golpear a los "revolucionarios", es decir, a los judíos».[35]

Las fuentes contemporáneas, el relato de los testigos y las investigaciones históricas muestran que había un caldo de cultivo, la propaganda antisemita, que se servía de pretexto, normalmente inventado, para atacar a los judíos de forma arbitraria. Lejos de ser manifestaciones espontáneas de ira popular, los grupos locales de derechistas los planificaban de forma deliberada. El pogromo que ocurrió en la ciudad ucraniana de Elisavetgrad en febrero de 1907 ilustra perfectamente las características de ese modelo repetido en otros lugares.

Durante 1906, la organización local de la Unión del Pueblo Ruso había estado preparando el escenario con proclamas antisemitas, hasta el punto de que el vicegobernador pensaba que muchos de sus miembros no estaban unidos por la devoción al zar o a la patria sino «casi exclusivamente por su odio a los judíos». El 25 de febrero de 1907, cuando una persona no identificada mató a uno de los dirigentes de la Unión, culparon a los judíos. El día del funeral, una multitud de unionistas abandonaron el cementerio gritando «Mueran los judíos» y llegaron a la ciudad saqueando sus tiendas y atacándolos con palos y porras, con el resultado de un muerto y varios heridos. Ante los arrestos policiales, la Unión negó los hechos y echó la culpa a los propios judíos, un argumento entonces muy utilizado.[36]

La complicidad de las autoridades, policía y ejército era esencial para que esas acciones quedaran impunes, y sus líderes y seguidores sabían que el zar, la Iglesia y la burocracia imperial no se oponían a los ataques. El zar era un «fanático simpatizante» y la zarina siguió creyendo hasta el final que los *Protocolos* eran auténticos y no una falsificación. Cuando fue asesinada en julio de 1918, tenía, junto a la Biblia, un ejemplar de ese libelo.[37]

Las «Centurias Negras», además de protagonizar los ataques más violentos contra los judíos, cometieron atentados terroristas que costaron la vida, entre otros, a los diputados liberales de la Duma Mikhail Herzenstein y Grigorij Jollos. El movimiento comenzó a perder fuerza unos años después y, tras la abdicación del zar en marzo de 1917, fue prohibido. Tras el triunfo bolchevique, en octubre de ese año, algunos de sus dirigentes criticaron al Ejército Blanco por no defender con energía aquellos «valores básicos rusos» que les habían servido a ellos como estandartes.

Como ocurrió con los judíos en el imperio ruso, los musulmanes, los cristianos ortodoxos y los serbios ortodoxos sufrieron también discriminación y persecución en esos años finales del dominio turco otomano y de expansión de los Habsburgo. Hubo varias rebeliones serbias reprimidas brutalmente por las tropas austrohúngaras. Las acciones de la organización nacionalista serbia Mlada Bosn, que culminaron en el asesinato del archiduque Francisco Fernando de Austria el 28 de junio de 1914 en Sarajevo, habían contribuido también a generar una animadversión hacia los serbios por parte de los austriacos, que el propio Hitler cultivó.

Antes de la Primera Guerra Mundial la posición de esos grupos religiosos se deterioró rápidamente en el este de Europa. Las cifras de víctimas en esa guerra fueron especialmente altas en los frentes del este, en el Cáucaso, mar Negro y en los Balcanes, en áreas donde había precedentes de eliminación de súbditos «desleales» o diferentes. Y las guerras de 1912-1913 en los Balcanes dejaron un catálogo notable de atrocidades en el combate, en la retaguardia y en el tratamiento de los prisioneros de guerra. Fueron prácticas de eliminación de la población a las que la historiografía occidental, alimentando el tópico de los *good times* anteriores a 1914, no prestó la debida atención.

Guerras en los Balcanes (1912-1913)

Desde las décadas finales del siglo XIX la península de los Balcanes se convirtió en un área de conflictos nacionalistas, donde los Estados independientes de Bulgaria, Rumanía, Grecia, Serbia y Montenegro reclamaron concesiones territoriales a costa del decadente imperio otomano. La rivalidad entre ellos, sin embargo, especialmente en el disputado territorio de Macedonia, escenario de enfrentamientos entre cristianos, ortodoxos y musulmanes, impidió una alianza balcánica frente a la autoridad imperial.[38]

Cuando esa se produjo finalmente en 1912, con el apoyo de Rusia, Montenegro fue la primera en declarar la guerra, el 8 de octubre, seguida por los otros Estados. Derrotados en diferentes frentes y cada vez con menos territorios, los otomanos solicitaron un armisticio apenas dos meses después de los primeros combates.

Las negociaciones tuvieron lugar en Londres, donde participaron también los embajadores de las grandes potencias que querían asegurar sus intereses en la península, pero los Jóvenes Turcos no aceptaron el Armisticio y la guerra se reanudó el 3 de febrero de 1913. Pocas semanas después eran derrotados y un nuevo acuerdo redujo notablemente la presencia otomana en Europa.

Mientras tanto, los aliados balcánicos comenzaron a luchar y disputarse territorios entre ellos. El 29 de junio de ese año tropas búlgaras atacaron posiciones serbias en el sudeste de Macedonia y comenzó la segunda guerra balcánica, con batallas entre búlgaros, griegos, serbios y rumanos. Los búlgaros, que habían obtenido importantes ganancias en la primera de esas guerras, resultaron ser los perdedores en la segunda y los turcos recuperaron Adrianópolis y el norte de Tracia.

Las dos guerras balcánicas cambiaron significativamente el mapa de Europa sudoriental. Surgió un Estado nuevo, Albania, muy frágil porque griegos y serbios no estaban de acuerdo con las fronteras que lo delimitaban; Bulgaria, Grecia, Montenegro y Rumanía ganaron importantes territorios; y Serbia obtuvo Kosovo y la porción más grande de Macedonia, repartida con Grecia. Pero ninguno de esos Estados se quedó contento con el reparto del tratado de paz firmado en Constantinopla el 30 de septiembre de 1913. Austria perdió la posición de seguridad en esa península y Rusia, derrotada unos años antes por Japón, que le había bloqueado su expansión oriental, miraba también con interés a esa zona de tensión[39]

Esas guerras fueron el primer conflicto armado de Europa en el siglo XX y en muchos aspectos un anticipo de lo que iba a comenzar un año después. Hubo una movilización masiva de tropas en todos los países, ataques generales de infantería contra posiciones atrincheradas, uso militar de aviones para bombardeos y casi 200.000 soldados muertos, especialmente en las tropas búlgaras y otomanas.

Las ambiciones territoriales de los diferentes contendientes los llevaron a invadir y anexionar áreas que creían pertenecerles por cultura, lengua o historia, claros ejemplos de imperialismo en territorio europeo que continuarían después Hitler y Stalin durante las décadas siguientes. Y además esas batallas en los Balcanes arrastraron a las grandes potencias, que apoyaron a los diferentes contendientes según sus intereses y alianzas, en un ensayo de lo que hicieron a gran escala a partir de agosto de 1914.

Además de las muertes en combate, hubo decenas de miles de víctimas de epidemias, sobre todo de cólera y tifus, cientos de miles de civiles se convirtieron en refugiados y 890.000 personas fueron forzadas a abandonar de forma permanente sus hogares.[40] Pero lo más destacado e históricamente relevante de esas guerras en los Balcanes fueron, no obstante, las masacres de civiles que prefiguraron los genocidios que marcarían después la historia de Europa del siglo XX, cuando ciudadanos considerados extraños o extranjeros fueron demonizados, asesinados en nombre de la integridad racial o religiosa para favorecer la expansión del Estado nación.

Los búlgaros quemaron mezquitas y Serbia puso en práctica un programa de asimilación y destrucción de minorías que no compartían su lengua y cultura. En la primera de esas guerras, los musulmanes fueron el principal objetivo de saqueo, violación y asesinato. Unos 200.000 musulmanes perdieron sus vidas como consecuencia de violencia deliberada, hambre y epidemias. El vicecónsul británico en la región informaba en noviembre de 1913, cuando la paz se había firmado ya oficialmente, que la población musulmana en las zonas anexionadas estaba «en peligro de extermino por los frecuentes y brutales saqueos y masacres a los que estaban sometidos por las bandas serbias».

Una delegación de siete hombres de diferentes países que viajaron a la región en agosto y septiembre del mismo año escribieron después un informe oficial —el Carnegie Endowment Inquiry— que catalogaba las diferentes atrocidades de las que fueron testigos y con una percepción profética concluía que la segunda guerra balcánica «era solo el comienzo de otras guerras, o más bien de una guerra continua». A las venganzas cometidas contra los prisioneros de guerra se refirió también el entonces joven León Trotski tras hablar con muchos de los soldados serbios.[41]

Tras esas derrotas de los otomanos en Europa en 1912 y la pérdida de enormes cantidades de territorio y desplazamiento de población, la violencia de refugiados turcos en los Balcanes contra los cristianos se disparó. Los armenios se convirtieron en el chivo expiatorio de todas las humillaciones sufridas, que tenían que pagar por ello. La gran masacre iniciada en 1915 es considerada el primer gran genocidio de la historia del siglo XX, pero las persecuciones violentas contra los armenios habían comenzado en los años ochenta del siglo XIX.

Como observó hace tiempo Feliks Gross, «la posición de los cristianos armenios en el imperio otomano era muy diferente a las de las minorías serbias, griegas, búlgaras o albanesas, que siempre podían buscar protección y apoyo en esos nuevos Estados independientes y que además eran musulmanas, identificadas con el imperio y que servían en su ejército». (...) «Los armenios estaban indefensos y sin aliados. Privados de su independencia nacional, estaban divididos entre Turquía, Rusia y Persia y maltratados por los kurdos, un pueblo nómada utilizado por el gobierno otomano para combatirlos.»[42]

El Tratado de Berlín de 1878 obligó al emperador Abdul Hamid II a proteger a la minoría cristiana armenia en Anatolia, la mayoría de ellos comerciantes y mercaderes acomodados, pero unos años después, en 1892-1893, la población musulmana, alentada por las autoridades que aseguraban que había una conspiración para destruir al islam, comenzaron a masacrar armenios. En 1894, kurdos y tropas otomanas destruyeron poblados, matando indiscriminadamente a todos los armenios que encontraron. En diciembre del año siguiente más de tres mil armenios fueron quemados vivos en la catedral de Urfa y más asesinatos en masa tuvieron lugar en Constantinopla y Asia Menor.

Esas masacres, ocurridas entre 1894 y 1897, denominadas hamidianas, por ocurrir bajo el mandato de Hamid, quien las consintió y amparó, causaron decenas de miles de víctimas —cerca de trescientas mil, según las investigaciones más recientes— y protestas políticas y diplomáticas en varios países contra el emperador, sin mucho efecto. Muchas ciudades quedaron en ruinas, habitadas por viudas y niños huérfanos. Un diplomático británico advirtió de «la intención de las autoridades turcas de exterminar a los armenios».[43]

La mayoría de las víctimas de esas masacres fueron hombres que vivían en las ciudades, asesinados cerca de sus casas o lugares de trabajo en masacres selectivas cuyo principal objetivo era la destrucción psicológica, cultural y económica. Según el informe de un diplomático ruso en 1901, los supervivientes armenios en Sassoun subsistían en «una casi dependencia feudal» de los kurdos locales: «Cada armenio es asignado a algún kurdo y obligado a trabajar para él; los kurdos venden a sus siervos cuando necesitan dinero; si un kurdo mata a un siervo, su señor se venga matando a un siervo perteneciente al asesino».[44]

Los agresores arrasaron 2.500 pueblos y aldeas y 645 iglesias y monasterios. Al menos 75.000 sobrevivientes fueron convertidos por la fuerza al islam. Un gobernador provincial escribió al sultán Abdul Hamid: «50.000 armenios huyeron a través de la frontera, 30.000 están todavía escondidos en los bosques, 45.000 se han convertido al islam y 10.000 probablemente murieron. Gracias a las medidas inteligentes de Su Majestad, los musulmanes son ahora mayoría en todas partes». El sultán declaró en 1887 que «la cuestión armenia» estaba «cerrada». Pronto se vio que no era así.[45]

Los ataques violentos volvieron en 1903, 1904 y sobre todo en 1909, cuando 30.000 armenios fueron asesinados en la provincia de Adana. Frente a esa violencia y condiciones intolerables, un grupo de activistas, iniciado por estudiantes pero con base social diversa, crearon en 1890 la Federación Revolucionaria Armenia, más conocida como la Dashnak, con el objetivo de liberar a los armenios y crear un Estado independiente. Uno de sus fundadores, Christopher Mikaelian, era un antiguo miembro de la organización revolucionaria rusa Narodnaya Volya («Voluntad del Pueblo») e introdujo tácticas de terror individual y de guerrilla, practicadas contra los responsables de las masacres, aunque no pudieron lograr asesinar a Abdul Hamid en un atentado con bomba en 1905.[46]

Hubo en esas dos guerras numerosos casos de mutilación y violación utilizados para intimidar a los miembros de las minorías que permanecían en sus casas e inducirles a huir. El número de refugiados y de cambios de población superó cualquier guerra anterior. Al menos 890.000 personas fueron obligadas a dejar de forma permanente sus lugares de residencia.[47]

Las guerras en los Balcanes y la eliminación de minorías étnicas en diferentes territorios de Europa del Este inauguraron una era de conflicto en el siglo XX, anterior a 1914, y fueron el preludio claro a grandes problemas que atormentaron al continente durante décadas, hasta la desintegración de Yugoslavia en los años noventa. Para algunos de esos países de la península balcánica la guerra comenzó en octubre de 1912 y finalizó seis años después, constituyendo una «larga» Primera Guerra Mundial.[48] Esas dos guerras, por otro lado, significaron «el final de cualquier vestigio de pluralismo interreligioso en el imperio otomano, y el comienzo de una obsesión más intensa con la constitución étnica de las tierras restantes».[49]

Los 224 millones de personas que vivían en los imperios multinacionales de Austria-Hungría, Rusia y en los Balcanes antes de la Primera Guerra Mundial, según Ivan T. Berend, «mostraban una notable diversidad étnica, lingüística y religiosa. Como carecían de una larga historia de construcción de naciones, de Estados independientes, y los Estados multinacionales habían sobrevivido, el área que se extendía desde el mar Báltico al Adriático permaneció como una "franja de población mezclada", como era entonces denominada». Los agudos conflictos de clase del siglo XIX, construidos y conceptualizados como la «cuestión social» en Occidente, «aparecieron en parte como religiosos y nacionales en Europa Central y del Este».[50]

A largo plazo, como sugieren algunos autores, es posible trazar en la historia del este y sudeste de Europa una «constante violencia política en las cinco décadas que siguieron, desde los años setenta del siglo XIX», al desmantelamiento de grandes áreas del dominio otomano en los Balcanes. En ese proceso de formación de nuevos Estados, con actos de terrorismo secesionista y conflictos étnicos, aparecieron grupos paramilitares, en forma de guerrillas antiotomanas, en Grecia, Bulgaria y Serbia, que anticiparon manifestaciones de violencia política que llegarían a ser dominantes en esas zonas después de 1917.[51]

Parece obvio que la mirada desde Europa del Este descubre un panorama diferente al transmitido por la mayoría de los historiadores de Europa Occidental y de Estados Unidos, para los cuales todos los horrores del siglo XX nacieron de la Primera Guerra Mundial, «la primera calamidad del siglo XX, la calamidad de la que surgieron todas las demás calamidades», como la definió el historiador estadounidense Fritz Stern, o el inicio del «siglo corto» de Eric Hobsbawm, la ruptura con el «largo siglo XIX».[52]

Tampoco sirve, si la historia se examina desde esas regiones, la idea de que entre la guerra franco-prusiana y la Primera Guerra Mundial «hubo una paz de cuarenta y tres años». La guerra greco-turca de 1897 y la guerra ítalo-turca librada en Tripolitania en 1911 desplegaron un amplio catálogo de «violencia indiscriminada contra los civiles», con componentes étnicos y religiosos, de guerra santa contra los cristianos o de cruzada contra los musulmanes, y a la Primera Guerra Mundial se la denomina a menudo en Serbia «la tercera guerra balcánica».[53]

El conflicto en los Balcanes puso a prueba seriamente el entramado político, diplomático y militar europeo, aunque entonces quedó limitado a la región porque las grandes potencias eligieron no intervenir directamente. Dos décadas antes, el canciller del imperio alemán, Otto von Bismarck, «había convencido a Austria-Hungría y a Rusia para que aceptaran una división de su influencia en los Balcanes, el oeste para los Habsburgo y el este para los Romanov. Consciente de que la situación tan difícil y turbulenta de esa región podría desencadenar una guerra y meter a Alemania en un combate en dos frentes, avisó al Reichstag de que las luchas en los Balcanes "no merecían arriesgar los huesos sanos ni de uno de nuestros mosqueteros de Pomerania"».[54]

En esa Europa de comienzos del siglo XX dominada por vastos imperios territoriales, el militarismo y el culto a la exhibición militar, espoleado por las asociaciones nacionalistas, la prensa derechista y las guerras coloniales, se había introducido en la vida pública y privada de la mayoría de las naciones. «Los altos dirigentes, emperadores y reyes acudían a los actos públicos con uniforme militar y las revistas militares eran una parte esencial del ceremonial público. Como los gastos de defensa representaban una parte sustancial del gasto público, los mandos militares tenían que competir con los políticos civiles para tener acceso a los recursos.»[55]

Junto a ese militarismo, había una falta de transparencia diplomática en la mayoría de las maniobras de los ministros de Asuntos Exteriores, especialmente cuando trataban de los Balcanes. Los instrumentos de la vieja diplomacia persistían pese a la modernización de las sociedades, con reuniones confidenciales, intercambios de promesas y acuerdos bilaterales secretos.

Algunos de los «aspectos negativos de la modernización, como el nacionalismo radical, el darwinismo social y el militarismo, habían creado en Europa una "cultura política compartida" que consideraba la guerra un medio legítimo para hacer avanzar los intereses nacionales», regenerar y transformar las sociedades y sus gentes.[56] La idealización de la guerra, del militarismo y patriotismo fue ya subrayada por Filippo Tommaso Marinetti en su famoso Manifiesto Futurista de 1909. O por Gabriele D'Annunzio, profeta de la guerra, quien destacó por sus diatribas contra las autoridades corruptas y pacifistas de la democracia, de esos que vivían felices los *good times*, que él denominaba «*la vita leggera*».[57]

Quienes tomaron las decisiones fundamentales —reyes, emperadores, políticos, diplomáticos y mandos militares— «caminaban hacia el peligro con pasos calculados y atentos». Eran como «sonámbulos», en expresión de Christopher Clark, «vigilantes, pero ciegos», que actuaban en muchas ocasiones con una frivolidad y falta de responsabilidad sorprendentes, «inconscientes del horror que estaban a punto de traer al mundo».[58]

El jefe del Estado Mayor austriaco, el mariscal de campo Franz Conrad von Hötzendorf, de 54 años, estuvo, entre 1907 y 1914, más interesado en una relación amorosa que en todos «los asuntos políticos y militares que llegaban a su escritorio».[59]

Cuando el archiduque Francisco Fernando y su esposa Sofía Chotek fueron asesinados en Sarajevo el 28 de junio de 1914, la elite europea estaba disfrutando de su vida privilegiada y exquisita. La noticia del asesinato sorprendió al emperador Guillermo navegando en su yate. El presidente de Francia, Raymond Poincaré, aunque recibió un telegrama en el hipódromo, donde estaba en compañía de otros miembros del cuerpo diplomático, «se quedó a disfrutar de la carrera de la tarde». El príncipe Alfons Clary-Aldringen estaba cazando corzos en un bosque de Bohemia.[60]

A la mayor parte de la población de esos países, reclutada en masa desde julio de 1914, la habían convencido de que la próxima guerra que llegara sería parecida a las anteriores, sin tener en cuenta las transformaciones ocurridas en la tecnología y organización militar. Se esperaba que la guerra fuera corta y los poderes europeos «contemplaban una serie de encuentros militares cortos e incisivos, seguidos presumiblemente de un congreso general de los beligerantes en el que confirmaran los resultados militares mediante un arreglo político y diplomático». Guillermo, el príncipe heredero de la corona alemana, ansiaba que la guerra fuera «radiante y gozosa». El ministro ruso de la Guerra, el general V. A. Sukhomlinov, se preparaba para una batalla de dos a seis meses y las expectativas británicas eran que sus fuerzas expedicionarias estuvieran en casa para Navidad.[61]

Esa visión extendida de una guerra «de gabinete», corta, combatida por militares, sin afectar a la población civil, decidida desde las alturas y pactado su final, un «mito», según Volker R. Berghahn, constituye una de las razones por las que tantos hombres europeos «se alistaron en masa en el verano de 1914 cuando sus líderes les llamaron para defender a la patria». Aunque los avances industriales y tecnológicos ya se habían puesto al servicio de la guerra en las colonias, la memoria, lejana, en el continente era el conflicto franco-alemán de 1870-1871.[62]

Y eso que algunos autores ya habían advertido sobre la capacidad destructiva de la maquinaria militar moderna, de la necesidad de movilizar a millones de hombres para una futura guerra de ametralladoras y trincheras. La línea entre combatientes y no combatientes había ya desaparecido en las colonias y en los Balcanes, con los ancianos, mujeres y niños desprotegidos contra la extrema violencia. A los ojos de algunos expertos, esas guerras habían anunciado, ya antes de 1914, el carácter total del conflicto moderno, con los civiles formando parte de él.[63]

Los gobiernos de los principales poderes sabían que si entraban en guerra todos a la vez, algo que posibilitaba el sistema de alianzas pactado unos años antes, el dinero y las energías gastadas podrían conducir a la bancarrota de la industria y del crédito en Europa. Pero parecían no saber, no sentir, no comprender lo mucho que había en juego. La conclusión de Christopher Clark es que en 1914 hubo «una profunda quiebra de las perspectivas éticas y políticas» que socavaba el consenso y minaba la confianza entre las naciones. Ninguno de los trofeos por los que compitieron valía lo que supuso la gran calamidad que siguió.[64]

3

Culturas de guerra y revolución

> Nos encontramos al borde de acontecimientos que el mundo no ha conocido desde los tiempos de los bárbaros. Muy pronto todo lo que forma ahora nuestras vidas se descubrirá completamente inútil ante el mundo. Está a punto de comenzar una época de barbarie y durará décadas.
>
> Barón Nikolái Alexándrovich von Wrangell, 1914[1]

En diciembre de 1914, cuando cientos de miles de personas ya habían muerto en la guerra que se libraba en diferentes frentes del continente europeo desde finales de agosto, entre ellos un tercio de los cien mil hombres de la Fuerza Expedicionaria Británica enviada a Francia, la agencia de viajes londinense Thomas Cook ofrecía a los turistas británicos una amplia variedad de hoteles en la Costa Azul francesa y en la Riviera de Liguria en Italia.[2]

«La primavera y el verano de 1914 estuvieron marcados en Europa por una tranquilidad excepcional», recordaba años después, en 1920, sir Winston Churchill, alimentando esa idea nostálgica de la estabilidad europea en tiempos de la Alemania de Guillermo II o la Inglaterra de Eduardo VII, de contraste entre los *good times* —de privilegio, imperialismo feliz y poder— y el período de grandes convulsiones políticas y sociales inaugurado por el estallido de la Primera Guerra Mundial en agosto de 1914.[3]

La fotografía sobre la tranquilidad europea era ilusoria y engañosas también fueron las predicciones de políticos y militares sobre la duración y las víctimas que ocasionaría esa guerra. La carnicería que finalmente causó suele atribuirse a la guerra de trincheras y a la estrategia de lento desgaste del enemigo, pero «el número de víctimas fue mayor en las fases inicial y final del conflicto», debido a la doctrina militar dominante en ese momento que consideraba que, «en una guerra de movimientos, la victoria la conseguiría quien alcanzara la superioridad en la ofensiva». El ejército francés sufrió 528.000 bajas entre agosto de 1914 y enero de 1915, 265.000 de ellas mortales. Las bajas en el ejército ruso y en el austrohúngaro superaron el millón en ese mismo período y 800.000 en el alemán, aunque este último tuvo muchas más víctimas al final que al comienzo de la contienda.[4]

Antes de 1914, en el continente europeo, los civiles muertos en las guerras eran pocos, comparados con quienes las combatían. En la Primera Guerra Mundial las víctimas civiles mortales ya representaron un tercio del total; en la Segunda, superaron los dos tercios. El nuevo modelo de conflicto, la «guerra total», ya no sería solo propiedad de los ejércitos, y los Estados tendrían que orientar su economía y su población hacia la causa bélica. La «brutalización» causada por la primera de esas guerras, con terribles consecuencias, según George L. Mosse en Alemania, desde la República de Weimar al Holocausto, dio paso a que las poblaciones civiles se convirtieran en objeto de acoso y destrucción, un fenómeno ya evidente en las guerras civiles de ese período, en Finlandia, Rusia, España y Grecia, y que marcó de forma prominente la confrontación entre Estados entre 1939 y 1945.[5]

Con el estallido de la Primera Guerra Mundial el destino de Europa comenzó a decidirse por la fuerza de las armas. Fue una guerra de una escala sin precedentes, con dos frentes principales, uno occidental y otro oriental. Borró definitivamente la línea entre el enemigo interno y externo, de combatientes y no combatientes, que había comenzado a desaparecer ya antes en las colonias y en los Balcanes; fue el escenario de los primeros ejemplos de exterminio masivo de la historia moderna y de ella salieron el comunismo y el fascismo, los movimientos paramilitares y la militarización de la política.

Y aunque oficialmente duró cuatro años y tres meses, la guerra no acabó en noviembre de 1918, con el Armisticio, y fue seguida de una oleada de violencia paramilitar, de «guerra en paz». La violencia así se convirtió en una característica destacada de la política en varios países tras el Armisticio, desde Italia y Alemania a Irlanda, pasando por Austria, Hungría o Polonia. El paramilitarismo fue más intenso y persistente en Europa del Este (ya había comenzado en los Balcanes), donde aparecieron fenómenos específicos/peculiares que hicieron diferentes a esos países de Europa Occidental:

deportaciones masivas, limpieza étnica y radicalización de la violencia política, militar y revolucionaria.[6]

¿Qué causó ese tremendo salto al abismo? En la Primera Guerra Mundial, en la forma en que los Estados pusieron en marcha «la modernidad de los métodos de matar», reside una parte de la respuesta, pero, como señala Ian Kershaw y he examinado en el anterior capítulo, las raíces de esa violencia parecen más profundas y van más allá de la guerra misma. «La idealización y glorificación de la violencia como una forma de protesta política y social frente a la decadente sociedad burguesa comenzó a extenderse desde finales del siglo XIX» en algunos círculos nacionalistas, especialmente en los territorios con mezcla étnica, y en otros marxistas y anarquistas que defendían el uso de la fuerza para cambiar la sociedad.

«Las principales potencias imperialistas, por otro lado, ejercían una notable violencia en los territorios colonizados, aunque estuviera ausente en las metrópolis, con justificaciones de la represión sobre pueblos inferiores, que alimentaron planteamientos ideológicos más elaborados después de 1914.» En los Balcanes, como ya hemos visto, la exclusión de «elementos inferiores» sirvió de pretexto para las masacres de armenios en los momentos finales del derrumbe del imperio otomano.[7]

Guerra sin límites

En la Europa anterior a 1914 el recurso a la guerra estaba reconocido por los estadistas «como un instrumento normal y aceptable de la política y de la diplomacia, una prolongación de la política por otros medios, según la famosa formulación de Clausewitz». La confianza mostrada en las décadas anteriores en que la guerra podía ser gobernada por reglas, codificada en las Convenciones de La Haya de 1899 y 1907, se hizo añicos durante la Primera Guerra Mundial y en los años que siguieron en el siglo XX. De la guerra limitada se pasó a una sin cuartel, total, apocalíptica, en la que «el conflicto entre el bien y el mal», según el historiador Herbert Butterfield, «no admitía ninguna forma de transigencia». Para él, las características más letales de los conflictos bélicos del siglo XX «no fueron consecuencias de la tecnología moderna, sino de una teoría de la guerra que rehuía restricciones y límites, que rechazaba el compromiso, otorgando a la guerra un atributo "demoniaco"».[8]

Al no quedar reducida a los campos de batalla y causar efectos devastadores en la población civil, la guerra se convirtió en la forma más extrema de violencia política, con amplios apoyos sociales y movilización en nombre de la nación, la patria, la raza o el pueblo contra un enemigo satanizado. De los uniformes tradicionales y coloridos de infantería «se pasó al caqui o gris con las caras escondidas bajo cascos de acero y máscaras de gas, donde los soldados perdían su humanidad e identidad».[9]

Porque fue también la primera guerra en utilizar sin límites las sustancias químicas, exploradas en las guerras más sangrientas del siglo XIX, en la de Crimea y en la civil en Estados Unidos, aunque prohibidas por la Conferencia de la Paz de La Haya (1899). Las naciones beligerantes en la guerra de 1914-1918 emplearon diferentes clases de gases asfixiantes, mostaza, lacrimógenos y otros más letales, y contaron con miles de profesionales para poner la química al servicio de la guerra. Más de cien mil toneladas de gas tóxico causaron 91.000 muertos y casi un millón de heridos.

La guerra química comenzó en abril de 1915 cuando el científico Fritz Haber, a quien le concedieron el Premio Nobel de Química tres años después, convenció al Estado Mayor alemán de que el uso de gas tóxico aceleraría la victoria en el frente oeste. Y aunque británicos y franceses adoptaron medidas defensivas y desarrollaron también armas químicas, la iniciativa correspondió casi siempre al mando militar alemán. En todos los casos, sirvió para aterrorizar a las tropas enemigas, que no siempre disponían de máscaras antigás y de uniformes de protección.[10]

El reclutamiento de millones de hombres fue acompañado de propaganda, de representaciones de la guerra por parte de políticos, intelectuales y escritores que contribuyeron a «polarizar identidades culturales entre la identidad positiva y de comunidad de cada nación (y de sus aliados) y la demonizada del enemigo». En esa movilización cultural, desde Francia y Gran Bretaña los alemanes aparecían como «hunos» y «bárbaros», capaces de cometer grandes crueldades contra soldados, prisioneros de guerra, mujeres y niños. Frente a esa imagen, los alemanes además de rechazar la acusación por la comisión de atrocidades, se presentaban como los herederos de Goethe y Kant, que defendían los valores esenciales de la sociedad civilizada y de la paz universal.[11]

Esos estereotipos nacionales y, conforme la guerra avanzó, raciales contribuyeron a intensificar la violencia y las atrocidades cometidas sobre la población civil, pero también sobre objetos culturales y artísticos. La destrucción por incendio de la biblioteca universitaria de Lovaina y su colección de manuscritos o el bombardeo de la catedral de Reims ya en el verano de 1914, a las pocas semanas de iniciada la guerra, tenían como objeto destruir lugares simbólicos de la memoria cultural del enemigo, una destrucción cultural espoleada por el anticatolicismo y protestantismo militante de la elite política prusiana.

Los alemanes arrestaron y ejecutaron al menos a 47 sacerdotes católicos, acusados de fomentar la insurrección popular. Según la investigación de Horne y Kramer, 6.427 civiles belgas y franceses fueron asesinados por las tropas alemanas invasoras en agosto de 1914. Relatos de atrocidades, rumores, representaciones teatrales sobre violación de monjas por los «hunos» mostraron que la religión fue también un importante medio de movilización cultural y de violencia política, algo que siempre se asocia más al anticlericalismo en Rusia y España, y a los conflictos religiosos y étnicos en los Balcanes.[12]

La guerra dejó alrededor de ocho millones de muertos en los diferentes frentes, la mayoría de ellos jóvenes, quienes, más allá de algunas narraciones sobre el disfrute del combate, la camaradería y el placer de matar, fueron reclutados y obligados a luchar por Estados que pusieron en marcha medidas severas de coerción y suprimieron la legislación laboral para mantener la producción de armamentos a pleno funcionamiento.

Muchos padres nunca superaron la muerte de sus hijos, y tres millones de viudas y diez millones de huérfanos daban una buena medida del trauma y dolor que la Primera Guerra Mundial ocasionó a los europeos. Allí estaban también, repartidos entre las naciones beligerantes, los millones de heridos, sin brazos ni piernas o con las caras desfiguradas, los *gueules cassées*, como los llamaban en Francia, «que llevaban máscaras de papel maché para ocultar sus cicatrices».[13]

Aunque muchos testimonios han transmitido descripciones gráficas de la naturaleza brutal de los combates en las trincheras, con asaltos de bayonetas, cuchillos y objetos improvisados para embestir, la violencia contra los prisioneros de guerra y la población civil constituyó la mejor prueba de que la Primera Guerra Mundial fue el prototipo de un nuevo modelo de conflicto, que poco se parecía al tradicional entre Estados. Por un lado, trasladó al continente el salvajismo de las guerras coloniales; por otro, fue la precursora y el presagio de la «guerra de treinta años», de la «época de atrocidad moral» que Europa vivió hasta 1945.[14]

Los prisioneros sufrieron maltratos y formas extremas de violencia en el frente, en el traslado, en los batallones de trabajo y en los campos de confinamiento. Las formas de violencia registradas e investigadas con detalle en los últimos años incluían el fusilamiento, la tortura, el hambre y la violencia sexual. Visto en perspectiva de largo plazo, el sistema de campos de concentración y de trabajos forzados puestos en marcha durante la Primera

Guerra Mundial era espejo ampliado de los creados unos años antes en las colonias y señalaba el camino a los horrores del modelo perfeccionado en la Alemania nazi, el Gulag soviético o en la España de Franco.[15]

La forma más directa de destacar la escala de violencia contra los cautivos comienza con las cifras: de siete a nueve millones de soldados sufrieron cautividad durante los cuatro años largos de guerra. Más de medio millón de franceses y 175.000 británicos fueron hechos prisioneros por los alemanes, mientras que unos 850.000 alemanes cayeron en manos de franceses y británicos. Las condiciones en los campos fueron tristemente duras. La tasa de mortalidad entre los 158.000 alemanes capturados por los rusos llegó al 20 por ciento y del casi millón y medio de rusos en manos de los alemanes murieron 75.000.[16]

La participación de Italia, que entró en la guerra a finales de abril de 1915 tras un acalorado debate nacional, alineada con Inglaterra y Francia, fue desastrosa. Movilizaron a cerca de seis millones de hombres, la mayoría campesinos, que lucharon sobre todo en la frontera con Austria. Cuando la guerra acabó con la derrota de los Poderes Centrales, habían muerto más de medio millón y los austriacos habían capturado a 468.000. La malnutrición, el maltrato y el frío fueron las principales causas de mortalidad de italianos presos por los austriacos, que trataron todavía peor a los serbios. Al menos 40.000 soldados de esa nacionalidad habían muerto de hambre en cautividad en los primeros tres años de guerra.

Más allá de la carnicería en las trincheras y de la crueldad con los prisioneros, las ejecuciones en masa de población civil, la violencia arbitraria y las represalias, especialmente en los momentos de invasión y en zonas de ocupación militar, fueron la prueba incontrovertible de que esa guerra instaló un modelo consolidado posteriormente durante el resto del siglo XX: guerras de larga duración, con fuerte carga ideológica, enorme movilización de recursos económicos y humanos, donde la separación entre frente y retaguardia no existía, acompañadas de masivos desplazamientos de población, hambre, enfermedades, carencia material y una nueva cultura de la violencia que impregnó a todas las capas de la sociedad.[17]

Si se trata de medir y valorar la violencia en los campos de batalla y entre la población civil, esa guerra tuvo mayor impacto en Europa Central, del Este y del Sudeste que en los países occidentales. Y fue mucho más larga, tanto en los Balcanes, donde la guerra había comenzado en 1912, como en el vasto territorio del imperio ruso, donde la guerra y las revoluciones se extendieron de 1914 a 1922.

Las razones han sido bien estudiadas por diferentes autores. En primer lugar, porque, frente a las claras fronteras que tenían los Estados en Europa Occidental, la desintegración de los cuatro imperios continentales convirtió a Europa Central y del Este en una «zona despedazada, de fragmentaciones étnicas, sociales, nacionales y políticas, de intensificación de tensiones existentes y líneas futuras de conflicto que se resolverían entre ejércitos y grupos de todos los colores y orientaciones».

La línea del frente oriental, por otro lado, «no fue estática, cambió en varias ocasiones y barrió extensas zonas, dejando a la población autóctona a merced de los ejércitos en avance o retirada y desplazando a millones de habitantes». Como además la guerra en los Balcanes había comenzado dos años antes y las revoluciones de 1917 en Rusia y la derrota de las Potencias Centrales habían derribado la autoridad y el orden tradicionales, el combate continuó en forma de guerras civiles y conflictos difíciles de controlar hasta casi cuatro años después del Armisticio de noviembre de 1918.[18]

Las características violentas de la Primera Guerra Mundial en esa región fueron consecuencias de los desarrollos políticos y de construcción de Estados nación en las décadas precedentes. El conflicto europeo fue el «catalizador», más que «iniciador», de la «violencia endémica», «canalizando las diferentes corrientes de homogeneización étnica nacional y política y borrando del mapa a todos esos grupos considerados ajenos u hostiles a esos proyectos».[19]

Con las convulsiones causadas por las revoluciones en Rusia en 1917, la desintegración de los imperios y el retorno de millones de soldados armados a territorios ya devastados, una buena parte del centro y este de Europa se convirtió en un hervidero de violencia paramilitar, revolucionaria y contrarrevolucionaria, en un escenario de destrucción completa del orden político y social prebélico.[20]

El tratamiento brutal de las minorías «enemigas» alcanzó las cotas más altas en el imperio ruso, donde un proceso de crisis constante, de guerra mundial, revoluciones y guerras civiles en varias fases entre 1914 y 1921, culminó en el cambio más profundo y amenazante que conoció la historia del siglo XX. En uno de los países más grandes del mundo, el poder pasó en un período muy corto de tiempo, en menos de un año, de una autocracia tradicional, que hundía sus raíces en el Medievo, a los revolucionarios marxistas. Y fue la Primera Guerra Mundial la que actuó de catalizadora, empeoró los problemas ya existentes y añadió otros insalvables.

El 2 de agosto de 1914 Rusia entró en la guerra contra Alemania y Austria, aliada con Gran Bretaña y Francia. Al principio, una oleada de fervor patriótico unió a amplios sectores de la población en torno al zar y la idea de nación, mientras que pacifistas e internacionalistas tenían que emprender el camino del exilio. Hubo asaltos a tiendas y oficinas de alemanes y el nombre de la capital cambió de San Petersburgo, de resonancia alemana, a Petrogrado.

A finales de 1915 Rusia había perdido una parte importante de su imperio occidental —toda Polonia y partes de Ucrania, Bielorrusia y la región báltica— y el ejército tuvo en ese año dos millones y medio de bajas, sumadas al millón y medio de muertos, heridos o prisioneros en los últimos meses de 1914. Un agregado militar británico, el general Alfred Knox, observó que, debido a la ausencia de fusiles, «hombres desarmados tenían que ser enviados a las trincheras a esperar que sus camaradas murieran o fueran heridos y sus rifles quedaran disponibles».[21]

Mientras tanto, los jefes militares rusos nunca mostraron sensibilidad hacia ese horrible coste humano. Hombres no es lo que le faltaban al ejército. «Nos llevaron al frente y allí fuimos —declaró uno de los campesinos reclutados, en lo que podría ser el testimonio de muchos de ellos—: ¿Adónde iba y por qué? ¿A matar alemanes? ¿Pero por qué? No lo sabía. Llegué a las trincheras, que eran espantosas. Escuché como nuestro jefe de la compañía pegaba a un soldado, le pegaba en la cabeza con un látigo (...) Pensé, ¿quién es realmente mi enemigo: los alemanes o el capitán de la compañía? No veía a los alemanes, pero en frente de mí estaba el capitán.»[22]

La magnitud de las cifras de hombres reclutados y los problemas que esa movilización provocó están, según la mayoría de los especialistas, en la raíz de la revolución y de sus consecuencias. Entre 1914 y comienzos de 1918, cuando los bolcheviques, tras la conquista del poder, firmaron la paz con Alemania en Brest-Litovsk, Rusia movilizó alrededor de quince millones y medio de hombres, un número que excedía la capacidad de despliegue y de armamento y de suministros necesarios. Las pérdidas totales se elevaron a más de siete millones: más de tres millones de muertos o desaparecidos sin dejar rastro, y cuatro millones de heridos, muchos de ellos mutilados de gravedad.

Una inmensa mayoría de esos soldados en las trincheras eran campesinos vestidos de uniforme, con sus pensamientos y preocupaciones vinculados menos a la guerra que al bienestar de sus familias y hogares, pero todos los demás sectores sociales estaban también representados, en una estratificación comparable a la de la sociedad de la que procedían. Porque, como señala Alan K. Wildman, «la historia moderna enseña que los ejércitos de masas, las "naciones en armas", llevan con ellos las tensiones de sus sociedades y son así vulnerables a la convulsión en la derrota, y en algunas ocasiones incluso en la victoria», como mostraría el caso de Italia en la posguerra.[23]

La larga guerra ocasionó serios trastornos en la economía, en la producción y transporte de los recursos necesarios y, sobre todo, en la escasez de productos de primera necesidad para millones de soldados en el frente y para la población en general en la retaguardia. El suministro de alimentos, como muestra con detalle Peter Holquist en su estudio sobre cómo la guerra llevó a la revolución, se convirtió en uno de los temas más importantes de la intervención del Estado y de debate público. Al zar eso nunca le había preocupado y cuando el ruido y las protestas en torno a ese asunto vital se intensificaron, durante los últimos meses de 1916, le confesó a la zarina, en carta fechada el 20 de septiembre: «Realmente no entiendo nada de estos asuntos de suministro de alimentos y de abastecimiento».[24]

Esa escasez de comida y productos básicos ya produjo disturbios en 1915. Las guarniciones militares de las principales ciudades se mostraban poco dispuestas a controlar la creciente rebelión en las calles. La gente echaba la culpa, como tantas veces había ocurrido en los motines contra el hambre a lo largo de la historia, a los especuladores y comerciantes, que en la atmósfera de la guerra significaba alemanes y, sobre todo, judíos.

En la retirada general del verano de 1915, las tropas destruyeron edificios, animales y cosechas, y cometieron abundantes actos de pillaje, especialmente en casas y propiedades de judíos. Muchas de las batallas con los alemanes tenían lugar en las fronteras occidentales del imperio, que coincidían con el área conocida como «Zona de Asentamiento». Como señala Christopher Read, eso los convirtió en un fácil «chivo expiatorio, permitiendo a los generales evitar la responsabilidad por su propia incompetencia». Comunidades enteras fueron acusadas de espiar a favor de los alemanes. Muchos judíos fueron ya asesinados entonces y más de 600.000 huyeron o fueron deportados.[25]

Con la ocupación rusa en 1915 de la región de Galitzia, dominada por los Habsburgo, las tropas acosaron y persiguieron a los separatistas ucranianos, «con arrestos y deportaciones, como parte del proyecto de rusificación dirigido a la imposición de la lengua rusa y de la religión ortodoxa sobre la población cristiana». En otras zonas las purgas masivas de alemanes, judíos y musulmanes fueron acompañadas en todos los casos de deportaciones, expropiaciones y violencia popular.[26]

Cientos de miles de refugiados tuvieron que recorrer a pie su huida hacia el este, mientras que los trenes transportaban a los oficiales y a sus amantes. Un millón de hombres del ejército ruso se rindieron a los alemanes y austriacos durante la retirada. Los refugiados se amontonaban en estaciones y en las principales ciudades, donde la vida, especialmente en Petrogrado, se hacía cada vez más difícil, con la subida de los precios de las viviendas y de los servicios municipales. Según las fuentes oficiales, había más de tres millones de refugiados a finales de 1915, pero la investigación de Peter Gatrell pone en cuestión esas cifras y la eleva a seis millones a comienzos de 1917, alrededor del 5 por ciento de la población.

Durante la guerra y la posguerra, los contemporáneos hablaban de «columnas» u «oleadas» de refugiados, mientras que Gatrell, tomando la frase de la famosa novela de F. Scott Fitzgerald *Suave es la noche,* se refiere a «todo un imperio caminando». Sus casas habían quedado abandonadas y, en muchos casos, ocupadas por enemigos intrusos, pero, al contrario que los soldados, que tenían la posibilidad de ser héroes, nadie los agasajaba. «Incluso en la muerte, los soldados y los civiles fueron tratados de forma diferente.» No hubo tumbas de guerra para los miles de refugiados que murieron de camino a «un lugar seguro».[27]

En el frente de guerra, y en los cuarteles militares de la cercana retaguardia, la disciplina de las tropas se desmoronaba. Los soldados, la mayoría jóvenes campesinos, se negaban a combatir y rechazaban la autoridad de sus oficiales, a quienes veían ahora como enemigos de clase, representantes de los terratenientes. La crisis de subsistencias se combinaba con una crisis de autoridad. Las cartas que los soldados escribían desde el frente a sus familiares reflejaban ese cansancio de la guerra y el malestar con los superiores.

La crisis cambió de rebelión a revolución cuando los soldados se pusieron al lado de los trabajadores y sobre todo de las mujeres que protestaban contra la escasez de alimentos. En el tercer invierno de la guerra, el más frío y complicado, la crisis de autoridad, la pérdida de confianza en el régimen, iba a desembocar en motines, huelgas, deserciones del frente y, finalmente, en una transformación profunda de la estructura de poder que había dominado Rusia durante siglos.

El zar, que no se había preocupado mucho al principio de los disturbios, continuando con su rutina, asistiendo a misa y jugando al ajedrez, sin conocer bien la gravedad de lo que estaba pasando, abdicó el 2 de marzo a favor de su hermano el gran duque Miguel. Pero su hermano, asustado también por la revolución y al ver que la Duma no confiaba en él, no aceptó la corona. Así acabó la monarquía de los Romanov y, de golpe, todo el edificio del Estado ruso se desmoronó. El sistema autocrático estaba muerto y la revolución había comenzado.[28]

Con la caída del zar y la revolución de febrero, todos los controles y restricciones legales y éticos fueron derribados. La destrucción súbita y por las armas del Estado ruso abrió oportunidades extraordinarias y sin precedentes para diferentes y variados grupos sociales. Los obreros tomaron el control de las fábricas, los soldados desertaban en masa y rompían las relaciones jerárquicas con sus jefes, los campesinos ocupaban y distribuían entre ellos las tierras no comunales, las mujeres defendían sus derechos y las minorías étnicas aspiraban a un mayor autogobierno.

Durante una buena parte del siglo XX, como nos han recordado entre otros Reinhart Koselleck o David Armitage, la secuencia de grandes revoluciones —la norteamericana, francesa, rusa y china— se vio como el «hilo escarlata» de la modernidad. Frente a las memorias destructivas de las guerras civiles, las revoluciones eran momentos esenciales de la liberación progresiva de la humanidad, una idea que ya había surgido en el siglo XVIII.[29]

Desde 1989, sin embargo, con el derrumbe del comunismo, el triunfo del neoliberalismo y la creciente preocupación por los derechos humanos, resulta ya más difícil ver esas revoluciones, y especialmente la bolchevique en Rusia, sin una conciencia de la espantosa violencia que la acompañó. Y eso quiere decir que, más allá de los cambios historiográficos o de los enfoques metodológicos e interpretativos, las revoluciones de 1917 —especialmente la de octubre— se han convertido en «un tema privilegiado para debatir la violencia política moderna».[30]

Desde febrero de 1917 hasta la muerte de Stalin la violencia se manifestó de diversas formas, en períodos diferenciados, con causas, consecuencias y protagonistas que han sido bien investigados, aunque quedan zonas oscuras de difícil comprensión. Hay quienes destacan el papel de Lenin y Stalin como continuadores, en circunstancias excepcionales, de la tradicional cultura de la violencia en Rusia y otros, con análisis más estructurales, se refieren a la persistencia del dominio autocrático, a la entrada de las masas en la acción política en momentos de quiebra de la autoridad, al papel nocivo y de disposición a la violencia de la *intelligentsia* y de los movimientos revolucionarios y a las peculiaridades de la historia rusa, donde el atraso, la modernización tardía y la violencia estarían conectados.[31]

Las revoluciones —políticas, sociales y nacionales— que se extendieron por diferentes territorios del imperio ruso entre comienzos de 1917 y el verano de 1918 «no fueron por sí mismas las generadoras de violencia (...) sino respuestas a las culturas violentas preexistentes en las que tuvieron lugar». No había nada inherentemente violento en ellas y los acontecimientos podrían haber tomado diferentes caminos. La consolidación en el poder de una minoría revolucionaria en medio de una guerra civil frente a contrarrevolucionarios inyectó dosis de violencia «que empequeñecieron los disturbios e insurrecciones que habían ocurrido antes de 1914».[32]

Tras la cadena de revoluciones, guerras civiles étnicas y nacionales, desde mediados de los años veinte todos los mecanismos de fuerza/coerción/represión fueron monopolizados por el nuevo Estado y el Partido Comunista. La violencia, en ese proceso, llegó a ser «invisible» para amplios sectores de la población, llevada a cabo, sobre todo, en campos y prisiones. Con la Segunda Guerra Mundial surgieron nuevos tipos de «zonas violentas», intensificando y aumentando las anteriores. La mayor parte de la población «fue expuesta a las consecuencias de una guerra genocida a manos de los alemanes, mientras que el poder soviético sometió a sus súbditos a una movilización total y mostró "poca consideración por la vida humana"».[33]

La quiebra del poder del Estado a finales de febrero de 1917 disparó los actos de violencia. Las autoridades perdieron el control de las fuerzas militares, compuestas entonces de reclutas jóvenes y soldados que esperaban regresar al frente. Soldados y trabajadores se apoderaron de arsenales y fábricas de armas. Los disturbios y manifestaciones de días anteriores, iniciados por miles de mujeres en protesta contra la carestía de la vida y el racionamiento del pan, dieron paso a una revolución que se iniciaba en el corazón de las fuerzas armadas del Estado zarista. Quienes mandaban habían perdido la autoridad y los insurrectos estaban ahora armados.

Comenzó también entonces la violencia destructora de una parte de esa multitud, que atacó a los cuarteles de la policía y asaltó las prisiones, el símbolo de la represión del zar, liberando a presos políticos y comunes. Algunos oficiales tiránicos fueron linchados y una especial sed de venganza, resultado de años de disturbios y de imposición de cruel disciplina, se produjo entre los marinos de la base naval de Kronstadt y de la flota del Báltico, quienes asesinaron a setenta y cinco jefes y oficiales, entre ellos al comandante de la flota, el vicealmirante A. I. Nepenin, y al gobernador general de la base, el almirante R. N. Viren. Echar abajo retratos de Nicolás y del águila imperial de dos cabezas se convirtió casi en rutina. Grupos armados detuvieron a policías y oficiales del ejército zarista y la ciudad mostraba un ambiente festivo con camiones y coches llenos de soldados armados, que acompañaban manifestaciones y mítines.

Una vez puesta en marcha, la revolución se convirtió en una fuerza incontrolable que barrió a quienes pretendieron controlarla. La decisión del

Gobierno Provisional de continuar la guerra, defender a Rusia contra sus enemigos externos, le ató de pies y manos para evitar la insurrección de los enemigos internos.

Los soldados, con el paso de los meses, comenzaron a cansarse de la guerra, querían la paz, volver a sus casas y empezar a vivir sin dueños en las tierras, como estaban haciendo algunos de sus familiares y allegados desde la caída del zar. Un millón de soldados desertó de sus puestos entre marzo y octubre de 1917. Miles de ellos vagaban por campos y ciudades armados, saqueando propiedades y asaltando trenes; la evidencia más clara de esa quiebra política y social. «Las calles están llenas de soldados —decía un oficial en marzo de ese año—: acosan a los señores respetables, se pasean con prostitutas y se comportan en público como matones. Saben que nadie se atreve a castigarlos.» Y como ya había avisado al zar, antes de su abdicación, el general Mijaíl Alekséyev, comandante en jefe de las fuerzas armadas: «No se puede pedir al ejército combatir mientras hay una revolución en la retaguardia».[34]

La desaparición del zar y de la autoridad imperial debilitó, y muy pronto eliminó, los medios tradicionales de coerción/represión —policía, tribunales y ejército— a través de los cuales el Estado y los terratenientes controlaban a los campesinos y los obligaban a respetar el orden social. Los campesinos identificaban la revolución con la conquista de la tierra y, liberados del yugo que lo impedía, sin miedo ya al castigo, comenzaron a vislumbrar el paraíso soñado. Los soldados campesinos, muchos de ellos desertores del frente, incitaron a otros a ocupar las fincas señoriales y, en ocasiones, dar rienda suelta a actos de vandalismo, quema de mansiones y destrucción de máquinas.

Parte de esa violencia fue avivada por la larga memoria de disputas en torno a la tierra, la desigual distribución de la riqueza y los privilegios de los terratenientes, que siempre habían encontrado por parte del sistema zarista y la nobleza la represión sangrienta como respuesta. Cuando en la primavera de 1917 crecían los ataques a las propiedades y a sus dueños, muchos terratenientes instaron al príncipe Lvov, jefe del Gobierno Provisional, a que restaurara la ley y el orden en los campos. No pudo hacerlo y esa fue, entre otras cosas, una de las razones por las que dimitió como jefe del Gobierno Provisional a comienzos de julio. Pero pocos nobles y terratenientes percibieron de forma tan reflexiva y cruda la manera en que el comportamiento de su clase había esparcido las semillas de la revolución. Era «la venganza de los siervos», les dijo Lvov a sus ministros, el castigo a los hacendados por su «comportamiento tosco y brutal durante siglos de servidumbre».[35]

Ante la ausencia de una solución rápida, los campesinos pasaron a la acción sin esperar a la ley, primero, a comienzos del verano, de forma cauta, negándose a pagar rentas, apoderándose del ganado o robando leña de los bosques señoriales, utilizando, en suma, eso que James C. Scott llamó «las armas de los débiles», la resistencia cotidiana, antes de enfrentarse abiertamente con el sistema. Pero como ya no había autoridades para reprimir, esos actos ilegales se dispararon y en otoño comenzó una ocupación y reparto masivo de tierras, enseres y ganado. Como explicó gráficamente uno de ellos: «Los *muzhiki* (hombres campesinos) están destruyendo los nidos de los señores, para que el pequeño pájaro nunca pueda volver».[36]

Durante ese verano, la confianza en que «la Gran Revolución Rusa» uniría a los ciudadanos había dado paso a la división. Bajo ataques desde la derecha y la izquierda, los gobiernos de Lvov y Aleksandr Kerensky se enfrentaron al desplome de las ilusiones sobre la capacidad del pueblo para fortalecer su concepto de la democracia y ciudadanía. Cuando se comprobó que las masas no lo apoyaban, esos gobiernos recurrieron cada vez más a la fuerza del Estado como única forma de persuasión.

Los bolcheviques, pese a no desempeñar ningún papel relevante en febrero de 1917 y de ser un partido minoritario en aquel momento, siempre se consideraron los herederos y encargados de hacer la revolución. Conforme el tiempo avanzaba y el Gobierno Provisional y los dirigentes mencheviques del Soviet mostraban su incapacidad para solucionar los problemas y satisfacer las aspiraciones populares, los bolcheviques se convirtieron en la alternativa política para los desilusionados y para quienes buscaban un nuevo liderazgo. Con Lenin a la cabeza, supieron explotar el caos en el campo y la indignación y encono de los campesinos, trabajadores y soldados. La explosiva combinación de expectativas frustradas y el empeoramiento de las condiciones económicas y políticas en los meses posteriores a la caída del zar lanzó a los bolcheviques hacia una segunda y más radical revolución.

Lo que había en Rusia en ese momento era una quiebra de autoridad y de las relaciones de poder, con un ejército que no podía defender el orden y que tampoco obedecía al gobierno. Si el Gobierno Provisional hubiera buscado un inmediato final de la guerra y hubiera abierto negociaciones con los alemanes, no habría habido deserciones en masa y es probable que los bolcheviques nunca hubieran tenido la oportunidad de conquistar el poder. Las revoluciones, sin una quiebra de los mecanismos de coerción políticos y militares, nunca ocurren, al menos en la historia, por mucho que haya organizaciones y revolucionarios muy conscientes que las persiguen con ahínco. Y el fiasco del golpe militar del general Lavr Kornilov dos meses antes ya había mostrado que la derecha estaba desorganizada y la contrarrevolución no tenía en ese momento posibilidades de vencer.

Antes de que la revolución victoriosa de los bolcheviques tuviera que hacer frente a la lucha por consolidarla, aparecieron todo tipo de manifestaciones de destrucción y derribo del viejo orden, que se sumaban a todas las que ya habían hecho acto de presencia desde los primeros meses de 1917: vandalismo, crímenes, saqueos y violencia generalizada. La bodega del Palacio de Invierno, una de las más grandes e importantes del mundo, que conservaba decenas de miles de botellas, desapareció. Los soldados vendieron y repartieron el vodka a las masas de gente que esperaban fuera. Muchas tiendas de licores fueron saqueadas. Los bolcheviques más disciplinados, que eran solo unos pocos, intentaron en vano detener el vandalismo y acusaron a «provocadores de la burguesía» de instigarlo.

Pero en las trincheras y cuarteles el bolchevismo alimentaba el «odio de clase» contra la burguesía, los oficiales, los terratenientes, los comerciantes y clérigos. La «relación osmótica» entre la ira popular y la violencia bolchevique «fue observada por los burgueses contemporáneos con enemistad y horror».[37]

Los bolcheviques, en palabras de Sheila Fitzpatrick, reestructuraron la sociedad, la volvieron a clasificar en grupos sociales definidos legalmente que de alguna forma repetían el sistema de propiedad de la Rusia tradicional. Inicialmente, los proletarios y los campesinos más pobres eran los únicos miembros de la sociedad con pleno derecho de ciudadanía.[38]

Fue una «guerra plebeya al privilegio», consistente en fastidiar a los ricos, aunque los pobres no ganaran mucho con ello. Son muchos los testimonios que personajes de la clase dominante, aristócratas, príncipes y princesas, artistas e intelectuales dejaron sobre el desprecio y terror que sufrían por parte de la «gente corriente». El general Antón Denikin, que pronto iba a dirigir el Ejército Blanco, contó lo que sintió cuando viajaba en un vagón de tercera clase, en noviembre de 1917, disfrazado de un noble polaco, tras escaparse del monasterio de Bykhov, donde había permanecido detenido desde el golpe fallido de Kornilov: «Ahora veía mi vida real de forma más clara y estaba aterrado. Vi un odio ilimitado de ideas y de gentes, de cualquier cosa que estuviera social o intelectualmente más alta que la multitud (...) Ese sentimiento expresaba odio acumulado de siglos, de rencor por tres años de guerra, y de histeria generada por los dirigentes revolucionarios».[39]

Si los bolcheviques querían conservar el poder y salvar su revolución, tenían que negociar una paz con los Poderes Centrales. En caso contrario, los soldados, campesinos y trabajadores, cansados de la guerra y del sufrimiento que conllevaba, derrocarían al gobierno bolchevique, como habían hecho con el zarismo y el Gobierno Provisional. Los bolcheviques no tenían un ejército para combatir a Alemania o al Imperio Austrohúngaro. Y la paz tenía que ser por separado porque los poderes aliados ya habían dejado claro que continuarían con la guerra aunque Rusia se retirara.

A cambio de la paz en el frente, firmada con Alemania el 3 de marzo de 1918 en Brest-Litovsk, Rusia tuvo que entregar la mayoría de los territorios que poseía en el continente europeo. La «paz vergonzosa», como la vieron entonces muchos rusos, cuyos términos serían anulados por los Aliados el 18 de noviembre, tras la derrota alemana, sirvió a los bolcheviques para poder concentrarse en otra guerra que empezaba entonces, la lanzada por el Ejército Blanco, o contrarrevolucionario, y sus aliados en Europa. Lenin justificó la enorme pérdida del territorio para obtener un beneficio mejor: salvar al régimen nacido de la revolución de octubre. Sabía que los bolcheviques podían sobrevivir a una guerra, pero no a dos a la vez.

Una vez conquistado el poder, el problema era retenerlo y consolidarlo en medio de esa quiebra social y orgía de sangre. En los primeros meses fue crucial, como lo había sido para la misma conquista del poder, que no hubiera una oposición militar seria. El Ejército Blanco que combatió contra los bolcheviques en la guerra civil todavía no se había formado y las principales fuerzas antibolcheviques, grupos de cosacos, comenzaban a amenazar al nuevo poder, aunque desde zonas alejadas del centro político de la revolución.

Los cosacos eran una casta militar especial, con privilegios legales y económicos, que habían servido tradicionalmente al régimen zarista en la caballería. Por sus privilegios y por su desprecio a los campesinos, frente a quienes se utilizaban para la represión, fueron siempre considerados los leales defensores del zar, aunque desde la guerra y la revolución de febrero habían aparecido fuertes tensiones y divisiones entre ellos que se prologarían tras la conquista bolchevique del poder.

Los cosacos se extendían por las áreas del sudeste y este de la Rusia europea, especialmente alrededor del río Don, una región donde durante 1917 aparecieron fuertes sentimientos regionales, incluso nacionalistas. El Gobierno Provisional les concedió una importante autonomía y el 30 de octubre el general Aleksei Kaledin, quien había apoyado, sin participar, el golpe de Kornilov, proclamó una República independiente del Don. Desde allí surgiría también el antibolchevique Ejército Voluntario, creado por el general Alekséyev y otros ex jefes del ejército del zar y que se compuso inicialmente de oficiales rusos que desertaron del ejército tras octubre de 1917 y que acudieron a refugiarse en esa región.

Hasta que los conservadores y contrarrevolucionarios pudieron reunir sus fuerzas y crear un ejército con garantías, pasaron seis meses y durante ese tiempo la mayor resistencia a Lenin provino de las otras fuerzas socialistas y revolucionarias que insistían en que debía formarse un amplio gobierno de coalición de izquierdas y que tampoco compartían los planes bolcheviques para el control de la tierra y de las industrias.

Cuando los bolcheviques ordenaron la disolución de la Asamblea Constituyente el 6 de enero de 1918, reprimiendo las manifestaciones de protesta de mencheviques y socialrevolucionarios, hicieron una clara apuesta por una «dictadura del proletariado», demostrando que estaban dispuestos a librar una guerra en defensa de su régimen no solo contra las «clases opresoras», sino también contra el resto de «socialistas».[40]

La disolución condenó la posibilidad de democracia en Rusia durante setenta años. Para Wade, marcó el final de la revolución. Los bolcheviques no serían movidos del poder por el voto: «y si no podían ser quitados del gobierno por el voto, entonces la lucha política dejaba de ser una opción y la única alternativa era la oposición armada». Solo la fuerza los podría echar. Los dirigentes bolcheviques «sabían que desencadenar una guerra de clases era también provocar una guerra civil, porque las elites propietarias no se rendirían sin combatir». La guerra civil, presente ya según la interpretación de otros autores, como Read o Holquist, desde su llegada al poder, o incluso antes, desde el golpe de Kornilov, sería inevitable y determinaría el futuro de Rusia y de sus pueblos.[41]

La sombra alargada de la violencia

La guerra civil no tuvo frentes fijos hasta septiembre de 1918, aunque sus primeros disparos se oyeron a comienzos de ese año cuando algunos generales zaristas, liderados por Kornilov, Denikin, Alekséyev y P. N. Krasnov, habían empezado a reclutar fuerzas en el sur, con la ayuda de los cosacos del Don. El crecimiento inicial del Ejército Voluntario se debió en buena parte a la presencia carismática del general Kornilov, quien se había escapado con sus compañeros militares de su confinamiento en el monasterio de Bykhov el 19 de noviembre de 1917, disfrazados la mayoría de ellos para no ser reconocidos en su largo viaje en tren por la Rusia bolchevique.

Los Blancos tenían con ellos desde «protofascistas» a liberales, «aunque la mayoría eran antiguos zaristas convertidos en nacionalistas rusos». Fue un ejército de oficiales y de hijos de los terratenientes desposeídos, que nunca logró atraer el apoyo de la población civil, organizado militarmente, pero desorganizado políticamente. Querían restaurar el viejo régimen, devolver las tierras a los propietarios y no se esforzaron por atraer a los campesinos o a las minorías nacionales no rusas, cuyo apoyo era esencial, porque tampoco comprendieron que había que forjar un nuevo Estado.[42]

Como admitió el general Denikin, jefe de los Blancos tras la muerte de Kornilov en combate en abril de 1918, el no haber sabido reconocer los derechos de los campesinos fue la principal razón de su derrota. Despreciaron además a los bolcheviques, creyendo que no tenían apoyos. Lo que quedó claro, al margen de si los bolcheviques los tenían o no, es que la mayoría de la población rusa no veía como liberadores a esos ex terratenientes, aristócratas, oficiales del ejército imperial y banqueros y propietarios de fábricas. En ese momento, las masas estaban más en contra de ellos que de los bolcheviques.[43]

Tampoco tuvieron el apoyo unánime y decidido de las potencias aliadas que ganaron la Primera Guerra Mundial y aunque hubo intervenciones de grandes poderes por razones imperialistas, nunca fueron decisivas militarmente. La opinión pública de esos países mostraba simpatías divididas hacia la causa de los Rojos y los Blancos y eran muchos los que, tras más de cuatro años de guerra, se oponían a que se enviaran tropas a luchar en un conflicto civil de un país lejano sobre el que desconocían casi todo. La cruzada contra el comunismo no era todavía una idea muy extendida y había quienes creían que una victoria de los Blancos revitalizaría las ambiciones imperiales rusas. Los Rojos fueron más afortunados porque la derrota de Alemania despejó cualquier posibilidad de futura interferencia de la potencia que había marcado el destino ruso en la guerra.

Tras duros combates y buenas dosis de terror en la retaguardia por parte de los dos bandos, incluida una sistemática persecución de judíos y el asesinato de toda la familia real, la guerra acabó con la derrota de las fuerzas del general Pyotr Nikolaevich Wrangel, que había sucedido a Denikin como jefe del Ejército Blanco, en Crimea, en noviembre de 1920. Los oficiales y soldados derrotados fueron trasladados en barcos británicos y franceses a Constantinopla y desde allí se desperdigaron por toda Europa, uniéndose a más del millón de rusos *émigrés* que habían huido de la revolución, establecidos sobre todo en Francia y Alemania, y que constituían una gran parte de la elite que había dirigido Rusia con el último zar.

Aunque después de la rendición de las fuerzas de Wrangel, guerrillas opuestas tanto a los Rojos como a los Blancos continuaron combatiendo en Ucrania y Siberia, a finales de 1921 los bolcheviques eran los amos indiscutibles de la región del Don, el núcleo originario de la resistencia cosaca y Blanca, y de toda Rusia. La victoria bolchevique significaba que el Estado soviético podría ahora imponer su versión de la revolución. El jefe del comité de suministros de alimentos del Don, el camarada Miller, pensaba que había que acabar con el «festín de los kulaks», esa categoría de campesino rico que sirvió para perseguir también a los pobres: «deberíamos fusilar a los kulaks maliciosos y confiscar a los no maliciosos».[44]

Para los bolcheviques, «los campesinos eran la encarnación de la pequeña burguesía, que luchaban por la propiedad y la reproducción del capitalismo». «Como no era posible combatir a todo el campesinado», donde había un sector muy vinculado a los socialrevolucionarios que protagonizó importantes protestas y resistencias por las requisas de granos a partir de la primavera de 1918, «se centraron en los kulaks, los campesinos propietarios más acomodados». Fue una dictadura de confiscación y de suministro de alimentos, que tuvo un destacado carácter represivo en Ucrania hasta bien entrados los años veinte. Los kulaks fueron «los principales parias» de la propaganda soviética.[45]

Pese a la aparición de un importante mercado negro, los campesinos protestaron por las requisas por el simple motivo que, a cambio de entregar el grano, ellos no recibían prácticamente nada. Lo percibieron como un robo e iniciaron miles de pequeños actos de resistencia cotidiana frente a los pelotones de requisas.

Destacó la rebelión del socialrevolucionario de izquierda Alexander Antónov en la región de Tambov, que duró desde el otoño de 1920 hasta la primavera de 1921, despreciada por la propaganda soviética como una acción de «kulaks», pero se han documentado más de cincuenta revueltas campesinas en esos meses contra las requisas de alimentos del Ejército Rojo en regiones tan diferentes como Ucrania, el Don, Karelia, o especialmente en el oeste de Siberia. Fueron insurrecciones antibolcheviques, contra un régimen cruel con las requisas y corrupto en los niveles locales, pero no contrarrevolucionarias y nunca apoyaron a los Blancos. Y la mayoría de ellas acabaron ahogadas en sangre, con muchos pueblos incendiados y decenas de miles de campesinos encarcelados o deportados.[46]

La guerra civil ayudó a los bolcheviques a retener el poder al establecer una clara opción entre apoyar a ellos y a la revolución o a los Blancos y la contrarrevolución. Muchos de sus oponentes, como señala Smith, fueron forzados a abandonar la resistencia y ayudar a la victoria bolchevique como el menor de dos males. Pero lo que según este autor resulta todavía más significativo es que la guerra contra los Blancos «encubrió dentro de ella una guerra más importante entre los bolcheviques y las masas». La guerra contra los Blancos fue la «cubierta protectora» que permitió a los bolcheviques aplastar muchas de las aspiraciones y libertades populares «en nombre de la necesidad militar y política». [47]

En el proceso de esa guerra civil, con la excusa de reprimir la contrarrevolución, los bolcheviques dependieron cada vez más de una política de terror. Comenzó a funcionar contra los supuestos «enemigos del pueblo» y se extendió muy pronto a anarquistas, mencheviques y socialrevolucionarios. No se trataba solo de suprimir a los enemigos políticos, sino de establecer una sociedad libre de elementos contaminantes. La nueva policía del Estado bolchevique, la Comisión Extraordinaria Rusa para el Combate contra la Contrarrevolución y el Sabotaje, conocida como Checa, un acrónimo de las dos primeras palabras de su nombre en ruso, fue creada el 7 de diciembre de 1917.

Se convirtió muy pronto en uno de los órganos más poderosos del Estado, en un Estado dentro del Estado. Unos meses después, la Checa ya estaba claramente asociada con el «Terror Rojo», aunque los bolcheviques insistían en que el terror era un método legítimo, y solo utilizado como último recurso, de defender «la dictadura del proletariado». De la represión y crimen desorganizados se pasó a la «justicia revolucionaria» administrada por los nuevos tribunales populares. Y el inicial sistema descentralizado de la Checa, donde cada organización local hacía la ley por su cuenta, se convirtió en un terror organizado desde arriba.

Según la descripción de uno de sus máximos responsable, Martin Latsis, jefe de la Checa en Ucrania, «fue necesario hacer creer al enemigo que había siempre en todos los sitios un ojo vigilándole y una mano dura dispuesta a caer sobre él en el momento en que emprendiera cualquier acción contra el gobierno soviético (...) fue un aparato de coacción y purificación porque las masas del pueblo estaban todavía imbuidas del viejo espíritu». La revolución tenía que defenderse de sus enemigos. En palabras de Arno Mayer, autor de un exhaustivo estudio comparado del terror revolucionario en Francia y Rusia: «Las Furias de la revolución son avivadas sobre todo por la inevitable y nada excepcional resistencia de las fuerzas e ideas opuestas a ella».[48]

En julio de 1918 la Checa tenía 35 batallones en sus cuerpos especiales; en 1921 tenía 31.000 agentes y comisarios «en primera línea» y un total de 143.000 empleados. Se ha calculado que, entre 1918 y febrero de 1922, la Checa, y los grupos de Seguridad Interna, asesinaron a 280.000 personas, la mitad de ellas en operaciones destinadas a «limpiar» el mundo rural de campesinos insurrectos. El «Terror Rojo», según Smith, fue «espectacular» —para sembrar el miedo entre el pueblo— y de carácter «burocrático». En 1922, ese organismo «temporal» y «extraordinario» se había convertido en una parte tan esencial del sistema que fue reorganizado de forma permanente con un nuevo nombre, OGPU, la Administración Política del Estado.[49]

La Checa y, después, la OGPU construyeron un sistema ingente de vigilancia, con informantes, confidentes y chivatos, ya iniciado en las ciudades durante la guerra civil. Su tarea fue «recopilar información sobre sentimientos y comportamientos de la gente, identificar críticos, enemigos y conspiraciones», para mantenerlos controlados y sin posibilidad de resistencia. En 1922 la Checa tenía ya 60.000 «agentes secretos» trabajando para ella; en 1935, el Comisariado Popular de Asuntos Internos (NKVD) disponía de 27.650 «residentes», cada uno de ellos trabajando con varios informantes. «Para entonces la vigilancia se había extendido a la población rural.»[50]

En contraste, el «Terror Blanco» se desató de forma cotidiana «cuando los oficiales daban a sus hombres libertad para el saqueo y el despojo». La guerra civil dejó abundantes manifestaciones de esa violencia contra los campesinos que se oponían a la restauración del viejo orden, a cuyos «cabecillas» colgaban, y contra los judíos, a quienes veían como agentes principales de la revolución y de los bolcheviques.

El antisemitismo violento de los Blancos aseguró la lealtad de la población judía a los bolcheviques. El bolchevismo fue identificado con los judíos. En Ucrania, al menos 100.000 judíos fueron asesinados en los más de mil pogromos protagonizados por las tropas del general Denikin y del político nacionalista ucraniano Simón V. Petliura. Se mataba a los judíos para robarles y como venganza por el «Terror Rojo». Cuando capturaban una ciudad, los oficiales del ejército dejaban a sus soldados dos o tres días de libertad para saquear propiedades y matar judíos, acciones en las que destacaron a menudo los cosacos. Los Blancos fueron los vengadores de quienes habían sufrido la revolución. Muchos de sus oficiales eran hijos de terratenientes que tenían razones para odiar no solo a los despreciados campesinos, sino a los «judíos bolcheviques» e intelectuales que les habían espoleado para ocupar sus tierras.[51]

Antes de que el sistema policial de las checas se centralizara y organizara desde arriba el terror político, amplios sectores de las clases populares, incitadas a veces por los bolcheviques y otros revolucionarios, hicieron la guerra por su cuenta a los privilegiados, a los burgueses, a la nobleza y al clero, y a los «enemigos de clase». La ejecución de los Romanov fue una prueba clara de que el terror iba a constituir un componente primordial de la revolución y de la guerra civil combatida por los bolcheviques para defenderla y consolidarla.

Tras su abdicación en marzo de 1917, Nicolás II y su familia permanecieron bajo arresto en su residencia real en San Petersburgo, en la Villa de los Zares, Tsarkoe Selo. El Gobierno Provisional negoció con el gobierno británico enviar al zar y a su familia a Inglaterra, pero el Soviet de Petrogrado impidió que salieran de Rusia. A mitad de agosto, Kerensky, preocupado por la seguridad del zar y por la posibilidad de que la multitud asaltara el palacio, ordenó que evacuaran a la familia a la ciudad siberiana de Tobolsk, a la residencia de un antiguo gobernador. Allí se enteró el zar de la revolución de octubre y su situación comenzó a cambiar en los primeros meses de 1918 cuando los bolcheviques de la cercana ciudad de Ekaterimburgo pidieron tenerlo bajo su control. El plan de Trotski, sin embargo, era conducir al zar a Moscú, nueva capital de Rusia desde marzo de ese año, y hacerle un juicio público a la manera del que habían hecho los revolucionarios franceses a Luis XVI, antes de llevarlo a la guillotina el 21 de enero de 1793.

El plan de Trotski no pudo realizarse porque los bolcheviques de Ekaterimburgo trasladaron allí a la familia real, el 30 de abril al zar y a la zarina y el 23 de mayo al resto de la familia, y los encerraron en una casa confiscada a Nicolai Ipatev, un hombre de negocios. En la noche del 16 al 17 de julio, Kakov Yurovsky, el jefe de la checa de la ciudad, obedeciendo órdenes de los dirigentes del partido bolchevique en Moscú, entró en la casa con once hombres armados y asesinaron en el sótano a toda la familia real, al médico del zar y a algunos de sus sirvientes. Los cuerpos fueron enterrados cerca de la casa, aunque el lugar exacto de las fosas no se descubrió hasta después de la caída del régimen soviético. Al día siguiente, en la no muy distante ciudad de Alapayevsk, fueron asesinados la gran duquesa Isabel Fiódorovna Románova, hermana de la emperatriz, el gran duque Sergio Mijáilovich Romanov, los tres hijos del gran duque Constantine y el hijo del gran duque Paul, el príncipe Paley.[52]

Los monárquicos y seguidores del zar propagaron después la imagen de que la familia real soportó todas esas pruebas a la que la historia los sometió con «una resignación casi heroica». Bernard Peres, en la introducción a la edición de las cartas de la zarina al zar, 1911-1916, defiende que, por los documentos encontrados en Ekaterimburgo, en cartas escritas a sus amistades, la zarina «encontró en la religión la fortaleza para resistir» todos los sufrimientos. «Oh, Dios, salva a Rusia, este es el ruego de mi alma día y noche.» «Lo peor está aquí, lo mejor y más radiante estará allí» (en el cielo). «El Novio llega; preparémonos para recibirle.» Y el 21 de abril de 1918, en la última carta conservada, escribió: «aunque la tormenta nos arrastra cerca, estoy tranquila».[53]

La importancia de Lenin en todo este proceso está fuera de duda. Su visión centralista del Estado revolucionario y su búsqueda del poder por encima de cualquier otro objetivo, su idea de ganar a la población y movilizarla, le condujeron, cuando eso no fue posible de forma «natural», a fortalecer los mecanismos policiales y de coerción, a establecer un Estado con un solo partido y a reprimir a las formas más moderadas de democracia socialista. Lenin siempre estuvo dispuesto a sacrificar vidas por la gran causa de hacer la revolución y asegurar sus ganancias. Durante la guerra civil defendió aplicar «las medidas más draconianas» para combatir la contrarrevolución y firmó personalmente listas de ejecuciones de integrantes de las fuerzas Blancas.[54]

Tras el atentado del 30 de agosto de 1918, el culto a Lenin se propagó como la pólvora. En un panfleto elaborado por Zinóviev se le llamó «líder por la gracia de Dios» y su culto recordaba en muchos aspectos al que se había profesado al divino zar. Lenin era ahora el «zar del pueblo» y la propaganda, y muchos historiadores que se la creyeron, le desvincularon de la parte más oscura de esa historia, la implantación del terror, como se haría después con otros célebres dictadores de la Europa del siglo XX.

Lenin murió el 21 de enero de 1924. Tras su muerte, el culto a su figura y los lugares que la recordaban dieron legitimidad al tortuoso camino que quedaba por recorrer para apuntalar definitivamente la dictadura que él había iniciado. «Cuando Lenin, el hombre, murió, nació Lenin el Dios», escribe Figes. Se erigieron decenas de monumentos y estatuas, se dedicaron a su memoria cientos de calles e instituciones y Petrogrado tomó el nombre de Leningrado. En su testamento, ya advirtió del peligro que representaba Stalin, entonces secretario general del Partido, y «el poder ilimitado que había acumulado en sus manos», lo cual, junto a ese culto sagrado a su persona del que se beneficiaron muchos, ha posibilitado la idea muy extendida de que Stalin había traicionado a Lenin y a la revolución y que nada tenía que ver su dictadura con las ideas y prácticas de Lenin, que nunca hubiera permitido ese despeñamiento al terror extremo. No son pocos, tampoco, los historiadores que han tratado de demostrar que los elementos básicos del régimen estalinista estaban ya presentes en enero de 1924.[55]

Dietrich Beyrau sostiene que ya durante la guerra civil estaban presentes algunos de los elementos que fueron identificados después como propios del estalinismo: «violencia organizada y terror de Estado, medios coercitivos de todo tipo, sustitución del mercado por sistemas organizados de distribución, así como el comienzo de vigilancia sistemática para controlar a la población y, de forma creciente, nuevos intentos de disciplinar y adoctrinar a los camaradas del partido».

Lenin y sus seguidores entendieron la política exclusivamente como un territorio de batalla contra enemigos internos y externos. El partido no solo combatía contra los enemigos de clase y los adversarios políticos, sino que también usó los medios de coerción, militares y policiacos para hostigar a los sectores de la población por quienes se suponía que habían hecho la revolución.[56]

La quiebra del imperio de los Romanov, con las dos revoluciones y la guerra civil que le siguieron, de donde emergió un nuevo Estado, el comunista, un proceso que duró alrededor de una década, costó a Rusia una auténtica sangría. La revolución, la guerra, el terror, el hambre y las enfermedades causaron diez millones de muertos entre 1917 y 1922.

El hambre, que se extendió sobre todo por la región del Volga entre 1921 y 1922, mató más que la revolución y la guerra civil, a unos cinco millones de personas. Alrededor de un millón murieron de tifus y fiebres tifoideas en 1920. Rusia era ya una sociedad con altos niveles de violencia, pero el derrumbe del orden y de la autoridad del Estado, la guerra y la desmovilización de millones de ciudadanos armados, el delineamiento ideológico, revolucionario y contrarrevolucionario, con diversas divisiones internas en los dos bandos, abrieron las puertas a múltiples manifestaciones de violencia y terror. Bandas de desertores y bandidos se aprovecharon también de esa quiebra del orden, del caos en la distribución de productos básicos y de la falta de seguridad para aterrorizar a los campesinos.[57]

La celebración, apología y ejecución desde diferentes frentes de la violencia durante esa década de guerra mundial, revoluciones y guerras civiles tuvo efectos duraderos mucho más allá del bolchevismo y de Lenin. Stalin se encargó después personalmente de dirigir la eliminación de la vieja guardia del partido bolchevique. Una buena parte de los revolucionarios, algunos de ellos muy ilustres —como Kamenev, Zinóviev, Bujarin, Trotski o Maria Spiridonova— fueron devorados por la propia revolución o por el aparato de Estado que surgió de ella.

En principio, si aceptamos la interpretación comparada que utiliza Holquist, no había nada «específicamente ruso» en esas acciones de masas violentas. Todos los contendientes de la Primera Guerra Mundial las habían utilizado. Lo peculiar de Rusia fue la incorporación posterior de esas prácticas al escenario político interno, durante la serie de sucesivas guerras civiles.

El régimen bolchevique sería de esa forma mucho más similar de lo que entonces pareció a otros Estados europeos movilizados durante la Gran Guerra. La diferencia fue que la Rusia soviética continuó con esas prácticas de guerra en tiempos de paz, absorbiéndolas como parte de su aparato de Estado ordinario. El Estado y la sociedad soviéticos nunca se separaron de la «movilización total» y fue eso lo que, después de 1921, los hizo diferentes a otras naciones europeas. Rusia había estado en guerra desde 1914, pero solo como resultado de los acontecimientos de 1917 la violencia se convirtió en un «rasgo constitutivo de la vida política cotidiana». Todas las formas de violencia, Roja y Blanca, estaban inextricablemente entrelazadas, surgidas de la marea sucesiva de guerra mundial, revoluciones y guerras civiles.[58]

En la interpretación de Holquist, el crescendo de violencia en Rusia a partir de 1905 culminó durante la guerra civil. Y en perspectiva comparada, «la violencia de la guerra civil rusa aparece no como algo perversamente ruso o singularmente bolchevique, sino como el caso más intenso de una guerra civil europea más amplia, que se extendió durante la Gran Guerra y se prolongó varios años después de su final oficial».[59]

Las dos revoluciones de 1917 en Rusia, la que derribó a la autocracia zarista y la que llevó a los bolcheviques al poder, tuvieron importantes repercusiones en el resto de Europa. En 1918 hubo revoluciones abortadas en Austria y Alemania, a las que siguieron varios intentos de insurrecciones obreras. Un antiguo socialdemócrata convertido al bolchevismo, Béla Kun, estableció durante cuatro meses de 1919 una República soviética en Hungría, echada abajo por el ejército rumano y por los terratenientes. Italia, en esos dos primeros años de posguerra, presenció numerosas ocupaciones de tierras y de fábricas. La lucha entre la revolución y la contrarrevolución se manifestó en una breve pero violenta guerra civil en Finlandia, el primer país que experimentó en ese período la lucha a muerte entre Rojos y Blancos.[60]

Esa oleada de revueltas e insurrecciones acabó en todos los casos en derrota, aplastadas por las fuerzas del orden, pero asustó a la burguesía y contribuyó a generar un potente sentimiento contrarrevolucionario que movilizó a las clases conservadoras en defensa de la propiedad, el orden y la religión. El miedo a la revolución y al comunismo redujo también las posibilidades de la democracia y las perspectivas de un compromiso social.

Los Poderes Centrales habían sido destruidos y sufrieron el trauma de la derrota, pero lo primero que hicieron los regímenes democráticos que emergieron de las cenizas de los imperios alemán y austriaco fue buscar rápidamente la paz y no tuvieron, por lo tanto, que enfrentarse a las tensiones de seguir combatiendo una guerra. El Estado alemán no se desintegró y sin una quiebra total del aparato represivo se abrió un escenario de insurrecciones y revueltas, con transformaciones políticas y sociales importantes que no culminaron, como en Rusia, en la destrucción del orden social.

Las clases trabajadoras de esos países, por otro lado, tenían enfrente poderosos grupos contrarrevolucionarios, y los movimientos socialdemócratas que representaban sus intereses estaban ya mucho más inclinados a aceptar la democracia y el parlamentarismo. Los campesinos, además, habían accedido ya a la tierra y, con alguna excepción como en el valle del Po o en Andalucía, donde había todavía una masa de jornaleros sin tierra, los pequeños propietarios rurales defendieron posiciones conservadoras y ya estaban bastante alejados de la revolución y del socialismo antes de la Primera Guerra Mundial.[61]

En Alemania, las elites dominantes del imperio consiguieron en los dos meses de disturbios, protestas sociales, grandes decisiones, esperanzas y desencantos que siguieron al Armisticio, conservar importantes resortes del poder militar, judicial y burocrático y desde esas posiciones intentarían anular en el futuro todas las concesiones que se vieron obligadas a hacer tras la quiebra del orden monárquico. Allí, como en Austria y Hungría, la fuerza del Estado, la burocracia y la violencia paramilitar resultaron, en ese escenario de crisis y cambios, más fuertes que los esfuerzos de los revolucionarios por alumbrar un mundo diferente.

Las condiciones esenciales que pudieron favorecer la revolución en Rusia no estaban disponibles, por consiguiente, en los otros países y la Rusia bolchevique quedó en un estado de sitio, «el socialismo en un solo país», que se convirtió en la verdadera anomalía doctrinal, política y económica en la Europa de ese momento.

Aunque no pudo repetirse, el éxito de Lenin y los bolcheviques produjo un cambio radical en las ideas políticas y movimientos sociales del continente, inspirando disturbios y reacciones violentas. «Los intentos revolucionarios provocaron respuestas sangrientas y crearon un ambiente en el que la violencia política y su "glorificación" pasaron a formar parte de la vida pública en muchos países de Europa». Durante las dos décadas siguientes, los escuadrones armados, apoyados por movimientos políticos y grupos financieros, las confrontaciones en manifestaciones y mítines y los ataques a los oponentes políticos se convirtieron en moneda corriente entre las organizaciones izquierdistas y ultraderechistas. La Primera Guerra Mundial fue seguida de una «epidemia» de violencia paramilitar.

La tesis de George L. Mosse sobre la «brutalización» de millones de soldados por sus experiencias en el frente, que trasladaron después, una vez desmovilizados, a la política de sus países, ha sido matizada por otros investigadores que lo explican por el desarrollo de los acontecimientos que siguieron al Armisticio de noviembre de 1918: derrota, disturbios y miedo a la revolución, desintegración del control del Estado sobre la sociedad civil, y los acuerdos territoriales que acompañaron a la quiebra de los imperios multinacionales que demostraron ser «recetas para el conflicto político y étnico». La experiencia de las trincheras «brutalizó» a los combatientes de algunas naciones, pero no a los de otras. La «brutalización» no radicaba tanto en la guerra en sí misma como en «el período de transición de la guerra a la paz».[62]

Lo importante es constatar que esos disturbios y epidemia de violencia paramilitar fueron un fenómeno transnacional, la continuación de la guerra en tiempos de paz. Y ese es el tema del siguiente capítulo.

4

La guerra que no acabó en 1918

> Las atrocidades de los bolcheviques llenaron al país de horror (...) Los campesinos fueron aterrorizados por grupos de hombres que iban de pueblo en pueblo, formaban consejos de guerra, y con un placer sádico colgaban a todos los que en la guerra habían sido condecorados con la medalla de oro por su valentía.
>
> Budapest estaba irreconocible (...) Pandillas de vándalos deambulaban por las calles, liderados por hombres vestidos con uniformes sucios blandiendo banderas rojas (...).
>
> Pueden imaginar el placer y satisfacción que tuve cuando me llegó un mensaje del conde Gyoula Károlyi con la petición de que debería organizar un nuevo ejército nacional. Casi simultáneamente, un mensajero del conde Bethlen llegó de Viena con un requerimiento similar, porque Bethlen y Károlyi habían acordado que la liberación del país del terror de los bolcheviques (...) nunca se conseguiría solo por medios diplomáticos.[1]

La República húngara que surgió de las cenizas del Imperio Austrohúngaro experimentó dos revoluciones entre octubre de 1918 y marzo de 1919, una «democrática» y otra «soviética». A la derrota de la segunda a finales de julio de 1919 le siguió un período de «violencia extralegal», paramilitar, de «Terror Blanco», que dejó tres mil víctimas mortales —la mitad, judíos—, setenta mil prisioneros y más de cien mil huidos o exiliados a los países democráticos o a la Unión Soviética.[2]

El fin oficial de las hostilidades, tras más de cuatro años de guerra, firmado por los representantes aliados y alemanes el 11 de noviembre de 1918 en un vagón de tren cerca de Compiègne, no inauguró una posguerra pacífica. El mundo contempló varias revoluciones, guerras civiles, guerras de independencia, conflictos étnicos y levantamientos anticoloniales en un escenario marcado por dos cambios decisivos: la revolución bolchevique en Rusia y la lucha por el legado de los imperios que se desintegraron en 1917-1918, acompañados de la creación de nuevos Estados nación, disputas territoriales y desplazamientos masivos de población.[3]

Hungría comenzó la Primera Guerra Mundial formando parte de la monarquía de los Habsburgo y la acabó derrotada, con una paz impuesta por las potencias vencedoras en el tratado firmado en el edificio Trianón de Versalles, por el que perdió dos tercios de su territorio y la mitad de su población, con tres millones de húngaroparlantes bajo el control de sus países vecinos.

El trauma de la derrota produjo un impacto profundo entre las elites políticas, intelectuales y militares. Desarmada, aislada políticamente, con una economía deshecha y odiada por sus vecinos, Hungría vivió una «posguerra» turbulenta, con una revolución comunista, dirigida por Béla Kun, echada abajo por los terratenientes y el ejército rumano, y que dio paso a la dictadura del almirante Miklós Horthy, la primera de corte derechista que se estableció en Europa.

La historia de Horthy, de 1918 a 1945, ilumina y ofrece importantes pistas para examinar e interpretar algunos de los hechos y fenómenos más relevantes de esas tres décadas: la violencia paramilitar, la contrarrevolución, el antisemitismo, el fascismo, la colaboración nazi, los juicios de Núremberg, la venganza contra los criminales de guerra y el feliz refugio y plácido final de notables dictadores y fascistas europeos.

Tenía 76 años cuando fue depuesto por los nazis en octubre de 1944. Vivió los últimos meses de la Segunda Guerra Mundial encerrado en una mansión de Baviera, hasta que sus guardianes de las SS huyeron el 29 de abril de 1944 y pasó a manos de soldados norteamericanos. Las nuevas autoridades húngaras no consiguieron su extradición y pudo refugiarse en el Portugal de António de Oliveira Salazar gracias a los contactos familiares con los diplomáticos portugueses. Murió en Estoril en 1957.[4]

«Fuimos maltratados en Trianón —le decía a Adolf Hitler en una carta en julio de 1940—, perdiendo el 72 por ciento de nuestro país de mil años de antigüedad; todos quienes poseían algo perdieron su propiedad; y cuando todos los hombres decentes estaban en el frente, los judíos maquinaron una revolución aquí y fabricaron el bolchevismo.»[5]

La Primera Guerra Mundial, como después pasaría con la Segunda, «fue mucho más destructiva y traumática en Europa del Este que en los países occidentales». La transición a la paz resultó en algunas zonas del este difícil porque las instituciones del Estado desaparecieron y muchos sectores de la población, acostumbrados a la violencia y al terror, aprendieron a utilizarlos en sus propios intereses. Apareció de esa forma un círculo vicioso: «las víctimas de ayer se convirtieron en perseguidores la mañana siguiente o esperaron una oportunidad para intervenir y, cuando surgió, golpear más fuerte que los anteriores criminales».[6]

Pese a todos esos espantosos acontecimientos que tuvieron lugar en una buena parte de Europa, y no solo en el centro y este del continente, los historiadores les han dedicado, hasta hace poco, menos atención que a las batallas y vida cotidiana en el frente occidental. Winston Churchill despreció a esos conflictos como las «peleas de los pigmeos», después de que hubiera acabado la auténtica guerra, «la de los gigantes», un reflejo, según Robert Gerwarth, de la actitud «implícitamente colonial» hacia Europa del Este que prevaleció en los libros de texto de los países occidentales durante décadas: había una Europa más civilizada y pacífica y otra «inherentemente violenta».[7]

Las investigaciones más recientes desde una perspectiva comparada y transnacional han aportado una fotografía más matizada y precisa de los conflictos revolucionarios, contrarrevolucionarios, nacionalistas y étnicos que en diferentes escenarios de guerras civiles y entre Estados, «de guerra después de la guerra», marcaron la historia de Europa entre 1918 y 1923.

Y aunque el legado militarista de la Primera Guerra Mundial, de la revolución bolchevique, de la quiebra de los imperios multinacionales y de la experiencia de la derrota se padeció y percibió de forma más clara en Europa Central y Oriental, el paramilitarismo y las milicias armadas alimentaron un nuevo cultivo de la violencia política, con desastrosas consecuencias en otros países y en las colonias.

Los «apóstoles del militarismo» aparecieron también en Gran Bretaña, Irlanda y Francia y la cultura de la violencia paramilitar constituyó lo que Emilio Gentile denomina la «lógica del fascismo», las condiciones esenciales para su «ascenso, expansión y éxito», un nuevo tipo de régimen político en Italia «que abrió el camino al surgimiento del totalitarismo en Europa Occidental».[8]

Violencia paramilitar

El paramilitarismo fue un rasgo destacado de los conflictos que, primero a partir de la caída del imperio de los Romanov y después del Armisticio de noviembre de 1918, se extendieron por los países ex combatientes. Formaciones paramilitares habían surgido antes de 1914 en Rusia, en el Úlster, para preservar la Unión de Irlanda con Gran Bretaña, en la guerra de los Balcanes y en Hungría, donde el ideólogo antisemita Miklós Szemere «había propugnado introducir batallones universitarios como el primer paso para la creación de un ejército nacional independiente». Pero como fenómeno establecido como fuerzas irregulares frente a las formaciones militares convencionales, el paramilitarismo necesitó, para expandirse y consolidarse, el vacío de poder dejado por la quiebra de los Estados imperiales durante y después de la Primera Guerra Mundial.[9]

Un caso temprano y singular de extrema violencia paramilitar, de civiles armados más que de ejércitos regulares, fue Finlandia. Lo ocurrido allí, como en Ucrania, los Estados bálticos y otras partes occidentales del imperio ruso que gozaban de cierta autonomía, «formó parte de un proceso más amplio de desintegración política y social de los grandes imperios territoriales europeos» entre 1917 y 1918. El conflicto armado que acompañó en Finlandia a ese proceso fue, junto con las guerras civiles rusa y española, uno de los más sangrientos de la Europa del siglo XX. Unas 36.000 personas murieron como consecuencia de esa violencia, ocurrida en menos de seis meses, en un país de apenas tres millones de habitantes.[10]

Finlandia, gran ducado autónomo del imperio ruso desde 1809, no tenía servicio militar obligatorio ni participó directamente en la Primera Guerra Mundial, aunque cientos de hijos de nobles sirvieron en el ejército imperial ruso y unos mil quinientos jóvenes lucharon como voluntarios con Alemania o Rusia. La quiebra de la autocracia de los Romanov en marzo de 1917 dejó a Finlandia en una situación crítica, sin el control de las tropas imperiales y con grupos socialistas y antirrevolucionarios estableciendo formaciones armadas, las «Guardias Rojas» y «Guardias Blancas», en medio de una disputa sobre el futuro de la nación. Desde ese momento, la lucha por controlar el poder estatal en Rusia y en Finlandia estuvieron estrechamente conectadas.

Unos meses después, la revolución bolchevique planteó de nuevo el problema de quién debía ejercer la autoridad soberana, y el parlamento proclamó la independencia de Finlandia el 6 de diciembre de 1917. El 25 de enero de 1918, el día en que las Guardias Blancas fueron proclamadas oficialmente las tropas del gobierno conservador de Pehr Svinhufvud, un comité creado por el Partido Social Demócrata decidió tomar el poder. La guerra civil comenzó en la noche del 27 al 28 de enero. Para los socialistas, esa guerra civil fue una batalla por la conservación de la democracia y, al mismo tiempo, una guerra revolucionaria. Para los blancos, fue una guerra de liberación, un combate por separar al país de la influencia maligna del bolchevismo.

Las Guardias Rojas controlaron muy pronto la situación en Helsinki y establecieron un gobierno revolucionario. Las fuerzas blancas, mandadas por el general Carl Mannerheim, un antiguo oficial de las tropas imperiales rusas, crearon un gobierno en Vaasa. A comienzos de febrero, el país estaba dividido entre un área en el sur controlada por el gobierno rojo de Helsinki y la zona del norte donde dominaba el gobierno de Svinhufvud apoyado por las Guardias Blancas de Mannerheim. Los rojos controlaban la industria y la mayoría de las ciudades importantes del país. Los blancos, aunque inferiores en número, estaban mejor equipados, mejor organizados y más unidos que sus oponentes.

La guerra civil finlandesa duró tres meses. Helsinki se rindió a las fuerzas expedicionarias alemanas del general Rüdiger von der Goltz el 13 de abril. Dos semanas después, los dirigentes de las Guardias Rojas y varios miembros del gobierno revolucionario huyeron a Rusia. El final de la guerra se celebró el 16 de mayo con un desfile militar de la victoria encabezado por el general Mannerheim montado sobre un caballo blanco.

En Finlandia, al contrario de lo que pasó en Rusia, la revolución salió derrotada frente a la contrarrevolución y los blancos ganaron a los rojos. El «Terror Blanco» se desató sobre la clase obrera después de la victoria con una combinación de represalias extralegales emprendidas contra los vencidos y la represión llevada a cabo bajo el amparo de la ley de los vencedores. Ya durante la guerra, el terror había constituido un rasgo constante del comportamiento de los dos bandos. Alrededor de 2.000 personas fueron asesinadas en cada uno de ellos, al margen de los muertos en las batallas militares. Cuando el final de la guerra se aproximaba y los rojos iniciaron una retirada caótica, el régimen de «Terror Blanco» emergió por todas partes. Desde el 28 de abril al 1 de junio de 1918, el número de asesinatos ascendió a 4.745. Durante la primera semana después de la guerra, los blancos ejecutaron una media de 200 ciudadanos por día. En total, los asesinatos ilegales de rojos prisioneros, o de esos tomados por tales, alcanzó como mínimo la cifra de 8.380.

El método de asesinato fue una combinación de matanzas arbitrarias y de ejecuciones decididas por tribunales nombrados sobre la marcha. El proceso, típico del día después de muchas guerras y revoluciones, fue completamente arbitrario y las víctimas no fueron necesariamente ni los socialistas más activos ni los acusados de perpetrar el «Terror Rojo». En palabras de Upton: «La base de la purga fue tanto social como política; los dirigentes de la burguesía aprovecharon la oportunidad, en sus comunidades locales, para deshacerse de los alborotadores y de los subversivos, e inevitablemente muchas venganzas personales se saldaron en ese proceso».[11]

Murieron también unos 12.000 prisioneros, de los aproximadamente 82.000 que habían encarcelado los vencedores, en prisiones y campos de concentración, la mayoría de ellos como consecuencia del hambre, desnutrición y de las enfermedades asociadas con ellas.

El «Terror Blanco», por consiguiente, tuvo enormes consecuencias. En un país de 3.100.000 habitantes, las ejecuciones y las muertes en prisiones alcanzaron a 20.000 personas. Además de esas muertes, decenas de miles de trabajadores fueron encarcelados, perdieron sus derechos y fueron perseguidos por empresarios hostiles y por las fuerzas de seguridad del Estado. Al Partido Social Demócrata se le impidió participar en el sistema político y el Partido Comunista de Finlandia, fundado por exiliados en Moscú, fue declarado ilegal.

La guerra civil finlandesa fue básicamente un conflicto paramilitar porque, en ausencia de un ejército nacional, los dos contendientes dependieron de grupos de voluntarios armados, sin experiencia, que no pudieron controlar y que contribuyeron al aumento de la espiral de violencia. Y tampoco el final de la guerra condujo inmediatamente a un período de paz y reconciliación. Entre 1919 y 1921, grupos paramilitares y las «Guardias Blancas de protección» cometieron cientos de actos criminales y practicaron la caza del «rojo» en tribunales sin garantías procesales o con asesinatos sin juicio.

Además del paramilitarismo, muy común en otras zonas europeas en ese momento, lo que hace tan peculiar el caso finlandés, según la conclusión de Pertti Haapala y Marko Tikka, es «la rápida escalada de extrema violencia en un país con instituciones cívicas fuertes, que no había participado en la Gran Guerra o en otro conflicto militar desde comienzos del siglo XIX». Es un caso que ilustra que la «brutalización» de la política en Europa no fue solo consecuencia de la participación en la guerra y que «el surgimiento de un nuevo tipo de paramilitarismo motivado ideológicamente fue posible incluso sin ex combatientes «brutalizados».[12]

Las revoluciones de 1917 en Rusia tuvieron un impacto de amplio y largo alcance. «El bolchevismo inyectó nuevas energías en la compleja relación entre tendencias liberales, reaccionarias y revolucionarias en la Europa de posguerra.» Los temores de las clases propietarias a ser expropiadas y las esperanzas proletarias de un reparto de riqueza extendieron en muchas partes una visión maniquea del bien y del mal que, en ausencia de Estados capaces de reconstruir el orden a través de ejércitos regulares, promovieron el aniquilamiento del oponente.

Mientras se esperaba que los ejércitos regulares se adhirieran a un código de conducta acordado, algo que no siempre ocurrió, esas normas no se aplicaban a fuerzas irregulares o paramilitares que se creían en el deber de configurar el orden a su manera. Esa combinación de «saqueadores indisciplinados y aventureros imperiales» con posiciones ideológicas agresivas de bolchevismo y nacionalismo pusieron en marcha una cadena de «guerras sucias», de asesinatos en masa de la población civil.[13]

La violencia paramilitar, de izquierda y derecha, revolucionaria y contrarrevolucionaria, se convirtió, a partir de las revoluciones rusas y de los últimos meses de la Primera Guerra Mundial, en «un componente central de la cultura europea. Fue ejercida por formaciones de voluntarios que se apoderaron de la fuerza militar monopolizada en tiempos normales por los Estados». Apareció con más fuerza en las zonas disputadas de las fronteras de los imperios en quiebra de los Habsburgo, Hohenzollern y Romanov y ocurrió preferentemente donde la amenaza revolucionaria y bolchevique era más verosímil —en los países bálticos, Ucrania, Hungría o parte de Alemania—, pero también en algunos de los Estados vencedores y aparentemente más «pacíficos».[14]

Para explicar esa distribución desigual de la violencia paramilitar, por qué fue más intensa en algunas zonas que en otras, algunos historiadores destacan «el poder movilizador de la cultura de la derrota», un estado mental y de ánimo que rechazaba el fracaso. Durante la guerra, «la nación había actuado como factor de organización y legitimación de la violencia desplegada por millones de hombres en los ejércitos». Cuando acabó, donde la nación había sido derrotada, resultó más difícil «reabsorber y neutralizar» esa violencia. La derrota fue «infinitamente más real» entre quienes vivían en las regiones limítrofes, «étnicamente diversas» de las Potencias Centrales, en países como Alemania, Austria y Hungría, pero también en otros, como Italia, donde nacionalistas y después fascistas alimentaron el mito de la «victoria mutilada».[15]

A finales de septiembre de 1918, tras más de cuatro años de guerra y destrucción, el mando supremo del ejército alemán se vio obligado a pedir un armisticio que pudiera evitar, o eso se pensaba entonces, el desastre militar y el hundimiento del imperio. El 29 de ese mes, Erich Ludendorff, el todavía jefe de las fuerzas armadas, realizó formalmente a los representantes del régimen imperial, en una reunión celebrada en Spa, Bélgica, esa petición de armisticio basada en los Catorce Puntos, en el programa de paz presentado por el presidente Woodrow Thomas Wilson al Congreso de Estados Unidos en su discurso del 8 de enero de 1918. Al mismo tiempo, Ludendorff presionó para que se formara un nuevo gobierno, con representantes de los principales partidos en el parlamento, los socialdemócratas, los liberales y los católicos del Centro, que negociara la derrota y los términos de la paz. Esa cínica maniobra de Ludendorff, como señala Detlev J. K. Peukert, «absolvía a los grupos conservadores dominantes y a la dirección militar de las consecuencias de su propio fracaso en la conducción de la guerra, e iba a infligir sobre los partidos democráticos el oprobio de la infame *Dolchstoss* ("puñalada por la espalda"), dirigida por los políticos que estaban en casa contra los soldados combatientes en las trincheras».[16]

El reconocimiento de la derrota «cayó como una bomba», en expresión de Eberhard Kolb, entre la población alemana, que no estaba preparada para ello, porque hasta el último minuto había sido engañada con promesas de victoria por la propaganda oficial. La gente se lanzó a las calles a protestar contra la guerra, a pedir la paz «a cualquier precio» y a reclamar una profunda reforma del orden público y social. Los consejos de obreros y soldados, que se multiplicaron de forma esporádica en esos días, justamente un año después de la revolución bolchevique, se hicieron con el control de la mayoría de las ciudades, mientras el aparato militar y policial del régimen monárquico apenas ofrecía resistencia.[17]

La oleada revolucionaria alcanzó Berlín, la capital imperial, el 9 de noviembre. El príncipe Max von Baden pidió al káiser que abdicara, transmitiendo también la opinión de influyentes círculos monárquicos, convencidos de que la única posibilidad de salvar la monarquía era el sacrificio personal de Guillermo II. A primera hora de la tarde, Max von Baden anunció la abdicación. El todopoderoso imperio alemán, que había iniciado en agosto de 1914 una guerra de conquista del continente europeo, se derrumbaba de forma estrepitosa. Era el fin del orden tradicional, del mismo que había desaparecido más de un año antes en Rusia y que estaba desapareciendo a la vez en Austria-Hungría, y el nacimiento de una nueva era.

Nadie esperaba un desplome tan absoluto del orden existente y entre los principales actores de ese drama pronto surgieron notables diferencias sobre cómo organizar el Estado y la sociedad. Los grupos revolucionarios, débiles y pequeños en número hasta ese momento, tuvieron su oportunidad en medio de esa aguda crisis política y social. El objetivo de los más radicales era hacer una revolución al estilo bolchevique, como la ocurrida en Rusia exactamente un año antes. Por eso no reconocieron al gobierno provisional socialista y, junto a un programa revolucionario de expropiación de minas, fábricas y tierras, pidieron la transmisión del poder a los consejos de obreros y soldados.

Rosa Luxemburgo, Karl Liebkneckt, Franz Mehring y los militantes de la Unión Espartaquista, el grupo antibélico creado en 1914, abanderaban ese movimiento al grito de «Todo el poder a los soviets». Tenían mucha menos fuerza de la que aparentaban con sus continuas manifestaciones y ocupación de las calles, y probablemente no superaban el millar de militantes cuando cayó la monarquía, pero mucha gente vio en ellos la amenaza bolchevique.

El 5 de enero de 1919 esos grupos comenzaron en Berlín la insurrección armada con el fin de derribar al Gobierno socialdemócrata de Ebert-Scheidemann, nombrar un comité revolucionario e impedir las elecciones convocadas para el 19 de ese mismo mes. Aunque los dirigentes espartaquistas estaban más preocupados en ese momento por la organización del nuevo Partido Comunista Alemán (KPD), fundado cuatro días antes, y no fueron ellos quienes condujeron la insurrección, aparecieron en realidad como sus principales instigadores teóricos, porque ese era el modelo de asalto al poder que habían propugnado desde la caída de la monarquía.

Para sofocar la revuelta, el socialdemócrata Gustav Noske, ministro de Defensa, utilizó a grupos de trabajadores armados favorables al gobierno, a soldados del ejército, a burgueses y estudiantes universitarios que profesaban una profunda aversión a la izquierda, y a unidades de los *Freikorps*. Muchos de los que mandaban esas unidades de voluntarios eran antiguos oficiales del ejército movilizados durante la guerra, que odiaban la revolución y que abrazaron, como lo harían después Hitler y los nacionalsocialistas, la leyenda de la «puñalada por la espalda», la creencia de que no habían sido los militares sino los políticos, «los criminales de noviembre», quienes habían abandonado a la nación con la petición de un armisticio.

Los «rojos» eran para ellos como ratas que estaban inundando Alemania y cuya eliminación requería de medidas extremas de violencia. El lenguaje de su propaganda y la imagen del enemigo que transmiten en sus testimonios y recuerdos reflejaba su espíritu de agresión y venganza: «Rematamos hasta a los heridos. Hay un entusiasmo inmenso, increíble... Todo el que cae en nuestras manos es aplastado a culetazos y luego rematado a balazos (...) Cuando luchábamos contra los franceses en el campo de batalla éramos mucho más humanos».[18]

Aplastados a culetazos y rematados a balazos es como murieron Rosa Luxemburgo y Karl Liebneckt en la noche del 15 de enero de 1919, cuando la sangre ya había corrido de forma abundante por las calles de Berlín y el fuego del levantamiento estaba apagado. Su detención y asesinato por una división de la Guardia de Caballería de los *Freikorps* causó horror e indignación entre muchos ciudadanos que en absoluto compartían las ideas políticas de esos dos veteranos intelectuales marxistas. En realidad, su asesinato y la sangrienta represión de la insurrección demostraban que el ejército y los *Freikorps*, a instancias primero de los socialdemócratas y por su propia iniciativa después, sacaron sus armas para combatir al «bolchevismo», como lo harían más tarde para socavar la legitimidad de la república y derribarla. El hecho de que los gobernantes socialdemócratas se pusieran en manos de esos violentos grupos armados para frenar la revolución, algo innecesario en enero de 1919 dada la correlación de fuerzas, fue la prueba definitiva de la desastrosa fisura que existía dentro de la izquierda alemana, en la política y en el sindicalismo, que impidió que se formara durante la república un frente unido contra la creciente amenaza de los nazis.

Rosa Luxemburgo (1870) y Karl Liebkneckt (1871) pertenecían a la misma generación que Friedrich Ebert (1871). Habían nacido al mismo tiempo que el imperio y comenzaron a alcanzar posiciones de responsabilidad e influencia con el cambio de siglo. Liebkneckt era hijo de Wilhelm Liebkneckt, uno de los fundadores del SPD en 1869, y al igual que Ebert, fue elegido miembro del parlamento en 1912. Mientras que Ebert fue siempre un hombre del aparato del partido, dedicado a tareas administrativas y burocráticas, Liebkneckt y Luxemburgo fueron desde su juventud activistas revolucionarios e intelectuales de combate. Ebert despreciaba a los teóricos, un campo en el que Rosa Luxemburgo alcanzó notoriedad. Pero al margen de sus discrepancias ideológicas, el verdadero cisma entre ellos se produjo con el estallido de la guerra en el verano de 1914. Ebert, presidente del SPD, apoyó la causa bélica de la Alemania imperial, mientras que Liebkneckt y Luxemburgo denunciaron la guerra como un conflicto imperialista que debería ser aprovechado por los trabajadores para derribar al capitalismo. A partir de ese momento, militaron en campos hostiles e irreconciliables.

Las elites dominantes del imperio consiguieron en esos dos meses de disturbios, protestas sociales, grandes decisiones, esperanzas y desencantos, conservar importantes resortes del poder militar, judicial y burocrático y desde esas posiciones intentarían anular en el futuro todas las concesiones que se vieron obligadas a hacer tras la quiebra del orden monárquico. La ruptura completa con el pasado, como había ocurrido en Rusia, no era posible en un país que disponía de poderosas fuerzas contrarrevolucionarias, militares y económicas, que serían las que acabarían con la democracia catorce años después.

Los principales líderes de esas formaciones paramilitares en Alemania, Austria y Hungría —*Freikorps, Heimwehr* y *Szabadcsapatok*— fueron ex oficiales de los ejércitos y la mayoría capitanes y tenientes. Un cuarto de los 225.000 oficiales que regresaron a Alemania en 1918 acabó en los *Freikorps.* En Hungría, 3.000 de los 6.568 voluntarios que constituyeron inicialmente el ejército nacional contrarrevolucionario de Horthy fueron oficiales de infantería y caballería. En el caso húngaro, además, los grupos paramilitares más importantes tenían un marcado carácter de elite, aristócrata, estrechamente conectados con la clase dominante política y militar, con apellidos conocidos como Andrássy, Széchenyi o Esterházy.[19]

Esos oficiales que habían participado activamente en la Primera Guerra Mundial, unidos por sus experiencias de camaradería en el frente y en las trincheras, no aceptaban la derrota y contemplaban las revoluciones en Berlín, Viena y Budapest «como un intolerable insulto a su honor» como militares «invictos». Como Manfred von Killinger, veterano de la Marina, célebre por su brutalidad contra los comunistas y organizador del asesinato del ministro Matthias Erzberger, le decía en una carta a su familia: «He hecho una promesa, padre. Sin posibilidad de combatir, rendí mi buque torpedero al enemigo y vi mi bandera hundirse. He jurado vengarme de los responsables de eso».[20]

Con los ejércitos regulares en desbandada, algunos oficiales comenzaron a reclutar voluntarios organizados en unidades que llevaban el nombre de su lugar de origen, del comandante que la dirigía o de figuras carismáticas que habían destacado en los combates. Junto a ex combatientes aparecían jóvenes que no habían tenido la oportunidad de luchar y a quienes las formaciones paramilitares les ofrecían una oportunidad de demostrar su odio al bolchevismo, pero también de robar, violar, extorsionar, bajo la retórica común de la creación de un «nuevo orden».

La inmensa mayoría de los cientos de miles de activistas paramilitares en Europa Central tenía entre 20 y 30 años y algunos menos de 18. Eran jóvenes radicales que no habían estado en el frente, los «retoños adolescentes» de la generación de la guerra. Los jóvenes que entraron en masa en las SA, formadas en 1920 como grupos de defensa en los mítines nazis frente a sus oponentes izquierdistas y que copiaban a las unidades paramilitares de los *Freikorps,* habían nacido después de 1902.[21]

Políticamente eran ultraderechistas que odiaban a las nuevas repúblicas, a los socialistas y comunistas traidores y a la burguesía cobarde que no se había rebelado contra la derrota y la revolución.

Se trataba de salvar el «honor» del ejército, defender a las personas de su misma nacionalidad separadas por las nuevas fronteras nacionales y restaurar el orden. Como lo explicaba un voluntario de los *Freikorps:* «La gente nos decía que la guerra había acabado. Lo cual nos hacía reír. Nosotros somos la guerra».[22]

En Alemania, además de suprimir brutalmente la revuelta espartaquista en Berlín, el efímero ensayo de una república soviética en Múnich, y otros levantamientos izquierdistas en Hall y en la región industrial del Ruhr, algunos grupos de *Freikorps* «se especializaron en el asesinato político». Sus principales víctimas no fueron comunistas, sino políticos, banqueros y católicos, de la República de Weimar, a quienes acusaron de ser «criminales de noviembre», «traidores a la Patria» y responsables de la caída de la monarquía y de la paz humillante de Versalles, del artículo 231, de la cláusula infame de la culpabilidad alemana. Matthias Erzeberg, ministro de Economía que había firmado el Armisticio, fue asesinado por dos ex oficiales de la Marina el 26 de agosto de 1921. Walther Rathenau, ministro de Asuntos Exteriores, asesinado el 24 de junio de 1922, era además judío, el máximo objeto de desprecio para el nacionalismo radical y contrarrevolucionario.[23]

Fuera de Alemania, unos 30.000 miembros de los *Freikorps* marcharon a comienzos de 1919 a Letonia a ayudar a su pequeño ejército a expulsar al Ejército Rojo. Acudieron allí un gran número de ex soldados, campesinos sin tierra y trabajadores en paro, atraídos por la promesa de asentamiento en ese territorio. En ausencia de un Estado capaz de ejercer el control armado, los *Freikorps* se entregaron al robo, saqueo, extorsiones, a la vez que asesinaron a cientos de letones sospechosos de bolchevismo. Cuando las autoridades políticas y militares de Weimar, bajo la presión de la Entente, ordenaron su retirada, muchos de ellos se rebelaron y, junto a nuevos voluntarios llegados de Alemania, se enrolaron en el Ejército ruso Blanco del coronel Paul Awalow-Bermondt. En diciembre de 1919, unos 20.000 *Baltikumers* cruzaron finalmente la frontera alemana y en la retirada destruyeron todo lo que encontraron a su paso por Curlandia y el norte de Lituania.[24]

La actividad paramilitar creó redes de intercambio y colaboración entre contrarrevolucionarios de diferentes países. Desde la quiebra de los imperios centrales y las posteriores revoluciones derrocadas en Berlín, Viena y Budapest, se mantuvieron en contacto, «apoyándose unos a otros con armas y logística, con la esperanza de provocar la caída de los regímenes republicanos y movimientos comunistas del centro de Europa». Los contactos culminaron en una serie de «mítines clandestinos» de diferentes paramilitares en Budapest y Baviera en el verano de 1920, cuyo principal objetivo, la «unidad de acción» y la «comunidad de intereses» para establecer un frente contrarrevolucionario, se lo transmitió Eric Ludendorff en una carta a Miklós Horthy, regente de Hungría.[25]

Ludendorff, Horthy y otros militares de alto rango, como el general Rüdiger von der Goltz, que comandó la contrarrevolución en Finlandia y en el Báltico, asumieron el papel de patrocinadores de la violencia, dejando el trabajo sucio, la implicación directa en las atrocidades, a oficiales de menos jerarquía, que compartían una cultura militar de «destrucción absoluta» y viajaron a otros países para ponerla en práctica.

Vlademar Pabst, el asesino de Rosa Luxemburgo y Karl Liebkneckt, pasó la mayor parte de los años posteriores en Austria, organizando militarmente el movimiento *Heimwehr*, que nació como grupo de defensa local, hasta que fue expulsado en los años treinta. En Austria vivió también Hermann Ehrhardt, dirigente de la organización terrorista Consul y coorganizador del golpe de estado fallido de Kapp contra el régimen de Weimar en marzo de 1920. Y uno de los líderes de los *Heimwehr*, Ernst Rúdiger Starhemberg, participó en el aplastamiento de la «república soviética» de Múnich y en las expediciones paramilitares en la Alta Silesia.[26]

Tras el final de la revolución de Béla Kun, Hungría fue un lugar seguro para notables ultranacionalistas alemanes, como Heinrich Tillessen, asesino de Matthias Erzberger, protegido de Gyula Gömbös, quien le refugió en una de sus propiedades, y Franz von Stephani, responsable del asesinato de ocho delegados obreros de la revolución espartaquista. Gömbös, que fue expulsado del ejército austriaco tras la guerra, presidente de la poderosa formación militar MOVE (Unión de Defensa Nacional Húngara), fue primer ministro húngaro entre 1932 y 1936 y desde esa posición amparó a criminales amigos y compañeros de los años del paramilitarismo. Su hermano János, uno de los fundadores del batallón de milicias Prónay, famoso por sus atrocidades, se suicidó en 1927.[27]

Las formaciones paramilitares salidas de la guerra y de la «cultura de la derrota» compartían el odio al bolchevismo, a los judíos y a las mujeres «politizadas». Era una amenaza que había nacido en Rusia con la revolución de octubre de 1917 y que se había propagado a otros países en noviembre del año siguiente con la proclamación de repúblicas democráticas en Alemania, Austria y Hungría. La revolución había destruido, o amenazaba con destruir, las jerarquías sociales, los valores de orden, las autoridades e instituciones tradicionales. La contrarrevolución significaba precisamente impedir que esa pesadilla se hiciera realidad, reparar los daños de la derrota y de la humillación nacional. Una venganza violenta contra los responsables de subvertir las normas incuestionables hasta ese momento, la tríada «eslavo-judía-bolchevique».

Contrarrevolución

Cuando la guerra tomó un rumbo desfavorable para los imperios centrales, ya casi decisivo desde el verano de 1918, la idea de la «comunidad nacional» comenzó a desintegrarse y las tensiones internas generaron una clara polarización entre los grupos militares y conservadores, que se aferraron a la guerra y al poder, y movimientos sociales por la paz que en algunas ciudades de Austria, Hungría y sobre todo en Alemania, crearon consejos de obreros y soldados según el modelo de las dos revoluciones rusas. Las terribles consecuencias de la guerra, la carestía de la vida y los cientos de miles de muertos en los campos de batalla dieron un impulso a esos movimientos.

En Hungría la desintegración de la autoridad imperial comenzó el 31 de octubre de 1918 cuando un batallón se negó a obedecer órdenes de partir hacia el frente, los trabajadores de Budapest declararon una huelga general y el poder pasó casi sin resistencia ni violencia a las manos de la oposición democrática. En Alemania, en medio de rumores de un golpe en el cuartel general del káiser en Spa, hubo motines navales y una insurrección de marineros en Kiel el 3 y 4 de noviembre. En Austria, tras varias insurrecciones de marineros y de consejos de soldados y obreros, el poder militar se derrumbó y la República austriaca se declaró el 12 de noviembre.[28]

La transición desde la guerra a la paz no fue aceptada por un sector de oficiales y jóvenes soldados que sintieron las frustraciones de la derrota y del derrumbe de los imperios. La mayoría de los dieciséis millones de hombres alemanes, austriacos y húngaros que habían combatido en la guerra volvieron a la vida civil a partir de noviembre de 1918. Pero ellos se rebelaron frente a ese nuevo mundo hostil de repúblicas y revoluciones, se adhirieron al mito de la «puñalada por la espalda», se sintieron horrorizados por las historias del «Terror Rojo» que les llegaban desde Rusia y el Este y pusieron sus armas al servicio de la violencia paramilitar contrarrevolucionaria, porque «la llama» de la guerra «continuaba quemándonos, perduraba en nuestras acciones, rodeados por un aura ardiente y espantosa de destrucción».[29]

Esa destrucción, la quiebra de las jerarquías militares, las calles llenas de «hombres vestidos con uniformes sucios blandiendo banderas rojas», como escribía Horthy en sus memorias, no podía ser soportada por los verdaderos hombres defensores del orden y de la autoridad. Algunos ex oficiales recordaban ser arrestados por soldados de rango inferior. Otros, insultados por la «turba roja» que se mofaba de sus condecoraciones.

Ernst Rúdiger Starhemberg, líder de la *Heimwehr* austriaca, descendiente del conde Starhemberg, recordaba su primer encuentro con la multitud revolucionaria en Linz en una mañana gris de noviembre de 1918, cuando, tras salir del cuartel, vio cómo algunos de ellos «con brazaletes rojos» golpeaban a dos jóvenes oficiales: «Unos cuantos civiles chillaban y las mujeres vociferaban "¡matadlos, malditos oficiales!". Starhemberg quiso defenderlos pero lo detuvieron, le despojaron de sus medallas al valor, arrojándolas a la "calle sucia". En ese momento pensó: "maldita chusma (...) llegará el día de ajustar cuentas con vosotros"».[30]

El desprecio por la turba revolucionaria «afeminada», hombres y mujeres que propagaban la plaga del bolchevismo y el desorden, sirvió de imagen de la propaganda contrarrevolucionaria desde Rusia en 1917 hasta la guerra civil española. Era el contraste entre el patriota, el soldado heroico del frente y los bárbaros revolucionarios con gestos hostiles y miradas cobardes. Veinte años después, Francisco Lacruz describió cómo la revolución había convertido a Barcelona, «creada por el esfuerzo de una burguesía laboriosa», en un «gigantesco pudridero» sobre el que había pasado «el sovietismo como un espanto milenario».[31]

Después de la derrota de todas esas insurrecciones comunistas y revolucionarias, llegaba el momento del «ajuste de cuentas». En el otoño de 1919 la mayoría de los oficiales de policía involucrados en la tortura y asesinato de prisioneros políticos en la prisión militar del Bulevar Margit de Budapest pertenecían a dos batallones de estudiantes universitarios «que odiaban a la clase obrera, a los activistas obreros y a los representantes de los difuntos regímenes democrático y comunista». Durante más de un año, «aterrorizaron» a estudiantes judíos y profesores universitarios. Eran «guardias cívicas» encargadas de mantener el orden pero, en realidad, «acosaron, robaron, abusaron físicamente y humillaron» a rojos y judíos, «funcionando como una de las principales fuentes de desorden». Miles de socialdemócratas, liberales e intelectuales, escritores y músicos, entre ellos Béla Bartók y Zóltan Kodály, fueron perseguidos, encarcelados o tuvieron que emigrar.[32]

Porque para los ideólogos y activistas de esa violencia paramilitar la supresión del bolchevismo y de los judíos iba unida. Los judíos eran la encarnación de lo que más odiaban y diferentes panfletos nacionalistas propagaron la idea de que una «conspiración judía» estaba detrás de la derrota militar y de las revoluciones de 1918-1919. Los judíos, identificados con el bolchevismo, fueron atacados por los contrarrevolucionarios de todos los países, desde Rusia a Alemania, pasando por Ucrania, Austria o Hungría. Además, constituyeron también el blanco principal en los conflictos armados de los territorios fronterizos de Rusia y Polonia.[33]

El hecho de que hubiera un número importante de judíos en el movimiento bolchevique fue ya utilizado por la propaganda de los Blancos en Rusia para demostrar esa asociación y alimentar el odio. Algunos de los dirigentes de la revolución en Centroeuropa eran también judíos —Rosa Luxemburgo en Berlín, Kurt Eisner en Múnich o Víctor Adler en Viena— y algunos periódicos y comentaristas en Francia y Gran Bretaña se sumaron también a esa acusación sobre la influencia judía en la revolución bolchevique y sus consecuencias en otros países. Winston Churchill, en un artículo publicado en 1920, atribuía a «judíos ateos» como Trotski, Kun, Luxemburgo —e incluso a la anarquista Emma Goldman en Estados Unidos— un papel creciente en una «conspiración mundial para derribar a la civilización y reorganizar la sociedad de acuerdo con (...) una malignidad envidiosa».[34]

En Hungría los asesinatos de judíos y los ataques a cementerios y sinagogas ocurrieron con el consentimiento de las autoridades. Béla Kun y su principal asesor militar, Tibor Szamuely, eran judíos y cuando su régimen revolucionario fue derribado, un artículo con amplia circulación en la prensa definía a los judíos como «Los criminales de la dictadura del proletariado». Proclamar el antisemitismo o alardear de usar la violencia contra los judíos era una señal de distinción de los activistas paramilitares en Centroeuropa, una buena carta de presentación de su compromiso con el movimiento.[35]

Junto a los bolcheviques y judíos, las «mujeres rojas», «politizadas», fueron también objeto deseado de los rituales de violencia puestos en práctica por los activistas paramilitares. La tortura y asesinato de Rosa Luxemburgo —comunista, judía, mujer— en enero de 1919 constituye el ejemplo más notorio del desprecio de la «mujer roja», compartido por la militancia ultraderechista de la mayoría de los países de Europa.[36]

Cuando el oficial húngaro Miklós Kozma, tras servir en la guerra como húsar, regresó a casa a finales de 1918 encontró las calles llenas de revolucionarios que atacaban a sus compañeros de armas y lo más chocante era que, al frente de esas turbas había «amazonas rojas». Kozma, dirigente como János Gömbös del violento batallón Prónay y político ultraderechista de largo recorrido en el régimen de Horthy, captó la amenaza que esa figura de «mujer guerrera» representaba para el poder masculino.[37]

El desprecio por esas mujeres estaba muy presente en los soldados, «hombres», de los *Freikorps*, que diferenciaban categóricamente entre las enfermeras castas del frente, o las mujeres esposas y madres de clases media alta, y las «mujeres rojas», de clase obrera, armadas con rifles, «armas fálicas», que amenazaban su integridad masculina. Esas mujeres rojas que inundaban las calles y a menudo lideraban las protestas y manifestaciones eran la «personificación» del comunismo que los *Freikorps* debían destruir.[38]

La tradicional exclusión de las mujeres de los ejércitos las habían borrado de los relatos fundacionales de la nación, relegándolas a miembros auxiliares de la sociedad que mantenían vivo el fuego del hogar, mientras que los hombres luchaban y ganaban la guerra. Pero eso era ya muy difícil de mantener tras las revoluciones de 1917 en Rusia y la radicalización de los movimientos de mujeres en los convulsos meses finales de la Primera Guerra Mundial en Europa Central y del Este.

En Rusia, conforme los desastres de la guerra convirtieron el problema de los suministros en una crisis social, las mujeres, sus iras y protestas desempeñaron un papel primordial en el desmoronamiento del sistema zarista. Muchas de ellas fueron activas protagonistas en las revoluciones de febrero y octubre, combatieron como partisanas en el Ejército Rojo, defendieron la liberación de las mujeres como prioridad revolucionaria y denunciaron el peso de las tradiciones patriarcales y capitalistas.

Dos mil mujeres combatieron en las «Guardias Rojas» en Finlandia y muchas de ellas fueron hechas prisioneras y ejecutadas después de la victoria contrarrevolucionaria en la batalla de Tempere, el principal centro industrial del país, castigadas por haber roto los estereotipos de la debilidad y pasividad femeninas.

Las mujeres formaron parte también de la multitud revolucionaria en las calles de Alemania, Austria y Hungría, donde las nuevas repúblicas salidas de las cenizas de los imperios les concedieron el derecho al voto, algo que en ese momento no tenían las democracias de las potencias vencedoras.

Ernst von Salomon, hijo de un oficial prusiano de alto rango, que se alistó en los *Freikorps,* describía su «despertar político» en las calles de Berlín en noviembre de 1918, a los 16 años, cuando se encontró con mujeres que iban al frente de la multitud «con delantales mojados y faldas sucias, caras rojas arrugadas, su pelo enredado y salvaje. Escupían, nos maltrataban, chillaban... Las mujeres eran lo peor».[39]

Ese desconcierto inicial, de impotencia ante lo que era una subversión total del orden entre lo masculino y lo femenino, con mujeres que habían abandonado su verdadero lugar en la sociedad, el hogar, duró poco. La amenaza planteada por la emancipación política de las mujeres y por las mujeres socialistas y comunistas en el contexto de guerra, derrota y revolución «desencadenó una brutal represión de mujeres involucradas o asociadas con las agitaciones revolucionarias de 1918-1919».[40]

La tortura, la violencia sexual y los rituales de mutilación de cuerpos y de mujeres fueron un procedimiento común en los combates de los *Freikorps* contra los comunistas y revolucionarios en los países bálticos. Esos rituales de violencia contra «mujeres bolcheviques» y la exhibición pública de sus cuerpos, con casos bien documentados en Letonia, Estonia o Hungría, eran la expresión de una «nueva masculinidad ultramilitarizada», un «culto a la virilidad» forjado en las trincheras, extendido en Europa por los movimientos protofascistas y que contrastaba con el mundo «afeminado» de la democracia y de la paz. En palabras de Matthew Kovac, «agrediendo a las mujeres feministas, los paramilitares ultraderechistas reafirmaban sus propias identidades hipermasculinas y cuestionaban la de sus adversarios masculinos, que no habían sido capaces de proteger a «sus mujeres de los ataques».[41]

En muchos de esos casos descritos en memorias posteriores por los propios verdugos, la violencia contra las mujeres estaba también conectada con el antisemitismo, cerrando de nuevo el círculo de odio —ya descrito— al bolchevismo, judaísmo y feminismo. Itsván Zachavecz, mentor espiritual del batallón Prónay, se quejaba en su diario que mujeres «liberales judías cazaban a oficiales solteros con sus encantos», minando de esa forma la fortaleza y determinación de las tropas contrarrevolucionarias. Y cuando el conde Mihály Károlyi, presidente de la República húngara hasta marzo de 1919, nombró a la feminista Rózsika Bédy-Schwinimer embajadora, «se topó con reacciones hostiles desde la derecha no solo porque era una activista revolucionaria, sino también porque era judía».[42]

Esa lucha contra el feminismo, compartida por muchos de los oficiales que habían combatido en los ejércitos alemán y austrohúngaro, era la mejor forma de mostrar su hombría y de restablecer el orden y la autoridad. El desprecio del socialismo y de la participación de las mujeres en política se oponía al elogio de la virilidad, de la camaradería, del sacrificio, del respeto por las jerarquías y del amor a la patria. Era también el contraste entre el mundo ordenado del soldado disciplinado y el caótico de las turbas politizadas y afeminadas.

Hacia 1923, esos niveles de violencia habían disminuido significativamente en el continente europeo. Por un lado, el Tratado de Riga del 18 de marzo de 1921 entre los gobiernos de la Unión Soviética y de Polonia significó el final real de la Primera Guerra Mundial en Europa del Este, después de más de seis años de conflicto y destrucción. Las zonas fronterizas habían sido arrasadas. La larga guerra causó una ruina económica de la que esas sociedades no se recuperarían en las dos décadas siguientes, pero también «daños psicológicos». La gente estaba más dispuesta a la violencia física. «La mayoría de los líderes toleraba la ilegalidad y la violencia cuando les convenía». El terror social fue institucionalizado en la Unión Soviética y la escasez de alimentos fue utilizada como arma política. En Europa del Este los sucesivos conflictos de guerra y revolución destruyeron los viejos valores, las estructuras sociales «y empujaron a la gente hacia la violencia, el nacionalismo y el odio».[43]

El Tratado de Lausana, por otro lado, firmado el 24 de julio de 1923, puso fin de forma oficial a la violenta guerra en Anatolia entre Grecia y la nueva República de Turquía, donde fuerzas paramilitares fueron utilizadas para masacrar a civiles que estaban detrás de los ejércitos convencionales. En un intento de crear dos Estados nación étnicamente homogéneos, aproximadamente 1.300.000 de griegos otomanos y 400.000 griegos/turcos —ambos grupos definidos más por la religión que por la lengua o identidad cultural— fueron reasentados por la fuerza, los primeros en Grecia y los segundos en Turquía.

El intercambio fue duro y cruel. Muchos, especialmente griegos, murieron en el traslado. Ese cambio obligatorio de población marcó un punto de inflexión en la historia del Mediterráneo oriental y sirvió como precedente para quienes posteriormente buscaron solucionar «problemas étnicos» mediante desplazamientos forzosos de población. No fue una «solución original» a un problema internacional, sino, en palabras de Norman M. Naimark, «la fase final y más implacable de una terrible tragedia de limpieza étnica».[44]

Esos tratados, el final de la guerra civil irlandesa en 1923 y el final de la ocupación franco-belga del Ruhr, parecían una indicación de que el ciclo de violencia iniciado en los Balcanes en 1912 daba paso a la paz y a cierta estabilidad económica y política. Pero el paramilitarismo, la retórica de la violencia, el deseo de destruir completamente al enemigo, los desfiles uniformados y los combates callejeros continuaron siendo un distintivo fundamental de la cultura política europea, persistiendo en movimientos como las SA alemanas, los legionarios de la Guardia de Hierro en Rumanía, la Cruz Flechada en Hungría, la Ustacha croata, el Rexismo de Léon Degrelle en Bélgica o la Croix de Feu en Francia.[45]

A esos movimientos se incorporó además una buena parte de los activistas paramilitares, desplazados o marginados de la política oficial a partir de 1922-1923, y recompensados o condecorados por las dictaduras ultraderechistas y fascistas que se extendieron por Europa Central y del Sudeste en años posteriores. En Hungría, la mayoría de los miembros de las milicias y de las guardias cívicas fueron integrados en el sistema político y social de la dictadura de Horthy, quien, a finales de los años treinta creó la Cruz de Defensa Nacional (*Nemzetvédelmi Kereszt*) para honrar el trabajo y los sacrificios de quienes habían participado en la contrarrevolución. Quienes se encargaron de concederlas, László Magasházy, o los hermanos Tivador y Árpad Kovács, habían sido destacados miembros del batallón Prónay en 1920-1921.

Casi todos los receptores de esa distinción procedían de la clase media y media alta y eran católicos, lo que demuestra, según Béla Bodo, que los activistas paramilitares no fueron «perdedores» y no sufrieron discriminación pese a los crímenes cometidos. Algunos de ellos, como László Baky y László Endre tuvieron después un papel primordial en el genocidio de los judíos húngaros. Los dos, desde el Ministerio del Interior, organizaron con el nazi Adolf Eichmann la gran deportación de judíos húngaros en la primavera y verano de 1944.[46]

Los *Freikorps*, muchos de los cuales habían actuado como tropas de asalto durante la Primera Guerra Mundial, se encargaron de suprimir violentamente las insurrecciones obreras y revolucionarias y llegaron a oficiales nazis de alta graduación, constituyen un excelente ejemplo de esa continuidad. Pero fue Italia el primer país en que un movimiento paramilitar asumió el poder. Allí, el paramilitarismo «allanó el camino para el surgimiento, expansión y éxito del fascismo».[47]

Fascismo

Reconocidos historiadores especialistas en el fascismo han subrayado que la violencia fue «tan intrínseca a la práctica del movimiento y tan notoria en su ideología» que no puede ser tratada meramente como un aspecto de su historia. Fascismo y violencia fueron unidos desde el principio. La violencia paramilitar fue «un distintivo fundamental de la identidad colectiva del fascismo como organización, como mentalidad, como una cultura política y como un estilo de vida y de lucha, la principal causa de su triunfo». *Squadristi* y fascistas en general vieron la violencia no simplemente como un instrumento en la lucha política, sino como un «eje», el «elemento unificador» de su misma existencia.[48]

Desde que estalló la Gran Guerra, la sociedad italiana vivió un áspero debate y división sobre la intervención o la neutralidad. Frente a socialistas y liberales, se formó una mezcla explosiva de intervencionistas —revolucionarios, socialistas disidentes y nacionalistas de extrema derecha— unidos por la creencia de que Italia, relegada a un segundo plano por el sistema político internacional, tenía que reclamar un lugar en el sol entre los grandes poderes. Eran todavía pocos, sin la fuerza suficiente para alterar el sistema político liberal, pero la guerra iba a socavar ese orden y les iba a abrir grandes oportunidades.

Porque esa guerra resultó larga, destructiva, y cuando acabó, el balance de víctimas para Italia era trágico: más de medio millón de muertos y un millón de heridos, de los cuales casi la mitad quedaron inválidos para siempre. El coste de vida en 1919 cuadriplicó el de 1913 y la desmovilización y vuelta a casa de dos millones y medio de soldados hicieron del trabajo un bien escaso.

Las huelgas y ocupaciones ilegales se extendieron por la agricultura y la industria en los dos años que siguieron a la firma del Armisticio, un momento de disturbios sociales conocido como el *biennio rosso* (1918-1920) que se manifestó sobre todo en las regiones agrícolas de la Toscana y Emilia-Romagna y en las fábricas de automóviles de Milán y Turín. Hubo un espectacular aumento de afiliación a los sindicatos de la Confederazione Generale del Lavoro, que pasaron en esos dos años de 250.000 a 2 millones de afiliados, un poderoso movimiento que controlaba el mercado laboral e instigaba a la lucha de clases. Los patronos de las industrias y los propietarios ricos del campo, los *agrari*, sintieron esa oleada de militancia como el comienzo de la revolución bolchevique en Italia, la prolongación de lo que había ocurrido en Rusia en octubre de 1917, y comenzaron a pensar en nuevas formas de ordenar las relaciones laborales y a financiar grupos armados para destruir a los sindicatos y castigar a los socialistas más activos y radicales.

Fue en ese escenario desastroso de guerra y posguerra en el que aparecieron diferentes personajes que plasmaron en su oratoria guerrera la necesidad de purificar con la violencia esa sociedad decadente. Uno de ellos, el más insigne al principio, fue Gabriele D'Annunzio, el personaje ideal para captar las ideas, motivaciones, deseos, aspiraciones y estados de ánimo de muchos italianos en los años anteriores al ascenso del fascismo. Combatió, se quedó ciego del ojo derecho cuando el fuego antiaéreo alcanzó el avión en el que volaba, volvió al frente para mandar un escuadrón de bombarderos y, cuando millones de europeos esperaban, cansados de tanta muerte, el final de la guerra, declaró: «Ya huelo el tufo de la paz».[49]

Italia, como vencedora de la guerra, recibió importantes ganancias a costa de su enemigo tradicional, Austria, pero no obtuvo colonias en África, el sueño de muchos nacionalistas, y todas las promesas sobre la costa dálmata, que D'Annunzio reclamaba para formar la Gran Italia, se esfumaron. «Victoria nuestra, nadie podrá mutilarte», escribió el poeta para convertirlo en uno de sus lemas y continuar el conflicto. Lo hizo en Fiume, una pequeña ciudad en el norte del Adriático reclamada tras la guerra por Italia y Yugoslavia, que ocupó en septiembre de 1919 con un grupo de veteranos de guerra, desafiando al parlamento, al gobierno y al orden internacional. Cuando tuvo que abandonarla por la fuerza, en diciembre de 1920, se había convertido en el héroe de los italianos ansiosos por reparar la ignominia de la «victoria mutilada» y destruir al parlamento, «una horda nauseabunda de tunantes e idiotas».[50]

D'Annunzio no fue un fascista, pero «el fascismo sí era dannunziano». Y aunque se retiró, tras la derrota en Fiume, a los 57 años, a una casa en las colinas al lado del lago Garda, los quince meses pasados allí transformaron su popularidad en poder y culto a la personalidad. Las camisas negras, el saludo romano, la glorificación de la virilidad, la juventud y la patria eran elementos «ya presentes en Fiume tres años antes de la marcha de Mussolini en Roma». Porque las prácticas violentas de los fascistas nacieron precisamente en la frontera con el derrumbado imperio Habsburgo. Allí, además, «los contrarrevolucionarios atacaron a los eslavos, en un momento en el que Italia disputaba el control sobre Trieste y Fiume con eslovenos y croatas, respectivamente».[51]

El nuevo movimiento, el fascismo, lo inauguró Benito Mussolini el 23 de marzo de 1919 en una reunión en un edificio de la piazza San Sepolcro de Milán, a la que acudieron alrededor de cincuenta individuos, una variopinta mezcla de nacionalistas, sindicalistas, futuristas y ex combatientes, entre quienes estaban Roberto Farinacci, Giovanni Marinelli o Filippo Tommaso Marinetti. Allí nacieron los *Fasci di Combattimento,* una organización nacional que asociaría a los diferentes grupos de combate surgidos en las diferentes ciudades.

Aunque las perspectivas no fueron buenas al principio, todo comenzó a cambiar en 1920, con el crecimiento de las actividades violentas de los *arditi*, ex combatientes organizados en grupos armados, que destruían imprentas de periódicos socialistas y locales de sindicatos, intimidaban a sus militantes y los asesinaban si era necesario. Los *Fasci di Combattimento* más fuertes y mejor organizados surgieron en las provincias del norte y del centro, en torno a un jefe o *ras* (nombre con el que se designaba a los jefes tribales en Etiopía) que ejercía un poder supremo sobre su área de influencia.

El primer *fascio* importante salió de Bolonia, dirigido por Leandro Arpinati, que se jactaba de haber sido anarquista y después intervencionista, que floreció con el manejo de la violencia asesina, como la utilizada en el ataque al Palazzo d'Acursio, sede del gobierno municipal socialista, en noviembre de 1920, respaldado financieramente por terratenientes de la provincia y comerciantes de la ciudad. Fue el modelo seguido por otros jefes como Italo Balbo, un joven veterano de guerra y estudiante de ciencia política, en Ferrara, Roberto Farinacci en Cremona o Augusto Turati en Brescia. Era una lucha armada dirigida fundamentalmente, como R. J. B. Bosworth ha señalado, «a ganar la guerra de clases contra los socialistas».[52]

Esa política de *squadrismo,* de los grupos paramilitares de *arditi* que vestían las camisas negras que los habían identificado durante la guerra, gozó de la benevolencia de la policía y de algunas autoridades y atrajo muchos nuevos miembros a las filas de los *fasci,* mientras que los socialistas, y sobre todo su organización campesina Federterra, retrocedían divididos por el enfrentamiento entre el sector más pobre del campesinado, los *braccianti* o braceros sin tierra, y los aparceros y pequeños agricultores.

Miles de *squadristi* propagaron el terror por el campo, destruyendo las instalaciones de los partidos «subversivos», ocupando las ciudades, dando palizas y humillando a los adversarios políticos. Entre noviembre de 1918 y junio de 1921, 986 personas fueron asesinadas. Para la mayoría de los «camisas negras», la participación en la militancia *squadristi* fue la «principal experiencia formativa» antes del ascenso del fascismo al poder. Los escuadrones tenían sus nombres y banderas, poseían sus propias tarjetas de afiliación y debían obediencia a sus líderes. Como las pandillas juveniles, «los escuadrones proporcionaban formas de demostrar "hombría" por medio de la acción violenta».[53]

El fascismo agrario, la reacción violenta de las elites rurales y de las clases medias y bajas contra los socialistas, bien estudiado ya hace tiempo por Paul Corner para el caso de Ferrara y Anthony L. Cardoza para Bolonia, hizo milagros. Aunque los fascistas estaban divididos respecto a la política y a las lealtades a sus jefes, todos estaban de acuerdo en que la violencia de las escuadras paramilitares atraía a un sector de la juventud y hacía crecer al movimiento. En diciembre de 1919, tras la debacle electoral del mes anterior, solo había 32 *fasci* (secciones locales), con menos de mil miembros. Un año después, eran 88 *fasci*, con 20.000 afiliados, y la cifra había subido a 834, con un cuarto de millón de militantes a finales de 1921. Esos mismos estudios muestran que los más activos de esos fascistas eran estudiantes, hijos muchos de ellos de los propietarios ricos, jóvenes profesionales, pequeños propietarios y aparceros y mayordomos de las fincas, que recibían financiación de los terratenientes y de los industriales de las ciudades.[54]

Así germinó la semilla fascista, en medio de la crisis posbélica, con la urgente necesidad por parte de industriales y terratenientes de restablecer el control social sobre campesinos y trabajadores. El minoritario grupo que se había reunido en Milán en marzo de 1919 para constituir el Fascio di Combattimento se transformó en noviembre de 1921, en el tercer congreso del movimiento celebrado en Roma, en el Partito Nazionale Fascista (PNF). En la dirección del nuevo partido estaban ya algunos de los que harían una larga carrera en la dictadura: Achille Starace, Attilio Teruzzi, Giuseppe Bastianini y Dino Grandi, el único diputado fascista, aparte de Mussolini, que logró un puesto directivo. Un año después, Mussolini era ya jefe de Gobierno.

Mussolini y los fascistas se aprovecharon del vacío político que estaba creando la crisis de los gobiernos liberales. El 16 de octubre de 1922 un grupo de líderes fascistas trazó un plan de insurrección redactado por Balbo, que fue aprobado en una reunión amplia del partido celebrada en Nápoles una semana después. El plan consistía en ocupar las centrales telefónicas, edificios públicos y estaciones de ferrocarriles de las grandes ciudades. Después, desde diferentes lugares, las columnas convergerían en Roma. Luigi Facta, el presidente de Gobierno, le presentó al rey el decreto de ley marcial que permitiese usar tropas contra los fascistas. Pero Víctor Manuel se opuso y el gobierno dimitió. El rey conocía las simpatías de algunos militares por los fascistas y, aunque le hubieran obedecido a él si hubiera ordenado la represión de la insurrección, prefirió no llegar a crear una división en las fuerzas armadas. Además, los mismos políticos liberales habían declarado en público en varias ocasiones la necesidad de que los fascistas estuvieran en el gobierno e importantes hombres de la economía desde Milán, como Alberto Pirelli y Gino Olivetti, apoyaban una coalición con los fascistas.

El 28 de octubre Antonio Salandra recibió el encargo de formar gobierno. Mussolini, que tenía ahora las cartas en la mano, con las escuadras fascistas aproximándose a Roma y sabiendo que el ejército no las iba a parar, le dijo al líder conservador que no participaría en ningún gobierno que no estuviera presidido por él. Viajó desde Milán en tren, aunque la leyenda posterior lo presentó entrando en Roma al frente de los grupos fascistas, y el 29 de octubre, con 39 años, se convertía en el primer ministro más joven de Italia.

La marcha sobre Roma, en la que participaron unos cuantos miles de fascistas, mal pertrechados y sin mucha preparación, triunfó por la negativa del rey y de las fuerzas armadas a suprimirla. Mussolini subió al poder con una combinación de violencia paramilitar y maniobras políticas, sin necesidad de tomarlo militarmente o ganar unas elecciones. Aquello no fue una toma del poder por procedimientos armados, ni una revolución, pese al mito forjado después por el fascismo victorioso. Fue el rey quien nombró a Mussolini jefe de Gobierno, una decisión que aplaudieron muchos, que esperaban que el socialismo, sus representantes políticos y su poder sindical dejaran de amenazar a las clases acomodadas y al orden social durante un tiempo.

Un año después, Mussolini escribió que la destrucción del Estado liberal había comenzado inmediatamente después de la marcha sobre Roma, con la creación, el 12 de enero de 1923, de la Milizia Voluntaria per la Sicurezza Nazionale (MVSN), que proporcionó una base legal para la organización militar del Partido Fascista. La Milicia, sin embargo, no puso fin al *squadrismo,* porque para Mussolini y los dirigentes fascistas la supervivencia de los grupos de combate junto a la nueva organización militar era crucial para la estrategia de retener el poder a través de la eliminación de cualquier forma de pluralismo.[55]

Nació así lo que Emilio Gentile denomina el «Partido Milicia», el primer partido de masas en la historia contemporánea de Europa «en institucionalizar la militarización de la política en su propia organización, en sus modos de acción, estilo y comportamiento y en la forma en que conducía la lucha contra sus adversarios políticos, tratados como el "enemigo interior" a ser aniquilado». La violencia, «el uso de la organización paramilitar con finalidad terrorista», fue el «elemento fundacional» sobre el que el fascismo definió «su identidad de origen y elaboró su cultura política».[56]

El hecho de que esos grupos de combate disfrutaran de la protección de los líderes locales y nacionales legitimaba su violencia y los convenció de que podían hacer lo que quisieran. Esa violencia tuvo un efecto profundo en la sociedad italiana, en quienes la practicaban y en quienes la sufrían o la contemplaban: el *squadrismo* generó una «aclimatación a la violencia» que condicionó las respuestas a las «políticas tiránicas, represivas y racistas del régimen fascista». La «banalización de la violencia» resultó ser un excelente medio de controlar y prevenir la disidencia, de demostrar que no era posible ninguna forma de oposición. Así se preparó el camino a la dictadura, al «nuevo orden fascista» y al «consenso», a esa aparente aceptación popular de la autoridad que el fascismo habría logrado crear en la sociedad italiana en los años finales de la década de los veinte y comienzos de los treinta, según el conocido argumento de Renzo De Felice.[57]

Los jefes provinciales y fascistas más radicales, orquestados por Farinacci, le pidieron a Mussolini en diciembre de 1924 que eliminara a la oposición y diera los pasos para crear un Estado fuerte y fascista, una dictadura con un nuevo orden político, pero dentro de las estructuras del Estado tradicional. El 3 de enero de 1925, en un discurso a lo que quedaba del parlamento, porque socialistas, republicanos, comunistas, demócratas liberales y algunos católicos ya no estaban, Mussolini proclamó la dictadura fascista.

Ese proceso de cimentación de la dictadura tuvo lugar a lo largo de 1925 y 1926, con una serie de medidas represivas que eliminaron la libertad de prensa, sustituyendo a los directores de los principales periódicos y colocando en su lugar a fascistas, extendieron los poderes del gobierno para la detención de ciudadanos y crearon una policía secreta, la OVRA (Organizzacione di Vigilanza e Represione dell'Antifascismo), el equivalente más próximo a la policía secreta nazi, la Gestapo, aunque quien controlaba a la OVRA era el Estado y no el partido, como ocurrió en Alemania.

A partir de 1926, con la aprobación del *Testo Unico di Publica Sicurezza,* la violencia y el terror se institucionalizaron. Una vez el Estado y la policía tenían las herramientas apropiadas para combatir al antifascismo y la disidencia, ya no había necesidad de la represión *squadrista.* Los *squadristi,* cuyos actos criminales rara vez habían sido cuestionados por los jefes policiales, comenzaron a ser purgados, acusados de delincuentes y de conducta «inmoral y pervertida», que incluía homosexualidad, pedofilia y tráfico y consumo de drogas. La violencia *squadrista*, en el período heroico de la lucha contra los subversivos, antes de la marcha sobre Roma, había sido «necesaria» y «favorable para los intereses nacionales»; después, con el fascismo ya en el poder, era «inútil y anacrónica».[58]

En realidad, más que un castigo o represión, fue una forma de disciplinar a quienes rechazaban la obediencia absoluta a la autoridad del Duce y de distribuir el poder, subordinado al aparato tradicional del Estado, pese a la retórica populista y revolucionaria de los más radicales. Ex *squadristi* eran los subsecretarios del Ministerio del Interior, jefes de policía, dirigentes del partido y de la Milicia y autoridades locales y provinciales. El propio Mussolini declaró que era «increíble» observar «cómo un capitán *squadrista* cambia cuando le haces concejal o alcalde».[59]

Tras un período de marginación y confinamiento, muchos *squadristi* declararon sumisión y devoción al Duce. Otros se lanzaron a nuevas aventuras y combatieron en la conquista de Etiopía, en la guerra civil española, en la Segunda Guerra Mundial, o acabaron como fanáticos defensores de la República Social Italiana a partir de septiembre de 1943. Fue el caso de Tullio Tamburini, uno de los miembros más violentos de los *squadristi* de Florencia, quien, tras ser purgado en diciembre de 1925, desterrado a Libia, pidió clemencia al Duce, fue perdonado y ocupó sucesivamente varios cargos policiales, hasta ser nombrado jefe de policía de la República. El *squadristi* de Bolonia Arconovaldo Bonacorsi, el «conde Rossi», también perdió el favor del Duce, pero en 1936 fue elegido personalmente por él para dirigir las operaciones en Mallorca, donde volvió a ser famoso por su brutalidad, y acabó su carrera como inspector de los «camisas negras» en África.

Mussolini en Italia u Horthy en Hungría tuvieron que demostrar su autoridad como dictadores a muchos que, en el período de lucha por el poder y durante su consolidación, habían resultado indispensables por su violencia en los grupos paramilitares, pero, con su autonomía y falta de subordinación, desestabilizaban el sistema una vez institucionalizada la violencia. En el caso más extraordinario de todos los movimientos fascistas, el 30 de junio de 1934, en la llamada «Noche de los cuchillos largos», la Gestapo y las *Schuzstaffel* (SS), la policía interna del Partido Nazi creada en 1925, arrestaron y asesinaron a decenas de miembros de las SA, incluido su líder Ernst Röhm, que intentaban estar por encima de la autoridad del ejército. Al día siguiente, en un discurso en el Reichstag, Hitler dijo que las SA estaban llenas de «revolucionarios», «enemigos patológicos del Estado», que habían perdido contacto con el «orden social humano», convirtiéndose en «degenerados morales».[60]

El fascismo italiano alcanzó en esa década que siguió al establecimiento de la dictadura de Mussolini su punto más alto de gloria y prestigio y fue, hasta la subida al poder de Hitler y los nazis en 1933, el único y ejemplar modelo para los movimientos autoritarios de derecha. Los fascistas se apoderaron de todos los puestos de la alta burocracia e institucionalizaron un amplio e innovador experimento social de nuevas relaciones entre el poder y las masas, magnificado por la propaganda y el culto al Duce.

Las dictaduras que se establecieron en la mayoría de los países del centro y sudeste de Europa en los años veinte y treinta, tras el derrumbe de los viejos imperios, no fueron fascistas, aunque imitaron y admiraron esa forma de gobierno. Fueron sistemas autoritarios antiparlamentarios, antisocialistas, anticomunistas y antiliberales que tenían elementos, estructuras organizativas e incluso símbolos del fascismo, «pero carecían de un partido fascista detrás del gobierno dominante». Las elites «basaron su poder en el ejército, la burocracia estatal y las fuerzas paramilitares (...) excluyendo a las minorías étnicas nacionales, y siguieron políticas territoriales revisionistas que demandaban cambios radicales de fronteras para acomodarlas a sus visiones nacionales».[61]

A la dictadura de Horthy en Hungría siguió la del mariscal Joseph Pilsudski en Polonia y otros dictadores, reyes o militares, extendieron los regímenes autoritarios por todos los Estados balcánicos y bálticos. Solo Checoslovaquia, bajo la presidencia de Tomas Masarky, mantuvo una ruta diferente hasta que el Pacto de Múnich, en septiembre de 1938, entregó las áreas industriales de los Sudetes a Alemania y significó la sentencia de muerte para la única democracia que se mantenía en pie en Europa al este del Rin.

Esas dictaduras se levantaron sobre sistemas políticos muy nuevos, sujetos a conflictos internos étnicos y regionales y a disputas territoriales entre los diferentes países. Salieron de la guerra, del choque violento entre la revolución y la contrarrevolución, y los militares, siempre con el pretexto de hacer frente a la inestabilidad, al desorden y al caos político, ocuparon posiciones dominantes en la vida política. Lo que apareció en Europa Central y del Este tras la Primera Guerra Mundial fue una combinación de revoluciones nacionales, ideología contrarrevolucionaria y fascismo.[62]

La búsqueda de estabilidad tras la firma del Armisticio en noviembre de 1918 tuvo resultados diferentes en los países vencedores y vencidos. En los vastos territorios de los imperios derrotados —Romanov, Habsburgo y otomano—, «cuya desaparición del mapa proporcionó espacios para el surgimiento de nuevos Estados nación, la violencia fue intensa», especialmente en las regiones donde las revoluciones nacionales —de autodeterminación— y sociales —de distribución de poder y riqueza— se solaparon. La «cultura de la derrota», por otro lado, fue crucial para que miles de ex combatientes rechazaran la desmovilización y continuaran su lucha a través de la actividad paramilitar. Aunque en las naciones vencedoras pudo haber también «miedo a la brutalización», la violencia —excepto en Italia—, no sufrió un incremento sustancial. «Ninguna de las derrotadas, sin embargo, logró volver a la estabilidad y paz interna de los años prebélicos.»[63]

Violencia política y democracia

La violencia política mostró, efectivamente, niveles más bajos en los Estados democráticos de Europa Occidental —Gran Bretaña, Francia, Bélgica—, victoriosos en la guerra, pero tampoco estuvo ausente. La democracia, y los demócratas, pudo regular y reprimir la violencia, frenar con métodos legales y policiales los combates entre comunistas y fascistas, aunque poseían imperios coloniales donde, al contrario que en las metrópolis, utilizaron en los años veinte y treinta métodos violentísimos para «pacificar» las revueltas. Holanda, que se mantuvo neutral en la guerra, deportó a Indonesia a miles de subversivos y, tras la Primera Guerra Mundial, los británicos reclutaron a ex soldados coloniales como activistas en los Black and Tans para combatir a los nacionalistas irlandeses. En palabras de Kevin Passmore, «la posesión de colonias difumina la distinción entre el Occidente democrático y el Este autoritario».[64]

Precisamente Gran Bretaña es el ejemplo que se pone siempre como principal excepción a la militarización de la política entre 1918 y 1939. Nuevas investigaciones, sin embargo, matizan ese mito de la «tranquilidad británica», de que el uso de la violencia era algo «no británico», especialmente en las reacciones al ciclo de violencia en Irlanda en 1920-1921, y subrayan la huella que los temores a la «brutalización» dejaron en la sociedad.[65]

La guerra de independencia en Irlanda comenzó en enero de 1919. Antes del estallido de la Primera Guerra Mundial, Gran Bretaña había prometido Home Rule (autonomía) a Irlanda. Durante la guerra, solo voluntarios se habían alistado en el ejército británico y lucharon fuera de las islas. Tras el Armisticio, sin embargo, muchos irlandeses, alentados por las promesas en la guerra sobre los derechos de las pequeñas naciones y por la violenta respuesta británica a la rebelión de 1916, votaron a una mayoría de candidatos del Sinn Féin, 73 nuevos diputados, que declararon que no iban a acudir a Westminster, que tenían la intención de crear un parlamento propio en Dublín. El Irish Republican Army (IRA) desafío a las fuerzas de la corona británica, comenzando una guerra de independencia que acabó con el dominio de Gran Bretaña en los veintiséis condados que se iban a convertir en la Irlanda independiente.

Durante la guerra de independencia, el IRA combatió «como un ejército paraestatal más que como una fuerza paramilitar», con la convicción de que representaba el nuevo ejército nacional frente a la colonización británica. Cuando el resultado fue un Estado Libre Irlandés independiente, firmado en el Tratado anglo-irlandés del 6 de diciembre de 1921, el IRA se opuso y comenzó a luchar contra las fuerzas del Estado Libre.

Tras la firma del tratado, el IRA y una parte de la sociedad se dividió entre los defensores del acuerdo que veían la decisión de seis condados del Úlster de permanecer en el Reino Unido como el precio a pagar por la independencia; y los republicanos, que contemplaban el tratado como una traición a la nación irlandesa. La guerra civil que siguió condujo a una partición y ruptura profunda en la sociedad con daños violentos y duraderos.[66]

La Primera Guerra Mundial no afectó al territorio irlandés, pero la guerra de independencia introdujo manifestaciones de violencia similares a las propagadas por el continente europeo tras noviembre de 1918. El IRA no disponía de medios para combatir a las fuerzas británicas ni al ejército del Estado Libre «y adoptó la guerra de guerrillas contra ambos, eliminando la distinción entre civiles y soldados». Las mujeres y familias de los oficiales británicos fueron objeto de amenaza y ataques, así como los sospechosos de traición y los protestantes irlandeses, como «enemigos internos», representantes del colonialismo británico. Las fuerzas británicas, especialmente los Black and Tans y las fuerzas auxiliares, cometieron también todo tipo de violencia indiscriminada.[67]

El Estado británico se involucró activamente en una «guerra sucia» contra el Sinn Féin y el IRA. En los primeros meses de 1920 el gobierno comenzó a alistar a reclutas ingleses en la Royal Irish Constabulary (RIC, Policía Real Irlandesa), la mayoría de ellos ex soldados, que pronto adquirieron el apodo de «Black and Tans» —por su mezcla de uniformes verde oscuro del RIC y caqui del ejército— y creó también una «Auxiliary Division», formada exclusivamente por ex oficiales, independiente del control militar y policial. Los auxiliares, dos mil hombres, incluían veteranos de las colonias, y los Black and Tans, alrededor de nueve mil, incorporaron también a irlandeses. Además, las tropas británicas en Irlanda sumaban cerca de sesenta mil efectivos.[68]

En ambos contendientes se trató de justificar la violencia como una reacción frente a la del rival. Las fuerzas auxiliares y los Black and Tans asesinaron, desarrollaron técnicas de interrogatorio con tortura y fueron acusados, por la propagada del IRA y por informes internos, de numerosos casos de violación y rapiña. El IRA reivindicó la mayoría de los asesinatos de civiles como «ejecución de espías», utilizó también los incendios coma arma contra los terratenientes y protestantes, para saquear y destruir los cuarteles militares, y practicó el rapado del cabello de mujeres, «acusadas de espionaje, de pasar información al enemigo y de traicionar al nuevo Estado».[69]

El rapado del cabello de mujeres fue una forma de violencia usada frecuentemente durante la Primera Guerra Mundial en Bélgica, en Irlanda y Polonia tras esa guerra y, como veremos, en la paz incivil de Franco en España y en varios países europeos durante y tras la Segunda Guerra Mundial, sobre todo en Francia, para humillar y castigar a las mujeres «traidoras». En Polonia, en cambio, la mayoría de las víctimas de rapado en el período de su independencia tras la firma del Armisticio fueron hombres judíos, a quienes afeitaban las barbas y las patillas «para anular su apariencia religiosa diferente». A los judíos polacos y ucranianos se les rapaba en lugares públicos, delante de entusiastas testigos. A las mujeres en Irlanda, en lugares apartados y solitarios. En ambos países los autores fueron casi exclusivamente hombres, aunque las mujeres en Polonia vitoreaban a los perpetradores.[70]

Irlanda, tras ser parte integral del imperio británico durante un largo período de tiempo, solo logró la independencia después de la Primera Guerra Mundial, en un proceso violento desencadenado en parte por las sacudidas y turbulencias que esa guerra provocó en la «pacífica» Gran Bretaña. La ausencia de un control estatal firme en ese escenario turbulento facilitó el surgimiento de la violencia «bajo el velo de una lucha nacional por la independencia». Formaciones militares y paramilitares se enzarzaron en una espiral de violencia, para mantener la Unión o romperla, apoyadas por amplios sectores de la población civil. La violencia contra civiles sirvió como un elemento central en el establecimiento de las identidades sociales y religiosas que acabaron definiendo a la nación irlandesa.

Tras la guerra civil, el Estado Libre —y la República de Irlanda desde 1948— se consolidó como una democracia parlamentaria, que concedió en 1923 el voto a todas las mujeres mayores de 21 años, una excepción en el panorama europeo de Estados que adquirieron su independencia tras noviembre de 1918, con un nivel de violencia limitado, comparado con los modelos de referencia del centro y este de Europa, aunque el paramilitarismo dejó un poderoso legado como fuente de legitimidad políticas en ambas partes de la isla.[71]

Cuando el Estado británico vio su autoridad territorial contestada, no dudó en emplear violencia paramilitar en apoyo del ejército y policía regulares, contra la población católica y nacionalista. Gran Bretaña fue tras el

Armisticio una nación con sentimientos y miedo de que cuatro años y medio de matanzas —casi un millón de muertos y dos millones de heridos si se cuenta su imperio— hubieran brutalizado a ex soldados, al Estado, a la política y a la población en general.

Hubo momentos en que esos temores de «brutalización» parecían justificados. Como, por ejemplo, con los numerosos disturbios en diferentes ciudades entre enero y agosto de 1919, donde soldados y veteranos tuvieron un papel importante en su origen y represión, en las violentas respuestas al desafío independentista en Irlanda, o en el uso de fuerzas paramilitares como respuesta a las revueltas coloniales en Egipto, Irak, Birmania y, sobre todo, en la región del Punjab, India, donde las fuerzas del general Dyer dispararon a una multitud indefensa, en abril de 1919, dejando 379 muertos y más de 1.200 heridos. Y los Black and Tans viajaron desde Irlanda a otros lugares coloniales conflictivos, como Palestina.[72]

Pero ese legado potencial de «brutalidad» fue rechazado en la política y no surgió ningún movimiento fuerte, cultural o político, que buscara «legitimar la violencia y proclamarla como elemento básico para la salvación nacional o de clase». Y aunque Gran Bretaña no escapó en los años treinta al surgimiento de una extrema derecha fascista, ni el fascismo ni el comunismo arraigaron como movimientos de masas y fueron considerados «ajenos» y «extraños» a la política y sociedad civil británica, reforzando el mito de que eran una nación «pacífica», «donde tanto el Estado como el pueblo habían renunciado al barbarismo de la guerra y dieron la espalda al "espíritu militarista" que la había alimentado». Ahí, según Jon Lawrence, estaban también las raíces de la política de «apaciguamiento» y del rechazo a la guerra que tantas dificultades crearon a Gran Bretaña para «lidiar con el alterado estado de ánimo de las relaciones internacionales en los años treinta».[73]

Francia, como Gran Bretaña, también fue vencedora en noviembre de 1918 y su sistema político hizo frente con éxito al legado de la guerra. Frente a la «cultura de la derrota» de otros países, Francia elaboró una «cultura de la victoria», que aumentó el tamaño y prestigio del ejército, recibido con ceremonias cívicas y rituales nacionales que recordaban solemnemente a los muertos y el sacrificio de los soldados. La proliferación de memoriales de guerra en los años siguientes «instaló la victoria y el sufrimiento que había acarreado en el corazón de la vida religiosa y cívica francesa».[74]

Pese a constituir, sin embargo, un «contraejemplo» frente a esa «guerra en paz» que se asentó en una buena parte del continente europeo entre 1818 y 1923, en la republicana Francia abundaron los defensores y apologetas de la violencia política, aparecieron formaciones paramilitares y a mitad de los años treinta experimentó altos niveles de violencia en forma de terrorismo de ultraderecha.

En respuesta a una sucesión de huelgas en 1919-1920, promovidas por la Conféderation Générale du Travail (CGT) y por sindicalistas revolucionarios, que algunos círculos conservadores percibieron como una subversión inspirada desde Moscú, se crearon formaciones de defensa (Unions Civiques) para ayudar a las autoridades a derrotar los ataques al orden público. Ante la huelga general del 1 de mayo de 1920, miles de miembros de las profesiones liberales, pequeños propietarios y estudiantes, muchos de ellos antiguos soldados movilizados durante la guerra, mantuvieron los transportes funcionando, sustituyendo a conductores, bomberos y trabajadores de la compañía eléctrica y telefónica. Hubo choques violentos con los huelguistas y las Uniones Cívicas fueron tachadas por la izquierda de «Guardias Blancas».[75]

Las Uniones formaron una Confederación en noviembre de 1920, manteniendo una presencia de «defensa social» durante toda esa década, pero la sólida mayoría parlamentaria de un gobierno conservador, la «cultura de la victoria» y la derrota del espectro de la revolución por esa movilización en defensa del orden social dejaron a la violencia paramilitar sin espacio. La fortaleza del Estado y de sus fuerzas armadas, la solidez de la cultura parlamentaria y la casi completa ausencia de tensiones étnicas y fronterizas limitaron los combates entre fascismo, comunismo y ultraderecha, recrudecidos años después con la creación de diversas organizaciones extraparlamentarias, fascistas o ultrarreaccionarias. Como el comité ejecutivo de la Unión Cívica de París explicó en un póster de propaganda: «Francia no es Rusia (...) Francia mantendrá los logros sagrados de nuestras gloriosas revoluciones».[76]

Incluidas las conquistas coloniales. Porque cuando Gran Bretaña y Francia comenzaron a sentir el miedo de revueltas anticoloniales nacionalistas —inspiradas por el discurso de Wilson sobre la autodeterminación democrática— y comunistas —promovidas por la lucha antiimperialista de la Tercera Internacional—, respondieron con formaciones paramilitares y violencia militar y civil. Ese paramilitarismo colonial, como lo utilizó Francia en Argelia, Marruecos, Siria e Indochina, puede interpretarse como una dimensión significativa de la violencia continua tras la Primera Guerra Mundial.[77]

Durante 1936-1937, los miembros del Comité Secret d'Action Révolutionnaire, o Cagoule —porque llevaban capuchas para ocultar su identidad—, cometieron abundantes atentados terroristas para derribar al gobierno del Frente Popular de Léon Blum. Sus líderes eran «extremistas» expulsados de la ultraderechista Action Française, ricos, bien conectados con las elites burguesas, que, «como otros fascistas de su tiempo, adoptaron una cultura de la violencia y terror para conseguir a través del terrorismo un "nuevo orden"». Se veían a sí mismos como tropas de asalto, listas para usar el terrorismo y despertar a la sociedad moribunda. Aristide Corre, uno de sus teóricos, escribió en su diario: «No hay otra solución que el terrorismo».[78]

Ideológicamente las creencias básicas de Cagoule se parecían a otros grupos ultraderechistas de los años treinta. Despreciaban a los judíos y masones, rechazaban la democracia parlamentaria y odiaban a socialistas y comunistas. Mantuvieron estrechos contactos con los fascistas italianos y con la España de Franco durante la guerra civil. El golpe de Estado de los militares españoles inspiró el suyo fallido en noviembre de 1937 en Francia. Traficaron con armas para apoyar la causa franquista, algunos de ellos combatieron en su bando y cuando Franco ganó la guerra, les ofreció refugio en San Sebastián ante el acoso policial francés. Jean Filliol, asesino terrorista convertido en colaborador nazi, pasó tras la Segunda Guerra Mundial el resto de su vida en España.[79]

Asesinaron a antifascistas, pusieron bombas, destruyeron aviones destinados a la España republicana y tras la invasión nazi de Francia, el movimiento Cagoule, convertido en Mouvement Social Révolutionnaire (MSR), continuó su agenda violenta. Algunos de ellos, ya conocidos de Philippe Pétain en los años treinta, ocuparon cargos en su administración, formaron parte de su brigada de protección y Filliol y Jacques Corréze crearon una división especializada en asaltar apartamentos y negocios judíos y volar con explosivos sinagogas. Quienes sobrevivieron a la guerra, no fueron juzgados hasta 1948, recibieron sentencias livianas y la mayoría disfrutaron de asilo fuera de Francia y pudieron escapar a la ley. Corréze fue cofundador y jefe ejecutivo de la firma L'Oréal en Nueva York.[80]

Las conexiones del movimiento Cagoule con Franco y la causa de los militares sublevados, apoyados por Hitler y Mussolini, nos sitúa en España y en el escenario internacional desequilibrado por la crisis de la democracia y la irrupción del comunismo y del fascismo. La historia de España no transcurrió en esas décadas al margen de la europea y, como hemos visto, no existió un modelo «normal» de modernización frente al cual España pueda compararse como una excepción anómala. Casi ningún país europeo resolvió los conflictos de aquellos años entre 1918 y 1939 por la vía pacífica.

Hasta que llegó la Segunda República, la sociedad española pareció mantenerse un poco al margen de las dificultades y trastornos que sacudían a la mayoría de los países vecinos desde 1914. España no había participado en la Primera Guerra Mundial y no sufrió, por lo tanto, la fuerte conmoción que esa guerra provocó, con la caída de los imperios y de sus servidores, la desmovilización de millones de ex combatientes y el endeudamiento para pagar las enormes sumas de dinero dedicadas al esfuerzo bélico. Pero compartía, no obstante, esa división y tensión, que acompañó al proceso de modernización, entre quienes temían al bolchevismo y a las diferentes manifestaciones del socialismo, amantes del orden y la autoridad, y los que soñaban con ese mundo nuevo e igualitario que surgiría de la lucha a muerte entre las clases sociales.

Aunque España fue neutral, la Gran Guerra tuvo un notable impacto económico y social, al que se sumaron los problemas derivados del corporativismo del ejército, la deriva autoritaria de la corona, el recrudecimiento del conflicto colonial marroquí, la intensidad de la movilización sindical y las protestas populares, con el eco de la revolución rusa, el pistolerismo anarquista y de la patronal, las reivindicaciones nacionalistas y la defección de los sectores conservadores, las asociaciones católicas y los grupos empresariales, cada vez más proclives hacia soluciones antiparlamentarias.

Si en esos años hubo un escenario donde se vieran frente a frente el poder sindical de la clase obrera organizada, el miedo de los propietarios a la subversión del orden establecido, la preocupación de los gobernantes por la espiral huelguística y la violencia social y la presencia de los uniformes militares en las calles, ese lugar fue, sin duda, Barcelona.

Los planteamientos más moderados de la CNT quedaron arrinconados en favor de los grupos de acción, dispuestos al enfrentamiento violento y las soluciones de fuerza. Los empresarios más radicales financiaron cuerpos de seguridad privada, algunos convertidos en bandas de pistoleros, organizaron asociaciones de obreros no revolucionarios, el denominado Sindicato Libre, de orientación carlista, que declaró la guerra a muerte a los cenetistas, y resucitaron el *somatén* tradicional para convertirlo en una red de fuerzas vecinales de autodefensa que llegaron a contar con más de 60.000 hombres armados.

Cayeron muchos militantes y dirigentes anarcosindicalistas y un número todavía mayor de patronos, capataces, pistoleros y obreros anticenetistas. La dureza extrema de la represión y la actuación de los grupos paramilitares amparados por la patronal no rebajan la responsabilidad de la CNT en la espiral terrorista de esos años. Los anarquistas más puros y duros desplazaron a los dirigentes más moderados y fomentaron la guerra social, la acción de los llamados «reyes de la pistola obrera», muchas veces vulgares asesinos y atracadores, procedentes de los bajos fondos, que no tenían nada de mártires heroicos ni de militantes ejemplares.[81]

El 8 de marzo de 1921 tres anarquistas asesinaron a Eduardo Dato, jefe del Gobierno, y cuatro meses después, el descalabro sufrido por el ejército español en Annual, con la asombrosa victoria de Abd-el-Krim, que con apenas 4.000 guerreros llegó casi a exterminar un ejército moderno compuesto por 15.000 soldados, tuvo consecuencias profundas.

En un principio, el gobierno de Maura se limitó a hablar de responsabilidades militares y para ello encargó un informe oficial al general Juan Picasso, un ejemplo de rigor y eficacia intachables. Pero a finales de octubre de 1921, cuando se abrieron las Cortes, la oposición exigió hablar también de responsabilidades políticas, y los debates sobre esa cuestión se sucedieron uno tras otro. Salió a relucir la incompetencia militar, la causa principal de la catástrofe, y también el absentismo de la oficialidad, la corrupción e ineficacia que reinaban en el seno del ejército de África y el enorme agujero que su mantenimiento dejaba en la Hacienda pública. Y las protestas llegaron más arriba, a los políticos gobernantes y también al monarca.

Las críticas públicas dirigidas al papel desempeñado por el rey, decidido defensor del intervencionismo colonial, deterioraron notablemente su prestigio y socavaron aún más los cimientos del régimen ensanchando la brecha que lo distanciaba de una parte importante de las fuerzas sociales del país. Un régimen en ruinas, atacado desde fuera y minado desde dentro, al que nadie defendió cuando el general Miguel Primo de Rivera lo derribó en septiembre de 1923, poniendo fin a la larga experiencia constitucional de la Restauración.

Esa dictadura no fue un hecho único, una salida original a la crisis del sistema liberal o un acontecimiento peculiar de la historia contemporánea de España, sino uno más de los regímenes militares o semimilitares de corte autoritario surgidos en Europa en aquellos años. Ante el descrédito de los partidos tradicionales, y la falta de capacidad o de voluntad política de las elites para propiciar ese cambio, el ejército y la burocracia, con el apoyo de la monarquía, fueron las instituciones capaces de tomar el poder y salvaguardar el orden social amenazado por el fantasma de la revolución obrera.

Primo de Rivera compartía con Mussolini el rechazo a la democracia y al parlamentarismo, la apelación nacionalista al uso de la fuerza y la coacción para terminar con el «caos» revolucionario y la apuesta por un Estado corporativo que regulara las relaciones sociales. Pero Primo de Rivera no llegó al poder a través de la movilización de masas. España no había vivido la Primera Guerra Mundial, ni la «cultura de la derrota», ni la «victoria mutilada», ni todavía había tenido gobiernos democráticos que, como en las repúblicas surgidas tras esa guerra, habían permitido la participación activa de amplios sectores de la población, con sistemas electorales libres, incluido el voto de las mujeres. A la monarquía española no la derribó una guerra, sino su incapacidad para ofrecer a los españoles una transición desde un régimen oligárquico y caciquil a otro reformista y democrático.

La República, proclamada el 14 de abril de 1931, encontró enormes dificultades para consolidarse y tuvo que enfrentarse a fuertes desafíos desde arriba y desde abajo. Pasó dos años de relativa estabilidad, un segundo bienio de inestabilidad política y unos meses finales de acoso y derribo. Los primeros desafíos fuertes, y los que más se vieron porque solían acabar en enfrentamientos con las fuerzas de orden público, llegaron desde abajo, desde las protestas sociales, y después insurrecciones, de anarquistas y socialistas. El golpe de muerte, el que la derribó por las armas, nació, sin embargo, desde arriba y desde dentro, desde el mismo seno de sus fuerzas armadas y desde los poderosos grupos de orden que nunca la toleraron.

Las insurrecciones anarquistas de 1932 y 1933 y sobre todo el movimiento insurreccional de octubre de 1934, en Asturias, en Cataluña y en otras localidades dispersas, fueron graves alteraciones del orden reprimidas y ahogadas en sangre por las fuerzas armadas del Estado republicano. De los 1.400 muertos que hubo en la insurrección de Asturias, más de 1.100 correspondieron a los revolucionarios o a los que las fuerzas de seguridad consideraron como tales y lo mismo puede decirse, aunque con menos muertos que contar, en las tres insurrecciones anarquistas. Una violencia nada excepcional, si se compara con todo lo visto en este capítulo, y donde el Estado, al contrario de lo que ocurrió con la sublevación militar de julio de 1936, nunca perdió el control de los medios de represión.

Después de la revolución rusa, todos los intentos insurreccionales y revolucionarios de la izquierda fueron derrotados, en un país tras otro, en Alemania, Hungría, Italia, y ninguna democracia liberal, que era el sistema dominante hasta la llegada de Hitler al poder en toda Europa Occidental, pudo ser derribada por las armas por la izquierda. Allí donde lo intentaron, los mecanismos de represión de los Estados, unidos para salvaguardar el orden social, lo impidieron o dejaron paso, con su consentimiento y apoyo, al establecimiento de dictaduras fascistas o contrarrevolucionarias. En España eso ocurrió tras una guerra civil, causada por un violento golpe de Estado.

Dentro de esa guerra hubo varias y diferentes contiendas. En primer lugar, un conflicto militar, iniciado cuando el golpe de Estado enterró las soluciones políticas y puso en su lugar las armas. Fue también una guerra de clases, entre diferentes concepciones del orden social, una guerra de religión, entre el catolicismo y el anticlericalismo, una guerra en torno a la idea de la patria y de la nación, y una guerra de ideas, de credos que estaban entonces en pugna en el escenario internacional. Una guerra imposible de reducir a un conflicto entre comunismo o fascismo o entre el fascismo y la democracia. En la guerra civil española cristalizaron, en suma, batallas universales entre propietarios y trabajadores, Iglesia y Estado, entre oscurantismo y modernización, dirimidas en un marco internacional desequilibrado por la crisis de las democracias y la irrupción del comunismo y del fascismo.

España comenzó los años treinta con una República y acabó la década sumida en una dictadura fascista. Bastaron tres años de guerra para que la sociedad española padeciera una oleada de violencia y de desprecio por la vida del otro sin precedentes. Por mucho que se hable de la violencia que precedió a la guerra civil, para tratar de justificar su estallido, está claro que en la historia del siglo XX español hubo un antes y un después del golpe de Estado de julio de 1936. Y fue a partir de ese momento, y no antes, cuando se sucedieron, en grado sumo, todas las manifestaciones de violencia que había conocido Europa desde la Primera Guerra Mundial: la revolucionaria, contrarrevolucionaria, paramilitar, fascista/nacionalista, la de los asesinatos masivos, sobre todo en la retaguardia, y la de bombardeos sobre poblaciones civiles. De todas ellas, la violencia más específica y peculiar —en un país donde no había judíos ni conflictos territoriales o étnicos— fue la derivada de la conversión de la guerra en cruzada religiosa, guerra santa, y del odio anticlerical.[82]

Quemar una iglesia o matar a un clérigo se convirtió en seña de identidad de la tormenta revolucionaria del verano de 1936 en muchos pueblos y ciudades de España. Pese a los muchos tópicos sobre el asunto, el intenso anticlericalismo legislativo del período republicano rara vez fue acompañado de actos de violencia. En el verano del 36 se pasó de la amenaza a los hechos porque el vacío de poder causado por la derrota de la sublevación inauguró un período de dislocación social, soltó amarras y permitió una absoluta y radical liberación de los yugos del pasado. Sin reglas ni gobierno, sin mecanismos de coerción obligando a cumplir leyes, la «sed de justicia», la venganza y los odios de clase se extendieron como una fuerza devastadora para aniquilar el viejo orden. La ola destructiva cazó a la Iglesia de lleno. En palabras de Frances Lannon, «la Iglesia tuvo que pagar un precio cruel por su identificación con un sistema de relaciones de clase y de propiedad que ella no había creado».[83]

La religión católica y el anticlericalismo se sumaron con ardor a la batalla que sobre la organización de la sociedad y del Estado se estaba librando en territorio español. La religión fue desde el principio muy útil a la causa de Franco, por la corriente de simpatía internacional que generó a su favor. El anticlericalismo violento que estalló con la sublevación militar no aportó, sin embargo, beneficio alguno a la causa republicana. El incendio público de imaginería y culto religioso, la utilización de iglesias como establos y almacenes, la fundición de campanas para munición, la supresión de actos religiosos, la exhumación de frailes y monjas, y el asesinato del clero regular y secular fueron narrados y difundidos, en España y más allá de los Pirineos y de los mares, con todo lujo de detalles, ilustrados a menudo con fotografías macabras y espeluznantes, constituyendo el símbolo por excelencia del «terror rojo».

El discurso del orden, de la patria y de la religión se impuso al de la democracia, la República y la revolución. España no fue en eso muy diferente a otros países porque los datos que muestran el retroceso democrático y el camino hacia la dictadura ultraderechista o fascista resultan concluyentes. En 1920, de los veintiocho Estados europeos, todos menos dos (la Rusia bolchevique y la Hungría del dictador derechista Horthy) podían clasificarse como democracias o sistemas parlamentarios restringidos. A comienzos de 1939, más de la mitad, incluida España, habían sucumbido ante dictadores con poderes absolutos. Siete de las democracias que quedaban fueron desmanteladas entre 1939 y 1940, tras ser invadidas por el ejército alemán e incorporadas al nuevo orden nazi, con Francia, Holanda o Bélgica como ejemplos más significativos. A finales de 1940, solo seis democracias permanecían intactas: el Reino Unido, Irlanda, Islandia, Suecia, Finlandia y Suiza.

La mayoría de esas dictaduras no llegaron al poder a través de la movilización de masas y no tuvieron que ofrecer soluciones radicales de eliminación sistemática de sus oponentes. No fue, sin embargo, el caso de Hitler en Alemania y de Stalin en la Unión Soviética, donde los partidos nazi y comunista dominaron la vida de los ciudadanos, crearon un culto a un líder al que todos debían estricta obediencia y desarrollaron ideologías exclusivas en cuyo nombre se persiguió a los enemigos de la revolución, de la nación o de la raza. La amenaza que planteaban a las democracias occidentales se hizo muy evidente en el escenario de la crisis internacional de los años treinta.

Porque antes de que la Segunda Guerra Mundial y las políticas de exterminio total se apoderaran del paisaje europeo y de las memorias de quienes transitaron por él, las democracias más avanzadas de Gran Bretaña, Francia, los países nórdicos y las democracias republicanas de Alemania, Austria, España y Checoslovaquia abrieron importantes caminos de libertad e igualdad, rotos por una historia de degradación, mentiras sistemáticas, intimidación y crimen organizado.

El total de muertos ocasionados por las dos guerras mundiales, civiles, revoluciones, contrarrevoluciones y por las diferentes expresiones del terror estatal superó los ochenta millones. Cientos de miles más fueron desplazados o huyeron de país en país, planteando graves problemas económicos, políticos y de seguridad. Los casos más extremos de esa violencia, desde el exterminio armenio al genocidio de los judíos, marcaron a sangre y fuego la historia del siglo xx. A ellos está dedicado el próximo capítulo.

5

Violencia sin fronteras

> Hombres y niños han sido deportados de sus casas en gran número y desaparecidos en el camino, después han obligado a mujeres y niños a ir detrás. Durante algún tiempo han prevalecido los relatos procedentes de viajeros testigos del asesinato de hombres, del gran número de cuerpos a lo largo de las cunetas y flotando en el río Éufrates; de la entrega de mujeres y niños a los kurdos por los policías que acompañaban los convoyes..., de atrocidades inimaginables cometidas por policías y kurdos, e incluso del asesinato de muchas de esas víctimas. Al principio no se daba mucho crédito a esas historias, pero cuando muchos de los refugiados están llegando ahora a Alepo, ya no hay duda de la verdad de ese asunto.[1]

Pese a los numerosos ejemplos en la historia de expulsiones de minorías y pueblos sometidos por sus gobernantes y conquistadores, el tipo de limpiezas étnicas y genocidios del siglo XX es peculiar, tanto por su magnitud como por sus motivaciones políticas e ideológicas. Desde la primera de los cristianos armenios en 1915 hasta las de los bosnios musulmanes en los años noventa, las eliminaciones nacionales y étnicas evolucionaron, se convirtieron en más sistemáticas y letales, ocupando el centro de la crisis cultural europea. Fue el siglo del terror organizado, de los campos de exterminio, de los Gulags, de los asesinatos en masa.[2]

Los casos extremos de violencia que aparecen en este capítulo no fueron productos de abstractos «odios ancestrales» y ocurrieron en escenarios y contextos históricos de profunda alteración del orden, generada por guerras y revoluciones, en medio de intentos de reorganizar el Estado y la sociedad. La Primera Guerra Mundial, como ya hemos visto en detalle, creó una cultura de asesinato, a menudo vinculada a la ideología de la raza, nación y clase social, y proporcionó, a través de sus dos principales resultados, el comunismo y el fascismo, una nueva forma de conducir la política y de imaginar el poder y la violencia. Todo eso requería de la burocracia y fuerzas armadas de los Estados modernos, pero también de la movilización de la población para servir como miembros de escuadrones, trabajadores sociales, médicos y científicos, guardias, torturadores y asesinos.

Como han advertido algunos de los mejores especialistas, «la lógica de las ideologías de exclusión o del dominio étnico no siempre condujo a la lógica de la destrucción», a que los más extremistas se convirtieran en sujetos activos de la limpieza étnica o genocidio. El paso de las políticas discriminatorias a las de exterminio fue a menudo provocado en esa primera mitad del siglo XX por conflictos entre Estados más que por agendas internas y generalmente tuvo repercusiones más allá de las fronteras de cada país, causando desestabilización regional y movimientos masivos de refugiados.[3]

Y los resultados de esa lógica tampoco fueron igual de dañinos en todos los lugares. «Con la relevante excepción de los judíos, la mayor parte de Europa Occidental permaneció poco afectada por la violencia a gran escala contra la población civil por su identidad étnica.» Parte de la explicación, como ya hemos visto con la violencia paramilitar, reside en el diferente nivel de destrucción y fragmentación que afectó durante la Primera Guerra Mundial a los frentes oriental y occidental; a que la ocupación nazi fue menos salvaje en Occidente; y a que la temprana formación de los Estados nación en Europa Occidental creó mayor «homogeneidad étnica» que en los recién creados Estados del centro y este del continente.[4]

Todas aquellas atrocidades fueron posibles por los «poderes absolutos otorgados a los perpetradores por los regímenes a los que servían». Los verdugos, asesinos y violadores no solo tenían licencia total para matar, «sino también para humillar y tratar con crueldad a quienes estaban bajo su dominio». Crearon sus propios rituales de violencia, practicados de forma individual o en grupo, vistos por muchos más, víctimas, testigos y aprendices de criminales. Y pese a que también hubo mujeres verdugos, cómplices y testigos que disfrutaban del espectáculo, la violencia de la mayoría de esos actos fue obra de hombres. Y en muchos casos, las mujeres fueron las víctimas.

La práctica de la tortura, que había comenzado a ser condenada desde la segunda mitad del siglo XIX, alcanzó métodos sofisticados. «Incluso se negó la dignidad a los cadáveres de las víctimas», dejados en cunetas para que se pudrieran o fueran devorados por animales, o quemados en hornos crematorios. «Violados en vida, los cuerpos fueron degradados en la muerte.»[5]

Limpieza étnica

La limpieza étnica es la eliminación sistemática por medios violentos de un grupo —o diferentes grupos de personas— definido por su etnicidad o nacionalidad. Aunque en principio el objetivo primordial de la limpieza étnica en el siglo XX era el establecimiento de zonas étnicamente homogéneas, más que el asesinato, esos procesos de expulsiones de la población de sus hogares, pueblos y ciudades, fueron acompañados de violencia gratuita, extrema crueldad, tortura e indiferencia al sufrimiento humano. «La utopía negativa de la pureza étnica —en palabras de Philippe Ther— condenaba no solo a la gente sino también a su cultura», por eso «los autores de esos actos quemaban libros, profanaban cementerios, destruían mezquitas e iglesias y en ocasiones arrasaban pueblos enteros». Una de sus principales características, según Norman M. Naimark, el autor que abrió el camino de la investigación rigurosa de ese fenómeno, es que «al contrario de la guerra entre naciones, la limpieza étnica generalmente implica un perpetrador violento y armado y una víctima inocente e indefensa».[6]

Aunque el término comenzó a utilizarse de forma extendida, entre público y medios de comunicación, para referirse a la guerra en la antigua Yugoslavia en los años noventa, el concepto de «limpieza» apareció en documentos, artículos de prensa y escritos políticos a lo largo del siglo XX que trataban del ideal de crear naciones y Estados nación homogéneos y de las minorías que lo obstruían. Desde finales del siglo XIX, las poblaciones fueron clasificadas de acuerdo con categorías étnicas en la mayoría de los Estados europeos y las elites liberales creyeron que la homogeneidad podía conseguirse de forma «natural». Cuando esas expectativas no pudieron cumplirse, los Estados nación y los imperios multiétnicos recurrieron a medidas de fuerza, que iban desde imponer la lengua nacional en las escuelas hasta la política de nacionalización reprimiendo a las minorías. La limpieza étnica, tal y como apareció por primera vez en Europa en el siglo XX, en la guerra de los Balcanes de 1912, «fue consecuencia de la interacción de una forma de nacionalismo radical con mecanismos del Estado nación moderno».[7]

La limpieza étnica y el genocidio son formas de violencia política que persiguen a las personas por su raza, religión, nacionalidad o etnicidad y aunque no siempre coinciden en la dimensión y magnitud de la destrucción, ambos fenómenos aparecieron juntos —en espacio y tiempo— en diferentes períodos, «oleadas de violencia», de la historia del siglo XX.

La primera de esas fases comenzó en 1912 con la guerra de los Balcanes y finalizó con el Tratado de Lausana en 1923. La segunda coincidió con el período de hegemonía nazi en Europa, desde el Pacto de Múnich de 1938 hasta el final de la Segunda Guerra Mundial y fue también el momento en que la Unión Soviética pasó de la persecución de determinados grupos sociales, especialmente campesinos, a las deportaciones masivas de grupos definidos por su nacionalidad. La tercera, menos mortal pero con mucha más población desplazada, ocurrió en el momento final de la Segunda Guerra Mundial y en los años posteriores. La última oleada de violencia tuvo lugar en la antigua Yugoslavia en los años noventa, cuando se creía que la limpieza étnica y el genocidio eran hechos de una «edad extrema» dejada ya atrás décadas antes.

Como el ciclo comenzó y acabó en los Balcanes, ha habido una tendencia a interpretar esa violencia como un «fenómeno primitivo balcánico», pero en realidad los dos episodios más extremos de criminalidad, el exterminio de los armenios en 1915 y el de los judíos entre 1943 y 1944, ocurrieron fuera de aquella península, y los líderes, verdugos y soldados leales que los perpetraron eran turcos y alemanes.[8]

Todos esos casos de limpieza étnica, conectados por influencias directas o indirectas, compartían como características esenciales la extrema violencia que los acompañó; el hecho de que ocurrieran durante guerras, lo que legitimó e hizo habitual y aceptable los crímenes; el establecimiento de «fronteras inviolables» entre quienes perpetraron la limpieza y las víctimas; la determinación de los «limpiadores» de borrar «no solo la huella biológica de la gente, sino también los signos físicos y memoria de sus culturas y civilizaciones»; y el carácter de género, manifestado en ataques brutales a las mujeres, «como centro neurálgico de la nación, espiritual y cultural, y no solo biológico». El genocidio armenio fue el preludio y espejo en el que después Hitler y otros genocidas se miraron y tuvieron en mente para el desarrollo de sus propias ideologías de destrucción masiva.[9]

Desde finales del verano de 1914, los asentamientos de población armenia en ambos lados de las fronteras del imperio otomano con Persia y el Cáucaso fueron saqueados por fuerzas otomanas y los hombres enviados a batallones de trabajo. Unos meses después, desde el 24 de abril de 1915, miembros destacados de la comunidad armenia otomana, dirigentes políticos y comunales, habían comenzado a ser encarcelados en Constantinopla y otros lugares. Durante las siguientes semanas, los ancianos, adolescentes, niños y jóvenes de la comunidad de Cilicia, en el Mediterráneo, y de Anatolia fueron reunidos por unidades turcas y deportados hacia Alepo en el norte de Siria. Decenas de miles de armenios habían sido instalados desde hacía tiempo en el este de Anatolia y en 1914 coexistían con muchas tensiones con grupos de musulmanes kurdos y turcos. Era una población indefensa en medio de musulmanes, a menudo nómadas, armados.[10]

Los convoyes de deportación fueron sometidos a ataques asesinos por parte de las fuerzas irregulares otomanas, la «Organización Especial», tribus locales musulmanas y unidades del Tercer Ejército otomano. Los hombres en edad militar, que habían sido internados en batallones de trabajo, fueron asesinados. Muchos niños fueron separados de sus madres y vendidos como esclavos a jefes de tribus kurdas y sus madres violadas. Las que llegaron al Éufrates arrojaron al río a sus hijos antes de saltar ellas y ahogarse.

«Muchos de quienes sobrevivieron a esa aniquilación, perecieron de hambre o enfermedad en campos de concentración en el desierto, donde fueron abandonados sin provisiones y, a mediados de 1916, sujetos a un nuevo aluvión de masacres.» Al menos un millón de armenios cristianos murieron, más de dos tercios de los deportados, de una población de alrededor de dos millones, el seis por ciento de un imperio menguado tras derrotas y pérdidas territoriales. «Muchos de los secuestrados, las mujeres supervivientes y un número indeterminado de huérfanos fueron convertidos por la fuerza al islam.» Unos 250.000 asirios que vivían en el imperio fueron también masacrados.[11]

La historiografía y las memorias de esa carnicería están marcadas, según Donald Bloxham, por una «áspera controversia». Además de negar que la suerte de los armenios constituyó un genocidio, la literatura nacionalista turca sostiene que aquellos hechos estuvieron justificados por razones de seguridad nacional frente a la rebelión armenia en la ciudad de Van, el 20 de abril de 1915. Por el contrario, los relatos opuestos a ella, sobre todo los de la diáspora armenia, han intentado explicar la matanza como un intento de genocidio premeditado por parte de la Ittihad ve Terakki Cemiyeti, el Comité de Unión y Progreso (CUP), concebido con bastante antelación.[12]

Bloxham y otros historiadores creen que, aunque los términos genocidio o limpieza étnica no existían en aquel momento, ya algunos contemporáneos captaron que lo que estaban viendo era «nada menos que el exterminio de la raza armenia», que el genocidio existió y que lo importante es explicarlo en un proceso de acumulación de políticas radicales del nacionalismo turco frente a los armenios que cristalizaron en el contexto extraordinario de la Primera Guerra Mundial. El hecho de que no existan pruebas fidedignas sobre un plan de acción *a priori* genocida por parte del CUP no convierte a aquellos hechos en menos violentos o salvajes.[13]

Las deportaciones y asesinatos de armenios en 1915-1916 fueron tan sistemáticas que solo pudieron ser organizadas por un Estado con el claro y definido objetivo de eliminar completamente a una minoría concreta que desafiaba la ambición de la nación étnicamente homogénea y pura. Hubo diferentes redes de perpetradores, conectadas y superpuestas, desde los más altos niveles del gobierno a los funcionarios civiles, pasando por soldados del ejército y los asesinos paramilitares de la «Organización Especial» (Teskilat-I Mahsusa), establecida y dirigida por Ismail Enver Pasha, dentro del CUP, quien, como ministro de Guerra, y junto con el de Interior, Talaat Pasha, coordinó el genocidio.

Enver Pasha, protagonista del golpe de Estado que en 1908 llevó al poder al CUP, el comité dirigente del movimiento de los Jóvenes Turcos, sirvió como agregado militar en la embajada otomana en Berlín en 1909 y allí aprendió de las experiencias de los militares alemanes en la destrucción del grupo étnico herero en África Sudoccidental. Enver había tenido un instructor alemán, el general Wilhelm von Ditfurth, en sus años de formación como oficial de infantería en la Academia de Guerra de Constantinopla y, una vez en el poder, dotó a las fuerzas armadas otomanas de jefes militares alemanes. Tras la caída del régimen de los Jóvenes Turcos a finales de 1918, pudo huir a través del mar Negro gracias a la ayuda alemana, junto con su colega Talaat Pasha y otros cinco oficiales de alto rango de los Jóvenes Turcos. Vivió en Berlín en 1919-1920 y después se fue a Turkestán, donde organizó las milicias musulmanas frente a los bolcheviques. Murió en combate en Tayikistán el 4 de agosto de 1922.[14] Talaat Pasha, el otro arquitecto del genocidio, fue asesinado un año antes en Alemania por un nacionalista armenio.

El triunvirato dirigente del CUP, los tres Pasha (Enver, Talaat y Djemal), defendió la «turquificación» forzosa y el genocidio y los ejecutores fueron los tres líderes de la «Organización Especial», que ya habían estado involucrados anteriormente en las atrocidades en los Balcanes: los médicos Bahaeddin Sakir y Nazim Bey, y Atif Reza.

Ese papel relevante de los médicos de los Jóvenes Turcos en la limpieza étnica de griegos y armenios en Anatolia no fue un fenómeno singular y extraordinario, porque médicos e investigadores de medicina fueron fundamentales en el desarrollo de la «ciencia» de la eugenesia en el nazismo y en las teorías raciales que llevaron a la justificación ideológica de la eliminación de los judíos. Décadas después, el psiquiatra Radovan Karadžić fue uno de los líderes serbiobosnios de la limpieza étnica. Y en la posguerra española, la operación de «limpieza» de la dictadura de Franco tuvo un trasfondo militar y religioso, perfectamente compatible con las teorías racistas importadas de la Alemania nazi. El doctor Antonio Vallejo-Nágera, director del departamento de los Servicios Psiquiátricos del ejército de Franco, primer catedrático de psiquiatría que tuvo la Universidad de Madrid, quería ver de nuevo a la «raza hispano-romana-gótica», una raza «invasora y dominante-imperialista», libre de las ideas «extranjeras» que la habían convertido en una raza «inferior y degenerada».[15]

El surgimiento de la raza y nación como categorías básicas de organización social y política afectó de forma muy clara al imperio otomano, multirreligioso y multinacional, en su declive y crisis en las tres décadas finales del siglo XIX. Tras el derrocamiento en 1908 de la dinastía Osmanlí, que había dominado el imperio durante seis siglos, los Jóvenes Turcos buscaron a través del nacionalismo la forma de resucitar la gloria del pasado en un mundo alterado en su contra por la hegemonía europea. Para crear un Estado fuerte y poderoso, de población turca étnicamente homogénea, tuvieron que enfrentarse a los diferentes pueblos no turcos en el menguante imperio, donde los cristianos armenios representaban la principal amenaza desde hacía décadas.

La entrada del imperio otomano en la Primera Guerra Mundial, tras haber visto notablemente reducidos sus territorios europeos en las anteriores guerras en los Balcanes, fue militarmente desastrosa desde el principio. Los gobernantes comenzaron a buscar «enemigos internos» que amenazaban la seguridad nacional y del ejército y la guerra total proporcionó la cubierta protectora y la gran oportunidad para purgar a las poblaciones extranjeras. Entraron en la guerra en noviembre de 1914 y ya en febrero de 1915 decretaron una orden para desarmar a los miles de armenios reclutados en el ejército otomano, seguida de deportaciones y masacres. Johannes Lepsius, un misionero alemán con décadas de experiencia en el imperio, concluyó en 1916, en un informe confidencial que circuló en los centros políticos de Berlín, que «las deportaciones fueron ordenadas y llevadas a cabo por el gobierno central en Constantinopla. Medidas tan exhaustivas y que cubren un área tan amplia no pueden haber tenido orígenes incontrolables o accidentales»: «el pueblo más antiguo de la cristiandad está en peligro de ser aniquilado».[16]

Hay un último aspecto de esa extrema violencia que conviene destacar como preludio de otros episodios posteriores de exterminio: el papel de las fuerzas paramilitares. Los principales asesinos de los armenios, con protagonismo destacado en las masacres de columnas de mujeres, niños y ancianos, fueron los 20.000-30.000 hombres de las fuerzas paramilitares de la Teskilat-I Mahsusa (la «Organización Especial»), creada por Enver Pasha desde dentro del partido, usados ya como guerrilla en los Balcanes y contra los italianos en las campañas en el norte de África en 1911. En 1914, líderes de esas fuerzas especiales, junto con oficiales del ejército otomano, utilizaron la deportación y el asesinato para destruir pequeñas comunidades sionistas en Palestina.

En sus filas había policías uniformados y brigadas de criminales reclutados en las cárceles, a quienes se les ofreció libertad, impunidad, posibilidad de saqueo y en ocasiones la mitad de la riqueza expropiada a comerciantes armenios. Los otros grupos que componían esa «Organización Especial» eran kurdos, chechenos y circasianos, que repetidamente atacaron y masacraron localidades armenias aisladas y columnas de refugiados. Casi todos los asesinos eran hombres y, al contrario que quienes planearon el exterminio, no siempre estaban imbuidos de la ideología nacional, siendo la rapiña y las ganancias materiales buenas causas para esas «formas salvajes de violencia criminal y tribal».[17]

Los asesinatos y expulsiones masivas que comenzó la Alemania nazi en los países invadidos desde el otoño de 1939 «tenían también el propósito racista de hacer espacio para los colonos "arios" que estaba programado que llegaran desde Europa Central», una idea que se amplió en junio de 1942 con la bendición que Heinrich Himmler dio al *General Plan Ost*. Cinco meses después, decenas de miles de hombres, mujeres y niños polacos habían sido deportados del área del sur de Lublin para dejar tierra disponible a agricultores alemanes. Fue también una forma de reclutar mano de obra esclava para la industria y la agricultura en Alemania. Ya desde años antes, el régimen nazi había comenzado su política de «limpieza étnica» «cuando "arianizó" las propiedades de los judíos alemanes y obligó a sus propietarios a abandonar el país». Tras la liquidación de millones de personas en esos países del Este, los obstáculos para los proyectos nazis de reasentamiento se despejaron. Pero eso, como se sabe, fue algo más que limpieza étnica, imperialismo y conquista.[18]

Los conflictos étnicos se reducen en muchos relatos al este y sudeste de Europa, aunque inmediatamente después del fin oficial de las hostilidades en la Primera Guerra Mundial «fue en Francia donde se trazó la política más eficaz para tratar con una "minoría no deseada"», la alemana, y sus descendientes, que se había establecido en Alsacia-Lorena desde 1871. Tras el Armisticio, la política francesa de «*épuration* se propuso limpiar el país de todos los legados del dominio alemán», incluidos los inmigrantes que habían vivido allí en las últimas décadas. Primero obligaron a salir a los militares, funcionarios, maestros y figuras públicas. El gobierno los clasificó de forma discriminada en categorías en diciembre de 1918 y durante 1919 alrededor de 150.000 personas, a quienes el Estado francés definió como alemanes, tuvieron que abandonar esa región. Según Philipp Ther, igual que en otros casos de limpieza étnica, esas políticas de purificación y asimilación «estuvieron en parte motivadas por intereses políticos y materiales». Los vecinos denunciados como alemanes dejaban propiedades de las que podían adueñarse los franceses.[19]

Casi todos los nuevos Estados creados tras la quiebra de los imperios fueron sacudidos desde el principio por severos problemas económicos, que empeoraron tras la Gran Depresión de 1929 e influyeron en las relaciones entre diferentes grupos étnicos. A medio plazo, el aislamiento en el que se encontraron convirtió a cada nuevo Estado en «fácil presa de la penetración económica alemana que había caracterizado los designios anteriores a la Primera Guerra Mundial de una *Mittlereurope* dominada por Alemania y, años más tarde, a la expansión hitleriana».[20]

Hubo una estrecha relación «entre la ideología del nacionalismo económico y del imperativo de asegurar el control étnico de la economía». Rumanía aprobó una serie de leyes limitando la propiedad extranjera, un proceso llamado abiertamente de «rumanización» que afectó, como otros similares en Polonia o Hungría, sobre todo a los judíos. En Eslovaquia lo llamaron «cristianización». Y todos esos procesos prepararon el caldo de cultivo para la «arianización» alemana y todas las políticas antijudías en los años treinta. Tras la crisis económica mundial de 1929, no fueron solo los nazis quienes vieron una «conspiración» judía detrás de todas esas dificultades, aunque fueron ellos quienes dieron el asalto final a los judíos en Europa.[21]

Aunque los términos «étnico» y «limpieza» pueden significar algo diferente según el tiempo y el espacio en los que fueron utilizados, hay conexiones claras entre los diferentes episodios calificados de «limpieza étnica» desde los Balcanes en 1912-1913 a la antigua Yugoslavia en los años noventa. Hitler conoció los asesinatos masivos de los armenios, y la eliminación de las minorías alemanas de Polonia y otros países después de la Segunda Guerra Mundial era una réplica de la aplicada por los nazis a sus ciudadanos y en esos planes para «transferir» población se hacía referencia al «éxito» del intercambio de población entre Turquía y Grecia tras el Tratado de Lausana en 1923. Y los ataques entre serbios y croatas en los años noventa sacaban a la luz la historia y memoria de las atrocidades en los Balcanes en los años de la ocupación nazi.

Incluso el caso de la Unión Soviética, como argumenta Norman M. Naimark, «mostraba influencia y resonancia de la ideología hitleriana». En los años veinte y treinta, «los ataques soviéticos a los "enemigos del pueblo" se centraron casi exclusivamente en los enemigos de clase, restos del régimen zarista y "campesinos ricos"» (kulaks). Pero hacia finales de los años treinta, una vez que Stalin ya consideró construido el socialismo, los enemigos pasaron a ser las nacionalidades «extranjeras» siendo los chechenos, tártaros y alemanes étnicos quienes sufrieron deportaciones masivas.[22]

Entre el Pacto de Múnich en septiembre de 1938 y 1944, al menos seis millones y medio de personas fueron arrancadas de raíz de sus hogares y desplazadas como resultado de limpiezas étnicas. Pero ese fue el período en que la teoría y la práctica de la lucha entre la raza y el exterminio inevitable de «los más débiles» se impuso. Como ya habían anticipado los ideólogos turcos del exterminio armenio o el pensamiento racista e imperialista del alemán Paul Rohrbach, aparecieron políticos y criminales de guerra como Hitler o Ion Antonescu que se refirieron a los asesinatos masivos como si fueran tan inevitables y naturales como las plagas. Algunos de los Estados de Europa Occidental habían sido unificados a comienzos de la edad moderna a través de limpiezas étnicas. En su expansión colonial, los europeos habían echado ya las semillas, antes del primer ciclo genocida de 1912-1923.

Cuando la crisis del orden social, de la economía y del sistema internacional se resolvió a partir de 1939 por las armas, en una guerra total combatida por poblaciones enteras, las políticas raciales nazis y las purgas estalinistas introdujeron una grieta profunda en las sociedades entre víctimas y verdugos y después, según la conceptualización de Primo Levi, entre los «hundidos», que habían visto a la Gorgona, y «la minoría anómala» de los sobrevivientes, los «salvados».[23]

Genocidio

El abogado polaco judío Raphael Lemkin, quien acuñó el término «genocidio» durante la Segunda Guerra Mundial, ya había propuesto en 1933 a la Liga de las Naciones una definición de «barbarismo» y «vandalismo». En la primera incluía a quienes «por odio hacia una colectividad racial, religiosa o social» emprendían «una acción punible contra la vida o integridad física, libertad, dignidad o existencia económica» de las personas pertenecientes a esa colectividad; en la segunda añadía las acciones que con vistas al exterminio de esas colectividades destruían su cultura o arte.[24]

Tras huir de los nazis en Polonia en 1940, Lemkin continuó desde Estados Unidos la búsqueda de un ordenamiento legal internacional contra los asesinatos masivos, el exterminio y el «vandalismo». Y el término que encontró para definir todo eso, en su libro *Axis Rule in Occupied Europe* (1944) fue «genocidio»: «las prácticas de exterminio de naciones y grupos étnicos».[25]

Lemkin quitó de su definición en ese escrito los crímenes contra grupos identificados por su orientación política o la procedencia de clase, posiblemente para subrayar la especial maldad del ataque racial nazi sobre los judíos y evitar incluir, en un momento clave de la alianza entre los Aliados y la Unión Soviética frente a Hitler, las políticas de persecución del estalinismo contra el campesinado y sus oponentes políticos. Y así se adoptó el 8 de diciembre de 1948 por la Organización de las Naciones Unidas (ONU), creada tres años antes, en la Convención para la Prevención y Sanción del Delito del Genocidio. Al precisar como genocidio el intento de destruir «totalmente o en parte» una población determinada por su raza, nacionalidad, religión o etnicidad, los diferentes episodios de exterminio o represión absoluta por motivos políticos, ideológicos o de clase quedaban fuera de esa consideración. Incluso en los juicios de Núremberg, desarrollados en 1945-1946, aunque se mencionó el término genocidio en varias ocasiones, no se incluyó en el pronunciamiento final del tribunal. En opinión de Donald Bloxham, porque había más interés en condenar a los nazis como agresores del sistema internacional y exponer la maldad de la tríada nazismo-militarismo-imperialismo económico que en llevar a juicio a los criminales de guerra y explorar las causas que los motivaron.[26]

Como la «intención» no es siempre fácil de determinar y la definición de la Convención ha sido considerada insuficiente, un enfoque muy aceptado por los historiadores que aquí cito, y que he seguido en mis investigaciones, es partir de los dos ejemplos más poderosos y completos de sistemas dictatoriales en la Europa del siglo xx, la Alemania nazi y la Unión Soviética estalinista, y trazar las influencias que esos sistemas ejercieron en casos contemporáneos o posteriores a través del análisis comparado de las similitudes y diferencias. Nada es «único» en la historia, si por ello se entiende incomparable o irrepetible, por mucho que para los historiadores cada caso tenga su «particularidad» en el espacio y en el tiempo. «Insistir, por ejemplo, en la imposibilidad de comparación del Holocausto es situarlo fuera de la historia». Y tampoco los crímenes del franquismo o del terrorismo de Estado en la Argentina de Rafael Videla pierden peso o se relativizan por no incluirlos en la categoría de genocidio.[27]

La Segunda Guerra Mundial fue el escenario que propició el paso desde políticas de discriminación y asesinatos a las genocidas. «Fue una guerra total con una serie de guerras paralelas.» Comenzó como una guerra entre grandes potencias territoriales. En 1941, tras la renuncia unilateral por parte de Hitler al Pacto Alemán-Soviético que había sido el preludio al reparto de Polonia, «la guerra se convirtió en un combate desesperado para la sobrevivencia de la Unión Soviética amenazada de aniquilamiento por la Alemania nazi». Hacia su final, se había transformado en una «guerra de liberación nacional contra la ocupación de las potencias del Eje y simultáneamente en diferentes guerras civiles libradas por partisanos en movimientos de resistencia contra los regímenes colaboracionistas». Todos los rivales pusieron en el campo de batalla, en el frente y en la retaguardia, visiones enfrentadas del mundo y de modelos culturales e ideológicos de civilización.[28]

Aparecieron en aquellos años, y además juntos, los elementos básicos que identifican históricamente, pese a los desacuerdos y matices en su definición, la guerra total y el genocidio. Por un lado, la búsqueda de la destrucción absoluta del enemigo, la movilización de todos los recursos del Estado, la sociedad y la economía, y el control completo de todos los aspectos de la vida pública y privada. Por otro, la deshumanización de las víctimas y la ejecución de los planes de eliminación sistemática por parte de las instituciones gubernamentales, las fuerzas armadas, los grupos paramilitares especiales y los colaboradores civiles.[29]

Más allá de la ingente e inabarcable literatura sobre la Alemania nazi y el Holocausto, algunas investigaciones han subrayado en los últimos años la implicación y participación de los militares en los conflictos ideológicos que, en los casos más extremos, llevaron a Auschwitz y a otros campos de exterminio. Omer Bartov ha mostrado que en el Tercer Reich la Wehrmacht, como institución, formaba parte integral del régimen y era un reflejo de la sociedad civil, «el ejército del pueblo», el instrumento para ejecutar los designios del régimen. La tremenda brutalidad en el combate contra la Unión Soviética fue el resultado de un exitoso adoctrinamiento de los oficiales más jóvenes en los principios de la ideología nazi. Hitler concibió la guerra en el Este como una «guerra de exterminio» y los asesinatos masivos que acompañaron a la Operación Barbarroja en 1941 «no ocurrieron casualmente, sino como consecuencia de un plan militar deliberado». La «estrecha identificación de los militares alemanes con los objetivos del nazismo fue evidente desde el comienzo de la guerra» tanto en la Operación Tannenberg en 1939, de liquidación de los líderes religiosos y políticos de la sociedad en Polonia, como en la masacre de soldados franceses negros un año después.[30]

Durante varias décadas después de la caída de Hitler, tanto las representaciones oficiales de los crímenes nazis como la opinión pública en Alemania tendían a introducir una distinción «entre las agencias criminales del régimen, principalmente las SS y la Gestapo, y la profesional y patriótica conducta del ejército». Desde los años setenta, sin embargo, comenzó a ponerse en duda el mito de la «pureza de las armas» de la Wehrmacht y a acumular pruebas de su adoctrinamiento nazi y de la colaboración entre sus jerarquías y los hombres al mando de las SS, y de la implicación de unidades militares en operaciones de exterminio. Fue un ejército de veinte millones de hombres, testigos y ejecutores de crímenes, con la complicidad de amplios sectores de la población. No resultó fácil aceptar todo eso.[31]

Las políticas raciales nazis no fueron dirigidas solo contra judíos. Todos los «defectuosos» dentro de la clasificación de la población «tenían que ser purgados», lo cual incluía a los discapacitados mentales y físicos, pero también a las categorías más amplias de «asociales», desde gitanos hasta vagabundos o mujeres promiscuas. «Al contrario que el comunismo, que postulaba una utopía inclusiva (...), el nazismo siempre concibió una sociedad de dominio y subordinación, con las razas inferiores proporcionando el trabajo de baja categoría que permitiera a los arios disfrutar de placeres superiores.»

Era una ideología racial, con el antisemitismo en su núcleo central, que podía ser compartido por todos los antisemitas de Europa y cuyas semillas habían echado raíces antes de 1914 en las guerras coloniales. La diferencia estaba en que los pensadores alemanes racistas habían tomado el poder en un país con una burocracia militar y económica altamente sofisticada y demostraron una «ambición incesante» para poner en prácticas su ideología.[32]

Alemania bajo los nazis fue «una nación obsesionada con perseguir, diagnosticar, registrar, clasificar y seleccionar».[33] La herencia genética, la «sangre», se convirtieron también en el criterio más importante por el que las poblaciones conquistadas fueron clasificadas. De todos los casos históricos de genocidio en el siglo xx, «el régimen nazi fue el más determinado a destruir a un grupo específico de población en su totalidad». Es el caso que mejor encaja en la definición de Lemkin y en el que hubo ya prácticas discriminatorias raciales antes del inicio de la Segunda Guerra Mundial que, sin constituir genocidio, prepararon el camino para la «solución final».[34]

De acuerdo con las estadísticas conservadas por la Wehrmacht, 5,7 millones de soviéticos cayeron como prisioneros de guerra en sus manos durante la Segunda Guerra Mundial, de los que unos tres millones murieron como consecuencia de una política deliberada de exterminio por hambre, que el ejército alemán comenzó también a extender a la población civil.[35]

Conviene destacar además que en el avance alemán hacia el este, desde el otoño de 1939, el genocidio de los judíos comenzó primero en los pueblos, y no en los campos, que no fueron construidos hasta 1942. Como continuación de las políticas adoptadas desde la invasión de Polonia, la policía y otras unidades especiales comenzaron a llevar a hombres, mujeres y niños a los bosques cercanos a quienes asesinaron a miles en Ucrania, Letonia y Lituania de junio de 1941 a abril de 1942.

La mayoría de los 2,8 millones de judíos muertos en la Unión Soviética fueron fusilados o colgados, pero conforme la ocupación se extendía por los demás países, el número de judíos bajo dominio alemán era tan grande que los métodos de asesinato fueron perfeccionados con la construcción de campos donde las víctimas eran asfixiadas en cámaras de gas con monóxido de carbono y gas venenoso Zyklon B. El primer experimento se hizo a comienzos de septiembre de 1941 con cientos de prisioneros de guerra soviéticos en Auschwitz, en el sur de Polonia.[36]

A finales de diciembre de 1941 comenzó el experimento de exterminio por gaseamiento en el campo de Chelmno, cerca de la ciudad polaca de Lodz. Además de Chelmno, los nazis crearon en el Este cinco campos de exterminio de judíos, prisioneros de guerra soviéticos y gitanos —Belzec, Sobibor, Treblinka, Madjanek y Auschwitz-Birkenau—, situados todos ellos en lo que había sido territorio polaco hasta la guerra, en lugares apartados aunque cercanos a las grandes ciudades y bien comunicados por ferrocarril.

Ese camino al exterminio sistemático se despejó en la reunión del 20 de enero de 1942 en una mansión del lujoso suburbio berlinés de Wannsee. Reinhard Heydrich, organizador del encuentro, recordó al selecto grupo de 14 altos mandos nazis allí presentes que él estaba a cargo de coordinar las medidas para la «solución final» de la cuestión judía en Europa y que estaban convocados para discutir la «logística».

Heydrich, director de la Oficina Central de Seguridad del Reich, aportó iniciativas radicales al problema de cómo asesinar en masa y deshacerse de los cadáveres y marcó el paso desde la guerra ideológica frente al comunismo hasta la racial contra los eslavos y judíos. Pero no pudo presenciar la culminación de su plan porque en la mañana del 27 de mayo de 1942 sufrió un atentado en Praga, planeado por el gobierno checo en el exilio en Londres, cuando se dirigía a su cuartel general de Hradcany. Iba solo con el chófer, sin escolta, en su Mercedes-Benz descapotable, exhibiendo su poder como protector de Bohemia y Moravia, el territorio checo anexionado a Alemania en 1939. Unos días después, el 4 de junio, murió. Como tributo a Heydrich, a la política nazi de eliminación total de los judíos polacos se le llamó Operación Reinhard.

En 1942, los judíos que habían sido agrupados como rebaños en los guetos de las ciudades más importantes de Polonia fueron deportados a las instalaciones construidas para su exterminio. Cuando la Operación Reinhard acabó, alrededor de 1,6 millones de hombres, mujeres y niños habían encontrado allí la muerte. Otro grupo que cayó en las redes racistas extendidas por toda Europa fueron los gitanos (Sinti y Roma). Primero, antes de la guerra, miles de ellos fueron esterilizados, víctimas del «racismo higiénico». El número de víctimas mortales no ha podido establecerse por falta de datos fidedignos sobre los asesinatos en los regímenes fascistas de Croacia, Rumanía y Hungría. La cifra excede los cien mil, de los cuales unos quince mil eran gitanos alemanes.[37]

La mayoría de los perpetradores fueron hombres, reclutados en las regiones fronterizas, de sectores de la economía ya favorables a los nazis —medicina, educación, derecho, policía y militares— y que tenían ya una experiencia en el partido, aunque ha habido también investigaciones y debates sobre la participación de alemanes «corrientes».

Los dirigentes del sistema nazi eran miembros de un grupo muy estimado en la sociedad alemana, la *Bildungsbürgertum*, la clase media instruida. Tres cuartos de los integrantes del grupo selecto de la dirección de los cuerpos de la Policía de Seguridad y del Servicio de Seguridad, la agencia principal de las SS responsable de los asesinatos masivos y de poner en marcha el programa de genocidio, habían nacido entre 1903 y 1915 —es decir, pertenecían más a la generación de Weimar que a la de la guerra—, la mayoría de ellos tenía un *Abitur*, el certificado de estudios medios necesario para entrar en la universidad, dos tercios tenían un título universitario y casi un tercio un título de doctorado.

Fueron ellos, como argumenta Eric D. Weitz, quienes «ayudaron a crear el Holocausto y darle esa extraña combinación de brutalidad personalizada y proceso burocrático anónimo que explica su carácter eficaz y concienzudo». Había gente como Adolf Eichmann, a quien Hanna Arendt retrató como el burócrata común y más bien torpe en esa maquinaria de aniquilamiento. Pero había otros, como Reinhard Heydrich, nacido en 1904 en el seno de una familia de clase media, hijo de un cantante de ópera y de una actriz, a quien le ofrecieron la posibilidad de adquirir una educación exquisita, o los científicos Eugen Fischer u Otman von Verschmer, mentor del médico de Auschwitz Josef Mengele, más intelectuales, de procedencia social alta, que tuvieron un papel más significativo en los mecanismos de asesinato del Tercer Reich. Compartían ideas sobre la militarización de la política y leían a escritores que «idealizaban la camaradería, la violencia de la guerra y la degradación de las mujeres».[38]

Y hubo además muchos verdugos extranjeros. Medio millón de hombres de quince países se unieron a las Waffen-SS y lucharon como soldados en el frente. Aunque quizá solo unos pocos fueron criminales de guerra, muchos actuaron como colaboradores, fuerzas auxiliares de policía y guardias en los campos de concentración y con la ocupación alemana se sumaron a la carnicería.[39]

Las diferentes ramas «autoritarias conservadoras» y «fascistas radicales» que dominaron la política en la mayoría de los países del centro y este de Europa desde mediados de los años veinte estaban unidas por el anticomunismo y el antisemitismo y el epíteto «judeo-bolchevique» fue frecuentemente utilizado por Ion Antonescu y otros líderes fascistas de esa amplia región. Algunas de esas personalidades que hicieron carrera «a la sombra de Hitler» procedían del activismo paramilitar que no había reconocido la derrota en 1918, crearon o militaron en organizaciones ultranacionalistas simpatizantes del fascismo italiano y acabaron colaborando con los nazis y sus crímenes tras la invasión. Sus posiciones antisemitas, por otro lado, eran herencia de una larga tradición de pensamiento en sus países, presente ya antes de la Primera Guerra Mundial, que veía en los judíos una amenaza a la integridad de la comunidad nacional.[40] Hungría constituye un excelente ejemplo.

El largo período de gobierno autoritario y ultranacionalista de Horthy, mantenido sin demasiados problemas durante sus primeros veinte años, dio un cambio radical con su decisión de meter a Hungría en la Segunda Guerra Mundial al lado de la Alemania nazi en abril de 1941. Horthy, ferviente anticomunista, llevaba ya un tiempo inclinado ante Hitler, esperando recuperar algunos territorios perdidos en Trianón y anexionados a Checoslovaquia y Rumanía. Y así fue, aunque la guerra a cambio fue desastrosa. Si la primera de esas guerras mundiales había resultado traumática para Hungría, la segunda la superó. Decenas de miles de soldados húngaros murieron en el frente ruso y los bombardeos aliados causaban estragos en las ciudades. Tres años después de entrar en ella, el descontento crecía y Horthy inició conversaciones secretas para rendirse a los Aliados. La respuesta de Adolf Hitler fue la Operación Margarita, la invasión de Hungría, para asegurar el absoluto control del país.[41]

Horthy permaneció en su puesto como regente, con un gobierno títere presidido por Döme Sztójay, y con el poder real en manos del plenipotenciario nazi Edmund Veesenmayer. A partir de ese momento, «la regulación de la cuestión judía» dio un giro radical, con la cooperación activa de las autoridades húngaras. Horthy, mediante sucesivas «Leyes Judías», en 1938, 1939 y 1941, había ido recortando los derechos de los súbditos húngaros de religión judía y hubo matanzas de judíos en el frente ruso protagonizadas por las SS, asistidas por tropas húngaras. Pero con la invasión nazi, de las restricciones se pasó a la persecución abierta y se metió a Hungría de lleno en la «solución final».

El 15 de mayo de 1944 iniciaron su marcha los primeros trenes de deportación. En los dos meses siguientes, cerca de medio millón de judíos de todo el país (437.402, según las cifras oficiales dadas por Veesenmayer) fueron trasladados a campos de exterminio. La «solución final» la dirigió en Hungría Adolf Eichmann y contó con la entusiasta colaboración del ministro de Interior, Andor Jaross, y sus secretarios de Estado, László Endre y László Baky. Se decretó que los judíos tenían que llevar una estrella amarilla pegada en la ropa y el 15 de junio Jaross dispuso la concentración de los 200.000 judíos de Budapest (el 15 por ciento de la población) en unas dos mil casas dispersas por la capital, señaladas con una gran estrella amarilla.

Horthy, que escribió en sus memorias que no supo hasta agosto «la horrible verdad de los campos de exterminio», aunque hay historiadores que lo ponen en duda, echó el 29 de ese mes del gobierno a Sztójay y lo sustituyó por un hombre de confianza, Géza Lakatos, quien logró parar las deportaciones y preparó la firma de un armisticio con la Unión Soviética.[42]

El 15 de octubre Horthy anunció a la nación por radio que había solicitado «un armisticio con nuestros anteriores enemigos y el cese de hostilidades contra ellos». Hitler mandó al teniente coronel de las Waffen-SS Otto Skorzeny, en la Operación Panzerfaust, quitar a Horthy la autoridad, ponerlo bajo «custodia protectora» y favorecer la toma del poder del partido fascista húngaro la Cruz Flechada, con su líder Ferenç Szálasi a la cabeza.[43]

Szálasi, de 47 años, que había abandonado el ejército húngaro en 1935, para hacer carrera política, anunció al país que, para defenderlo, había decidido «la movilización total de sus recursos, la liquidación radical del viejo régimen y el establecimiento del orden nacionalsocialista húngaro». Su gobierno, de «unidad nacional», comenzó una orgía de sangre antijudía y frente a todos los ciudadanos considerados peligrosos para el nuevo orden y la continuidad de la guerra.

Pese a las «cartas de protección» de diplomáticos de Suiza, Suecia, España y Portugal, un asunto en el que destacaron el sueco Raoul Wallenberg, el italiano Giorgio Perlasca, el portugués Sampaio Garrido y el español Ángel Sanz-Briz, que lograron salvar a varias decenas de miles de judíos, el terror reinó en los 163 días en que la Cruz Flechada estuvo en el poder. Los diplomáticos portugueses instalados en el hotel Ritz veían el fuego de las ametralladoras de las patrullas fascistas que asesinaron a miles de hombres en el río Danubio, maniatados de dos en dos, mientras que las mujeres podían regresar a sus casas tras presenciar la masacre. Cientos de personas fueron torturadas en los sótanos del número 60 de la elegante avenida Andrássy, el cuartel general de la Cruz Flechada, un bonito edificio neorrenacentista construido en 1880.

En diciembre de 1944, Pest estaba ya bajo sitio de las fuerzas soviéticas. Los alemanes, con los miembros más radicales de la Cruz Flechada, se refugiaron en las colinas de Buda y antes de rendirse, el 13 de febrero de 1945, en la retirada volaron los puentes sobre el Danubio y los principales edificios públicos. La capital era una ruina. Alrededor de 30.000 edificios residenciales quedaron destruidos e inhabitables. Budapest, que tenía más de 1,2 millones de habitantes en 1944, perdió unos 400.000 hasta el final de la guerra, 100.000 de ellos judíos, aunque salvaron la vida unos 69.000 en el gueto, 25.000 en las casas protegidas y unos 20.000 volvieron de los destacamentos de trabajo o tras sobrevivir a los campos de exterminio.[44]

«Desde una perspectiva histórica, que no es necesariamente la misma que la de los testimonios de las víctimas o verdugos, parece evidente que el Holocausto es el caso más extremo de genocidio, por la naturaleza apocalíptica de la utopía racial nazi, la absoluta indefensión de los judíos frente a los ataques, el alcance de los asesinatos y la pesadilla industrial de las cámaras de gas y los hornos de los campos de exterminio.» «Ningún ciudadano soviético —escribe Charles Maier— tenía que esperar que la deportación o la muerte fueran tan inevitables a causa de su origen étnico.» En palabras de Richard Evans, «no hubo un Treblinka soviético construido para asesinar a la gente a su llegada».[45]

Los campos soviéticos, cuyo origen se encuentra en la guerra civil, aunque el sistema, conocido como el Gulag, fue reformado y expandido desde comienzos de los años treinta, no fueron designados ni utilizados como centros de exterminio. El número de prisioneros que pasaron por los campos soviéticos se conoce con más precisión que el de los campos nazis, porque entre estos había diferentes categorías de centros de internamiento que se escapaban al control de las SS. De acuerdo con las cifras reproducidas por Edwin Bacon, 6.711.037 personas entraron en los campos soviéticos entre 1934 y 1947, y las personas que murieron o fueron asesinadas, la mayoría en los años de la Segunda Guerra Mundial, entre 1941 y 1944, sumaron 980.091, una proporción del 14,6 por ciento, frente al 40 por ciento en todos los campos alemanes.

Los campos alemanes, como señala Richard Overy, fueron creados con la intención de ejercer la violencia contra los enemigos de la nación: el trabajo en ellos conducía de forma deliberada a la destrucción. El trabajo en el Gulag podía ser destructivo, «pero el objetivo era mantener a los prisioneros vivos». Los prisioneros en los campos de concentración alemanes, por otro lado, procedían en su mayoría del resto de Europa. En la Unión Soviética, la mayoría de ellos eran rusos o ucranianos. Hacia 1944 había más ciudadanos soviéticos en cautividad en los campos alemanes que en la URSS.[46]

Sólidas y recientes investigaciones sobre Stalin, especialmente las publicadas a partir de la apertura de archivos desde el desplome de la Unión Soviética, han mostrado que «fue responsable, y conocía los detalles, de asesinatos masivos acontecidos durante su dictadura». Stalin «disfrutó del poder sobre la vida y la muerte durante un cuarto de siglo en un país de ciento sesenta millones de habitantes (en 1938) y lo ejerció sin restricciones», conocía las deportaciones, los sufrimientos, las situaciones extremas de agonía y nunca mostró una expresión de remordimiento.[47]

Sobre el terror y la violencia que prevalecieron en Rusia durante la revolución y la guerra civil se levantó el régimen estalinista y sus horrores. A partir de 1928, Stalin promovió dos proyectos que iban a sumergir a la Unión Soviética en un cataclismo tan grande como la revolución de 1917: la colectivización de la agricultura y el primer plan quinquenal para la rápida industrialización de la economía. Comenzó así la persecución frontal de los kulaks, una categoría que los bolcheviques habían identificado en los primeros años de la revolución como los campesinos ricos y que Stalin extendió a cualquier pequeño propietario. El 27 de diciembre de 1929 Stalin reclamó una política de «liquidación de los kulaks como clase». En los primeros meses de 1930, un millón de kulaks fueron sacados de sus propiedades. Brigadas de trabajadores reclutados en las ciudades, apoyados por el ejército y la OGPU, la policía estatal que había sustituido a la

Checa en 1922, se encargaron de la represión, conduciendo a los campesinos a campos de concentración y de trabajo que el régimen estalinista emplearía también contra otros grupos y minorías étnicas en los años treinta y cuarenta.[48]

La resistencia campesina, con insurrecciones en Moldavia, Ucrania y el Cáucaso, fue aplastada. Muchos campesinos pudieron huir a Polonia, Rumanía o China, pero otros muchos reaccionaron matando el ganado y los animales domésticos antes de ser entregados a la colectivización, y destruyendo graneros y maquinaria. Una persecución, además, indiscriminada y caótica porque resultaba muy difícil decidir qué campesinos eran kulaks. La crisis provocó hambre masiva y enfermedades por la malnutrición que se llevó a la tumba a cerca de cinco millones de personas en el invierno de 1932-1933, sobre todo en Ucrania, en lo que se ha llamado el Holodomor («exterminio por hambre»). Desde la primavera y el verano de 1932, según Anne Applebaum, muchos colegas de Stalin le enviaron mensajes urgentes describiendo la crisis, incluso pidiendo explicaciones, incrédulos por lo que veían, niños muriendo de hambre por las calles. Pero, en vez de atenderlas, el Politburó soviético, la elite dirigente del Partido Comunista, tomó decisiones que hicieron más grande y profunda la catástrofe, «con grupos de policía y activistas robando a los campesinos la comida y los animales».[49]

Durante los años veinte, la Checa y el OGPU persiguieron a los «enemigos de clase» y a los grupos que representaban el viejo orden zarista. Con la colectivización forzosa y la rápida industrialización, los «campesinos ricos» y los trabajadores «indisciplinados» ocuparon su lugar. A mediados de los años treinta, Stalin comenzó a mutilar a su propio partido y a decapitar el ejército. En el verano de 1934, como señala Richard Overy, «todo el aparato de seguridad experimentó una importante transformación con el fin de poner a la policía bajo el estrecho control de las autoridades estatales». El nuevo sistema, el Comisariado de Asuntos Internos (NKVD), bajo la dirección de Geurikh Yagoda, proporcionó un instrumento más centralizado y eficaz para intensificar la represión. En noviembre de ese mismo año, los campos de trabajo, que iban a ser conocidos comúnmente por el acrónico Gulag (Dirección General de Campos Correccionales de Trabajo), se pusieron bajo la supervisión y control de la NKVD y del dirigente Matvei Berman. De instituciones para la «rehabilitación» de los criminales y contrarrevolucionarios, se convirtieron en un instrumento de castigo político para cualquier «enemigo del pueblo».[50]

Stalin se encargó personalmente de dirigir la eliminación de la vieja guardia del partido bolchevique y tomó como excusa el asesinato de Sergei

Kostrikov, conocido como «Kírov», el jefe del partido en Leningrado, uno de los pocos competidores que le quedaban, el 1 de diciembre de 1934. Su asesino, Leonid Nicolaev, un oficial del partido en paro, fue ejecutado tres semanas después y Stalin, sobre quien cayó la sospecha, no probada, de que estaba detrás del crimen, firmó una ley, la llamada «Ley Kírov», que permitía arrestar y ejecutar a sospechosos de actos terroristas, aunque en realidad se usó para destruir, enviar a la cárcel o asesinar a miles de miembros del partido. En enero de 1935, Lev Kamenev y Grigori Zinóviev fueron detenidos y aunque condenados inicialmente a cinco y diez años de prisión, por traidores y complicidad en el asesinato de Kírov, fueron ejecutados el 25 de agosto de 1936 tras el primero de los juicios que marcaron el inicio de la Gran Purga de Stalin. Un final similar le esperaba a Nicolai Bujarin, el teórico más influyente del comunismo en los años treinta, arrestado en 1937 y ejecutado el 13 de marzo de 1938. Tampoco el ejército se libró de la persecución, en el que las purgas liquidaron a tres de cada cinco mariscales soviéticos y al 8 por ciento del total de los oficiales.[51]

«Las órdenes que desencadenaron el Terror salieron del centro del sistema soviético, o del Politburó, y, de forma más específica, de Stalin y unos cuantos ayudantes de confianza.» Pero el Terror, como la guerra civil y la colectivización forzosa, fue «un proceso social», un elemento intrínseco del «proyecto de Estado». Tantas órdenes y asesinatos requerían «la participación de decenas de miles de personas en los actos de represión». En la vida cotidiana, el Terror se convirtió en un «fenómeno social que incorporó a amplios sectores de la población no solo como víctimas, sino también como perpetradores o simplemente como cómplices con las acciones del régimen».[52]

Como la Gestapo en el Tercer Reich, la policía secreta soviética funcionó con la colaboración de cientos de miles de ciudadanos que acusaron a sus vecinos, amigos y camaradas. Las denuncias eran una práctica tradicional en Rusia, «una forma de acudir a las autoridades en una sociedad con pocos mecanismos legales para la resolución de los conflictos», pero que se sistematizó y radicalizó durante el estalinismo. «La denuncia conducía al arresto, el arresto al interrogatorio (...) que, a menudo a través de la tortura, acababa en confesión, culpabilidad y muerte».[53]

La Unión Soviética se formó como una «federación de nacionalidades» y, desde 1923 hasta 1937, los soviets promovieron activamente las nacionalidades. Cuando Stalin señaló el «triunfo del socialismo», se puso en marcha, en 1936, una nueva «Constitución» que limitó la proliferación de nacionalidades y afirmó la superioridad cultural y política de Rusia. Junto a una «rusificación» cultural, dentro de una «familia soviética de naciones», se intensificaron las purgas nacionales y étnicas, especialmente en las regiones fronterizas.[54]

Consumada la colectivización y la persecución de los enemigos de clase, la NKVD canalizó sus energías a eliminar a las minorías. Según Terry Martin, el 20 por ciento de las operaciones de «limpieza» durante el Gran Terror entre julio de 1937 y noviembre de 1938 estuvieron motivadas por criterios nacionales o étnicos. Alrededor de 800.000 personas fueron arrestadas, deportadas o ejecutadas por su nacionalidad en esos años. Hubo una transición en esos años «desde las deportaciones basadas en la clase social, que predominaron antes de 1933, a deportaciones étnicas, preponderantes entre 1933 y 1953».[55]

Tras la invasión de Polonia por el Ejército Rojo en septiembre de 1939, un millón de polacos fueron trasladados a Asia Central y Siberia. Las autoridades militares soviéticas y alemanas cooperaron en el intercambio de prisioneros políticos, deshaciéndose de dirigentes y elites y destruyendo la capacidad de resistencia frente a la ocupación facilitada por el tratado de no Agresión entre ambos países, firmado en Moscú por los ministros de Asuntos Exteriores, Joachim von Ribbentrop y Viacheslav Mólotov, el 23 de agosto de 1939.

El intento más notorio de destruir la capacidad polaca de resistencia fue la masacre de Katyn. Durante la invasión, los soviéticos capturaron varios cientos de miles de soldados polacos. Una parte de ellos fueron liberados y otros enviados al Gulag o trasladados a Alemania como parte del intercambio de prisioneros con los nazis. Unos 22.000 oficiales y miembros de la inteligencia polaca, internados en varios campos rusos y ucranianos, fueron ejecutados en mayo de 1940 por la NKVD y enterrados en fosas comunes en el bosque de Katyn, cerca de Smolensko.[56]

Al igual que ocurre también con Hitler, existen dos enfoques básicos, más allá de diversos matices historiográficos, para comprender los factores que llevaron a Stalin a emprender —e involucrarse en— el asesinato de millones de personas: quienes lo afrontan a través de la investigación histórica, en el contexto del gran trastorno provocado por la Primera Guerra Mundial y sus secuelas, con el surgimiento y consolidación del comunismo y fascismo y de la interacción entre la Unión Soviética, la Alemania nazi y las potencias democráticas; y quienes, por encima de cualquier otra circunstancia, ponen énfasis en su personalidad violenta, su carácter malévolo y asesino: «La paranoia personal y el sadismo individual de Stalin constituyen el elemento decisivo que hizo su dominio parecer, en la metáfora de Bujarin, como el retorno de Genghis Khan».[57]

Lo cual nos conduce a la cuestión de si todos esos ataques homicidas de Stalin sobre diferentes pueblos, grupos, clases y oponentes políticos pueden calificarse como «genocidio». Los análisis históricos, los testimonios y las posiciones políticas e ideológicas cruzan argumentos en un tema con menos unanimidad que la que suscita el Holocausto, pese a que también sobre ese episodio han aparecido en los últimos años importantes expresiones de negacionismo o trivialización.

Están quienes comparan el Holocausto con los crímenes de Stalin para dictaminar qué sistema fue esencialmente más asesino. Frente a la visión del Holocausto como caso paradigmático y extremo de genocidio, desde la caída de la Unión Soviética han abundado las publicaciones, en muchos casos orientadas y escritas por ex comunistas, que catalogan y clasifican los actos criminales del comunismo para condenarlos y situarlos en lo más alto del *ranking* de la barbarie. «El genocidio de una "clase" puede ser igual al genocidio de una «raza»», escribió Stéphane Courtois en la introducción al «libro negro» del comunismo.[58]

Supervivientes del estalinismo, del Gulag, de Katyn, comenzaron a contar su tragedia para mostrar que no había nada de especial en los crímenes de Hitler, que ellos pasaron también por el averno. El escritor yugoslavo Kanilo Kis resumió a la perfección ese sentir: «Si alguien te dice que Kolyma fue diferente de Auschwitz, mándale al infierno».[59]

Norman M. Naimark, en un breve y contundente análisis, concluye que Stalin fue la «figura crucial» en cualquier cálculo de aquellos asesinatos masivos y que «genocidio es la denominación apropiada para esa matanza». La historia del genocidio en la Rusia estalinista y en el Tercer Reich proporciona, según él, más similitudes que diferencias y «quizá es momento de dejar de preguntar si el grupo asesinado "en parte o en su totalidad" es nacional, étnico, religioso, o si es social, político o económico». Hitler y Stalin fueron dictadores asesinos que «se comieron» las vidas de millones de personas «en el nombre de una visión transformativa de la Utopía». Ambos destruyeron sus países y sociedades, así como grandes cantidades de personas dentro y fuera de sus propios Estados. «Ambos —al fin y al cabo— fueron genocidas.»[60]

Eric D. Weitz, tras examinar las conexiones entre nación, raza y comunismo al largo plazo, desde 1917, y mostrar con detalle todas las manifestaciones de violencia y sus rituales, argumenta que algunas de esas acciones fueron genocidas, pero la Unión Soviética bajo Stalin no llegó a ser un «régimen genocida», uno en el que «la aniquilación física de grupos definidos de población se mueve al núcleo de las políticas estatales, hasta el punto de que todo el sistema gira en torno a la destrucción humana». La ausencia de una ideología racial plenamente desarrollada «actuó de freno (...) evitando el despliegue de un programa genocida a gran escala, parecido a la Alemania nazi».[61]

Esa cultura de la crueldad y de la indiferencia hacia el considerado enemigo se convirtió en una seña de identidad de las dictaduras de toda Europa en los años treinta y cuarenta. La magnitud del problema del confinamiento de millones de hombres y mujeres convertidos en víctimas por las policías estatales se resolvió en el Tercer Reich, en la Unión Soviética y en los primeros años de la España de Franco, con campos de concentración y de trabajo que resultaban además indispensables para sus economías en un momento en que, por diferentes razones, el mercado de trabajo no proporcionaba la mano de obra necesaria para sostenerlas. Esos campos fueron hijos de la guerra ideológica y no solo un producto de las circunstancias o de la lógica del terror.

La dictadura de Hitler no puede separarse del sistema de campos de concentración y exterminio, de la guerra ideológica y racial contra el enemigo. El Gulag soviético, en palabras de Richard Overy, «simboliza la corrupción política y la hipocresía de un régimen formalmente encomendado al progreso humano, pero capaz de esclavizar a millones de personas en ese proceso». Y es verdad que ese «imperio de los campos» es lo que hace a las dictaduras de Hitler y Stalin aparecer tan distintas respecto a otras formas de autoritarismo moderno. Ser un judío para Hitler o un kulak par Stalin fue equivalente a un certificado de muerte. La violencia política de esos Estados modernos, dominados por la burocracia y la planificación, destruyó a cientos de miles de hombres y mujeres por ser de otra clase, de otra raza o por tener ideas diferentes.[62]

Los frentes militares durante esa larga guerra total produjeron una destrucción generalizada de pueblos y ciudades. Las campañas deliberadas de bombardeos estratégicos —como ya había comenzado a ocurrir durante la guerra civil española— se convirtieron en formas «legítimas» de inutilizar los transportes y la industria y de aterrorizar a la población civil. Fueron parte integral de la *Blitzkrieg*, «guerra relámpago», usada por los alemanes en los primeros meses en Polonia y en los Países Bajos, mientras que los ataques de la aviación británica contra objetivos industriales y militares alemanes comenzaron también en 1940. Unos 60.000 británicos perdieron sus vidas como resultado de los bombardeos aéreos durante la guerra, con la destrucción completa de alguna ciudad como Coventry, y en los dos últimos años del conflicto los ataques combinados de Gran Bretaña y Estados

Unidos sobre varias ciudades alemanas dejaron al menos 600.000 víctimas mortales, cientos de miles de heridos y millones de viviendas arrasadas. El más infame de todos, el 13 y 14 de febrero de 1945, destruyó la monumental ciudad de Dresde, costando un mínimo de 35.000 vidas, lo que ha llevado a algunos historiadores a plantear si quien lo ordenó, Winston Churchill, puede ser considerado también un criminal de guerra.[63]

La zona este de Polonia, ocupada primero por los soviéticos y desde junio de 1941 por los nazis, y los Balcanes, especialmente Grecia, invadida por una alianza tripartita de tropas italianas, alemanas y búlgaras, estuvieron expuestos durante largo tiempo a bombardeos, hambre y destrucción de la población civil. Pero fueron las ciudades soviéticas las que sufrieron las batallas y asedios más prolongados. El de Leningrado duró tres años y medio, y la ciudad perdió, como consecuencia de ataques de artillería y aéreos, más población —1,2 millones— que ninguna durante la guerra. El ejército rumano, con ayuda del alemán, asedió el puerto soviético de Odessa en el mar Negro en 1941 y, tras la evacuación de 350.000 soldados y civiles y su rendición el 16 de octubre, asesinaron a 39.000 judíos. La ciudad de Stalingrado quedó reducida a escombros tras un combate salvaje entre alemanes y soviéticos en el otoño e invierno de 1943.[64]

La historia social y cultural, más que la política o militar tradicional, comenzó a situar a las mujeres —y a los niños— en los relatos de las desgracias provocadas por las guerras, las revoluciones, las limpiezas étnicas y los genocidios, donde habrían sufrido más que nadie la arbitrariedad e inseguridad de las ocupaciones, deportaciones, el hambre y las epidemias. Empezaron a aparecer también investigaciones novedosas sobre la participación de las mujeres en las grandes causas nacionales y bélicas, en el frente y en la retaguardia, en los campos, fábricas, en organizaciones de «auxilio social» e incluso como guerreras, colaboracionistas, resistentes y pilotos de combate.

Temas sobre la sexualidad —tanto forzada como consensuada— acompañaron a esos estudios, pero fueron las violaciones masivas en Bosnia-Herzegovina a comienzos de los años noventa —y el subsiguiente reconocimiento internacional como crímenes de guerra— las que dieron «legitimidad intelectual y apremio ético» para estudiar la violencia sexual en otras guerras, posguerras y ocupaciones militares, desde el genocidio armenio hasta la Francia de Vichy, el Holocausto, la Italia de Mussolini o la España de Franco.[65] Lo que sigue es una introducción a la complejidad de la violencia sexual y a sus principales manifestaciones en ese período de extrema crisis social.

Violencia sexual

Las historias introducidas en este amplio panorama de la violencia en el siglo XX europeo muestran que hombres y mujeres se vieron afectados de diferentes formas por las guerras, revoluciones, acciones paramilitares, limpiezas étnicas y genocidios y que centrarse en aspectos específicos de género ilumina una mejor comprensión de los motivos, dinámica y consecuencias de los crímenes masivos.

La violencia sexual incluye la violación, mutilación, prostitución, el rapado de pelo, los matrimonios y embarazos forzados, pero en los episodios más extremos de deshumanización de las víctimas y de «brutalización» de los verdugos aparecieron también modos organizados y selectivos de consumar el exterminio por medio de ataques específicos a las mujeres.

Tras las experiencias de odios ya examinadas por parte de los grupos paramilitares y contrarrevolucionarios frente a las «mujeres politizadas», el arco de violencia sexual se amplía en las páginas que siguen al genocidio armenio, a la conquista nazi del este de Europa, a la represión franquista y a los castigos a las mujeres «colaboracionistas» en los días de la Liberación de Francia, para concluir en los capítulos siguientes con las violaciones masivas de mujeres alemanas y polacas por las tropas soviéticas al final de la Segunda Guerra Mundial y de mujeres musulmanas en la guerra en Bosnia-Herzegovina casi cinco décadas después.

«Todas cuentan la misma historia y llevan marcadas las mismas cicatrices —le escribía el 6 de octubre de 1915 el misionero estadounidense F. H. Leslie, desde la ciudad otomana de Urfa, a Jesse B. Jackson, el cónsul de su país en Alepo—: mataron a todos los hombres en los primeros días de las marchas desde las ciudades, después a las mujeres y muchachas les robaron el dinero, las ropas de las camas, los vestidos y, derrotadas, abusaron criminalmente y las raptaron a lo largo del camino. Sus guardias (...) fueron los que más abusaron de ellas, pero también permitieron a los grupos más vulgares de cada pueblo por el que pasaban secuestrarlas y agredirlas.»[66]

La violación no es una consecuencia «natural» de la guerra, pero los conflictos armados crean un entorno con dinámicas específicas y excepcionales de violencia sexual. Y aunque la violencia sexual, y en concreto la violación, ocurren también en períodos de paz, en espacios civiles cotidianos, la guerra «disminuye la sensibilidad hacia el sufrimiento humano, intensifica el sentido de los hombres de derecho y superioridad y de licencia social para violar», de forma repetida y como espectáculo público.[67]

Las primeras víctimas en el extermino de los cristianos armenios fueron casi exclusivamente hombres, los 200.000 soldados que combatían en el ejército otomano que, desde comienzos de 1915, fueron desarmados y masacrados. En esa primera fase, los hombres y las mujeres fueron tratados de una forma similar y ambos fueron sometidos a mutilaciones sexuales «como parte de lo que parecían ser rituales de humillación y deshumanización conectados con los asesinatos, para mostrar el poder absoluto de los perpetradores y la impotencia de las víctimas». Misioneros, informes alemanes y testimonios de refugiados en la parte de Persia ocupada por los otomanos proporcionan abundante información sobre la amputación de órganos sexuales masculinos.[68]

Pero desde el verano de 1915, después de que los hombres fueran desarmados y privados de cualquier posibilidad de resistencia, las mujeres y los niños armenios fueron el siguiente blanco, en un proceso conectado de genocidio y «feminicidio». Cientos de miles fueron obligados a abandonar sus casas y posesiones y a marchar hacia el desierto sirio para ser «reubicados». Lo que había, sin embargo, detrás de esas instrucciones del ministro de Interior, Talaat Pasha, era el propósito de matar a la mayoría de los deportados o dejarlos morir de abrasión, hambre o deshidratación. Un policía turco, preguntado por misioneros por qué no los mataban directamente en sus pueblos en vez de exponerlos a las penas de las marchas, respondió: «¿Y qué haríamos con los cadáveres? ¡Apestarían!».[69]

Las mujeres deportadas eran examinadas antes del rapto y la violación, y en las rutas por las que transitaban las marchas algunas ciudades y pueblos se convirtieron en centros de distribución de mujeres y adolescentes entre los habitantes. A las afueras de Mezreh, «el campo de concentración se convirtió en un mercado de esclavas donde las armenias que procedían de familias más acomodadas eran seleccionadas por musulmanes de la localidad e inspeccionadas por médicos». Algunas autoridades locales llevaban a las adolescentes seleccionadas a Constantinopla como regalo para los miembros del CUP y como carne de orgías para oficiales del alto rango.[70]

La violencia sexual, según Matthias Bjornlund, fue «la norma» en aquellas «marchas de la muerte». Algunas mujeres «ensuciaban intencionadamente las caras de sus hijas para hacerlas menos atractivas y alejarlas de la violación» y otras, como harían después muchas alemanas en 1945 frente al Ejército Rojo, utilizaban estrategias como cortarse el pelo y ponerse medicina en los ojos para aparentar ceguera.[71]

En los casos más brutales, repetidos posteriormente en otros genocidios como el de Ruanda en 1994, a las mujeres embarazadas se les abría el útero para extraer el feto, una forma de simbolizar la completa destrucción de ese grupo de víctimas, incluidas las más indefensas y vulnerables. Los ejecutores de esas atrocidades buscaban la humillación, intimidación, «satisfacción a través del dominio total» y demostración de «masculinidad», sobre todo en las violaciones en grupo. La mayoría de esas mujeres y adolescentes fueron asesinadas tras los abusos o se suicidaron. La violencia sexual durante el genocidio armenio se constituyó, así, «en una forma específica de género de degradar y asesinar (...) y de asegurar la participación masculina en el proceso de exterminio. Las mujeres se convirtieron en propiedad de los hombres, soldados y pandillas con derecho al saqueo y a la violación».[72]

Casi tres décadas después, la violaciones y torturas sexuales acompañaron la invasión y dominio de las tropas alemanas en el este de Europa. Desde el comienzo de la ocupación de la Unión Soviética, algunas autoridades alemanas mostraron preocupación por el control y la regulación de las violaciones, la prostitución y los intercambios sexuales. De acuerdo con la lógica de la «higiene racial», la relación entre los hombres alemanes y las «mujeres étnicamente extranjeras» podría poner en peligro la salud y vitalidad nacional. Unidades de la Wehrmacht y dirigentes de las SS intentaron prohibir los contactos sexuales entre soldados alemanes y mujeres «racialmente inferiores».[73]

Los soldados en el frente, sin embargo, no atendieron mucho esas reglas. Lo testificó Viacheslav Mólotov, ministro de Asuntos Exteriores de la Unión Soviética, en enero de 1942, varios meses después de la invasión alemana, en un informe que se utilizó después en los juicios de Núremberg, y fue confirmado por testimonios menos parciales. Los alemanes eligieron para la violación mujeres de diferentes edades, de menos de 10 años y más de 80, clasificadas «alemanas étnicas», «eslavas» o despreciadas como judías. Las violaron durante las batallas y masacres, en el frente y en la retaguardia.[74]

La violencia y explotación sexual fue también algo cotidiano en el campo de Auschwitz-Birkenau desde 1942, cuando llegó allí la primera mujer judía, hasta la liberación en 1945, «aunque la violación ocurrió menos que otras formas de abuso físico y verbal, como agresiones, prostitución a cambio de alimentos, e intentos de forzar relaciones sexuales con las confinadas y castigos si se negaban». Además del extremo terror en que se desenvolvió la vida diaria allí, que afectó a hombres y mujeres, hubo una violencia específica de género, derivada de las actitudes de la ideología nazi hacia la sexualidad de las mujeres judías.

Los incidentes de agresiones sexuales y violaciones han sido difíciles de rescatar, por las reticencias de las sobrevivientes a hablar de esas experiencias traumáticas. Por otro lado, la estricta prohibición de mantener relaciones sexuales entre la «raza superior» y las «inferiores», especialmente con los judíos, incluida en las leyes raciales de 1935, pudo frenar muchas agresiones sexuales, sobre todo la violación, pese a las posteriores «fantasías sexuales» de la literatura, el cine y la televisión sobre las mujeres judías obligadas a servir como prostitutas de las SS.[75]

Judías y gitanas estaban marcadas por la ideología nazi como grupos expuestos al aniquilamiento, y los líderes y la propaganda intentaron disuadir a los perpetradores y a sus secuaces de que consideraran a esas mujeres «objetos de deseo sexual». Según Doris L. Berger, «la violación por los alemanes fue más común entre los grupos sujetos a la esclavitud —sobre todo eslavos— que entre los seleccionados para su destrucción total».[76]

«Muchos de los casos de abuso sexual por las SS y prisioneros en puestos de autoridad ocurrieron cuando las mujeres entraban por primera vez en Auschwitz, pasaban la inspección, la selección y la "sauna"», donde todavía bajo el choque del primer contacto con la realidad del campo de concentración, eran forzadas a desvestirse, les rapaban la cabeza y tras un proceso de desinfección, les tatuaban un número en el cuerpo. Aunque también los hombres pasaban por la «sauna», había notables diferencias entre las experiencias de los dos sexos, porque hombres y mujeres se desnudaban frente a otros hombres. Las mujeres se veían expuestas a las miradas de los hombres, que las rodeaban, se reían de sus cuerpos, sus pechos y los genitales, «jugando con sus pezones y tocando otras partes íntimas de sus cuerpos». Para los hombres de las SS era «especialmente placentero ir a la "sauna" para mofarse y humillarlas».[77]

Testimonios de mujeres sobrevivientes han descrito la morbosa excitación sexual de los guardias de las SS cuando las mujeres pasaban por la «sauna», con sus movimientos «como simios» y sus sentimientos ante aquellos abusos físicos y verbales. Según Eva Schloss, que llegó al campo desde Holanda a los 15 años, «les divertía pellizcar las nalgas de las mujeres jóvenes y hermosas». Y Tova Berger recordaba cómo le raparon su «hermoso cabello rubio» y el de sus hermanas, les hacían «bromas obscenas» sobre sus cuerpos, y desnuda y rapada, expuesta frente a esos hombres, se sintió «como un animal».[78]

Además de las «revisiones ginecológicas» o violaciones en grupo por guardias que «olían a cerveza», hubo también casos de mujeres *kapos* que intentaron forzar a las mujeres judías a tener sexo a cambio de diferentes beneficios, sobre todo raciones extras de comida. Muchos testimonios se refieren a Irma Grese, mujer infame de las SS, conocida por su crueldad y perversión sexual, que elegía a las víctimas todavía hermosas, pese a la marca del hambre y la tortura, y les proporcionaba «atención especial». En muchos casos, el «sexo a cambio de comida» era una decisión de «vida o muerte».[79]

Esas diferencias considerables entre las experiencias masculinas y femeninas han sido también subrayadas en investigaciones en otros escenarios, donde la agresión, abuso y violencia sexuales no llevaban aparentemente el sello del sadismo de los campos de concentración nazis o la marca de las «marchas de la muerte» en el genocidio de los armenios.

Miles de mujeres «rojas», «individuas de dudosa moral», fueron asesinadas durante la guerra civil y la posguerra en España, sentenciadas a penas de prisión, víctimas de extorsiones e incautaciones de bienes y condenadas a la miseria y persecución cotidiana. Huérfanas y viudas a miles, que perdían a sus padres y maridos en la flor de la vida, quedando las suyas rotas y arruinadas, con el estigma de ser familiares de rojos muertos. En realidad, entre las diversas causas por las que se las torturaba y asesinaba podían estar la de tener estrechos vínculos familiares con militantes de las organizaciones revolucionarias, o la de haber dado un paso más al frente de lo que la Iglesia y la gente de orden consideraban pertinente para ellas en ese momento.[80]

Como en otras guerras y dictaduras, hubo también en España numerosas manifestaciones de violencia sobre las mujeres, de ataques materiales y simbólicos, conceptualizadas por algunos historiadores como «represión sexuada», que, más allá de episodios salvajes de violencia y asesinato, buscaba por parte de sus perpetradores la humillación, degradación y deshonra. La purga con aceite de ricino, utilizada como forma extendida de escarmiento en la Italia fascista, y sobre todo el rapado de pelo, fueron las más frecuentes. Esta última, además, como he señalado en el capítulo anterior, permite comparaciones ilustrativas con lo que había ocurrido antes en Bélgica, Irlanda y Polonia y sucedería después en varios países europeos durante y tras la Segunda Guerra Mundial, sobre todo en Francia, para castigar a las mujeres «traidoras».[81]

El rapado a mujeres comenzó a extenderse desde el verano de 1936 en las zonas donde triunfó la sublevación militar, continuó durante la guerra y existen pruebas y testimonios —orales, escritos y fotográficos— de esa práctica hasta finales de los años cuarenta. Sus responsables y ejecutores fueron grupos armados paramilitares, sobre todo falangistas, y después guardias civiles, aunque según han contado mujeres que pasaron por esa humillación, en ocasiones se obligaba a otras personas del pueblo a pelarlas, incluso a izquierdistas, como castigo todavía mayor.

A la sevillana Ana Macías la rapó en su pueblo, en Los Corrales, un gitano —con una maquinilla de pelar burros— en uno de los bares: «El pobre lloraba porque no quería». El ritual se repetía cada vez que las tropas franquistas entraban en una localidad hasta entonces republicana. Se rapaba a las señaladas —republicanas, mujeres, madres o hijas de militantes, asesinados o guerrilleros—, «pelonas» se las llamaba en Andalucía, y se las paseaba por las calles, en medio de las risas de falangistas y derechistas.[82]

Al contrario que a los hombres judíos en Polonia tras la Primera Guerra Mundial, a quienes, como vimos, se les rapaba en lugares públicos, con testigos jaleando, el rapado de las mujeres en España ocurrió, como en Irlanda, en espacios pequeños o más apartados, muchas veces durante la noche, y lo que se hacía público, con escarnio, era el paseo posterior, momento en el que se las podía obligar a hacer el saludo fascista, gritar consignas o cantar el *Cara al sol*. Los rapadores fueron, como en otros países, casi exclusivamente hombres, incluidos los peluqueros profesionales, aunque algunas mujeres participaron de forma activa o como testigos pasivos en el ataque a las víctimas. La ingesta obligada de aceite de ricino, normalmente tras el rapado, finalizaba la ceremonia de castigo.[83]

Como en España el rapado se produjo en regiones ocupadas por los militares sublevados, alejadas del frente, o en zonas marcadas por una guerra civil sin enemigo nacional exterior —aunque funcionara la construcción del «rojo» como «enemigo interno» de la patria—, las mujeres rara vez podían ser acusadas de traicionar al nuevo Estado con el espionaje, como en Irlanda, o de colaborar con los nazis, como en Francia. Parece claro que, dado el contexto en el que se produjo, tanto en la guerra como en la posguerra, y teniendo en cuenta la escenografía y la identidad de los ejecutores y de las víctimas, aquellas prácticas formaron parte de una ceremonia de exclusión social, punitiva, de escarmiento y disciplinaria, y sexista.[84]

Desde 1943 a comienzos de 1946 alrededor de 20.000 mujeres «de todas clases y profesiones» fueron rapadas en Francia, acusadas de haber colaborado con las fuerzas alemanas de ocupación. Según Fabrice Virgili, entre los ejecutores había miembros de la Resistencia, combatientes en el momento de la Liberación, vecinos que salieron a las calles cuando los alemanes se fueron y autoridades y miembros de la policía. Los actos tuvieron lugar o en sitio cerrado —prisiones o en las casas de mujeres castigadas— o en lugares públicos. Y aunque fueron hombres sobre todo quienes cogieron las tijeras, «la población en conjunto —hombres, mujeres y niños— estuvo presente en el acontecimiento que era tanto un espectáculo como una demostración de castigo a infligir a los traidores».[85]

No se trataba en ese caso de una práctica identificada con el fascismo, original de Italia e importada en España por la Falange, sino de un acto violento antifascista o de víctimas de la ocupación nazi que, «devolviendo» esa violencia, «reafirmaban su identidad patriótica». Más allá de la imaginación cinematográfica de mujeres rapadas por dormir con el enemigo, «las víctimas fueron mujeres en un mundo de hombres» y, aunque antifascistas o liberadores, mostraron también con esas acciones odio y deseo de venganza. En la conclusión de Virgili, el rapado de cabello en Francia «no solo fue un castigo por colaboración sexual, sino también sexista».[86]

A esas mujeres se las acusó de colaboración política, económica —de beneficiarse de contactos de negocios o profesionales—, personal —relaciones con miembros de las fuerzas de ocupación— o de haber denunciado a alguien a las autoridades fascistas. «Relaciones con los alemanes» era una expresión repetida en las acusaciones, aunque eso no siempre significaba haber mantenido sexo con ellos. Hubo miles de prostitutas en burdeles frecuentados por los alemanes, pero eso fue un término utilizado también para condenar a cualquier mujer que hubiera tenido un encuentro sexual con los ocupantes.

Se les afeitó el pelo en las plazas, en los monumentos en memoria de las víctimas francesas de la Primera Guerra Mundial y en el exterior de las estaciones de tren, cuando hombres y mujeres regresaban de Alemania o de lugares ocupados por los nazis, antes de que la policía los arrestara. Y se colgaron banderas francesas en las casas de gente acusada de colaboracionismo, para recordarles, en momentos de patriotismo, quiénes eran los verdaderos franceses. Los días de Liberación, en definitiva, también tuvieron noches en las que los colaboracionistas fueron detenidos y las mujeres rapadas.[87]

Algunas de esas historias de las mujeres como víctimas incluyen asimismo puntos de contraste, de deseo y placeres consensuados, que indican que «el lugar de la sexualidad en las guerras nunca se comprenderá adecuadamente si solo se atiende a sus manifestaciones negativas». Casi todas las investigaciones señalan, salvo en los casos más brutales de genocidio y limpieza étnica, que el amor y el afecto, las relaciones sentimentales, existieron en la derrota, victoria, ocupaciones y en los intentos posbélicos de reconstruir la sociedad. La fraternización con el invasor ofrecía a algunas mujeres la posibilidad de actuar al margen de las normas establecidas, «vías de empoderamiento» y también alternativas para divorciadas y viudas.[88]

En octubre de 1941 Heinrich Himmler dio orden de crear dos «barracones burdeles» en el campo de concentración de Mauthausen y su «subcampo» de Gusen en la anexionada Austria. Se inició así un sistema de burdeles en diferentes campos, estrictamente controlado y regulado, donde solo estaba permitido entrar a los prisioneros. La intención era aumentar la productividad para «satisfacer la demanda irreal» de los diferentes proyectos gigantescos de producción del Führer. Himmler no aceptaba la idea de que el rendimiento de los prisioneros en los campos fuera la mitad que el de los trabajadores civiles y la dirección de IG Farben, que había construido un enorme complejo químico en Auschwitz-Monowitz, se quejó a las SS de la baja productividad de la mano de obra esclava.[89]

Como señala Robert Sommer, al introducir burdeles en los campos de concentración, Himmler dio una nueva dimensión a la brutalidad de ese sistema de explotación: «las mujeres fueron obligadas a servir por la fuerza como trabajadoras del sexo como un incentivo y privilegio para otros prisioneros».[90]

Con la construcción de los primeros burdeles de Mauthausen y Gusen en 1942, las SS seleccionaron a prisioneras de otros campos de concentración específicos de mujeres, en Ravensbrück y Auschwitz-Birkenau, forzándolas con la falsa promesa de que serían liberadas. Dado que antes de ir a esos burdeles solían pertenecer a escuadrones de trabajos muy duros, la decisión era entre el trabajo sexual forzado y la muerte. Y dentro de los burdeles, estaban constantemente vigiladas y no se les permitía rechazar a un hombre. La mayoría de ellas eran jóvenes alemanas y polacas confinadas como «asociales», «políticas» o «criminales». No hay pruebas de que hubiera alguna judía.

El número de hombres que frecuentó esos burdeles fue pequeño porque esa institución de «construcciones especiales» (*Sonderbauten*) acabó siendo solo para unos pocos, «los prisioneros-funcionarios» (los más veteranos, barberos o supervisores), la «aristocracia» de los campos, los que cumplían los «requisitos raciales». Solo tuvieron acceso a esas mujeres los «arios», categoría en la que se encontraban los españoles. Los judíos y los prisioneros de guerra soviéticos fueron excluidos, «porque habían sido internados en los campos para su exterminio». En última instancia, esa explotación sexual organizada reafirmó la ausencia de cualquier signo de humanidad en los campos.[91]

Las imágenes de mujeres como víctimas, o idealizadas por el fascismo como esposas y madres, contrastan con las fotografías y relatos de mujeres guardias en Auschwitz, disfrutando de la compañía de las SS y de las horas de ocio, y de las que participaron activamente en el exterminio de judíos.

Las «verdugos invisibles», que Andrea Petö ha investigado en Hungría, fueron mujeres que se unieron como militantes al partido fascista de la Cruz Flechada, atraídas por su retórica nacionalista, racista y antisemita y por el espacio profesional y político que les ofrecían frente a socialistas y comunistas. Había compañeras y mujeres de los dirigentes, como Gisella Lutz, quien tras años de relación con Ferenç Szálasi se casó con él el 29 de abril de 1945 en Austria, a donde habían huido, unos días antes de ser detenidos; intelectuales como la física Erzsébet Madarósz; y activistas como Maria Kozma, procedentes de la clase media y media alta cuya identidad se había forjado en los años veinte y treinta frente a la modernidad europea y la interpretación ilustrada del progreso. Tras el acceso al poder de la Cruz Flechada, el 15 de octubre de 1944, y durante los apenas seis meses que duró su dominio brutal de Hungría, algunas de esas mujeres tuvieron un protagonismo destacado en las tareas de persecución de los judíos y fueron después juzgadas y sentenciadas a prisión por los «tribunales del pueblo» en el período inmediatamente posterior a la Segunda Guerra Mundial.[92]

Aunque la militarización y la guerra pueden considerarse básicamente «cosa de hombres», desde la Primera Guerra Mundial las mujeres también fueron arrastradas por los valores y prácticas militares. La ruptura de los estereotipos de género en las guerras comenzó en Rusia cuando, tras el derrumbamiento de la autocracia del zar en marzo de 1917, un grupo de mujeres, ante las deserciones masivas de soldados del frente, solicitaron crear unidades de combate.

Unos años antes, en noviembre de 1914, Maria Bochkareva, una mujer campesina que huía de un marido violento y maltratador, había pedido al zar Nicolás II permiso para alistarse en el ejército imperial. No fue la única que lo consiguió y en sus memorias narró las burlas y acosos sexuales de sus compañeros soldados, hasta que se ganó el respeto en el campo de batalla, donde la hirieron dos veces y recibió tres medallas por su valor.

El 21 de mayo de 1917, avergonzada por las masivas deserciones en un ejército hastiado de la guerra y de la carnicería que estaba ocasionando, distribuyó un llamamiento a las armas, a «hombres y mujeres», porque «nuestra madre, Rusia, está pereciendo y quiero ayudar a salvarla». Atrajo a 2.000 voluntarias, aunque solo 500 cumplieron los exigentes requisitos de Bochkareva durante el entrenamiento, y creó en Petrogrado el primer «batallón de la muerte», cuyo ejemplo fue seguido en otras ciudades como Moscú, Tambov, Kiev o Riga. Cuando partieron al frente en junio, a combatir contra los alemanes, miles de ciudadanos de la capital rusa se congregaron en la estación de ferrocarril para despedirlas. Duraron poco, por el rechazo de los soldados en el frente y por la transformación radical que experimentó el ejército tras la revolución de octubre. Bochkareva abandonó el país hacia Estados Unidos, regresó unos meses después, intentó crear un destacamento de mujeres médicos en el Ejército Blanco, pero fue detenida por los bolcheviques y ejecutada en mayo de 1920.[93]

Fue, no obstante, en la guerra civil rusa, entre 1918 y 1920, cuando miles de mujeres se enrolaron en el Ejército Rojo, para defender el poder de los soviets, un precedente de los alistamientos masivos a partir de la invasión alemana de la Unión Soviética en junio de 1941. En algunas regiones como Donetsk, un cuarto de los voluntarios del primer momento fueron mujeres. En ninguna sociedad —antes o desde entonces— han estado las mujeres tan involucradas en los esfuerzos bélicos de su país. Su contribución a la victoria soviética «fue enorme, y también su coste». Al menos siete millones de mujeres soviéticas murieron en la Segunda Guerra Mundial y muchas más fueron heridas o afectadas de por vida.[94]

Pero esa contribución de las mujeres a la «Gran Guerra Patriótica», como se la denominó en la Unión Soviética, fue muy pronto desviada por la propaganda oficial estalinista a una recomposición de los papeles tradicionales —el hombre en el frente, la mujer en la retaguardia—, como pasó con las milicianas, sobre todo anarquistas, en la guerra civil española y, cuando los combates cesaron, fue silenciada y olvidada.[95]

Miles de niños soviéticos participaron en el combate en esa guerra en el frente oriental entre 1941 y 1945. No era una novedad en la historia de Rusia, pero lo extraordinario fue el gran número que se alistó voluntariamente para convertirse en *frontoviki* (soldados del frente). «Sirvieron en el Ejército Rojo, en la Armada Roja y como partisanos en todas las fases del conflicto bélico.» Y aunque la mayoría de ellos no estuvieron implicados directamente en la batalla, realizando tareas de comunicaciones, enfermería y exploración, «la distinción entre combatientes y no combatientes, adultos y niños, hombres y mujeres, se difuminó conforme la guerra avanzaba, porque en el frente, el mar o en los bosques, los niños estuvieron bajo constante amenaza de ataque y de lesiones».[96]

La información y datos son todavía incompletos, pero los cálculos del número de niños soldado varían entre 60.000 y 300.000. El 59 por ciento tenía un origen social campesino y la etnia dominante era la eslava. La gran mayoría tenía quince años o menos y hubo muy pocas chicas. «La guerra cambió las líneas de definición culturales y sociales entre la niñez y la edad adulta y los niños asumieron a menudo papeles de adultos en el trabajo o en la vida pública», aunque los relatos más heroicos atribuyen su participación al patriotismo. Las adolescentes de la Unión Soviética, con su creciente participación desde los años treinta en actividades deportivas militarizadas y en otras facetas de la cultura popular masculina, «cuestionaron las concepciones establecidas de masculinidad y feminidad», pero la participación de muchachas jóvenes en el combate fue un asunto de disputa durante la guerra y en los años posteriores.[97]

Durante esa «Gran Guerra Patriótica» hubo más de un millón de niños abandonados en las principales ciudades soviéticas. Ya desde los años veinte, en la primera década posrevolucionaria, entre siete y nueve millones de niños, huérfanos, desamparados o abandonados, conocidos como *besprizornye*, víctimas de la guerra y del hambre, vagaban por las calles en pandillas, pidiendo, robando y consumiendo cocaína. Fueron tema corriente de periodistas, viajeros y miembros del partido y estuvieron también en el centro de las batallas ideológicas, un claro y rotundo fracaso de la revolución según sus críticos, el legado del zarismo y de las miserias de la sociedad de clases para los bolcheviques.[98]

Para la propaganda estalinista, la Segunda Guerra Mundial, ya antes de la victoria, se convirtió en el segundo mito fundacional, tras la revolución de octubre, un relato de patriotismo y heroísmo que fue adoptado por la población en general «como una verdad infalible». Las estadísticas sobre indigentes, niños sin hogar y delincuentes se escondieron y se alabó el sistema de atención estatal que permitió el cuidado institucional de los niños, la solidaridad de las familias, mientras los padres y hermanos mayores estaban en el frente concentrados en ganar la guerra contra los nazis. Se ocultaron los métodos represivos para abordar esa crisis social y se comparaba la excelencia del programa centralizado de servicios y cuidados en la Unión Soviética con la situación de los niños en los países ocupados por los nazis.[99]

Las memorias de los niños que vivieron en la Alemania nazi aparecen divididas entre quienes lo recordaban como un tiempo de normalidad y los que lo hacían con miedo y horror. «Los nazis proyectaron sus objetivos racistas y nacionalistas en el futuro a través de la enorme importancia que asignaban a la infancia.» Educar a los niños para consolidar el futuro racial de la nación requería protegerlos de las influencias dañinas. Los inadaptados y delincuentes tenían que ser sacados de la sociedad y reeducados, eliminándoles si era necesario.

«Las campañas nazis en el este de Europa, primero en 1939 en Polonia y desde junio de 1941 en la Unión Soviética, abrieron el camino al asentamiento colonial que estaba predestinado a ser tan permanente como la colonización blanca en América, Australia o en el sur de África.» Los chicos y chicas alemanes de las ramas juveniles hitlerianas ayudaron a expulsar campesinos polacos y a asentar «alemanes étnicos» en sus tierras. Para los niños judíos y polacos, la colonización «destrozó el sistema de normas legales y lo reemplazó por dominio arbitrario por decreto», y los familiarizó con un «sistema racial» de segregación en vez de educación en las escuelas.[100]

El nuevo orden de Hitler se valió de la cooperación —colaboración se le llamaría después— de millones de ciudadanos no alemanes en las áreas ocupadas de Europa. La colaboración, ideológica y militar, recibió un notable estímulo con la invasión de la Unión Soviética desde junio de 1941. El anticomunismo se convirtió en el artefacto de propaganda nazi más eficaz. Al final, medio millón de europeos no alemanes combatieron a los rusos en las divisiones voluntarias extranjeras de las Waffen-SS. La mayoría procedía de los países bálticos y de Croacia, que luchaban por su independencia nacional, pero también hubo 50.000 holandeses, 40.000 belgas, 20.000 franceses, 6.000 daneses y 6.000 noruegos. La España de Franco, que no participó oficialmente en la Segunda Guerra Mundial, envió la División Azul, mandada por el general falangista Agustín Muñoz Grandes, por la que pasaron cerca de 47.000 combatientes, que estuvieron en el frente norte ruso y en el asedio a Leningrado.[101]

La derrota de los nazis y el avance del poder soviético por el continente europeo en la primavera de 1945 parecían poner punto final al conflicto armado, la ocupación extranjera, los bombardeos aéreos, la persecución, las limpiezas étnicas, los campos de concentración y el genocidio.

El dominio europeo había alcanzado su cénit en las décadas anteriores a la Primera Guerra Mundial, en aquel mundo de privilegio, lujo y poder que comenzó a quebrarse en 1914. Toda la construcción de la cultura burguesa e imperial de Europa se hundió en el abismo en las tres décadas siguientes.

Como hemos comprobado en los cinco primeros capítulos, la violencia se convirtió en un rasgo notorio de las políticas en casi todos los países europeos, siendo las dos grandes guerras y las revoluciones de 1917, las escuelas en las que se forjaron los lazos de sangre, étnicos, nacionalistas y de clase a través de los cuales he ido construyendo los relatos, argumentos y los acontecimientos relevantes para la explicación histórica. Lo que se examina en los dos siguientes capítulos no es exactamente una continuación, un relato de una violencia recurrente, pero tampoco la confirmación de que el siglo XX europeo se dividió en dos mitades, una primera catastrófica y una segunda dorada. Y como suele ocurrir con la historia, algunos argumentos e investigaciones pueden cuestionar lo que pensamos que sabemos.

6

De los escombros y las cenizas

> Es esta humedad, este cemento, las barras de hierro, la ausencia de sol y luz. En Rusia nos sacaban a pasear durante treinta minutos al sol, no solo a nosotros, sino a todos los prisioneros. Estábamos en habitaciones especiales... (Aquí) los soldados en el pasillo cargan y descargan sus rifles, de forma ostentosa. Hay dos mujeres en la celda de al lado. Los rusos no hacían esto. Y esto me pasa en un país al que serví durante cuarenta y cinco años. No creo que esto sea muy agradable.[1]

El 1 de junio de 1946 Ion Antonescu fue ejecutado por un pelotón de fusilamiento en una pradera cercana a la prisión de Jilava, cerca de Bucarest, junto con tres de sus más cercanos colaboradores: Mihai Antonescu, Constantin Vasiliu y Gheorghe Alexiann. La escena completa fue grabada por una cámara. Antonescu llevaba un elegante traje cruzado, con camisa blanca y corbata oscura. Cuando la columna que escoltaba a los cuatro sentenciados a muerte por un tribunal popular se detuvo, cada uno de ellos ocupó un lugar delante de un poste de madera. Antonescu levantó su sombrero antes de recibir la descarga. Un oficial les dio el tiro de gracia con una pistola. Antonescu recibió dos. Tras mostrar una escena de los cadáveres, la cámara dejó de grabar.[2]

Ion Antonescu había gobernado Rumanía desde el 6 de septiembre de 1940, poco antes del comienzo de la alianza de su país con la Alemania nazi, hasta el 23 de agosto de 1944, cuando el rey Miguel I, tras el rechazo de Antonescu a aceptar los términos del Armisticio con los Aliados, firmado después el 12 de septiembre en Moscú, ordenó su arresto, sacando a Rumanía del lado de las potencias del Eje. El 31 de agosto, poco después de la entrada de las tropas soviéticas en Bucarest, Stalin ordenó que pusieran a Antonescu bajo custodia. Dos días más tarde, fue trasladado en tren a Moscú y de allí en automóvil a un castillo fortaleza a 60 kilómetros de la capital. El 8 de noviembre, Antonescu intentó colgarse en su celda. En abril de 1946 las autoridades soviéticas lo devolvieron a Rumanía. Tras un juicio que duró diez días, Antonescu fue sentenciado a muerte el 17 de mayo.

En la carta final que le escribió a su mujer Rica —Maria Antonescu—, firmada tras ser condenado a muerte, le decía que no lamentaba nada, que justificaba sus acciones por un deber de servicio a su país y que el único juicio que aceptaba era el de la posteridad, el de la historia: «Nadie en este país ha servido a la gente del pueblo con tanto amor e interés como yo». «Como sabes, mi vida, especialmente en esos cuatro años en el poder, fue un calvario.» «Las circunstancias y la gente no nos permitieron hacer el bien que juntos queríamos fervientemente para nuestro país.» «La Voluntad Suprema lo decidió así.» «No lamento nada y tú no deberías lamentar nada.» No iba a derramar una lágrima, le decía a Rica, a quien deseaba que continuara viviendo, que se retirara a un monasterio, a encontrar la necesaria paz y tranquilidad para su alma.[3]

Antonescu y Hitler se admiraban mutuamente y tuvieron buenas relaciones desde su primer encuentro en Berlín el 21 de noviembre de 1940. Ambos habían luchado en la Primera Guerra Mundial, aunque en campos opuestos, y el Führer respetaba «la experiencia de Antonescu como estratega y militar», sus atributos como líder de Rumanía al lado del Eje. Antonescu, por su parte, sirvió de buen grado a la causa nazi e hizo su importante y particular contribución a la solución del «problema judío», porque el antisemitismo era un «rasgo fundamental de su ideología».[4]

Rumanía fue, desde que se unió al Pacto Tripartito el 23 de noviembre de 1940, un socio principal. El general Antonescu mandó el tercer ejército más numeroso del Eje —585.000 rumanos participaron en el ataque a la Unión Soviética desde junio de 1941— y contribuyó con petróleo y materias primas a mantener la maquinaria de guerra alemana. Antonescu tuvo durante su mandato plenos poderes ilimitados, desde ese 6 de septiembre de 1940 en que el rey Miguel I le nombró por decreto *Coducatorul Statulai Roman,* jefe del Estado rumano. Como Conducator tenía autoridad para promulgar leyes, modificar las existentes, nombrar y cesar ministros, firmar tratados o declarar la guerra.[5]

Nacido el 2 de junio de 1882, hijo de un oficial del ejército, Ion Antonescu se ganó ya buena fama como estratega durante la Primera Guerra Mundial. El general francés Victor Pétin, agregado militar en Bucarest, destacó, en un informe fechado en 1922, que era «despiadado», «muy vanidoso», con una «demostrada inteligencia», «enorme voluntad para triunfar» y «xenofobia extrema».[6]

Rumanía mantuvo su soberanía durante la Segunda Guerra Mundial y al contrario que el resto de los países de Europa Central y del Este, nunca fue ocupada por la Wehrmacht. Antonescu, actuando por su propia voluntad, sin mediar una ocupación nazi, fue responsable de la muerte de casi 300.000 judíos, asesinados o muertos de hambre y tifus en su masiva deportación desde las regiones de Bukovina y Besarabia a Transnistria, aunque después, en octubre de 1942, canceló los planes de deportación de decenas de miles de judíos rumanos a Polonia. Los judíos para Antonescu, más que una raza inferior, eran antipatriotas, explotadores y probolcheviques. Y al igual que otros dictadores de la época, utilizaba frecuentemente el epíteto «judeo-bolchevique» para definirlos.[7]

Los judíos no fueron las únicas víctimas de esas masacres. En mayo de 1942, el Ministerio del Interior comenzó las deportaciones de gitanos nómadas y sedentarios considerados «un problema» o con «antecedentes criminales». Miles de ellos, aproximadamente la mitad de los 25.000 deportados, habían muerto unos meses después. Las deportaciones fueron ordenadas por Antonescu.[8]

Ion Antonescu, Mihai Antonescu —ex vicepresidente del Gobierno—, Gheorghe Alexiann —ex gobernador de Transnistria— y el general Constantin Vasiliu —ex ministro del Interior— fueron los únicos rumanos ejecutados por crímenes de guerra tras la Segunda Guerra Mundial. Pero en otros países, dominados desde los años veinte por movimientos contrarrevolucionarios, ultranacionalistas o fascistas, la violencia vengadora contra quienes habían colaborado con los nazis causó estragos.

Una buena parte de sus dirigentes, civiles y militares, «jefes» y «caudillos», habían combatido en la Primera Guerra Mundial, tuvieron un papel fundamental en sus países en la Segunda y, con algunas excepciones, fueron asesinados o fusilados, con juicios o sin ellos, tras la entrada de las tropas aliadas —democráticas y soviéticas— en sus países. Era la «generación del frente», de la guerra, que fundó los diferentes movimientos fascistas para regenerar la política y la patria, para deshacerse de los judíos, extranjeros y bolcheviques.

En Hungría hubo, entre 1945 y 1946, catorce grandes juicios políticos, con castigos ejemplares. Cuatro ex presidentes de Gobierno, varios ministros y altos oficiales del ejército fueron ejecutados. Ese fue el destino, en el juicio más esperado, de Ferenç Szálasi, principal instigador del paraíso nacionalsocialista, convertido en pesadilla de cientos de miles de húngaros, ejecutado el 12 de marzo de 1946, con siete de sus cómplices. Un año antes, un decreto del 17 de marzo de 1945 había ordenado la expropiación de las tierras y de las propiedades de los miembros de la Cruz Flechada y de los principales criminales de guerra.

Szálasi había sido arrestado en Austria —donde se casó el 29 de abril de 1945 con su compañera Gizella Lutz— y devuelto a Hungría en octubre de ese año. Mientras estuvo detenido, le diagnosticaron esquizofrenia y psicopatía. Durante la Primera Guerra Mundial se había introducido en el espiritismo y su grado de delirio y megalomanía le llevó a inventar una rama de la ideología nacionalsocialista que él llamó «hungarismo».

La imagen que se conserva de él en Budapest, a orillas del Danubio, con el puente Szénchenyi hundido, cuando la guerra tocaba a su fin, contrasta con la última de su vida, con la soga ya casi en el cuello, con un ejecutado al lado con la cabeza cubierta con un saco, rodeado de policías y con fotógrafos y abundante público como testigo.[9]

Gizella Lutz y Ferenç Szálasi estaban juntos desde 1927, pero solo se casaron en la huida, en Mattsee, unos días antes de ser detenidos por los americanos. Lutz no desveló ninguna información interesante en los interrogatorios de la policía secreta comunista porque Szálasi la había mantenido intencionadamente al margen de la política. Pertenecía a un grupo de mujeres y amantes de dirigentes de la Cruz Flechada que reclutaron a muchas mujeres para el partido. Lutz recibió en Hungría dos sentencias del tribunal popular. Estuvo primero en un campo de internamiento y después en la cárcel hasta la revolución de 1956, viviendo una vida tranquila en su apartamento en la calle Mester de Budapest hasta su muerte en 1992. Nunca se ajustó al canon del partido fascista húngaro: soltera, sin hijos y funcionaria, no tuvo sitio en la vida pública de Szálasi hasta el último momento de la guerra.[10]

El principal protagonista de la historia de Hungría desde 1920, Miklós Horthy, puesto bajo «custodia protectora» por los nazis desde el 15 de octubre de 1944, vivió los últimos meses de la guerra encerrado en una mansión de Baviera, hasta que sus guardianes de las SS huyeron el 29 de abril de

1945 y pasó a manos de soldados norteamericanos. Las nuevas autoridades comunistas húngaras no consiguieron su extradición y tras testificar contra Veesenmayer en el último de los doce juicios de Núremberg, en marzo de 1948, pudo refugiarse en el Portugal de Salazar, gracias a los contactos familiares con diplomáticos portugueses, y murió en Estoril en 1957.[11]

Edmund Veesenmayer, plenipotenciario nazi en Hungría y responsable del giro radical que dio en ese país la «cuestión judía» a partir de abril de 1941, fue sentenciado a veinte años de prisión en Núremberg, pero solo estuvo diez, convirtiéndose después en un próspero hombre de negocios en Alemania Occidental. Andor Jaross, ex ministro del Interior, y sus ex secretarios de Estado, Laszló Endre y Laszló Baky, conocidos como el «trío de la deportación», fueron entregados a las autoridades húngaras, juzgados en diciembre de 1945 y ejecutados en marzo y abril del año siguiente. La misma suerte corrió el ex primer ministro Döme Sztójay, encontrado culpable de crímenes de guerra y crímenes contra el pueblo húngaro, fusilado en agosto de 1946. El general Sztójay combatió también en la Primera Guerra Mundial, se unió después al «ejército nacional» de Horthy y había pasado una buena parte de su vida militar y política en la Alemania nazi.

En Bulgaria, el 1 de febrero de 1945 fueron sentenciados a muerte y acto seguido ejecutados por un tribunal popular los tres regentes que ejercían la autoridad en la minoría de edad del rey Simeón II —el príncipe Kyril, el primer ministro Bogdan Filov y el general Nikola Mikhov—, una decena de altos cargos, ministros y diputados. Cuando esos juicios terminaron en abril, más de 11.000 personas habían pasado por los tribunales, de las cuales 2.730 fueron condenadas a muerte. Y eso que Bulgaria no había declarado la guerra a la Unión Soviética y fue un caso peculiar de sobrevivencia de judíos, que no fueron asesinados ni entregados a Alemania.[12]

El serbio Dimitrije Ljotic, virulento antisemita, que creía que los orígenes de la conspiración judía estaban en la revolución francesa y defendió la «liquidación de la influencia de judíos y masones», colaborador destacado de los nazis en el régimen títere del general Milan Nedic tras la invasión de Yugoslavia por la Wehrmacht, fundador de los Cuerpos Voluntarios paramilitares en 1941, murió en accidente de automóvil el 23 de abril de 1945, cuando acompañado de grupos chetniks luchaba contra los partisanos de Josip Broz Tito. Nedic, capturado tras el final de la guerra por las tropas británicas y entregado a las autoridades comunistas yugoslavas, se suicidó, según la versión oficial, en febrero de 1946, arrojándose por una ventana de la prisión en la que cumplía su condena de cadena perpetua. Muchos de los seguidores de Ljotic fueron extraditados a Yugoslavia y ejecutados. El general Draza Mihajlovic, fundador del movimiento guerrillero nacionalista Chetnik, murió ante un pelotón de fusilamiento en Belgrado el 17 de julio de 1946.[13]

Mejor suerte corrieron Ante Pavelic y Horia Sima. El primero, líder del movimiento fascista Ustacha, jefe del Estado títere croata, responsable de miles de asesinatos de judíos, gitanos, serbios y comunistas, huyó al final de la guerra de Austria y después de Roma, con la ayuda de la jerarquía de la Iglesia católica. Vivió diez años en Argentina y murió en Madrid, en diciembre de 1959. Protegido también por las autoridades franquistas, Horia Sima, dirigente de la Legión de San Miguel Arcángel y de su organización paramilitar Guardia de Hierro, entabló en España amistad con Blas Piñar y con otros militantes ultraderechistas y fascistas internacionales que encontraron acomodo bajo la dictadura de Franco. Murió en Madrid el 25 de mayo de 1993.

Sima admiraba a Corneliu Codreanu, auténtico líder carismático del movimiento Legionario rumano, la personificación del «Nuevo Hombre», «regenerado moral y espiritualmente capaz de resucitar la nación rumana» frente al dominio judío. Codreanu fue asesinado, con otros trece legionarios, en la noche del 29 de noviembre de 1938, cuando eran transportados a la prisión de Jilava. Estrangulados, les dispararon en la parte posterior de las cabezas para simular un intento de fuga. Detrás del asesinato estaba el rey Carlos II, que había establecido unos meses antes una dictadura, enfrentado a la creciente popularidad del líder fascista. Entre la muerte de Codreanu y el establecimiento del Estado Nacional Legionario de Antonescu en septiembre de 1940, los cuerpos de seguridad de la dictadura real ejecutaron alrededor de 3.000 legionarios.[14]

La caída del fascismo en Italia fue estrepitosa y antes de que Mussolini y miles de fascistas fueran asesinados durante los días de la liberación por las tropas aliadas y la resistencia, algunos ilustres dirigentes habían sido ya ejecutados por orden del Duce.

Italia se mantuvo al principio al margen de la Segunda Guerra Mundial, pero cuando los ejércitos alemanes avanzaron inexorablemente por los Países Bajos y Francia en la primavera de 1940, Mussolini le comunicó al general Pietro Badoglio, jefe del Estado Mayor, que la guerra la ganaría pronto Hitler y que Italia necesitaba «unos cuantos miles de muertos para poder asistir a la conferencia de paz como beligerante». El 10 de junio Italia entró en la guerra, una decisión a la que pocos desde arriba ponían objeciones en ese momento, aunque una parte de la población italiana no mostraba mucho ardor guerrero después de tantas energías gastadas y vidas perdidas en Etiopía, España y en la reciente conquista de Albania.[15]

La guerra resultó un absoluto desastre para Italia y, dos años después, todos los sectores de la vieja elite prefascista, que habían mantenido su poderosa presencia durante la dictadura, desde el rey al Vaticano, pasando por el ejército, temerosos de la derrota, prepararon la caída de Mussolini. El Partido Fascista se desintegraba y su sector más moderado, encabezado por Dino Grandi y Giuseppe Bottai, reaccionaba contra un sistema de gobierno que no funcionaba de forma eficaz y contra un líder que les conducía al abismo. El punto de unión de la conspiración para derrocar a Mussolini, el hombre que conectó a los fascistas más moderados con el ejército y las fuerzas de policía, fue el duque Pietro Acquarone, senador, financiero y jefe de la Casa Real.

La invasión de Sicilia el 9 de julio de 1943 hizo saltar las alarmas y algunos dirigentes fascistas como Galeazzo Ciano, Grandi y Bottai, a quienes Mussolini había destituido de sus puestos en abril de ese año, presionaron para que la iniciativa pasara al rey. La noche del 24 al 25 de julio el Gran Consejo, que Mussolini no convocaba desde 1939, otra señal del rumbo que habían tomado los acontecimientos, se reunió en la que sería su última puesta en escena en la historia. Allí se aprobó la propuesta de Grandi de devolverle el poder al rey. Víctor Manuel sustituyó a Mussolini por Badoglio. Como escribe Richard Vinen, «Italia solo entró en guerra cuando parecía seguro que Alemania había ganado. Y el rey y la clase dirigente se retiraron tan pronto como quedó claro que Alemania había perdido».[16]

Nadie en el Partido Fascista, ni en sus vigorosas organizaciones juveniles, opuso resistencia a la destitución de Mussolini, pese a su juramento de defender al Duce y de dar la vida por él. Con Mussolini detenido, el rey y el gobierno del general Badoglio acordaron la rendición con los negociadores aliados, hecha oficial el 8 de septiembre. Al día siguiente, huyeron de Roma, antes de que pudieran ser arrestados por los nazis, que ocuparon toda la Italia Central y Septentrional. Durante los meses siguientes, hasta abril de 1945, el suelo italiano fue el escenario de dos guerras: una internacional entre los Aliados y los alemanes y otra civil, entre los fascistas que apoyaban a los nazis y la resistencia antifascista que se extendió como la pólvora desde la caída del Duce. Mussolini aún tuvo vida por un tiempo, tras ser liberado por los alemanes de la prisión el 12 de septiembre, en la República de Saló, y pudo vengarse de algunos de los dirigentes que le habían traicionado.

El 11 de enero de 1944, Galeazzo Ciano, Giovanni Marinelli, el mariscal Emilio de Bono, Luciano Gottardi y Carlo Pareschi fueron ejecutados en Verona, aunque otros, los que realmente habían provocado la destitución de Mussolini, como Dino Grandi, Giuseppe Bottai y Luigi Federzoni, lograron escapar. Emilio de Bono, uno de los que habían encabezado la marcha sobre Roma, fascista y militar, jefe de policía en el momento del asesinato del diputado Giacomo Matteotti, ministro de Colonias entre 1929 y 1935, artífice, junto con Mussolini, de la invasión de Etiopía, a quien nunca le perdonó que lo sustituyera por Badoglio cuando había comenzado la conquista, estaba a punto de cumplir 78 años, pero eso no fue suficiente para cambiar la condena a muerte. Tampoco a Ciano pudo liberarle la relación familiar con Mussolini, la intercesión de Edda ante su padre, porque los alemanes pidieron su cabeza y porque así lo pidió también su suegra Rachele, la esposa del Duce.

Mussolini era entonces un dictador títere, al servicio de los nazis, que iba perdiendo poco a poco el control sobre el territorio italiano que supuestamente dominaba. La República de Saló ya no tenía el apoyo de los industriales ni de la Iglesia ni de la monarquía. Tampoco tenía ejército, ni países que la reconocieran y sus dirigentes eran, en su mayoría, con algunas excepciones como Roberto Farinacci, fascistas de segunda fila, proalemanes y antisemitas como Giovanni Preziosi, burócratas, oportunistas y amigos de Mussolini, que soñaban todavía con la «segunda revolución», con el radicalismo social que el fascismo había tenido que abandonar en su conquista y consolidación del poder. El programa por el que se rigió, definido en el Congreso de Verona en noviembre de 1943, era antimonárquico, antisemita y contenía ambiguas promesas sobre socialización de la producción y nacionalización de servicios públicos, que no pudieron cumplirse, dadas las circunstancias y lo poco que duró aquel nuevo régimen sometido a la Alemania nazi.

En marzo y abril de 1945, Mussolini buscaba infructuosamente establecer contactos con los británicos a través de la Iglesia católica. El 27 de abril de 1945 se unió a un convoy de soldados nazis que escapaban del avance aliado. Cuando los camiones fueron detenidos por un grupo de partisanos, descubrieron a Mussolini envuelto en una manta y disfrazado con uniforme alemán. El 28 fue ejecutado junto con su última amante, Clara Petacci, y al día siguiente sus cadáveres y los de otros célebres fascistas, como Roberto Farinacci, Achille Starace o Alessandro Pavolini, fueron colgados cabeza abajo en la piazzale Loreto de Milán, en el mismo sitio donde el 10 de agosto de 1944 se había fusilado, por orden de los alemanes, a quince partisanos, cuyos cuerpos habían quedado también expuestos allí públicamente.

Lo que ocurrió en Italia y en otros países a finales de 1944 y comienzos de 1945 fue un crudo y violento combate entre colaboradores y resistentes.

Entre quienes querían retrasar la derrota de Alemania —y la suya propia— y quienes trataban de acelerarla, para llegar al poder, estallaron por todas partes —de Grecia a Italia, pasando por Yugoslavia— guerras civiles, cuyos finales fueron acompañados de castigos generalizados a los vencidos. Obviamente, en la primavera de 1945, cuando todo se hundía, y al contrario de lo que había pasado en los primeros años de la guerra, «los resistentes sobrepasaban en número a los colaboradores».[17]

En junio de 1944 varias divisiones británicas y norteamericanas —de Estados Unidos y Canadá—, francesas y polacas desembarcaron en las playas de Normandía y avanzaron rápidamente por Europa Occidental. En el otoño habían ocupado París, Bruselas y Luxemburgo. Unos meses después, en marzo de 1945, comenzó la ofensiva final aliada que chocó con la oposición de muchos alemanes que, si no combatían, eran ejecutados por la política militar nazi por cobardía y deserción. En el Berlín asediado, colgaron a cientos, entre ellos niños y ancianos reclutados justo antes del derrumbe total.[18]

El avance de las tropas soviéticas aplastó lo que quedaba de los ejércitos de Hitler y de sus aliados. A comienzos de marzo de 1944 echaron a los alemanes de Ucrania. En julio entraron en Vilna. Liberaron Polonia y Checoslovaquia y ocuparon, en ocasiones con poca resistencia, los países aliados hasta ese momento de la Alemania nazi, como Rumanía, Bulgaria y Hungría. Cuando comenzaron el asalto a Berlín, a mediados de abril de 1945, millones de soldados del Ejército Rojo se habían establecido en Europa del Este y Central. En su retirada, los soldados alemanes quemaron todo lo que se ponía a la vista, mataron el ganado, volaron puentes, edificios y vías férreas. En su avance, los soviéticos, atizados más por las atrocidades cometidas por los alemanes y sus aliados, se comportaron de forma abominable.

A lo largo de los siglos, los ejércitos conquistadores siempre han encontrado colaboradores voluntarios en los países ocupados. Pero como señaló hace ya años István Deák, «en los anales de la historia nunca ha habido tanta gente implicada en el proceso de colaboración, resistencia y castigo a los culpables como en Europa durante y después de la Segunda Guerra Mundial».[19]

El término *collaboration*, en el sentido que lo entendemos para la Segunda Guerra Mundial, apareció por primera vez en una declaración pública que el viejo mariscal Philippe Pétain hizo tras su encuentro con Adolf Hitler en Montoire el 24 de octubre de 1940: «Une collaboration a été envisagée entre nos deux pays. J'en ai accepté le principe». Colaboración significaba, como aclara Jan T. Gross, la presencia de una burocracia nacional dotada de personal por la población de un país y establecida con el consentimiento del ocupante. Pero a partir de ahí, hubo «colaboradores de Estado», que representaban a los altos funcionarios de la administración, a las fuerzas armadas, a los hombres de negocios y terratenientes, y «colaboradores de sentimiento», militantes fascistas, ultraderechistas, anticomunistas e inadaptados sociales que no habían ejercido antes autoridad alguna.[20]

Cientos de miles de personas fueron víctimas de esa violencia retributiva y vengadora, con un amplio catálogo de sistemas de persecución: desde linchamientos, especialmente en los últimos meses de la guerra, hasta sentencias de muerte, prisión y trabajos forzados. Pero no en todos los lugares fue igual y con la misma intensidad. En Alemania, origen de casi todo, fueron ejecutadas o encarceladas menos personas que en otros países occidentales y, como pasó en las dos guerras mundiales, fue en el centro y este de Europa donde se derramó más sangre.

En Francia, casi 10.000 colaboracionistas, o acusados de serlo, fueron linchados o asesinados de forma sumaria y extrajudicial en los últimos instantes de la guerra y en el momento de la liberación y 1.500 personas más murieron como consecuencia de sentencias de diferentes tribunales. Además 300.000 ciudadanos fueron sometidos a alguna actuación judicial, 100.000 pasaron por las cárceles y cerca de 30.000 fueron depurados en la administración. Un total de 108 dirigentes y altos funcionarios del régimen de Vichy comparecieron ante la Haute Cour de Justice, un Tribunal Supremo Especial con jurisdicción sobre el jefe del Estado, jefes de Gobierno, ministros, viceministros y gobernadores coloniales. El mariscal Philippe Pétain, máximo dirigente de ese régimen, fue condenado a muerte el 15 de agosto de 1945, conmutada por el general De Gaulle, presidente de la República, a cadena perpetua. Pierre Laval, primer ministro de Vichy, fue fusilado en el patio de la cárcel de Fresnes el 15 de octubre de ese año. También fueron ejecutados Joseph Darnand, jefe de la Milicia —el 10 de octubre—, y el escritor y periodista Robert Brasillach —el 6 de febrero de 1945—, quien, al igual que Ferenç Szálasi en Hungría, proclamó con orgullo ante el tribunal sus creencias fascistas.[21]

La mayoría de los actos de castigo «retributivo» a los fascistas fueron llevados a cabo antes de que se constituyeran formalmente los tribunales establecidos para que pasaran por un juicio. En Italia, cerca de 15.000 fascistas fueron asesinados, sobre todo en la parte septentrional, en las semanas anteriores y posteriores a la liberación.

Es importante examinar los acontecimientos en Italia en esos meses de

1944 y 1945 en el contexto de lo que significó la guerra de liberación y los veinte años anteriores de fascismo. En los pueblos y pequeñas ciudades, «donde las relaciones entre vecinos eran estrechas, muchos individuos fueron vistos como responsables del surgimiento y toma del poder del fascismo, de la opresión del *ventennio* y del período caótico y violento de Saló». No parece una mera coincidencia que las provincias con un número mayor de asesinatos de fascistas o colaboracionistas —Turín, Bolonia, Milán o Génova— fueran las que mayor violencia nazi-fascista habían soportado desde el otoño de 1943.

En muchas de esas localidades la liberación fue acompañada de ejecuciones y linchamientos por partisanos, así como del rapado del cabello de las mujeres colaboracionistas. Muchos partisanos, además, cuando comprobaron que el sistema legal no conducía a los fascistas ante los tribunales, se tomaron la justicia por su mano. Como en Schio (Vicenza) en julio de 1945, cuando asesinaron a 51 fascistas presos como reacción a su inminente salida de la prisión, coincidiendo con el retorno a la pequeña población de liberados del campo de concentración de Mauthausen. Los partisanos de Tito, que capturaron Istria, se entregaron también a terribles atrocidades, arrojando a miles de víctimas a profundos agujeros naturales en las montañas del Carso.[22]

En Austria, los tribunales iniciaron procedimientos contra cerca de 137.000 personas, aparte de los cientos de miles de funcionarios destituidos de sus puestos. En Checoslovaquia, los tribunales populares extraordinarios emitieron 713 sentencias de muerte, 741 de cadena perpetua y 20.000 penas de prisión más leves para «traidores, colaboradores y elementos fascistas». Konrad Henlein, el líder de los Sudetes alemanes, el que facilitó la destrucción de la Primera República checoslovaca en 1938 por el Tercer Reich, se suicidó el 10 de mayo de 1945, cuando se encontraba bajo custodia estadounidense.

Los soviéticos fueron recibidos como liberadores por muchos húngaros, especialmente por los judíos, horrorizados por lo que había pasado. La gente se pasó en masa al Partido Comunista, minúsculo antes de la guerra y un partido muy pequeño todavía en 1944. Se afiliaron a él de todos los estratos sociales, incluidos miembros de la Cruz Flechada, que cambiaron sus carnés verdes por los rojos. En 1942, el Partido Comunista, en la clandestinidad, solo tenía 450 afiliados; en octubre de 1945 ya eran medio millón.[23]

Además, como ocurrió en España con la Ley de Responsabilidades Políticas de 9 de febrero de 1939, la «legislación retroactiva» fue una práctica general en Europa durante ese tiempo de odios. Los legisladores húngaros, por ejemplo, establecieron en 1945 que los criminales de guerra podrían ser procesados «incluso si en el momento que cometieron sus crímenes, esos hechos no estaban sujetos a persecución de acuerdo con las leyes entonces en vigor».[24]

Los partidos demócratas burgueses, de pequeños propietarios, el socialista y el comunista crearon un Frente Nacional Húngaro de Independencia. Y comenzaron la persecución de los fascistas o de quienes tras 1939 «habían violado los derechos del pueblo húngaro». Un decreto del 26 de febrero de 1945 prohibió los grupos ultraderechistas, anuló todas las leyes antijudías «y permitió la circulación de listas de individuos buscados por crímenes de guerra y la iniciación de procedimientos contra quienes eran capturados». El trabajo de cazar a los culpables fue confiado al Departamento de Seguridad Política, transformado posteriormente en el temido Departamento de Seguridad de Estado (AVO), famoso por la represión bajo dominio comunista. Se crearon tribunales populares, compuestos al principio por delegados de todos esos partidos, que iniciaron numerosos procedimientos sumarios, parciales y con pocas garantías.[25]

Entre febrero de 1945 y abril de 1950, casi 60.000 personas pasaron por esos tribunales; 27.000 fueron declaradas culpables, de las cuales 10.000 fueron sentenciadas a penas de prisión y 477 condenadas a muerte, aunque solo 189 fueron ejecutadas. Según László Karsai, unos 300.000 ciudadanos húngaros, alrededor del 3 por ciento de la población, «sufrieron algún tipo de castigo durante las purgas de la inmediata posguerra». Al contrario de lo que ocurrió en otros países, en Hungría no hubo linchamientos de supuestos colaboradores o criminales de guerra.[26]

La responsabilidad histórica de todos esos fascistas y criminales de guerra sentenciados y ejecutados está fuera de duda, pero la mayoría de los tribunales populares no se equiparon de las garantías suficientes para establecer su criminalidad. Se crearon de forma espontánea en los países oficialmente liberados del yugo nazi. En los países aliados con Alemania se incluyó normalmente una orden de castigo entre las cláusulas de rendición. Como no había acuerdo en lo que significaba exactamente «colaboración», cada país, y a veces cada tribunal, lo definió a su manera.

«Al odio de los verdugos ha respondido el odio de las víctimas», escribió Albert Camus en marzo de 1945, en su «Défense de l'intelligence», haciéndose eco de esas represalias salvajes contra fascistas y colaboracionistas: «Nos ha quedado el odio (...) la última y más duradera victoria del hitlerismo (...) estas marcas vergonzosas dejadas en el corazón de aquellos mismos que lo han combatido con todas sus fuerzas».[27]

La lista de europeos no alemanes —políticos, funcionarios, policía, militares— ejecutados por traición, colaboración y crímenes de guerra por tribunales instalados en diferentes ciudades europeas fue extensa. Pero solo unos pocos alemanes aparecieron ante el Tribunal Internacional Militar en Núremberg. Eso fue así «porque las potencias vencedoras acordaron castigar a quienes mejor representaban los crímenes cometidos por grupos o instituciones» —como las SS, las SA o las fuerzas armadas— y porque la persecución de otros cientos de criminales de guerra alemanes se dejó en manos de los propios alemanes, aunque eso nunca sucedió en las zonas ocupadas por británicos, franceses y estadounidenses, donde se instalaron la mayoría de ellos tras la guerra.[28]

Tiempo antes de la derrota de Alemania, los Aliados habían comenzado a discutir qué hacer con los principales dirigentes nazis y, tras diferentes propuestas de Churchill y Stalin, fueron los estadounidenses quienes propusieron un tribunal internacional que pudiera mostrar el triunfo de la justicia y de los procedimientos legales. El acuerdo de 8 de agosto de 1945 estableció el Tribunal de Núremberg, donde se juzgarían los crímenes en dos grandes categorías: «contra la paz» —planificar y poner en práctica la guerra de agresión— y «contra la humanidad» —actos cometidos contra civiles basados en justificaciones políticas, raciales o religiosas.

En el primero de esos procesos, del 20 de noviembre de 1945 al 1 de octubre de 1946, se juzgó a algunos de los más importantes dirigentes del régimen nazi y se sentenció a muerte, entre otros, a Joachim von Ribbentrop, ministro de Asuntos Exteriores durante la Segunda Guerra Mundial, Julius Streicher, un fanático antisemita que ya había acompañado a Hitler en el *putsch* de 1923, o Hermann Göring, el más influyente de esos líderes tras Hitler, quien pudo suicidarse ingiriendo una cápsula de cianuro antes de su ejecución. No estuvieron allí presentes, porque se habían suicidado en abril y mayo de 1945, Adolf Hitler, Joseph Goebbels y Heinrich Himmler.

Ese espectáculo tan bien organizado en una única sala de juicio, con gente bien vestida, defensores y acusados, era muy diferente al de los numerosos tribunales montados en barracones de otras ciudades europeas en ruinas. En Budapest, por ejemplo, en el juicio en el que se sentenció a antiguos jefes de Gobierno, el jurado, los abogados defensores, los acusados y espectadores «tomaban, durante los descansos, la misma sopa ofrecida por el ejército soviético de ocupación, protegidos por abrigos, bufandas y guantes para combatir el frío».[29]

También llama la atención el contraste entre las ejecuciones sin público, en patios de prisiones o fortalezas, en el silencio de la noche —como la de Vidkun Quisling, ministro presidente de Noruega bajo la ocupación nazi, fusilado el 24 de octubre de 1945—, y las que tuvieron lugar con ritos establecidos ante cientos y hasta miles de personas.

Hasta finales del siglo XIX, muchas ejecuciones en los países occidentales de Europa fueron efectuadas en público, a menudo ante multitudes que acudían en masa a los lugares de ajusticiamiento. Eran acontecimientos importantes escenificados en «teatros de horror» o «crueldad». La multitud se reunía para el entretenimiento, en momentos en que los Estados no tenían todavía sistemas eficaces de policía, pero las ejecuciones públicas «servían para simbolizar, reforzar el poder del Estado ante sus súbditos» y disuadir el crimen. Eran exhibiciones de autoridad civil y religiosa y de orden.[30]

En Europa Occidental la abolición de las ejecuciones públicas fue un proceso lento que concluyó a finales del siglo XIX, «resultado del establecimiento de los Estados nación modernos y de la extensión de sus estructuras burocráticas a la sociedad». Hubo primero una búsqueda de reformas legales y penales que comenzó con la Ilustración, seguidas del nacimiento del sistema penitenciario. Fue una «transformación de la represión» que reflejaba un cambio de sensibilidad desde las clases medias hacia las ejecuciones públicas, la violencia punitiva, la tortura y la esclavitud.[31]

Diferentes reformadores decimonónicos hicieron campaña para el cese de las ejecuciones públicas y mostraron preocupación por la conducta de muchedumbres irracionales e incivilizadas, especialmente en Gran Bretaña. El espectáculo de las ejecuciones públicas reflejaba «el barbarismo de épocas pasadas» y el avance de la civilización requería que esa práctica se prohibiera. Concepción Arenal escribió en 1867 que la «multitud que se agolpa en el camino del patíbulo ha de ser un obstáculo al recogimiento, al silencio que debe imponer a las cosas humanas el hombre que va a morir. Desde el momento en que el suplicio se convierte en *espectáculo,* se hace del reo un *actor*». Y concluía que para servir de ejemplo y escarmiento las ejecuciones no necesitaban exhibirse en la plaza pública y deberían realizarse en los presidios.[32]

Las campañas surtieron efecto y las prácticas de las ejecuciones en espacios públicos desaparecieron gradualmente en el continente europeo en la segunda mitad del siglo XIX. En Austria e Inglaterra en 1868. En la mayoría de los estados alemanes las ejecuciones tuvieron lugar dentro de las prisiones desde los años cincuenta. En Holanda la última ejecución tuvo lugar en 1860 y la pena de muerte se abolió diez años después. En España, desaparecieron en 1900. En Francia, sin embargo, las ejecuciones públicas continuaron atrayendo abundante gente a comienzos del siglo XX y la última, de un criminal, tuvo lugar en Versalles en junio de 1939, poco antes del inicio de la Segunda Guerra Mundial.[33]

Pero esa guerra y su posguerra inauguraron una última oleada de ejecuciones públicas. Primero en la Europa ocupada por la Wehrmacht, donde se ejecutó a muchos enemigos del «Nuevo Orden» de Hitler para intimidar a los ciudadanos de las naciones ocupadas; después, como hemos visto, numerosas ejecuciones en espacios públicos fueron llevadas a cabo contra los nazis, fascistas y sus colaboradores, sobre todo en el este de Europa. Arthur Greiser, ex gobernador nazi del *Warthegau*, en Polonia occidental, fue colgado en julio de 1946 «por crímenes contra la humanidad» entre las ruinas de la ciudadela de Poznan ante una multitud de quince mil polacos. Según el relato de un testigo, los espectadores vieron la ejecución en «intenso silencio» y se imprimieron entradas para las filas delanteras, cerca del cadalso. Había niños y se vendieron helados, bebidas y dulces. Tras la ejecución, la gente se peleó por coger un trozo de la cuerda del ahorcado.[34]

Algunos intelectuales y representantes de la Iglesia católica protestaron a las autoridades. Tras esas protestas, la última ejecución pública en Polonia, pero con mucho menos público, alrededor de cien personas, fue la de Rudolf Hoss, comandante de Auschwitz-Birkenau, el 16 de abril de 1947. Hoss había sido capturado por la policía militar británica el 11 de marzo de 1946 en Flensburgo, donde se hacía pasar por un bracero agrícola. Fue entregado a las autoridades polacas poco después. Su juicio comenzó el 11 de marzo de 1947, en el auditorio de la Unión de Maestros Polacos, ante unas quinientas personas, la mayoría sobrevivientes de Auschwitz.

El tribunal sentenció a muerte en la horca a Hoss el 2 de abril de 1947. Al día siguiente del veredicto, ex prisioneros solicitaron que la ejecución tuviera lugar en el terreno del campo de concentración donde Hoss había dirigido el exterminio y cuyo procedimiento dejó escrito con todo detalle mientras esperaba el juicio. La ejecución fue programada para el 14 de abril, «pero se pospuso por miedo a que los residentes de Auschwitz intentaran linchar a Hoss en el momento del traslado al lugar». Prisioneros de guerra de los alemanes levantaron el patíbulo de noche «y no se descarta que fueran ellos también los verdugos». No se admitió a nadie sin un pase especial. La ejecución fue en la calle principal del campo. Un sacerdote, cuya presencia había requerido el reo, se acercó cuando el fiscal leyó la sentencia y rezó una oración en el momento en que se abrió la trampa dejando a Hoss colgando. Sus restos posiblemente fueron incinerados.[35]

También las ejecuciones públicas volvieron en España durante la guerra civil en la zona ocupada por los militares sublevados a partir de julio de 1936 y en ocasiones era aconsejable asistir a ellas para subir el escalafón en esa Falange inundada de «camisas nuevas» o para evitar sospechas o denuncias. En Zaragoza, el padre Gumersindo de Estella reprendió a más de uno que «pretendía acreditarse derechista y que quería conseguirlo a costa de los reos». Cuanto más famoso era el personaje, más gente iba al espectáculo. Como cuando pasaron por las armas al general Domingo Batet Martínez el 18 de febrero de 1937 en Burgos. Eran las siete y media de la mañana y según un despacho de la agencia Logos, «el fusilamiento fue presenciado por unas quinientas personas».

Muchos de los que se acercaban a esas horas de la madrugada a presenciar las ejecuciones eran católicos. En Valladolid iban tantos «que se instalaron puestos de churros y café para que pudieran comer y beber mientras miraban». Si creemos a Julián Zugazagoitia, en la masacre de la plaza de toros de Badajoz, en agosto de 1936, se distribuyeron invitaciones para ver el espectáculo. Unos días después, en aquel tórrido agosto de 1936, hubo también espectáculo en la plaza del Torico de Teruel cuando espectadores voluntarios y forzados asistieron al asesinato a sangre fría de 13 presos sacados del Seminario, entre los que se encontraba José Soler, director de la Escuela Normal. Un barrendero municipal limpió la sangre con una manguera y después una banda de música dio un concierto.[36]

Desde febrero de 1945 Alemania «fue barrida por una oleada de suicidios». En abril y mayo cinco mil personas se suicidaron en Berlín. Padres y madres mataron en ocasiones a sus hijos antes de quitarse la vida. Según Nicholas Stargardt, a juzgar por la mayoría de las notas de suicidio que la policía se encontró después, «la mayoría tenían miedo de los rusos o simplemente no podían imaginar futuro alguno después de la derrota de Alemania».[37]

El miedo a los rusos estaba fundado porque los soldados soviéticos, en su avance por el este y centro de Europa, saquearon y violaron con desenfreno. En las grandes capitales de Budapest, Viena y Berlín, liberadas por el Ejército Rojo tras fieros combates, del 10 al 20 por ciento de las mujeres fueron violadas. Esta historia fue silenciada durante largo tiempo, hasta el derrumbe del comunismo en 1989, aunque «en privado» mucha gente lo sabía. Andrea Petö lo ha calificado, para Hungría y Austria, de «conspiración del silencio», más allá de un típico caso de amnesia. En ambos países, la colaboración con los nazis sirvió como un instrumento de recuerdo y en Europa Central y del Este el pasado fue deformado para legitimar el dominio comunista. Y costó sacar a la luz las diferentes manifestaciones de esa violencia soviética para hacerla visible, porque todos los actores de esa violencia sexual contra las mujeres —las víctimas, agresores, los policías y soldados— «tenían un común interés en mantener el silencio sobre lo que había pasado».[38]

En el Reich derrotado que los vencedores encontraron en la primavera de 1945 había un predominio de rostros femeninos. Los hombres habían muerto en el frente, heridos o cogidos como prisioneros, «dejando a las mujeres para limpiar las ruinas, luchar por la supervivencia y servir a los invasores, a veces como parejas sexuales y víctimas». En agosto de 1945 había en Berlín 2.784.112 habitantes (1.035.463 hombres y 1.748.649 mujeres) frente a los 4.322.000 de 1939. La población masculina se había reducido la mitad y la femenina un cuarto.[39]

En Budapest, el asedio sangriento, con fuerte resistencia de alemanes y húngaros, costó decenas de miles de bajas soviéticas y alentó el furioso comportamiento de los soldados tras ocupar la ciudad. Muchas jóvenes húngaras fueron encerradas en cuarteles en Buda y violadas sistemáticamente y a veces asesinadas. En Viena, cerca de cien mil mujeres fueron violadas.

Tras las violaciones, en Hungría, cuando nacía un «niño ruso», el Ministerio de Sanidad emitía instrucciones detalladas para su protección y custodia del Estado. En Viena, las nuevas autoridades, en los primeros momentos, siguieron todavía prácticas nazis sobre la pureza de la raza que estipulaban el aborto obligatorio. Además, la consecuencia de las violaciones en ambas ciudades fue un incremento radical de las enfermedades de transmisión sexual, que se doblaron en Viena y triplicaron en Budapest.

Pero la mayor explosión de violencia sexual ocurrió en Alemania, donde se registraron violaciones desde la primera noche en que los soviéticos entraban en las diferentes ciudades. Después de dos semanas de virulentos combates, con medio millón de muertos y heridos, Berlín cayó y el Estado nazi quedó en ruinas. La toma de Berlín fue acompañada de violaciones de miles de mujeres, en ocasiones en presencia de niños. Primero fue en los búnkeres y después en apartamentos y casas. Las cifras oscilan entre 100.000 y dos millones de mujeres alemanas violadas. Más allá de la magnitud de las cifras y de la certeza de que la derrota del Tercer Reich fue acompañada de masivos episodios de violencia sexual, se trata de explicar por qué las violaciones constituyeron un elemento primordial de la historia social de la ocupación soviética frente a lo ocurrido en las zonas occidentales.[40]

Susan Brownmiller, en su estudio pionero sobre las violaciones, observó que los ejércitos de liberación suelen tener actitudes diferentes y demuestran más respeto por las mujeres que los ejércitos de conquista y subyugación. Esa consideración puede ayudar a comprender también por qué los soldados soviéticos no sometieron a la misma depravación y violencia a las mujeres eslavas —polacas, checas, búlgaras, serbias— que a las no eslavas —alemanas y húngaras.[41]

Pese a que las normas oficiales soviéticas estimulaban a defender la patria «con dignidad y honor» y a sus soldados a ser «honorables, valientes y disciplinados», las tropas del Ejército Rojo, «un escuadrón ruidoso de hombres con sus pantalones bajados (...) en su hora de venganza», como los describió un oficial, hicieron poco caso. Entraron en un mundo capitalista de «mantequilla, miel, jamón, vino y varias clases de brandy». Impactados por la opulencia de una sociedad a la que habían derrotado, y en contraste con su país diezmado, los rusos decían a sus víctimas: «Rusia mi patria; Alemania mi paraíso».[42]

El comportamiento anterior de las tropas alemanas en suelo soviético —de masivas violaciones y saqueo— fue utilizado para explicar el del Ejército Rojo. El famoso comandante soviético en la toma de Berlín, Nikolai E. Berzarin, justificó así los excesos de sus tropas: «En toda mi vida, no he visto nunca un comportamiento tan bestial como el de los soldados y oficiales alemanes con la pacífica población de Rusia. Toda la destrucción que ustedes ven aquí en Alemania no es comparable a aquella».[43]

Al margen de esas justificaciones, la información diversa disponible sobre esas violaciones sugiere que se produjeron como una retribución/compensación por toda la destrucción causada por la invasión alemana de la Unión Soviética. Los rusos «habían sido deshonrados por una nación tan arrogante que no solo invadía, ocupaba y destruía la tierra y profanaba a sus habitantes», sino que también se atribuía a sí misma superioridad racial. Los alemanes habían convertido su ataque a la Unión Soviética en una guerra racial y la mera derrota de la Alemania nazi no restablecía el honor de los hombres soviéticos Se necesitaba la total humillación del enemigo, «deshonrarlo completamente con la violación de sus mujeres».[44]

Según señala Norma M. Naimark, los soldados rusos estaban impresionados por la riqueza y prosperidad de los alemanes, por sus casas, con agua corriente y retretes en el interior. Pese a la destrucción ya visible en esos momentos en las ciudades alemanas, pocos soldados soviéticos podían comparar de forma favorable sus casas, pueblos y ciudades con las de los alemanes. «La combinación resultante de ese complejo de inferioridad, deseo de venganza y la ocupación de Alemania» tuvo consecuencias para las mujeres alemanas. El deseo de venganza de los soldados rusos fue alimentado por la necesidad de restaurar «su honor y hombría». Quizá por eso hubo tantos casos de violaciones de mujeres alemanas «delante de sus maridos, antes de matar a ambos. Y también puede explicar por qué tantas violaciones se produjeron a la vista de todo el mundo».[45]

Las mujeres fueron violadas en frente de vecinos, maridos, niños y desconocidos. Un niño escribió en su diario que cinco mujeres fueron sacadas de la bodega y violadas en la planta baja en la primera noche de la ocupación, pero lo normal es que las niñas, después de la guerra, nunca hablaran de eso o manifestaran que no les había pasado ni a ellas ni a sus madres. La memoria reprimida y el silencio pesaba más que la necesidad de recordar. «Cuando la "normalidad" fue restablecida, las violaciones se convirtieron en un tema tabú.»[46]

Volver a la «normalidad» no fue fácil. Con la ocupación por los Aliados, los alemanes se deshacían de todos los símbolos nazis, uniformes, insignias y libros. Para los niños y adolescentes, el momento de desprenderse de sus emblemas de las organizaciones juveniles, cruces y esvásticas fue amargo y «destrozaba todo lo que les habían enseñado sobre deber, obediencia y honor».

Las calles y los trenes estaban llenos de «personas desplazadas», prisioneros de guerra, liberados de campos de concentración y trabajo, y alemanes expulsados de los países del Este. Millones de soldados de la Wehrmacht ocuparon los lugares de los prisioneros de guerra aliados en campos rusos y franceses, en los que estuvieron en cautividad durante años.

Los hombres que volvían de los campos de prisioneros rusos entraban en depresión, lejos de la imagen anterior de la superioridad alemana frente a los bárbaros soviéticos. Para muchos niños y niñas de todos los países beligerantes, el «retorno del padre», tras años de ausencia por la guerra, en el frente, llegaba como una «intrusión inoportuna e innecesaria». Los padres, en esas circunstancias, «no podían reanudar fácilmente su lugar en la sociedad».

El hundimiento del sistema nazi de protección social deterioró al principio las condiciones de vida. El mercado negro se convirtió en algo esencial, como lo fue también en guerra en muchos sitios ocupados o en la posguerra española. En toda Europa, de Bélgica a Polonia, el crimen juvenil se disparó en la inmediata posguerra, como había sucedido en 1918.[47]

El caos y el deterioro de las condiciones materiales básicas no solo afectó a ciudadanos de a pie, sino también a los burócratas y funcionarios del partido mejor acomodados. Porque el régimen no solo dependió del fanatismo ideológico para conseguir los objetivos racistas nazis, sino también de la corrupción. Desde 1933 miles de «grandes y pequeños führers» se habían enriquecido apropiándose de los bienes de los judíos. Y en el momento de la escasez de provisiones durante la guerra total, quienes tenían influencia y conexiones conseguían caviar y champán. «No solo era Göring quien vivía una vida de opulencia en las cinco mansiones que había confiscado», sino también los militares que participaban en las campañas, recompensados con medallas, promociones y grandes propiedades de tierra como regalo. Cuando su poder se vino abajo y los Aliados entraban en las ciudades, «se pusieron ropa de calle y se mezclaron con la avalancha de ciudadanos con papeles falsos y nuevas identidades».[48]

Las purgas, los asesinatos y sobre todo la expulsión y deportación de millones de personas produjeron un trastorno demográfico enorme en Europa Central y del Este. La práctica de deportar minorías nacionales, como hemos visto, no comenzó con la Segunda Guerra Mundial. La Primera Guerra Mundial, las revoluciones y guerras en Rusia y el intercambio de población greco-turca en 1923 constituyeron puntos vitales de referencia en las décadas anteriores. Pero la Segunda Guerra Mundial rompió todos los registros. Según el pionero estudio de Eugene M. Kulischer, entre el estallido de la guerra y comienzos de 1943, más de 30 millones de europeos fueron obligados a cambiar de país, deportados o dispersados, mientras que de 1943 a 1948 otros 20 millones tuvieron que moverse. Según su cálculo, unos 55 millones fueron desplazados por la fuerza en menos de una década, 30 millones como resultado de la invasión nazi y el resto como consecuencia de la derrota alemana. En los dos años posteriores al final de la guerra, 12,5 millones de refugiados y expulsados de los países del Este llegaron a Alemania.[49]

Pero además de la tragedia que eso supuso para millones de personas, la consecuencia histórica más importante de ese masivo movimiento fue que, en general, todos los países de Europa Central y del Este, excepto Yugoslavia, «pasaron de ser multiétnicos a más homogéneamente nacionales». En Checoslovaquia, dividida tres veces antes de la guerra, con un 23 por ciento de alemanes étnicos, el 90 por ciento de la población era eslovaca o checa en 1947. Las minorías nacionales sumaban hasta un tercio de la población en Polonia antes de la guerra; en el período posbélico el país era un «monolito étnico», con el 97 por ciento de polacos. Rumanía salió de la guerra con una sola minoría, los húngaros.[50]

Ese «"proceso de nivelación", por el que las poblaciones nativas de Europa Central y del Este ocuparon el lugar de las minorías desterradas, constituyó la aportación más duradera de Hitler a la historia social europea». El plan había consistido en «destruir a los judíos y a la *intelligentsia* de Polonia y del occidente de la Unión Soviética, someter al resto de las poblaciones eslavas y dar la tierra y el poder a los alemanes reasentados». Pero la llegada del Ejército Rojo y la expulsión de los alemanes cambió el proyecto.[51]

Tras los dos primeros años de posguerra, la violencia, las sentencias y los castigos decrecieron en Europa y pronto llegaron las amnistías, un proceso acelerado por la Guerra Fría, que devolvieron el pleno derecho de ciudadanos a cientos de miles de ex nazis, sobre todo en Austria y Alemania. En el Este, fascistas de bajo origen social fueron perdonados e incorporados a las filas comunistas y se pasó de perseguir a fascistas a «enemigos del comunismo», que a menudo eran izquierdistas, mientras que en Occidente, «donde las coaliciones de izquierdas se cayeron a pedazos en 1947, la tendencia fue perdonar a todo el mundo». La identificación y el castigo de los nazis había acabado en 1948 y era un tema olvidado a comienzos de los años cincuenta. En 1952 un tercio de los funcionarios del Ministerio de Asuntos Exteriores de la República Federal Alemana eran antiguos nazis, mientras que dos quintos de los miembros del cuerpo diplomático habían estado en las SS. En la República Democrática muchos ex nazis pasaron a las filas del Partido Comunista, algo que fue común también en otros países de Europa del Este.[52]

El proceso de desnazificación, por lo tanto, fue limitado. En la recién creada República Federal de Alemania, su presidente, Konrad Adenauer, en su primer discurso oficial al parlamento dijo, respecto al legado nazi, que su Gobierno, «en la creencia de que muchos han expiado subjetivamente una culpa que no era tan grande, está decidido, siempre que resulte aceptable hacerlo, a dejar atrás el pasado». Ese año, 1949, la nueva Alemania Occidental dio por finalizadas las investigaciones sobre el pasado de los funcionarios públicos y los oficiales del ejército. Y en el otro Estado creado con la partición, Alemania del Este, el secretario del Partido Comunista y principal dirigente político, Walter Ulbricht, pensaba que el pueblo alemán había seguido a una «banda de criminales» y, como estrategia, «estaba menos interesado en castigar los crímenes nazis que en asegurar el poder comunista y barrer al capitalismo».[53]

Atrás quedaban más de treinta años de guerras, genocidios, violencias de Estado y revolucionarias. La Guerra Fría, el reparto de Europa entre las dos principales superpotencias victoriosas, Estados Unidos y la URSS, el inicio de una época de estabilidad y prosperidad sin precedentes, y la ausencia o contención de los conflictos étnicos y disputas territoriales que habían caracterizado los años veinte y treinta, cambiaron el rumbo de Europa. Tras la destrucción, llegó la paz. A la «Era de la Catástrofe», dice Eric J. Hobsbawm, le siguió una «Edad de Oro». En eso consistió la «Era de los Extremos» acuñada por el historiador británico en su visión global del siglo xx.[54]

Pero frente a esa imagen de dividir el siglo xx en dos claras mitades y de extender esa «Edad de Oro» occidental a todo el continente, mi análisis, interpretación y narración como forma de repensarlo, introduce importantes matices y diferencias.

La democracia consolidada por primera vez en la historia de los países de la Europa Occidental y del Norte no se extendió a la península ibérica ni a Grecia hasta mediados de los años setenta. Las dictaduras derechistas, que habían sido dominantes desde los años veinte, desaparecieron de Europa, salvo en Portugal y España. Francisco Franco y António Oliveira de Salazar fueron, por lo tanto, los únicos dictadores que, como no intervinieron oficialmente en la Segunda Guerra Mundial, pudieron seguir en el poder tras ella. Esa es una gran diferencia entre las dictaduras de Europa del Este, destruidas por la guerra, y las de la península ibérica; y entre Franco y Salazar y todos esos dictadores, fascistas o no, que fueron ejecutados o acabaron en el exilio tras 1945.

Desde el punto de vista de la democracia y de las libertades, España, Portugal y Grecia y la Europa Central y del Este, desde la frontera austriaca hasta los montes Urales, desde Tallin hasta Tirana, quedaron fuera de esa complaciente descripción del continente que procedía de Gran Bretaña, Francia y Alemana Occidental. La paz en el este de Europa fue impuesta por el Ejército Rojo, «la paz de las prisiones, impuesta por los tanques». Durante varias décadas hubo al menos tres Europas y no solo dos bloques, aunque los cincuenta millones de ciudadanos de España, Grecia y Portugal no contaran nada o se contaron mal dentro de la Europa capitalista y democrática.[55]

El control de la violencia

La violenta derrota del militarismo y de los fascismos allanó el camino para una alternativa que había aparecido en el horizonte de Europa Occidental antes de 1914, pero que no se había podido estabilizar después de 1918. Era el modelo de una sociedad democrática, basada en una combinación de representación con sufragio universal, estado de bienestar, con amplias prestaciones sociales, libre mercado, progreso y consumismo. Estados Unidos había avanzado antes de 1939, con el New Deal, por ese camino, aunque con fuertes desigualdades sociales y la ausencia completa de derechos civiles para las minorías negras.

Una nueva época comenzó para esa Europa Occidental tras el final de la Segunda Guerra Mundial. Surgió un nuevo sistema económico y político internacional, en el que Europa ya no era el centro del mundo. La democracia se consolidó tras la profunda crisis de las tres décadas anteriores. El camino por el que resucitó Europa a partir de 1945 fue de modernización conservadora —que recuperaba y restauraba modelos de vida familiar prebélicos, valores religiosos y estabilidad social—, pero al mismo tiempo los partidos de izquierda promovieron profundas reformas sociales y aceptaron un sistema político y parlamentario más estable que el que había permitido el ascenso del autoritarismo desde los años veinte. Muchas cosas que eran comunes y familiares para los ciudadanos europeos en 1945 desaparecieron y otras que hoy damos por sentadas fueron introducidas en la segunda mitad del siglo xx.[56]

El paradigma europeo occidental posbélico «se basó en tres pilares»: estado de bienestar y seguridad económica, que superara los conflictos de clase y las divisiones que habían generado el desastre en los años treinta; «una solución al problema alemán a través de la integración europea» bajo el liderazgo de Francia y de Alemania Occidental; «y lazos de seguridad más estrechos entre Europa y Estados Unidos». Los dos primeros eran «intrínsecos» al «modelo europeo»; el tercero, una «consecuencia de la Guerra Fría».[57]

La «introducción» de la democracia en los países vencidos en la Primera Guerra Mundial había fracasado y aquella experiencia podía servir para no repetir los errores de 1918-1919. Tras 1945 no hubo un tratado de paz con el principal enemigo, el Tercer Reich. Frente a la retirada estadounidense de la política europea en 1919, Franklin D. Roosevelt y sus asesores querían intervenir directamente en el nuevo orden, en un momento en el que Estados Unidos era claramente la potencia hegemónica de Occidente. El compromiso de Estados Unidos después de 1945 contrastaba con la ausencia de un poder hegemónico efectivo en los años veinte en Europa. A eso atribuyen algunos autores que las elites financieras alemanas —del Oeste— aceptaran la democracia parlamentaria y que lo que siguiera fuera un «milagro» y no una «depresión».[58]

Sin la contribución de Estados Unidos, la guerra difícilmente se hubiera decantado a favor de los Aliados, ni se hubiera asistido en Europa al surgimiento o renovación de una sociedad civil que había echado ya fuertes raíces al otro lado del Atlántico. La historia de Europa en el siglo xx «no puede escribirse ni comprenderse sin referencia a la de Estados Unidos». Su poder inclinó la balanza contra los dos grandes imperios centrales, Alemania y Austria-Hungría, en 1918 y tuvo todavía un papel más decisivo en la derrota de las potencias del Eje, Alemania, Italia y Japón. La conexión entre los dos continentes fue política, militar, económica y sociocultural, y hasta 1945 Estados Unidos representó la «alternativa civil» a los regímenes militaristas que aplastaron Europa con sus políticas de violencia.[59]

La democracia parlamentaria en Gran Bretaña había podido sobrevivir a los ataques del Eje entre 1939 y 1941 y tras la victoria en la guerra fue el primer país en establecer un amplio sistema de servicios sociales para asistir a los ciudadanos «de la cuna a la sepultura». Otros Estados europeos occidentales y nórdicos tenían largas tradiciones constitucionales que la ocupación nazi había destruido y que facilitaron la renovación de la democracia. Más difícil iba a resultar en Italia y Alemania, pero incluso allí había líneas de continuidad que procedían de los años anteriores a la subida al poder de Mussolini y Hitler.

Italia se enfrentó a la reconstrucción bajo condiciones muy especiales. Los actos de violencia contra fascistas continuaron durante bastante tiempo después de la liberación. La inmediata posguerra vio también el desarrollo de grupos terroristas neofascistas y ex colaboracionistas que sentían la amenaza de ser llevados ante los tribunales o asesinados por partisanos y que eran además apoyados por fuerzas conservadoras temerosas de la «amenaza roja». Algunos de esos grupos «fueron reclutados para combatir a los republicanos en el referéndum sobre la monarquía en junio de 1946». El legado del fascismo no resultaba fácil de gestionar y prueba de ello fue la creación en 1946 de un nuevo partido político, cuyo nombre, Movimento Sociale Italiano (MSI), indicaba una continuidad con el régimen de Saló.[60]

En los últimos meses de la guerra, en la zona del sur controlada por los Aliados, primero bajo el gobierno del mariscal Badoglio y desde junio de 1944, tras la liberación de Roma, de Ivanoe Bonomi, los renacidos políticos de la era prefascista esperaban restaurar la monarquía parlamentaria. En el norte, el control lo ejercían la resistencia armada y los comités locales de liberación, con la orientación del Partido Comunista, dispuestos a borrar la huella del fascismo y realizar un profundo cambio social. En esa lucha por el poder se impusieron los grupos moderados, con la estimable ayuda de la administración estadounidense. En las primeras elecciones de posguerra, en junio de 1946, las mujeres votaron por primera vez en la historia de Italia y el 54 por ciento del electorado lo hizo contra la continuidad de la monarquía, con lo que Italia se convirtió en una república.

Los diputados elegidos para esa Asamblea Constituyente —democratacristianos, socialistas y comunistas principalmente— aprobaron una Constitución que, desde 1948, estableció un sistema democrático parlamentario y consolidó las instituciones del Estado que habían sobrevivido al proceso de «desfascistización». En las elecciones de abril de ese año, ya bajo la nueva Constitución, la Democracia Cristiana, fundada en 1943 por Alcide De Gasperi, un veterano político del católico Partito Popolare de los años veinte, obtuvo una mayoría absoluta del 48,5 por ciento, recogiendo los votos de monárquicos, de antiguos fascistas y neofascistas del MSI, y apoyada como alternativa al comunismo por Estados Unidos y la Iglesia católica.

El Partido Comunista Italiano, dirigido por Palmiro Togliatti, que había regresado del exilio en Moscú en 1944, fue durante años el más numeroso e importante en la Europa no controlada por las tropas soviéticas, mantuvo un tercio del electorado, controló las alcaldías de algunas de las ciudades más importantes, pero nunca gobernó Italia desde que sus representantes fueron expulsados del Consejo de Ministros en mayo de 1947 por De Gasperi. Además de Estados Unidos y del Vaticano, el crecimiento económico y el acceso al consumo, tras años de guerras, imperialismo y dificultades materiales, contribuyeron a que millones de italianos pasaran del fascismo a la conformidad, con una clara herencia de actitudes negativas hacia la democracia.[61]

De los escombros y las cenizas surgieron las dos Alemanias, primero como piezas de ajedrez manejadas por los diferentes poderes vencedores del nazismo y después como dos Estados distintos, la República Federal de Alemania, con una nueva Constitución en mayo de 1949, y la República Democrática Alemana, creada en octubre del mismo año. A partir de ese momento, sus diferentes trayectorias reflejaron la polarización de la Guerra Fría. La República Democrática Alemana fue un Estado con un único partido, cuya autoridad descansaba en las divisiones del ejército soviético y en el aparato del Partido Comunista bajo Walter Ulbricht, quien había pasado la guerra en Moscú y dominó su Comité Central de 1945 a 1971. Los democratacristianos de Konrad Adenauer y sus sucesores gobernaron el otro Estado durante la primera década, presidiendo un milagro económico que condujo a su población desde la ruina a la economía más rica de Europa Occidental.[62]

Partidos católicos reformistas, llamados generalmente democratacristianos, surgieron como el baluarte del centro derecha en la mayor parte de Europa Occidental. Eran la «nueva encarnación del "catolicismo social", esa mezcla de "paternalismo, corporativismo y tradicionalismo cultural" que había caracterizado al Partido Social Cristiano en Austria, y después a los Popolari en Italia en los años veinte». La diferencia era que después de 1945 los nuevos partidos operaban en un escenario político «del que reaccionarios y antisemitas habían sido purgados». «Basados en la afiliación religiosa, más que en la clase social, captaron un gran número de votos en las áreas católicas de la Europa liberal tras 1945», apelando tanto a las clases medias como a las trabajadoras, propiciando la conversión de antiguos votantes fascistas y nazis en ciudadanos demócratas. Se mantuvieron fuertes en Francia hasta comienzos de los años cincuenta, dominaron la política italiana hasta los noventa y se aprovecharon de que las regiones protestantes de Alemania, que habían dominado el viejo Reich antes de 1918, cayeron tras la guerra bajo la influencia soviética. Las católicas Baviera y Renania controlaron la política de la posguerra en Alemania Occidental.

Pese a que hubo potentes partidos comunistas y socialistas en la parte capitalista y demócrata del continente, especialmente en Francia e Italia, «ningún país estuvo al borde de la revolución social en 1945, como lo habían estado entre 1918 y 1920». El viejo orden tradicional había caído entonces y en 1945 la Unión Soviética, dirigida por Stalin, «valoró más la seguridad y el poder de la ocupación que la revolución». Varios partidos comunistas occidentales participaron en gobiernos de coalición reformistas hasta 1947. A partir de ese momento, la Guerra Fría dividió a las coaliciones que procedían de la resistencia al fascismo y los comunistas pasaron a la oposición. Solo dos comandantes activos de la resistencia, el general De Gaulle en Francia y el mariscal Tito en Yugoslavia, desempeñaron papeles principales en sus países tras la liberación.[63]

La inmediata posguerra estuvo plagada de tensiones y contradicciones. El mercado negro y el crimen aumentaron. Muchas familias y las relaciones sociales habían sido destruidas. El trabajo escaseaba e integrar a soldados, refugiados y evacuados resultó muy difícil. Las desigualdades se manifestaron entre poblaciones nativas y refugiadas, ciudades hambrientas y el mundo rural, deportados, refugiados y quienes habían permanecidos en sus casas. Con ciudades y vidas destruidas, estudiar en escuelas y universidades fue imposible para muchos y el reparto de bienes y servicios no llegaba. Bajo esas condiciones, en un escenario de división e inicio de la Guerra Fría, se produjo el último de los grandes éxodos de una empobrecida Europa, con dirección casi siempre a América.[64]

Es evidente que el Plan Marshall estimuló, de 1947 a 1956, el camino de la recuperación, sirvió a los intereses estratégicos de Estados Unidos como primera potencia mundial, a la vez que mejoró las vidas de muchos ciudadanos europeos. Desde finales de los años cincuenta Europa Occidental experimentó un largo período único de crecimiento, de oportunidades para los trabajadores, incluidas por primera vez las mujeres, en las fábricas, en la sociedad y en la educación. Los sindicatos alcanzaron su apogeo de influencia, a la vez que los conflictos de clases se difuminaban ante el avance del consumismo, los cambios de valores y la secularización. Millones de inmigrantes acudieron desde los países periféricos de Europa a los más industrializados. La descolonización ocasionó también un importante movimiento de población pobre a las antiguas metrópolis.[65]

Las democracias que salieron de la victoria sobre el nazismo edificaron un sistema de inclusión social, de estado de bienestar, de mayor protección e igualdad, que, tras años de sufrimiento y sacrificio, se convirtió en el modelo inequívocamente europeo. Tras la catastrófica primera mitad del siglo xx, muchos intelectuales y políticos soñaron con recuperar «una benigna versión de la modernidad» que otorgara abundantes beneficios en vez de causar muertes y destrucción. Se trataba también de reducir los peligros de las versiones más extremas del nacionalismo, militarismo y autoritarismo.[66]

Esas tendencias autoritarias y militaristas no desaparecieron del todo y permanecieron durante décadas en Portugal, España y Grecia, pero la transición desde la violencia brutal, el militarismo y los criminales de guerra a una era estable de constitucionalismo político hizo comprender a muchos ciudadanos europeos que, «si los fascismos hubieran ganado, el curso posterior de la historia hubiera sido diferente». Las estructuras sociopolíticas que permitieron y estimularon la acción violenta como fenómeno central de Europa entre 1912 y 1945 desaparecieron. La distribución más justa de recursos, el acceso universal a la educación y la criminalización de la política de odio y exclusión funcionaron como antídotos de las utopías salvadoras y bloquearon la posibilidad de que los «hombres de la violencia», los responsables de millones de muertes, ganaran posiciones dominantes de nuevo.[67]

La confrontación entre las vías o formas militar y civil de organizar la sociedad se manifestó ya de forma clara en Europa antes de 1914. Las armas se impusieron a la política de 1914 a 1945, con predominio del militarismo y negación de la libertad, y aunque la alternativa democrática había encontrado vías de penetración antes de 1939, solo se abrió camino de forma estable, y en una parte del continente, a partir de 1949. Vista la historia de la primera mitad del siglo xx, la democracia y el pluralismo, y la amplia legitimidad que los respaldaron, fueron logros extraordinarios.

Pero si, como vimos en el segundo capítulo, el imperialismo llevó la violencia y el racismo a las colonias, causó en esos territorios estragos, y «rebotó» en el continente europeo a partir de 1914, Europa volvió a «exportarlos» tras la Segunda Guerra Mundial. Desde 1945, Europa, América del

Norte, Australia y Japón experimentaron una «larga paz», «la más duradera de la historia moderna», pero las guerras civiles aumentaron de forma considerable en los países más pobres, convirtiéndose en «la forma más extendida, más destructiva y más distintiva de violencia organizada». Entre 1945 y el fin de la Unión Soviética cerca de 20 millones de personas murieron en el centenar de guerras y conflictos militares que se extendieron por Latinoamérica, Asia y África.[68]

En el casi siglo y medio que transcurrió entre la revolución francesa y la rusa hubo en Europa más guerras entre Estados y civiles que revoluciones, y las décadas centrales del siglo XIX presenciaron una explosión global de violencia que acompañó a la consolidación del capitalismo y a la construcción de los Estados nacionales. Y desde el inicio de esa época global de guerras civiles y revoluciones surgió la paradoja de que los poderes europeos trataron de controlar y regular sus conflictos, someterlos a ley, mientras que mostraron una brutalidad considerable en el tratamiento y sometimiento de los pueblos no europeos, a quienes ni siquiera consideraban humanos.[69]

Después de aquella época de «atrocidad moral» o de «Era de los Extremos» en la que cayó Europa entre 1914 y 1945, la segunda mitad del siglo XX presenciaría «la globalización de la guerra civil», con nuevos componentes: las guerras civiles pasaron a estar bajo la jurisdicción de instituciones internacionales; sustituyeron a las guerras entre Estados como la forma más común y extendida de violencia organizada; y además el escenario en que las guerras civiles tuvieron lugar también se amplió, pasando de la idea de «guerra civil europea» a «guerra civil global».[70]

Frente a lo que había ocurrido en 1918, después de 1945 no hubo conflictos revolucionarios, contrarrevolucionarios, nacionalistas o étnicos en forma de pequeñas guerras y el paramilitarismo y las milicias armadas, que existieron durante meses en forma de grupos de partisanos o de resistencia, no tuvieron oportunidad de seguir alimentando la violencia. Sobre todo porque no hubo una desintegración del control del Estado sobre la sociedad civil. Aquellos disturbios y epidemia de violencia paramilitar que acompañaron en 1918-1919 a la quiebra de los imperios multinacionales no podían repetirse en 1945 en un escenario de ejércitos de ocupación victoriosos repartiéndose el control absoluto del territorio del derrotado Tercer Reich. Poco tiempo después, tras los episodios de represalias antifascistas que hemos examinado, el único uso legítimo de la fuerza fue el de los Estados representados por las fuerzas armadas de ocupación. A partir de ese momento, los Estados, con sus mecanismos de coerción y administración, fueron más estables y mostraron también mayor capacidad para mantener la paz civil.

En España, cuya guerra civil había acabado oficialmente el 1 de abril de 1939 con la victoria absoluta e incondicional de las tropas de Franco, hubo quienes durante la década posterior resistieron con armas a la dictadura, los llamados maquis o guerrilleros. Su origen estaba en los «huidos», en aquellos que para escapar a la represión de los militares rebeldes se refugiaron en diferentes momentos de la guerra civil en las montañas de Andalucía, Asturias, León o Galicia, sabiendo que no podían volver si querían salvar la vida. La primera resistencia de esos huidos, y de todos aquellos que no aceptaron doblar la rodilla ante los vencedores, dio paso gradualmente a una lucha armada más organizada que copiaba los esquemas de resistencia antifascista ensayados en Francia contra los nazis. Aunque muchos socialistas y anarquistas lucharon en las guerrillas, solo el PCE apoyó claramente esa vía armada. En esa década de los cuarenta, unos 7.000 maquis participaron en actividades armadas por los diferentes montes del suelo español y unos 60.000 enlaces o colaboradores fueron a parar a las cárceles por prestar su apoyo. Si creemos a las fuentes de la Guardia Civil, 2.173 guerrilleros y 300 miembros de las fuerzas armadas murieron en los enfrentamientos.[71]

La principal excepción a ese control de la violencia en todo el continente, frente a cualquier guerra de guerrillas o resistencia armada, tuvo lugar en Grecia, donde se libró una de las últimas batallas de la Segunda Guerra Mundial y una de las primeras de la Guerra Fría.

Grecia pasó en los años cuarenta por una invasión y ocupación tripartita a manos de Alemania, Italia y Bulgaria; una intervención británica de 1941 a 1944; y otra estadounidense de 1947 a 1949. Fue una historia determinada desde el exterior, aunque cada uno de esos poderes extranjeros servían también intereses locales y encontraron colaboradores dentro del mundo político griego. Según John L. Hondros, «en cada intervención la potencia internacional buscaba extender su poder desde los centros urbanos al mundo rural, y en todos los casos la intervención provocó una resistencia armada arraigada en el campo».[72]

Las fuerzas alemanas, que habían invadido el país en la primavera de 1941, comenzaron la retirada en septiembre de 1944 y evacuaron Atenas el 12 de octubre. Una fuerza de avance británica alcanzó la ciudad dos días después y estableció un gobierno de unidad nacional, encabezado por George Papandreu. El país estaba dividido entre los comunistas del Frente de Liberación Nacional (EAM), que había resistido, con su brazo militar (ELAS), la invasión nazi y fascista, y los grupos conservadores que habían apoyado los británicos para frenar el avance comunista.

Esa división, la caótica situación económica y la falta de acuerdo en torno a la desmovilización de la guerrilla, para poder crear así un nuevo ejército nacional, llevaron a la batalla por Atenas, o *Dekemvriana*, en diciembre de 1944, un feroz combate entre las guerrillas comunistas y las fuerzas griegas y británicas que estaban a disposición del gobierno nacional. El resultado de la batalla fue al final determinado por la inmensa superioridad de hombres y material de los británicos.

La intervención británica frente a los comunistas en 1944 determinó el lugar de Grecia en el mundo posbélico. «Sin la intervención británica, el poder político en Grecia habría pasado probablemente a manos comunistas.» Era la primera vez que uno de los poderes aliados usaba abiertamente la fuerza militar para determinar la política posbélica de un país liberado. La implicación de esos acontecimientos se extendió más allá de Grecia. A Stalin le proporcionaron un precedente para la intervención soviética en el este de Europa. Para los partidos comunistas occidentales, especialmente el de Italia, significaron un aviso de lo que les podría suceder si elegían el camino de la revolución.[73]

El 15 de febrero de 1945, en unas negociaciones en la localidad marítima de Varkiza, los representantes del EAM fueron forzados a desarmar a la guerrilla. La derecha, la inmediata beneficiaria de la victoria de las fuerzas británicas en la *Dekemvriana*, emprendió una campaña de terror contra la izquierda, que boicoteó las elecciones de marzo de 1946, las primeras que se celebraban desde 1936, desde el inicio de la dictadura del general Metaxas. La abstención dio como resultado una masiva victoria de la rama derechista de los Populistas. Seis meses después, un referéndum proporcionó el retorno del rey Jorge II, quien había abandonado Grecia con la invasión alemana de 1941.[74]

Las elecciones no solucionaron la grave crisis política, y en el verano de 1946 Grecia se vio arrastrada hacia la guerra civil. Con el apoyo de los países comunistas vecinos, Yugoslavia, Bulgaria y Albania, el Ejército Democrático, creado en el otoño de ese mismo año, fue capaz de mantener una efectiva campaña de guerra de guerrillas. El Gobierno Provisional Democrático de Grecia, establecido en las montañas en diciembre de 1947, no fue reconocido por ninguno de los países del Este.

El flujo masivo de ayuda militar y económica norteamericana comenzó a inclinar la balanza contra el Ejército Democrático. Las disensiones internas en el campo comunista y las disputas sobre el papel de Rusia en el este de Europa socavaron también las posiciones de los comunistas griegos. El Partido Comunista Griego (KKE) se puso al lado del Kremlin en su disputa con Josip Tito en 1948. A consecuencia de ello, la frontera yugoslava fue cerrada en 1949 y el Ejército Democrático vio cortada su principal fuente de apoyo logístico. En octubre de 1949, Nikos Zakhariadis, el secretario general del KKE, anunciaba que las operaciones militares habían terminado y decenas de miles de personas tuvieron que marcharse al exilio. Unos 20.000 ciudadanos fueron asesinados en el bando de la izquierda durante la guerra civil. Al final de 1949, el gobierno admitía que había 50.000 prisioneros en cárceles y campos de concentración. Alrededor de 140.000 personas tuvieron que marcharse al exilio.[75]

Cuando acabó esa larga guerra civil griega, Estados Unidos y la Unión Soviética habían abandonado ya cualquier posibilidad de continuar su alianza de guerra e iniciado un nuevo conflicto, la Guerra Fría, reflejo del antagonismo entre los Estados capitalistas y los comunistas. Fue un conflicto global, sin combates armados entre ellos, pero que provocó millones de muertos en diferentes guerras en las que las dos grandes potencias participaron o enviaron apoyo militar a sus aliados y dependientes. «Los soviéticos apoyaron movimientos de secesión e independencia colonial en las esferas de influencia occidental; los estadounidenses alentaron la disidencia en el otro lado del Telón de Acero y apoyaron a las guerrillas y regímenes anticomunistas en todo el mundo.» Ambos superpoderes lucharon por el control de las naciones que iban surgiendo de sus procesos de independencia en África y Asia, «con el resultado de una larga sucesión en el espacio y tiempo de golpes de Estado, guerrillas y guerras civiles».[76]

El hecho de que los Estados europeos democráticos fueran más fuertes y estables que en los años veinte y treinta, y por consiguiente gozaran de mayor legitimidad, no significa que estuvieran en paz, que la violencia política hubiera desaparecido o que no tuviera admiradores. Desde 1945 hasta comienzos de los años sesenta, los principales países europeos occidentales estuvieron implicados en una «guerra contra rebeliones nacionalistas en sus colonias». Y uno tras otro, excepto Portugal, perdieron esos combates y sus imperios. Los europeos «tuvieron que ajustarse simultáneamente a la dependencia militar y económica de Estados Unidos y al declive territorial y geopolítico. Los antes poderosos imperios retrocedieron sus fronteras a sus posiciones de origen como Estados nación».[77]

Para detener el declive acelerado de sus poderes coloniales, esos Estados democráticos movilizaron a decenas de miles de ciudadanos, utilizaron importantes recursos militares y económicos y perdieron la legitimidad y la autoridad moral que ideólogos y ultranacionalistas habían forjado desde el último tercio del siglo XIX. «Persistentes delirios de grandeza llevaron a estadistas europeos a librar guerras en ultramar, en la Indonesia holandesa, en la Indochina y Argelia francesas y en las colonias británicas de Malasia y Kenia.» Fueron guerras «sucias», que rompieron las reglas de las Convenciones de Ginebra que esos poderes habían firmado, con abundantes episodios de tortura y violación. En Kenia, entre 1952 y 1960, 20.000 miembros de las guerrillas Mau Mau murieron en expediciones de castigo por parte de las tropas británicas y en campos de concentración. «En Indochina, algunos de los grupos que servían en la Legión Extranjera Francesa resultaron ser ex criminales de guerra nazis.»[78]

Pero el caso que ilustra mejor la continuidad con la cultura militar de la violencia que se creía superada en las democracias occidentales fue la guerra combatida por Francia contra el movimiento de independencia de Argelia, entre 1954 y 1962, en la que salieron a la luz numerosos casos de tortura por parte del ejército y de violencia sexual contra las mujeres argelinas. Cuando se alcanzó el acuerdo de alto el fuego en 1962, que condujo a la independencia aprobada por referéndum en los dos países, el Front de Libération Nationale (FLN) asesinó a 10.000 *pieds-noirs* —la minoría francesa de Argelia opuesta a la independencia— y a 150.000 *harkis* —argelinos que habían permanecido leales a Francia.

Lo que las autoridades francesas llamaron los «sucesos» de Argelia fue una guerra que, de una forma u otra, implicó a toda la población. «Las mujeres argelinas se convirtieron en objetivo principal para la "acción psicológica" que el ejército francés organizó.» Fueron también víctimas de las fuerzas de policía. El general Lorillot, jefe del ejército en Argelia, solicitó a Robert Lacoste (ministre résident, gobernador general de Argelia) reclutar a mujeres como soldados «para que las mujeres musulmanas arrestadas como sospechosas puedan ser cacheadas inmediatamente». El cacheo significaba palpar sus vestidos, pero también levantarlos, mirar sus genitales y comprobar, en las mujeres cuyos maridos estaban en el maquis, «si llevaban el pubis afeitado, señal innegable de que habían mantenido relaciones sexuales recientemente».[79]

Al comienzo de la guerra, disparar a una mujer era considerado un error y los soldados podían ser culpados por ello, pero a partir de 1959 fue calificado como un acto de guerra y el número de mujeres detenidas, torturadas y ejecutadas aumentó. Las autoridades consideraron la violencia «una forma banal de tortura, útil para hacer a los prisioneros —mujeres y hombres— hablar o aterrorizarlos». Los hombres también podían ser violados, pero «el significado simbólico» era mayor para las mujeres, porque podía «amenazar directamente su posición en su familia como madre».

La violación fue una «forma colectiva de violencia», con los otros soldados mirando mientras el violador lo hacía y, como hemos visto en muchos actos de ese tipo en las limpiezas étnicas, genocidios, guerras y posguerras, en Argelia las violaciones también se utilizaron como una manifestación de poder y humillación. Los militares, a través de las mujeres violadas, intimidaban a sus familias, a sus vecinos y a las comunidades a las que pertenecían. Los hombres, sus maridos, necesitaban ocultarlo, porque mostraban su impotencia para proteger a sus mujeres, «la clave del honor y de la autoridad masculinos».

Aquella guerra, algunas veces descrita como el Vietnam de Francia, cuestionó la misión civilizadora de los sistemas democráticos y pese a que se presentara como una guerra civil, y una revolución, sacó a la luz y agravó el racismo cotidiano al que los argelinos habían sido sometidos y la persistencia en la sociedad francesa, como en otras de la época, del servicio militar como «rito de paso» a la mayoría de edad/hombría. Según las investigaciones de Anne-Marie Sohn sobre la primera mitad del siglo XX, «la justicia francesa mostraba tolerancia hacia las pandillas de violadores en tiempos de paz», donde solo el líder pasaba a la acción, mientras los otros miraban o sujetaban a la víctima. La guerra en Argelia fue un escenario extraordinario para reafirmar esa identidad viril a través de la violencia, las armas y la exaltación de la fuerza.[80]

Los estudios sobre la violencia, centrados en los grandes episodios y períodos de «brutalización» comenzaron a incorporar desde los años setenta, en las democracias, las manifestaciones de violencia de género, agresión sexual y acoso sexual en el trabajo, en la esfera pública y en la más íntima de los hogares. Desde los años ochenta, los nuevos movimientos feministas pidieron la reforma de los códigos penales para ampliar la definición de lo que significaba violación. La «violencia íntima», básicamente de padres contra niños y maridos contra mujeres, era una característica recurrente de la violencia familiar también en las sociedades democráticas y «civilizadas» y rompía con la «imagen del hogar feliz».

Durante muchos años esa violencia contra las mujeres y los niños se vio como algo «normal», o al menos «tolerable», que no merecía censura o castigo. Hasta hace poco, obligar a mantener relaciones sexuales a la propia mujer no se consideraba legalmente violación. Los primeros pasos para derogar la distinción entre violación fuera y dentro del matrimonio se dieron en la Unión Soviética en 1922, en Checoslovaquia en 1932 y, ya después de la Segunda Guerra Mundial, en Suecia en 1965, aunque los mayores cambios en las actitudes públicas hacia la violencia sexual y la respuesta de las instituciones estatales no llegaron hasta los años setenta en Estados Unidos y a partir de los ochenta en otros países de Europa. Hasta ese momento en Gran Bretaña la mayoría de los reportajes sobre crímenes sexuales aparecían en la prensa sensacionalista, y los medios de comunicación utilizaban el término «violencia doméstica» para referirse a disturbios y al terrorismo.[81]

El terrorismo, como vimos en el primer capítulo, apareció en Europa en el último tercio del siglo XIX y estuvo estrechamente conectado al surgimiento del Estado nación, con la utilización de la violencia para desafiar a la autoridad, matar al tirano o conseguir fines revolucionarios. Los atentados serían eficaces, según sus instigadores, en la medida en que tuvieran un fuerte impacto en la opinión pública. De ahí la importancia que se le daba a los magnicidios, al asesinato de personajes notables, reyes, jefes de Gobierno y políticos destacados. Antes de que comenzara la Segunda Guerra Mundial, habían sido asesinados, en esas cuatro primeras décadas del siglo XX, varios reyes o herederos —Alejandro I de Serbia, Carlos I de Portugal, Jorge I de Grecia, Francisco Fernando, Nicolás II, Alejandro de Yugoslavia—, presidentes de Gobierno y numerosos ministros y políticos.

El magnicidio casi desapareció en Europa tras la Segunda Guerra Mundial —con los asesinatos de Luis Carrero Blanco, Aldo Moro y Olof Palme como principales excepciones—, pero desde los años sesenta surgieron nuevas organizaciones terroristas —anticolonialistas, neofascistas, izquierdistas o nacionalistas— que utilizaron la violencia de forma calculada y sistemática para conseguir cambios políticos o eliminar a sus enemigos y amenazaron la capacidad de los Estados para proteger a sus ciudadanos.

En Italia la violencia terrorista de las izquierdistas *Brigate Rosse* y de la ultraderechista *Ordine Nero* planteó una amenaza seria en los años setenta a la seguridad pública y a la democracia, con el secuestro y asesinato del ex primer ministro Aldo Moro en marzo de 1978 y la explosión de una potente bomba en la estación de ferrocarril de Bolonia, obra de la neofascista *Nuclei Armati Rivoluzionari*, que causó 85 muertos en agosto de 1980. En Alemania Occidental la Facción del Ejército Rojo (RAF), el grupo Baader-Meinhof, atacó en esa misma década bancos y comercios y asesinó a banqueros, industriales y jueces. El punto más alto de su actividad violenta ocurrió en 1977 con el asesinato del fiscal general Siegfried Buback, del ejecutivo del Deutsche Bank, Jürgen Ponto, el secuestro de un avión de Lufthansa y el suicidio colectivo en prisión de Andreas Baader, Gudrun Ensslin, Jan-Carl Raspe e Irmgard Möller. Un año antes, en mayo de 1976, Ulrike Meinhof había aparecido ahorcada en su celda.

En el caso de ETA y del IRA, las dos organizaciones que más duraron y más víctimas mortales causaron, el nacionalismo, junto con mitos, símbolos y memorias del pasado, fue utilizado para movilizar y legitimar la violencia política. En Irlanda del Norte, el IRA resurgió como parte de un movimiento más amplio de protesta de la clase obrera y estudiantes católicos frente al dominio protestante y la discriminación en Irlanda del Norte. Desde finales de los años sesenta hasta el Acuerdo del Viernes Santo de 1998, hubo 3.636 asesinatos. En España, 854 desde 1968 hasta octubre de 2011, cuando ETA comunicó el «cese definitivo» de su «actividad armada».[82]

ETA (*Euzkadi Ta Askatasuna*, Patria Vasca y Libertad), fundada en julio de 1959, con retazos de las organizaciones juveniles del PNV, comenzó a tener resonancia desde 1968, cuando la propaganda y las bombas sin muertos dieron paso al asesinato del agente de la Guardia Civil José Pardines y del comisario de policía Melitón Manzanas. Desde ese momento, el terrorismo de ETA se convirtió en un grave problema de orden público y consiguió notables logros al provocar una represión indiscriminada y la reacción frente a la dictadura de una parte importante de la población vasca. El proceso de Burgos contra dieciséis detenidos por su vinculación a ETA, en diciembre de 1970, y el asesinato de Carrero Blanco, jefe del Gobierno, justo tres años después, acompañaron a la agonía y muerte del franquismo.

Tras la muerte de Franco, los años 1979 y 1980, los de la promulgación del estatuto de autonomía y las primeras elecciones al Parlamento Vasco, fueron los más sangrientos de toda la historia de ETA. En ese breve espacio de tiempo, la escalada terrorista dejó una cuenta macabra de 167 asesinatos. Entre las víctimas se podían contar hasta 21 militares de alta graduación, una estrategia deliberada de desestabilización que buscaba la reacción desmedida de las fuerzas armadas, una respuesta desproporcionada de los mandos militares y policiales que hubiera dejado en evidencia el carácter democrático del proceso de transición política.

Aunque los problemas de seguridad, la amenaza a la democracia y sobre todo el tremendo dolor y trauma causado a las víctimas y sus familiares no fueron pocos ni insignificantes, esa violencia terrorista extendida por diferentes países de Europa fracasó a la hora de conseguir amplios apoyos populares y lograr sus objetivos políticos. Frente a lo que había pasado en largos períodos de la historia de Europa en la primera mitad del siglo XX, a partir de 1949 la cultura dominante en la política y en la sociedad rechazó la violencia. Pasó a ser extraordinario que los políticos de Europa Occidental se identificaran con la violencia, defendieran el paramilitarismo, proclamaran su solidaridad con los terroristas o apoyaran sus acciones criminales. El monopolio de la violencia por parte de los Estados reguló la posesión privada de armas y bloqueó la aparición de grupos armados alternativos. El uso estatal de la violencia frente a sus propios ciudadanos se redujo considerablemente, sobre todo con la desaparición, salvo en casos aislados y en las guerras coloniales, de la tortura y de la pena de muerte. Las experiencias negativas de las dos guerras mundiales y sus consecuencias devastadoras cambiaron las percepciones de muchos ciudadanos sobre la violencia y las ventajas de la paz, la negociación y la reconciliación.

No desapareció, sin embargo, la violencia en los Estados del bloque soviético dominados por los partidos comunistas, aunque cambiaran sus formas y manifestaciones, ni en las dos únicas dictaduras ultraderechistas surgidas en Portugal y España con los fascismos, antes de 1939, y que se perpetuaron durante las tres décadas posteriores a la Segunda Guerra Mundial. De 1967 a 1974, la persecución política, las cárceles, la tortura y los asesinatos formaron también parte de la vida cotidiana en Grecia, durante el régimen de los Coroneles. Fueron las anomalías más importantes en la trayectoria histórica de Europa Occidental democrática y capitalista durante la segunda mitad del siglo xx.

Dictaduras en Occidente

El Estado Novo de António Oliveira de Salazar y la dictadura de Francisco Franco sobrevivieron a la Segunda Guerra Mundial y al período más importante de la Guerra Fría. Los orígenes de las dictaduras fueron muy diferentes. La de Salazar salió de un golpe militar triunfante. La de Franco, de un golpe militar fracasado que necesitó, antes de conseguir el poder, de una guerra civil de casi mil días. Desde los años cincuenta, tras una dura y violenta posguerra en España, y derrotados los fascismos en Europa, ambas dictaduras evolucionaron hacia formas de «autoritarismo institucionalizado». La principal característica que las igualó fue su larga duración, surgidas y consolidadas en la era del fascismo y perpetuándose, frente a desafíos internos e internacionales, en la edad de oro de las democracias en Europa Occidental.[83]

La dictadura en Portugal duró desde el golpe de Estado militar del 28 de mayo de 1926, que derrocó a la Primera República, hasta el 25 de abril de 1974, cuando fue a su vez derribada por otro golpe militar. Fueron 48 años, la dictadura derechista más longeva de la historia del siglo xx europeo, desde los años anteriores a Hitler hasta la retirada estadounidense de Vietnam.

Como ocurre con la dictadura de Franco, 36 años desde 1939 a 1975, la larga duración hace muy difícil identificarla con un solo adjetivo y obliga, si se quiere comprender históricamente, a prestar atención a sus dimensiones cronológicas y a su evolución dentro del cambiante contexto internacional. Las dos dictaduras vivieron en un escenario de cambio histórico acelerado con profundas transformaciones: crisis mundial de los años treinta; Segunda Guerra Mundial; Guerra Fría durante la segunda mitad de los años cuarenta y los cincuenta; fase de expansión económica y desarrollo en la década de los sesenta; y período de recesión económica durante la primera mitad de los setenta.[84]

Aunque Salazar fue nombrado oficialmente presidente del Consejo de Ministros en 1932 y estuvo en el poder hasta 1968, cuando, a los 79 años de edad una hemorragia cerebral le incapacitó y fue sustituido por Marcelo Caetano, ex ministro de las Colonias, «salazarismo» es el término que, según algunos especialistas, condensa el significado histórico del sistema político que dominó Portugal entre 1926 y 1974. Salazar tuvo la habilidad de unir a todas las facciones políticas derechistas de los años veinte, desde los republicanos conservadores hasta monárquicos, pasando por fascistas y católicos clericalistas, el grupo al que él pertenecía, para controlar completamente el aparato del Estado, crear un partido único (União Nacional, UN), establecer una nueva Constitución en 1933, relanzar el nacionalismo colonialista, imponer un sistema autoritario y atraer a la Iglesia católica a una renovada alianza con el Estado, tras la turbulenta relación con la República.[85]

En el primer período de esa larga dictadura, entre 1926 y 1945, el salazarismo coincidió con la era del fascismo, iniciado en Italia, radicalizado en Alemania y extendida su influencia a dictaduras que, sin ser fascistas en su origen, experimentaron un proceso de fascistización. En Portugal fue el momento en el que el Estado Novo fortaleció el aparato represivo, controló el acceso a la administración pública, creó tribunales militares especiales, una nueva milicia, la Legião Portuguesa y sobre todo una Polícia de Vigilância e Defesa do Estado (PVDE) que fue creada con la unificación de todas las fuerzas de policía.

La PVDE, con fuerte presencia militar desde sus orígenes, recibió asistencia técnica de la Italia fascista, estableció una amplia red de delatores y «se convirtió en la columna vertebral de la represión, responsable de las detenciones, torturas y del asesinato de los opositores al régimen». Además de las cárceles, la dictadura se dotó de herramientas legales para purgar a los empleados públicos y levantó varios campos de concentración en las colonias en África, entre los que destacó el de Tarrafal, en la isla de Santiago, conocido por la resistencia antisalazarista como *Campo da Morte Lenta,* creado en abril de 1936, a donde se envió sobre todo a los sentenciados por «crímenes políticos», anarquistas, sindicalistas y comunistas. Más de 2.000 prisioneros pasaron por Tarrafal y allí murieron el secretario general del Partido Comunista Portugués, Bento Gonçalves, y el dirigente anarquista Mário Castelhano. Entre 1932 y 1945, 13.663 personas fueron detenidas o encarceladas por razones políticas.[86]

Con la derrota de los fascismos en 1945, la dictadura de Salazar trabajó para asegurarse la aceptación internacional —Portugal fue miembro fundador de la OCDE en 1948 y de la OTAN en 1949—, sin cambios en la estructura política. Los tribunales militares para castigar «crímenes políticos» fueron gradualmente sustituidos por tribunales político-civiles, en vigor hasta 1974. Era la policía política, no obstante, la que controlaba los juicios y sostenía el «sistema de seguridad» que prolongaba indefinidamente las detenciones y el encarcelamiento.

Portugal vivió en los años sesenta, en un proceso similar al español, un notable crecimiento económico, una masiva emigración exterior —1,4 millones entre 1960 y 1973, en una población de 8,5— y los primeros conflictos sociales. Pero su principal peculiaridad respecto a España, la persistencia del imperio, complicó «los mejores años del salazarismo», que obligó a mantener entre 1961 y 1974 costosas guerras coloniales, acompañadas de desastres militares frente a levantamientos independentistas, en Angola, Guinea-Bissau y Mozambique. En ese largo período, el salazarismo dependió de un fuerte impulso movilizador y propagandista nacionalista, que forjó a decenas de miles de hombres en la cultura de la guerra, gastando «una proporción insoportable de los recursos del Estado».

Las guerras coloniales se convirtieron en un «callejón sin salida» para el régimen, que «contaminó» y «obstruyó» todas las posibles alternativas de reforma. Ese dilatado conflicto colonial fue además «un punto de referencia definitiva» en el uso de la violencia estatal. A excepción de algunos informes anticoloniales, en Portugal no se prestó especial atención a las decenas de miles de víctimas africanas —muertas, encarceladas, exiliadas o refugiadas— y se convirtió en el apartado más difícil de asimilar de la violencia bajo la dictadura de Salazar.[87]

Salazar, Franco y sus dictaduras tuvieron vidas paralelas: crearon partidos únicos, instituciones sociales y otros cuerpos políticos inspirados en el fascismo; disfrutaron del apoyo y del poder legitimador de la Iglesia católica; y tras el final de la Segunda Guerra Mundial tuvieron que adaptar sus sistemas de represión y terror, sin renunciar a ellos, al contexto de democratización en Europa Occidental. Si la gran diferencia portuguesa fue el mantenimiento del imperio colonial, desde donde le llegó el golpe final a la dictadura, la peculiaridad española estuvo en el origen, porque Franco comenzó el asalto al poder con un golpe de Estado que no triunfó y lo consolidó tras la victoria en una guerra civil en el momento en el que toda Europa estaba bajo el orden nazi.

En España, la victoria de Franco fue omnipresente, la posguerra interminable y ninguna faceta de la vida política y social quedó al margen de la construcción simbólica de la dictadura a partir de su origen, el «Alzamiento del 18 de julio» y la victoria en la «Cruzada». Pero más allá de esa construcción simbólica, de retórica, de ceremonias y culto a los mártires, para que las aguas volvieran a su cauce, tras la «vida torcida», había que eliminar de forma violenta, sin concesiones al perdón o a la reconciliación, a la anti-España, a quienes vivieron en ella y a sus símbolos e ideas.

Al menos 50.000 personas fueron ejecutadas en la década posterior al final de la guerra, la mayoría de ellas en las últimas provincias conquistadas por el ejército de Franco. Entre esos miles de fusilados, había personajes ilustres, detenidos en Francia, a partir de una lista proporcionada por José Félix Lequerica, y entregados a las autoridades franquistas por la Gestapo, como Lluís Companys, presidente de la Generalitat, o los ministros de la República durante la guerra, el socialista Julián Zugazagoitia y el anarquista Joan Peiró. Ricardo Zabalza, principal dirigente de la socialista Federación Nacional de Trabajadores de la Tierra, fue torturado, juzgado el 2 de febrero de 1940 y fusilado al amanecer del 24 del mismo mes.

La dictadura de Franco, salida de la guerra civil y consolidada en los años de la Segunda Guerra Mundial, situó a España en la misma senda de muerte y crimen seguida por la mayoría de los países de Europa. Se necesitaban personas que planificaran esa violencia e intelectuales, políticos y clérigos que la justificaran. En realidad, la larga posguerra española anticipó algunas de las purgas y castigos que iban a vivirse en otros sitios después de 1945. La destrucción del contrario en la guerra dio paso a la centralización y el control de la violencia por parte de la autoridad militar, un terror institucionalizado y amparado por las leyes del nuevo Estado. Esa cultura política de la violencia, de la división entre vencedores y vencidos, «patriotas y traidores», «nacionales y rojos», se impuso en la sociedad española al menos durante dos décadas después del final de la guerra.

Fue una justicia de excepción, montada para reprimir con efectos retroactivos las actividades que eran legales en el momento de producirse, la resistencia a la rebelión militar y la adhesión durante la guerra a la España republicana. Porque la principal característica de esa violencia es que estaba organizada desde arriba, basada en la jurisdicción militar. Aunque la explosión de venganza en las últimas ciudades conquistadas fue acompañada todavía de «paseos» y fusilamientos sin juicios, pronto se impuso el monopolio de la violencia del nuevo Estado, que puso en marcha mecanismos extraordinarios de terror sancionados y legitimados por leyes. Los consejos de guerra, por los que pasaron decenas de miles de personas entre 1939 y 1945, eran meras farsas jurídicas, que nada tenían que probar, porque ya estaba demostrado de entrada que los acusados eran rojos y, por lo tanto, culpables. Los sublevados castigaban por «rebelión» a quienes habían permanecido leales a su gobierno constitucional, «la justicia al revés» a la que se refirió Ramón Serrano Suñer.

La paz de Franco, que mantuvo el estado de guerra hasta abril de 1948, transformó la sociedad, destruyó familias enteras, rompiendo las básicas redes de solidaridad social, e impregnó la vida diaria de miedo, de prácticas coercitivas y de castigo. La amenaza de ser perseguido, humillado, la necesidad de disponer de avales y buenos informes para sobrevivir, podía alcanzar a cualquiera que no acreditara una adhesión inquebrantable al Movimiento o un pasado limpio de pecado republicano.

Toda esa maquinaria de terror organizado desde arriba requería, sin embargo, una amplia participación «popular», de informantes, denunciantes, delatores, entre los que no solo se encontraban los beneficiarios naturales de la victoria, la Iglesia, los militares, la Falange y la derecha de siempre. La purga era, por supuesto, tanto social como política y los poderosos de la comunidad, la gente de orden, las autoridades, aprovecharon la oportunidad para deshacerse de los «indeseables», «animales» y revoltosos. Pero lo que esa minoría quería lo aprobaban muchos más, que veían políticamente necesario el castigo de sus vecinos, a quienes acusaban o no defendían si otros los acusaban.

Sin esa participación ciudadana, el terror habría quedado reducido a fuerza y coerción. Pasados los años más sangrientos, lo que se manifestó en realidad fue un sistema policial y de autovigilancia donde nada invitaba a la desobediencia y menos aún a la oposición y a la resistencia. Los vencidos que pudieron seguir vivos tuvieron que adaptarse a las formas de convivencia impuestas por los vencedores. Muchos perdieron el trabajo; otros, especialmente en el mundo rural, fueron obligados a trasladarse a ciudades o pueblos diferentes. Acosados y denunciados, los militantes de las organizaciones políticas y sindicales del bando republicano llevaron la peor parte. A los menos comprometidos, muchos de ellos analfabetos, el franquismo

Dramatis personae

© Photo12 / AFP / ContactoPhoto

Leopoldo II (1835-1909) ascendió al trono de Bélgica en 1865 con el sueño de adquirir una colonia y, tras probar varias opciones, se aseguró un amplio territorio en África central, en el Estado Independiente del Congo. La codicia y la determinación de utilizar esos territorios para su propio beneficio, sobre todo con la explotación del marfil y del caucho, cuya demanda se había disparado con el uso extendido de la bicicleta y la aparición del automóvil, llevaron a Leopoldo II y a sus tropas coloniales a reprimir brutalmente las resistencias. Las tristemente famosas expediciones de «pacificación» convirtieron en norma diaria la tortura, el asesinato y la muerte de niños y mujeres por hambre y enfermedades.

Ismail Enver Pasha (1881-1922). Protagonista del golpe de Estado que en 1908 llevó al poder al Comité de Unión y Progreso de los Jóvenes Turcos, sirvió como agregado militar en la embajada otomana en Berlín en 1909 y allí aprendió de las experiencias de los militares alemanes en la destrucción de los Herero en África Sudoccidental. Como ministro de Guerra, coordinó las deportaciones y asesinatos masivos de armenios en 1915-1916. Tras la caída del régimen de los Jóvenes Turcos a finales de 1918, pudo huir gracias a la ayuda alemana. Vivió en Berlín y después se fugó a Turkestán, donde organizó las milicias musulmanas frente a los bolcheviques. Murió en combate en Tayikistán el 4 de agosto de 1922.

Valdemar Pabst (1880-1970). La transición desde la guerra a la paz no fue aceptada por un sector de oficiales y jóvenes soldados que sintieron las frustraciones de la derrota y del derrumbe de los imperios. A partir de 1918, se rebelaron frente a ese nuevo mundo hostil de repúblicas y revoluciones y pusieron sus armas al servicio de la violencia paramilitar contrarrevolucionaria. Valdemar Pabst, el asesino de Rosa Luxemburgo y Karl Liebnecht, pasó la mayor parte de los años posteriores en Austria, organizando militarmente el movimiento *Heimwehr*, que nació como grupos de defensa locales, hasta que fue expulsado en los años treinta.

Rudolf Hoess (1901-1947). Comandante del campo de Auschwitz-Birkenau, fue capturado por la policía militar británica el 11 de marzo de 1946 en Flensburgo, donde se hacía pasar por un bracero agrícola. Entregado a las autoridades, su juicio comenzó el 11 de marzo de 1947, en el auditorio de la Unión de Maestros Polacos, ante unas quinientas personas, la mayoría sobrevivientes de Auschwitz. El tribunal lo sentenció a morir en la horca. Ex prisioneros solicitaron que la ejecución tuviera lugar en el terreno donde Hoess había dirigido el exterminio. Prisioneros de guerra de los alemanes levantaron el patíbulo de noche. La ejecución fue en la calle principal del campo el 16 de abril.

Nicolae Ceausescu (1918-1989) fue el máximo dirigente del Partido Comunista Rumano desde 1965. Al principio vivió con distancia y desprecio la oleada de descontento en el resto de los países del bloque comunista en 1989. Controlaba las fuerzas de represión que le habían mantenido en el poder durante más de dos décadas y tenía la voluntad y autoridad para combatir y matar por su puesto. El 22 de diciembre de ese año, en medio de una serie de disturbios que habían comenzado en Timisoara, huyó en un helicóptero, con su mujer Elena. Detenidos y entregados al ejército, fueron juzgados y ejecutados el día de Navidad.

Slobodan Milosevic (1941-2006). Principal líder del nacionalismo racial serbio, aprovechó desde finales de los años ochenta la desintegración de las estructuras del Estado comunista yugoslavo para crear a través de la violencia la «Gran Serbia». Las torturas, el asesinato y las violaciones masivas fueron parte esencial de las guerras de desintegración de Yugoslavia. Detenido en abril de 2001, fue entregado al Tribunal Internacional de La Haya para ser juzgado por los cargos de genocidio, crímenes contra la humanidad y crímenes de guerra. El 11 de marzo de 2006 fue encontrado muerto por un guardia en su celda de la prisión de Scheveningen.

Alejandra Fiódorovna Románova (1872-1918). Hija del Gran Duque de Hesse-Darmstadt y de la princesa Alice de Inglaterra, había sido educada por su abuela la reina Victoria y era totalmente ajena a la cultura y a las costumbres rusas cuando en 1894 se convirtió en zarina de Rusia. A diferencia del reinado de su abuela, de continuidad y estabilidad, Alejandra vivió desde 1914 un período convulso de quiebra del orden y violencia destructora. Fue brutalmente asesinada, junto con el zar, Nicolás II, y sus cinco hijos, en julio de 1918. La Primera Guerra Mundial y las revoluciones de 1917 posibilitaron la rápida transición del terrorismo individual al de masas.

Maria Bochkareva (1889-1920). En noviembre de 1914, Maria Bochkareva, una mujer campesina que huía de un marido violento y maltratador, pidió al zar Nicolás II permiso para alistarse en el ejército imperial. El 21 de mayo de 1917, avergonzada por las masivas deserciones, distribuyó un llamamiento a las armas. Creó en Petrogrado el primer «batallón de la muerte». Duró poco, por el rechazo de los soldados en el frente y por la transformación radical que experimentó el ejército tras la revolución de octubre. Tras pasar unos meses en Estados Unidos, intentó a su regreso crear un destacamento de mujeres médicos en el Ejército Blanco, pero fue detenida por los bolcheviques y ejecutada en mayo de 1920.

Rosa Luxemburgo (1870-1919). Fue desde su juventud una activista revolucionaria e intelectual de combate. Junto a los bolcheviques y judíos, las «mujeres rojas», «politizadas», fueron también objeto deseado de los rituales de violencia puestos en práctica por los activistas paramilitares, ex oficiales de los ejércitos muchos de ellos, que no aceptaron la derrota de los imperios alemán y austrohúngaro en la Primera Guerra Mundial. La tortura y asesinato de Rosa Luxemburgo -comunista, judía, mujer- en enero de 1919 constituye el ejemplo más notorio del desprecio de la «mujer roja», compartido por la militancia ultraderechista de la mayoría de los países de Europa.

Irma Grese (1923-1945). Los incidentes de agresiones sexuales y violaciones en los campos de concentración nazis han sido difíciles de rescatar, por las reticencias de las sobrevivientes a hablar de esas experiencias traumáticas. Muchos de los testimonios se refieren a Irma Grese, guardiana del campo de Bergen-Belsen, conocida por su crueldad y perversión sexual, que elegía a las víctimas todavía hermosas, pese a la marca del hambre y la tortura, y les proporcionaba «atención especial». Acabada la guerra, los británicos abrieron causa contra ella, ejecutada en la horca por orden de un tribunal militar el 13 de diciembre de 1945.

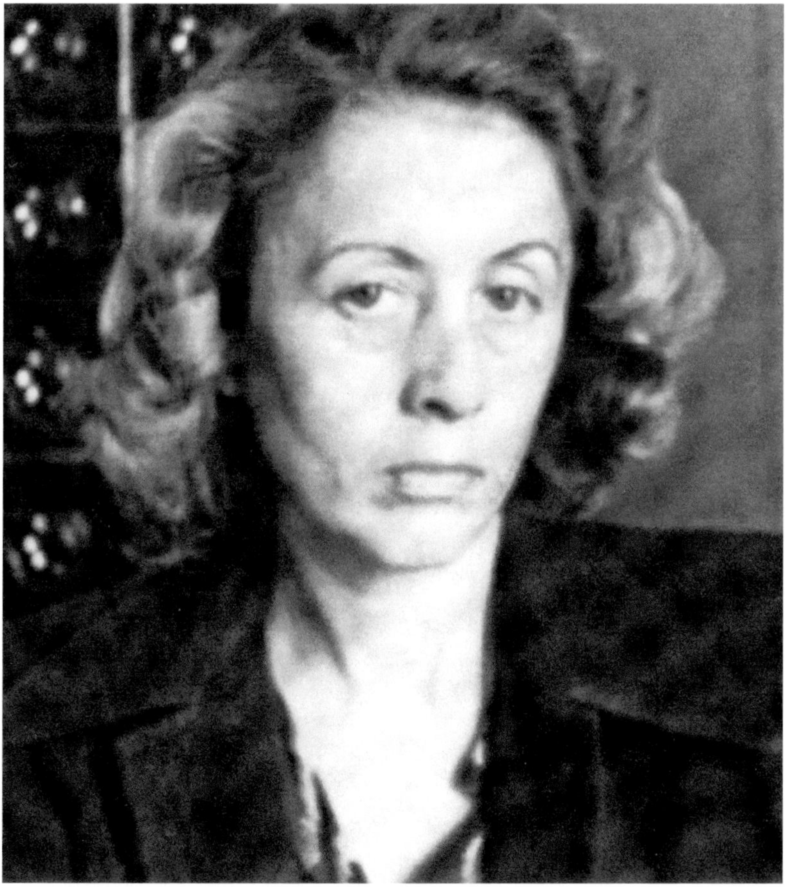

Gizella Lutz (1906-1992). Pertenecía a un grupo de mujeres y amantes de dirigentes de la Cruz Flechada que reclutaron a muchas mujeres para el partido. Estuvo junto a Ferenç Szálasi desde 1927, pero solo se casaron en la huida, en Mattsee, en abril de 1945, unos días antes de ser detenidos por los americanos. Szálasi fue ejecutado el 12 de marzo de 1946. Lutz no desveló ninguna información interesante en los interrogatorios de la policía secreta comunista porque Szálasi la había mantenido intencionadamente al margen de la política. Recibió en Hungría dos sentencias del Tribunal Popular. Estuvo primero en un campo de internamiento y después en la cárcel hasta 1956.

Elena Ceausescu (1916-1989), mujer de Nicolae Ceausescu, apoyó la línea dura y represiva del dictador hasta el último suspiro. Nicolae otorgó puestos muy importantes dentro del Partido y en la administración a su amplia familia, pero su más fiel y cercana consejera fue siempre Elena, a quien le concedió un poder cada vez mayor. Desde comienzos de los años ochenta Elena se quedaba a cargo de Rumanía cuando Nicolae tenía que viajar al extranjero en visitas oficiales. En los últimos momentos de crisis y conflicto, en diciembre de 1989, los Ceausescu se mostraron dispuestos a liquidar a los opositores, apoyándose en la guardia pretoriana de la Securitate.

Imágenes de violencia

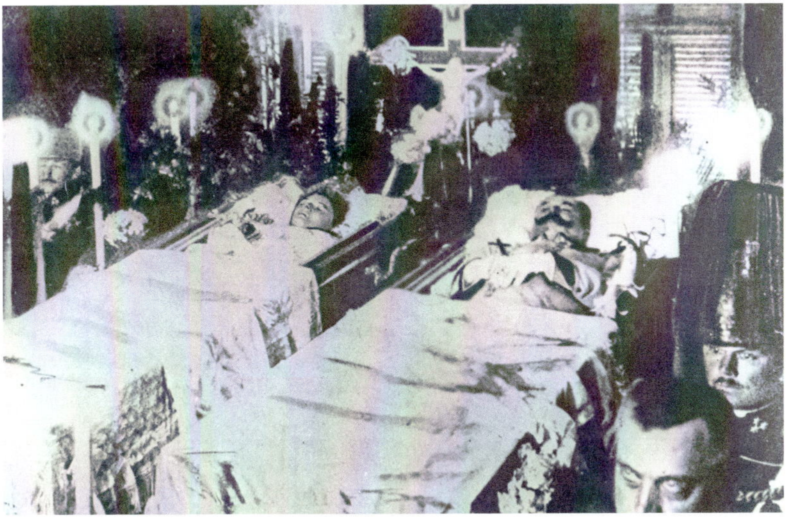

© Time Life Pictures/Mansell/The LIFE Picture Collection/Getty Images

Varios reyes y reinas fueron asesinados en Europa en los primeros años del siglo XX, antes de que el atentado que costó la vida al archiduque Francisco Fernando y a su mujer, Sofía Chotek, en Sarajevo, el 28 de junio de 1914, provocara el inicio de la Primera Guerra Mundial. Con esa guerra, con las revoluciones que la acompañaron y con los dos grandes movimientos y regímenes políticos que de ella resultaron, el comunismo y el fascismo, la violencia individual dio paso de forma definitiva a la de masas, a la eliminación de grupos definidos por la clase, la raza, la religión o la nación.

Aunque muchos testimonios han transmitido descripciones gráficas de la naturaleza brutal de los combates en las trincheras, con asaltos de bayonetas, cuchillos y objetos improvisados para embestir, la violencia contra los prisioneros de guerra y la población civil constituyó la mejor prueba de que la Primera Guerra Mundial fue el prototipo de un nuevo modelo de conflicto, que poco se parecía al tradicional entre Estados. Por un lado, trasladó al continente el salvajismo de las guerras coloniales; por otro, fue la precursora y presagio de la época de atrocidad moral que Europa vivió hasta 1945.

El fin oficial de las hostilidades, tras más de cuatro años de guerra, firmado por los representantes aliados y alemanes el 11 de noviembre de 1918, no inauguró una posguerra pacífica. La violencia paramilitar, de izquierda y derecha, revolucionaria y contrarrevolucionaria, se convirtió, a partir de las revoluciones rusas y de los últimos meses de la Primera Guerra Mundial, en un componente central de la cultura europea. Fue ejercida por formaciones de voluntarios que se apoderaron de la fuerza militar monopolizada en tiempos normales por los Estados.

La limpieza étnica es la eliminación sistemática por medios violentos de un grupo —o diferentes grupos de personas— definidos por su etnicidad o nacionalidad. Las deportaciones y asesinatos de armenios en 1915-1916 fueron sistemáticos, con el claro y definido objetivo de eliminar completamente a esa minoría que desafiaba la ambición de la nación étnicamente homogénea y pura. Hubo diferentes redes de perpetradores, desde los más altos niveles del gobierno turco a los funcionarios civiles, pasando por soldados del ejército y los asesinos paramilitares de la «Organización Especial».

La Segunda Guerra Mundial fue el escenario que propició el paso desde políticas de discriminación y asesinatos a las genocidas. De todos los casos históricos de genocidio en el siglo xx, el régimen nazi fue el más determinado a destruir a un grupo específico de población en su totalidad. A finales de diciembre de 1941 comenzó el experimento de exterminio por gaseamiento en el campo de Chelmno, cerca de la ciudad polaca de Lodz. Además de Chelmno, los nazis crearon en el Este cinco campos de exterminio de judíos, prisioneros de guerra soviéticos y gitanos: Belzec, Sobibor, Treblinka, Madjanek y Auschwitz-Birkenau.

Los campos soviéticos, cuyo origen se encuentra en la guerra civil, aunque el sistema, conocido como el Gulag, fue reformado y expandido desde comienzos de los años treinta, no fueron designados ni utilizados como centros de exterminio. Sobre el terror y la violencia que prevalecieron en Rusia durante la revolución y la guerra civil se levantó el régimen estalinista y sus horrores. Stalin disfrutó del poder sobre la vida y la muerte durante un cuarto de siglo en un país de ciento sesenta millones de habitantes (en 1938) y lo ejerció sin restricciones, conocía las deportaciones, los sufrimientos, las situaciones extremas de agonía y nunca mostró una expresión de remordimiento.

En Hungría hubo, entre 1945 y 1946, catorce grandes juicios políticos, con castigos ejemplares a fascistas y colaboracionistas. Cuatro ex presidentes de Gobierno, varios ministros y altos oficiales del ejército fueron ejecutados. Ese fue el destino de Ferenç Szálasi, ejecutado el 12 de marzo de 1946, con siete de sus cómplices. Mientras estuvo detenido, le diagnosticaron esquizofrenia y psicopatía. Su grado de delirio y megalomanía le llevó a inventar una rama de la ideología nacionalsocialista que él llamó «hungarismo».

Ion Antonescu gobernó Rumanía, como Conducator, con poderes ilimitados, desde el 6 de septiembre de 1940, poco antes del comienzo de la alianza de su país con la Alemania nazi, hasta el 23 de agosto de 1944. Fue responsable de la muerte de casi 300.000 judíos, asesinados o muertos de hambre y tifus en masivas deportaciones. El 1 de junio de 1946 fue ejecutado por un pelotón de fusilamiento en una pradera cercana a la prisión de Jilava, cerca de Bucarest, junto a tres de sus más cercanos colaboradores.

Las purgas, los asesinatos y sobre todo la expulsión y deportación de millones de personas produjeron un trastorno demográfico enorme en Europa Central y del Este durante la Segunda Guerra Mundial. Unos 55 millones de personas fueron desplazadas por la fuerza en menos de una década. En los dos años posteriores al final de la guerra, 12,5 millones de refugiados y expulsados de los países del Este llegaron a Alemania. En España, «La retirada», como se conoció al gran exilio de 1939, llevó a Francia a unos 450.000 refugiados republicanos en el primer trimestre de ese año, de los cuales 170.000 eran mujeres, niños y ancianos. Unos 200.000 volvieron en los meses siguientes, para continuar su calvario en las cárceles de la dictadura franquista.

© Cordon Press

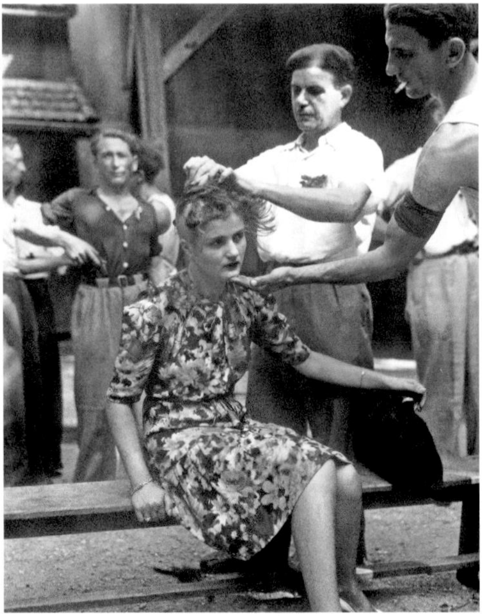

El rapado del cabello de mujeres fue una forma de violencia usada frecuentemente durante la Primera Guerra Mundial en Bélgica, Irlanda y Polonia tras esa guerra, en la guerra civil española, durante los primeros años de la dictadura de Franco, y en varios países europeos durante y tras la Segunda Guerra Mundial. En España esas prácticas formaron parte de una ceremonia de exclusión social, punitiva, de escarmiento y disciplinaria, y sexista. Desde 1943 a comienzos de 1946 alrededor de 20.000 mujeres fueron rapadas en Francia, acusadas de haber colaborado con las fuerzas alemanas de ocupación.

Fundación Pablo Iglesias/ORonoz/Album

Henri Cartier-Bresson/Magnum Photos/ContactoPhoto

En Budapest, Viena y Berlín, liberadas por el Ejército Rojo tras fieros combates, del diez al veinte por ciento de las mujeres fueron violadas. Esta historia fue silenciada durante largo tiempo, hasta el derrumbe del comunismo en 1989, aunque «en privado» mucha gente lo sabía. En Alemania se registraron violaciones desde la primera noche en que los soviéticos entraban en las diferentes ciudades. Después de dos semanas de virulentos combates, con medio millón de muertos y heridos, Berlín cayó y el Estado nazi quedó en ruinas. La toma de Berlín fue acompañada de violaciones de miles de mujeres, en ocasiones en presencia de niños. Primero fue en los búnkeres y después en apartamentos y casas.

En abril de 1968 Alexander Dubcek anunció un programa de reformas en Checoslovaquia, conocido con el nombre simbólico de «socialismo de rostro humano». En el desarrollo de esas reformas, la «primavera de Praga», el Partido Comunista abrió grietas difíciles de tapar. En la noche del 20 al 21 de agosto de 1968, 200.000 hombres y 5.000 tanques de cinco países del Pacto de Varsovia invadieron Checoslovaquia. La población no ofreció oposición armada, evitando así un desastre como el de 1956 en Hungría, pero sí resistencia pasiva frente a los tanques, mostrada en decenas de fotografías y documentos. Setenta y dos personas murieron y setecientas fueron heridas en algunos enfrentamientos.

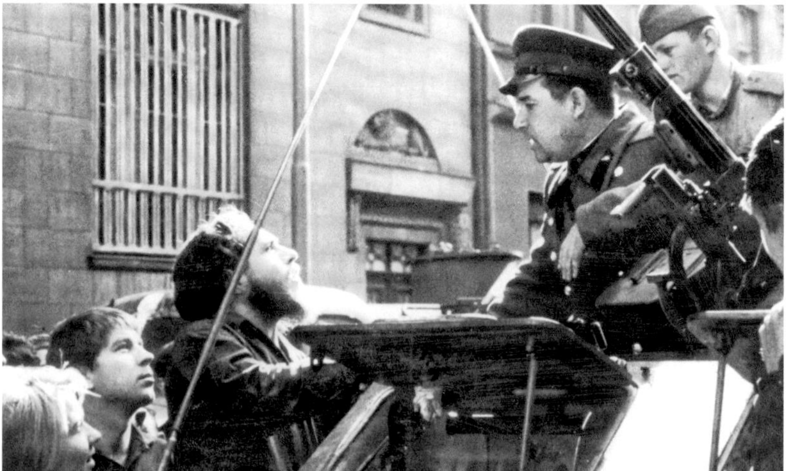

Agencja Fotograficzna Caro/Alamy/ACI

Los ocho países que el Ejército Rojo ocupó en 1945 comenzaron a ser identificados como un «bloque», bajo dominio soviético, también denominado Europa del Este. Separados a partir de ese momento de Occidente por vallas y alambres de espino, cuando en agosto de 1961 se levantó el muro de Berlín parecía como si esas barreras fueran a durar para siempre. El 9 de noviembre de 1989 el muro cayó y, con él, todos los regímenes comunistas. Una serie de revoluciones políticas causaron en ese año una transformación esencial e irreversible del orden existente y el desmantelamiento de las dictaduras.

Agencja Fotograficzna Caro/Alamy/ACI

Yugoslavia apareció desde comienzos de los años noventa en las portadas de todos los medios de comunicación, con historias de masacres, violaciones, expulsiones y desplazamientos de población. Si por algo destacó la violencia en aquellas guerras fue por las violaciones de mujeres musulmanas en Bosnia-Herzegovina, un plan de terror organizado y orquestado por el mando militar serbio-bosnio. La información de esas violaciones masivas —y también sobre las que ocurrieron por los mismos años en Ruanda— y el subsiguiente reconocimiento internacional como crímenes de guerra dio legitimidad intelectual y urgencia ética a estudiar la violencia sexual en todas las guerras anteriores.

les impuso el silencio para sobrevivir, obligándoles a tragarse su propia identidad.

Con el paso del tiempo, la violencia y la represión cambiaron de cara, la dictadura evolucionó, «dulcificó» sus métodos y, sin el acoso exterior, pudo descansar, ofrecer un rostro más amable. Pero la dictadura nunca renunció a la guerra civil como acto fundacional, que recordó una y otra vez para preservar la unidad de esa amplia coalición de vencedores y para seguir humillando a los vencidos. La represión fue una útil inversión que Franco supo administrar hasta el final. Porque Franco murió matando. Pocas semanas antes de su muerte, ordenó la ejecución de cinco supuestos terroristas, tres del FRAP y dos de ETA. Para dejar bien claro qué tipo de dictadura había sido la suya, desde la victoria en la guerra civil hasta el último suspiro en noviembre de 1975.

Parece evidente que en la consolidación de la dictadura el Estado franquista, salido de una guerra civil, hizo uso del terror de una forma más amplia y sistemática que el Novo Estado de Salazar, mucho más próximo desde ese punto de vista a los sistemas autoritarios derechistas que se extendieron por Europa en el período entre las dos guerras mundiales. El caso portugués sería un buen ejemplo de «economía del terror», de dictaduras que «con un pequeño número de asesinatos políticos y detenciones consiguieron dividir políticamente a la población subordinada y paralizar a la elite opositora». Franco, sin embargo, administró la renta de esa inversión duradera que fue la represión con leyes que mantuvieron los órganos jurisdiccionales especiales durante todo su mandato y con un ejército que no presentaba fisuras ni experimentó las graves fricciones que a la dictadura portuguesa le causó el conflicto colonial. Salazar y Franco murieron en la cama, pero la dictadura del primero pagó, ya con su sucesor en el poder, su estrategia de represión en las colonias, cuando una oficialidad desafecta —autodenominada Movimento das Forças Armadas— desencadenó una revolución en la metrópoli.[88]

Cuando Salazar y Franco llevaban ya décadas en el poder como únicos ejemplos de dictaduras derechistas anticomunistas en Europa, un golpe de Estado en Grecia, en abril de 1967, inauguró un brutal período de siete años de persecución política, encarcelamientos y terror. Sus jefes eran los coroneles Georgios Papadopoulos, Nikolaos Makarezos y el general de brigada Stilianos Pattakos.

A esa dictadura se la llamó la Junta o el Régimen de los Coroneles. Sus principales miembros fueron «oficiales procedentes de familias de clase baja» que habían conseguido ascender a través de las fuerzas armadas.

«Muchos de ellos habían servido o eran en ese momento colaboradores activos de los servicios de inteligencia y algunos habían recibido entrenamiento en Estados Unidos.» Y lo que parece más importante para comprender los resultados violentos de su asalto al poder, la mayoría de los golpistas habían participado en «acciones derechistas paraestatales». Papadopoulos, cabeza visible de la insurrección, había sido el líder de la Unión de Jóvenes Oficiales, un grupo nacionalista, anticomunista y antidemocrático. Varios grupos dentro del ejército —incluido el general Giorgios Spandakis— estaban conspirando con el rey Constantino II para echar abajo el sistema parlamentario democrático. Los coroneles formaban parte de ese grupo «y, temerosos de perder el puesto si era descubierta su conspiración, golpearon ellos primero».[89]

Tras el final de la última fase de la guerra civil y el levantamiento de la ley marcial, en Grecia se celebraron elecciones en marzo de 1952, donde incluso los socialistas tuvieron oportunidad de participar. La Grecia de posguerra se basó en una fuerte monarquía, una Iglesia nacional respetada, un arcaico sistema educativo y una negación sistemática del comunismo. Sin embargo, la existencia de un sistema parlamentario «restringido» o un régimen «cuasiparlamentario», como lo denomina Nicos P. Mouzelis, permitió al Partido Comunista Griego, aunque bajo acoso policial, con el nombre de Izquierda Democrática Unida, participar en elecciones parlamentarias desde 1951 e incluso obtener algunos diputados.[90]

Podía ser una democracia incierta, insegura, pero las diferencias con Portugal y España eran importantes. La Constitución de enero de 1952 garantizó las libertades democráticas básicas, entre ellas el derecho al voto a las mujeres, y permitió la estabilidad política necesaria para la reconstrucción posbélica, con la conmutación de casi todas las sentencias de muerte, la reducción de penas o el perdón de muchos de los 20.000 prisioneros condenados por subversión. Aun así, «la legislación represiva de emergencia aprobada en los años de la guerra civil se mantuvo y fue usada sin titubeo para hostigar a izquierdistas y comunistas». Dos meses después de aprobada la Constitución, Nikos Beloyannis, condenado por organizar un grupo de espías comunistas, fue ejecutado.[91]

Impedir la inminente toma del poder comunista fue la excusa con la que los coroneles justificaron su golpe de Estado, anticipándose también a unas elecciones generales que debían celebrarse el 28 de mayo. En la primera hora de la mañana del 21 de abril de 1967 los tanques salieron por las calles de Atenas, algunos de ellos desde la plaza Sintagma, apuntaron al parlamento y cerraron las principales arterias de la ciudad. Los golpistas decretaron la ley marcial y suspendieron las garantías constitucionales. En unas horas, todas las principales figuras políticas habían sido detenidas y las Fuerzas de Ataque Helenas, entrenadas por la CIA, tomaron los principales centros militares y de defensa.

Aunque el rey Constantino no firmó el decreto de ley marcial, emitido en su nombre, rechazó la insistente petición del jefe de Gobierno, Panagiotis Kanellopoulos, de resistir a los insurrectos. Por el contrario, consintió la puesta en marcha de la dictadura «y facilitó de esa forma la posición de los aliados democráticos occidentales de Grecia, que no retiraron a los embajadores con el argumento de que estaban acreditados ante el rey y no ante el gobierno». Constantino intentó un contragolpe en diciembre de 1967, con algunos de los miembros de las fuerzas armadas leales a la corona, pero, mal organizado, fracasó y se fue con su familia a Roma y después a Londres. El 1 de junio de 1973 Papadopoulos, jefe de Gobierno y regente, lo destituyó, acusándolo de estar detrás de una conspiración abortada. Tras el final de la dictadura, el 69 por ciento de la población votó en un referéndum, el 8 de diciembre de 1974, contra la restauración de la monarquía. Fue el sexto referéndum en la historia de Grecia del siglo xx en el que se decidía sobre monarquía o república.[92]

El régimen de los Coroneles consolidó su poder desde el principio a través de la intimidación y el terror, activados fundamentalmente por la brutalidad de la policía militar (ESA) y de seguridad (Asphaleia). Las víctimas de la tortura fueron sobre todo estudiantes entre 18 y 25 años de edad y hubo numerosos casos de violencia y asalto sexuales. Muchos izquierdistas fueron llevados al campo de prisión de la isla de Giaros para ser «reeducados» en el discurso de la continuidad nacional y cultural con el pasado heroico griego. Numerosos funcionarios y profesores de escuela y universidades fueron destituidos. Las reformas educativas de George Papandreu fueron desmanteladas y los libros de texto reescritos para reflejar la visión ideológica de la ultraderecha.[93]

Los gobiernos de algunos países nórdicos europeos, ante las denuncias de tortura de los exiliados y de las que procedían del interior de Grecia, elevaron quejas ante el Consejo de Europa, pero la dictadura recibió el apoyo de Estados Unidos, sobre todo desde la elección de Richard Nixon y de su vicepresidente Spiro Agnew, hijo de emigrantes griegos, que mantenía estrechos lazos de amistad con la poderosa comunidad de negocios greco-estadounidense. Grecia era también en esos años un lugar geoestratégico muy importante para Estados Unidos y la OTAN —organización en la que había sido admitida en 1951—, sobre todo tras la conquista del poder por parte de

Muamar el Gadafi en Libia en septiembre de 1969, el continuo conflicto árabe-israelí y la creciente presencia naval soviética en la región.

Pese a ese apoyo, la represión, la ausencia de una amplia base popular y la ineptitud de la Junta causaron su caída. En enero de 1973 los estudiantes universitarios comenzaron a desafiar a la autoridad de los Coroneles, organizaron manifestaciones masivas y, cuando ocuparon la Universidad Politécnica de Atenas, en noviembre, los militares aplastaron el movimiento con tanques y causaron al menos cuarenta víctimas mortales en la noche del 17. La protesta coincidió con la crisis económica internacional que sumergió a Grecia en una creciente agitación social y con un grave conflicto con Chipre, utilizado por la Junta como recurso nacionalista para atraer a la población.

Tras la masacre estudiantil, Papadopoulos fue derrocado por un golpe del sector más ultraderechista de su régimen. La Junta entró en bancarrota. Su sustituto, Dimitrios Ioannides, ex jefe de la policía secreta, se vio involucrado en el intento de asesinato de Makarios, primado de la Iglesia ortodoxa y presidente de Chipre. Cinco días después, el 20 de julio de 1974, Turquía invadió Chipre. Ioannides llamó a una movilización militar general, pero los jefes del ejército no respondieron. Ahí acabaron siete años de dictadura brutal e ineficaz.[94]

Las publicaciones disidentes y de la oposición desde el exilio compararon al régimen de los Coroneles con el del general Ioannis Metaxas (1936-1941), para mostrar el cordón umbilical con el fascismo, o utilizaron la noción de «neofascismo» para subrayar el apoyo del imperialismo estadounidense, la actividad paraestatal y la conexión con las oligarquías económicas locales. Frente a ese argumento, se impuso desde el otro lado la visión de la Junta como un baluarte contra el comunismo y la expansión soviética. En ese momento crucial de la Guerra Fría, Occidente, Estados Unidos y la OTAN necesitaban a Grecia de forma especial para extender sus fuerzas en esa región caliente del Mediterráneo.[95]

Lo cual nos conduce al tema fundamental de la persistencia de dictaduras originadas durante la era del fascismo y apoyadas por las democracias occidentales durante la Guerra Fría. Muertos Hitler y Mussolini, a las potencias democráticas vencedoras les importó muy poco que en los límites meridionales de la Europa «libre», en dos países que poco contaban en la política exterior de aquellos años, se perpetuaran dictaduras represivas, criminales y torturadoras que incumplían las normas más elementales del llamado «derecho internacional».

Como señaló hace tiempo Laurence Whitehead, después de la Segunda Guerra Mundial los gobiernos de Europa Occidental «se acostumbraron a coexistir con una variedad de regímenes no democráticos» y ya no intervinieron. Conforme avanzaba la Guerra Fría, «siempre y cuando esos gobiernos se convirtiesen en aliados fiables en la contienda mundial contra la Unión Soviética, no se ejercería sobre ellos una presión irresistible para que se "democratizasen"». Franco y su régimen fueron, así, gradualmente rehabilitados, algo que se confirmó plenamente con los Acuerdos con Estados Unidos firmados el 26 de septiembre de 1953, la firma del Concordato con el Vaticano el 27 de agosto de aquel mismo año y el ingreso de España en la ONU en diciembre de 1955. Portugal, que había sido miembro fundador de la OTAN en 1949, fue admitido también en las Naciones Unidas en 1955.[96]

La revolución de abril de 1974 en Portugal, la caída, tres meses después, de la dictadura de los Coroneles en Grecia y la proximidad de la muerte de Franco obligaron a cambiar la retórica y la estrategia internacional de los países democráticos que habían apoyado durante décadas las políticas autoritarias en el sur de Europa. Portugal y España —y en menor medida Grecia— habían constituido una anomalía fundamental, muy útil en la lucha y alianza contra el comunismo, pero alejada de la supuesta superioridad política occidental. También los historiadores de esos países democráticos se olvidaron de la anomalía, porque durante mucho tiempo Portugal y España no fueron tenidas en cuenta en las explicaciones históricas de la posguerra en el continente.[97]

De los tres países, España, por su pasado de república, guerra civil, larga dictadura y un mayor desarrollo económico en los años sesenta, era la que mostraba un mayor anacronismo y desfase entre una sociedad dinámica y unas estructuras políticas fosilizadas. La transición hacia la democracia parecía también más difícil en España que en los otros dos países porque al ejército de Franco, unido en torno a él y que no había sufrido una derrota militar, le iba a costar asimilar los cambios. Los gobernantes, encabezados por Arias Navarro, conservaban casi intacto el aparato político y represivo del Estado. Las amenazas de golpe por arriba y de terrorismo por abajo llenaron de dificultades los años que siguieron a la muerte de Franco.

La tiranía de los Coroneles, breve comparada con la de Franco, cayó a finales de julio de 1974, el 17 de noviembre hubo elecciones y el 8 de diciembre un referéndum sobre el futuro de la monarquía. En Portugal, donde el régimen dictatorial y colonial fue derribado el 25 de abril de 1974 por jóvenes e inexpertos oficiales, sin apenas un solo disparo, la Constitución se aprobó dos años después, poniendo fin a un período de aguda inestabilidad y conflictos sociales. En España, la construcción de una monarquía parlamentaria basada en una Constitución democrática tardó tres años, pero para consolidarse tuvo que superar, entre otros graves conflictos y tensiones, un golpe de Estado en febrero de 1981.[98]

La desaparición de esa anomalía en Portugal y España puso fin a una historia que había comenzado antes de la Segunda Guerra Mundial. Quince años después, las revoluciones de 1989 en Europa Central y del Este causaron los cambios de mayor alcance que experimentó el continente desde las dos guerras mundiales. Fue el fin de un orden que, salvo en Checoslovaquia entre 1919 y 1938, no había conocido la democracia en todo el siglo XX. Quienes mandaban en 1989 en esos países habían nacido antes de la Primera Guerra Mundial. El sueño revolucionario de Rusia se había convertido muy pronto en pesadilla. Pero los sistemas comunistas nacidos con tanques desde 1945 mantuvieron el mito y la mentira durante más de cuatro décadas. Fue un camino diferente, un excepcionalismo demasiado largo y extenso en el tiempo y en el espacio.

En realidad, desde el comienzo de este libro, he tratado de mostrar que todo lo que contaba era más intenso y persistente en el centro, este y sudeste de Europa: el paramilitarismo, las guerras, las deportaciones masivas, la limpieza étnica y la radicalización de la violencia política, militar o revolucionaria. Y cuando parecía que la gran transformación de 1989 venía, por fin, de forma pacífica, quedaba Yugoslavia. Larga y complicada historia la del Este.

7

Caminos diferentes, escenarios de confrontación: Europa Central y del Este

> Desde Stettin en el Báltico a Trieste en el Adriático, un telón de acero ha caído sobre el continente. Detrás de esa línea se sitúan todas las capitales de los antiguos Estados de Europa Central y del Este. Varsovia, Berlín, Praga, Viena, Budapest, Belgrado, Bucarest y Sofía, todas esas famosas ciudades y sus poblaciones están en lo que tengo que llamar la esfera soviética, y todas están sujetas de una forma u otra no solo a la influencia soviética, sino a un alto grado de control desde Moscú.[1]

Europa Central y del Este fue el principal campo de batalla de la Segunda Guerra Mundial. La población de Polonia y Yugoslavia fue diezmada. Los países bálticos, Polonia, Yugoslavia y Hungría quedaron en ruinas. En Varsovia el 85 por ciento de sus edificios fue destruido. El déficit de modernización era más grande que a comienzos del siglo XX. La agricultura y la industria descendieron a niveles del siglo XIX. Todos esos países que habían luchado contra su atraso y posición periférica cayeron en un profundo abismo. Los regímenes autoritarios ultraderechistas, que habían surgido en los años veinte y treinta, nazificados durante la guerra, se desplomaron. El dominio y la ocupación alemanes fueron sustituidos por los soviéticos. «El péndulo se movió de un extremo a otro (...) y la crisis de las décadas de entreguerras se extendió a la segunda mitad del siglo XX.»[2]

Ese escenario de destrucción y desplome es el punto de partida para comprender los mecanismos de imposición de los regímenes comunistas, el tránsito del fascismo al comunismo en esa amplia región de Europa. En

1950 todos esos países pertenecían ya al bloque de las «democracias populares», con una estructura similar de partido único, pero su historia anterior había mostrado procesos internos muy diferentes y con escasas conexiones entre ellos.[3]

Durante la guerra, el potencial industrial y agrario de esos países fue empleado para abastecer las necesidades de la economía de guerra alemana. Las economías nacionales fueron tomadas gradualmente por los Estados. Ese proceso de «estatización» fue más visible en los países bajo ocupación directa nazi, con la expropiación de las propiedades de los judíos. Así, «al menos cinco años antes de que la Unión Soviética estableciera su dominio en la región, las economías nacionales fueron separadas de la influencia de Occidente» y la Alemania nazi había construido «los rudimentos de un sistema de planificación central» sobre el que los comunistas, alentados por Stalin, levantaron después el suyo.[4]

La destrucción de las comunidades judías y la expulsión de otras minorías étnicas, que se tradujo en una pérdida demográfica enorme durante la guerra y la inmediata posguerra, tuvieron un profundo impacto en el proceso de consolidación de los regímenes comunistas. Los judíos y los alemanes, numerosos en toda la región antes de 1939, desaparecieron o vieron su presencia muy reducida. Todos esos países, excepto Yugoslavia, pasaron de ser multiétnicos a tener poblaciones casi homogéneas. Los nuevos regímenes comunistas pudieron aducir que daban más oportunidad para la movilidad social, con las vacantes dejadas por judíos y otras minorías, y para las aspiraciones nacionalistas. Y de la misma forma que la violencia de la Primera Guerra Mundial y de sus conflictos posteriores hizo más vulnerable al fascismo a algunas sociedades, la destrucción todavía mayor causada por la Segunda Guerra Mundial en la mayoría de los países allanó la toma del poder comunista, con sus métodos de administración estatal, en poblaciones impactadas por años de quiebra de valores y comportamientos.[5]

1945 no fue un «Año Cero» para Europa Central y del Este, aunque muchos ciudadanos lo percibieran así, sino el punto de inflexión de «una historia de continuidades» que despejó el camino, a través del impacto de la desintegración social causada por la ocupación nazi, al comunismo, algo que había resultado imposible, salvo unos meses en Hungría en 1919, desde la revolución bolchevique. El exterminio de los judíos y la expulsión de la población étnica alemana significó «la desaparición de la mayor parte de la vieja clase y la cultura burguesa, y facilitó la reconstrucción de la sociedad por las elites comunistas». Al «difuminar la división izquierda-derecha», esa planificación y control estatales de la economía a partir de 1945 se construyó tanto sobre la experiencia nazi de tiempos de guerra como sobre «planes prebélicos desarrollados por regímenes ultraderechistas en lugares como Polonia y Bulgaria».[6]

En cuanto a Alemania, los obstáculos para establecer el orden fueron mayores en la zona soviética que en las otras tres zonas de ocupación. Por un lado, la llegada de las tropas soviéticas al este de Alemania fue acompañada, como ya vimos, por una violencia terrible contra la población civil y por el incendio de pueblos y ciudades. Además, esa parte de Alemania, la primera en ser ocupada, acogió a casi un tercio de los doce millones de alemanes refugiados y expulsados de Europa del Este. En el momento del nacimiento de la República Democrática Alemana en 1949 constituían un cuarto de la población total. Esa afluencia masiva significó que «millones de personas desarraigadas e instaladas contra su voluntad en la zona soviética», desorientadas e inseguras sobre su futuro, sufrieron enormes problemas para su integración social. El caos dejado por la guerra y la derrota del nazismo no resultó fácil de sustituir por un nuevo orden, aunque fuera con tanques y policía.[7]

La paz de los tanques

Los ocho países que el Ejército Rojo ocupó en 1945, aunque en Bucarest había entrado ya el 30 de agosto de 1944, tenían diferentes tradiciones políticas y culturales. Ese amplio territorio incluía antiguas monarquías autocráticas, con Estados semifeudales, de diferentes idiomas y religiones que habían sido dominados por la Alemania nazi y desde 1949 Estados Unidos y las democracias europeas occidentales comenzaron a identificarlos como un «bloque», bajo dominio soviético, también denominado Europa del Este, un término político más que geográfico; porque había entre ellos países de Europa Central y otros, como los bálticos, repúblicas independientes desde 1921 hasta 1939-1940, fueron incorporados a la Unión Soviética. Separados a partir de ese momento de Occidente por vallas y alambres de espino, cuando en 1961 se levantó el muro de Berlín parecía como si esas barreras «fueran a durar para siempre».[8]

Europa del Este, con E mayúscula, se llamó a esa región, uniformada por un sistema definido como «socialismo», «comunismo», «totalitarismo», sin tener muy en cuenta a individuos, pueblos, naciones o Estados. En esos críticos años desde el final de la guerra a 1948 «no estaba claro que Bulgaria o Rumanía tuvieran más cosas en común con Checoslovaquia y la República Democrática Alemana que con, por ejemplo, Grecia». La guerra la había ganado una coalición que afirmaba hablar por toda Europa, pero hacia 1948 eso se había perdido y Europa había empezado a ser identificada con algo muy distinto, «Occidente contra el comunismo».[9]

Fue la victoria en la Segunda Guerra Mundial la que proporcionó a Stalin una oportunidad sin precedentes para imponer su visión de comunismo a los países vecinos. Lo que no había sido posible después de la revolución de octubre de 1917 llegó tras el triunfo sobre el fascismo. La Unión Soviética, aunque económica y demográficamente deteriorada, emergió de las batallas que casi la destruyeron como una «superpotencia» atrayendo el respeto y miedo de sus vecinos y antiguos aliados. Tras el «glorioso Octubre», esa guerra se convirtió «en un segundo mito fundacional de un régimen deseoso de presumir de los logros del sistema socialista».[10]

En el avance hacia Berlín, el ejército soviético, a la vez que aplastaba a los alemanes y ocupaba los territorios por los que pasaba, inició «un sistemático desarme y destrucción de los partisanos antifascistas». A partir de ese momento, la presencia militar de la Unión Soviética en esa mitad de Europa se convirtió en un fenómeno duradero, de más de cuatro décadas. Stalin tenía razones ideológicas, tras derrotar al nazismo, pero también geoestratégicas, para establecer una amplia barrera de contención que impidiera nuevos ataques al territorio soviético. La tarea de reconstrucción en ese amplio territorio se hizo a través de la violencia, primero de una violencia de «soldadesca», de ocupación, después de «construcción nacional».[11]

La implantación de ese sistema político no siguió inmediatamente al avance de los tanques soviéticos. Primero, en los países que habían combatido al lado de Alemania durante la guerra —Rumanía, Bulgaria y Hungría— se crearon Comisiones de Control Aliado que dieron a las autoridades soviéticas, militares y asesores políticos, un instrumento oficial para manejar la administración de los nuevos territorios y asegurar, a través de la fusión de los pequeños partidos comunistas con los socialistas, el dominio de las burocracias locales. Los Aliados, con la Declaración sobre la Europa Liberada, proyectaron una reconstrucción y vuelta a la normalidad a partir de principios democráticos. En Europa Central y del Este la Unión Soviética fue el «árbitro» de ese proceso. Según Jan T. Gross, los «arquitectos» del Estado soviético habían descubierto que la acumulación del poder llegaba simplemente negándoselo a otros.

En esos países construyeron su poder a través de la destrucción de la sociedad civil, de organizaciones independientes y de las Iglesias católica, protestante y ortodoxa. El fin era evitar que ninguna otra fuerza social pudiera tener presencia. Se trataba de incapacitar a la sociedad. Los comunistas no estaban interesados en el poder de sus competidores, «sino en la fuente de ese poder», que no pretendían tomarlo, sino «aniquilarlo». La política del Partido debía «parecer democrática —dijo Walter Ulbricht, líder de los comunistas de Alemania del Este—, pero debemos tenerlo todo bajo control». Y para lograr esa tarea, contaron con apoyos entusiastas, de «"revolucionarios profesionales", pero también de un considerable grupo de seguidores juveniles que, tras años de inseguridad y horror, creyeron en el futuro radiante que los nuevos regímenes prometían», en las oportunidades de movilidad social disponibles como resultado de la guerra, destrucción y masivos desplazamientos de población.[12]

El establecimiento de la hegemonía soviética sobre el centro y este de Europa «fue casi una repetición de las prácticas nazis de unos años antes». Primero «con una serie de anexiones directas desde el Báltico a Rumanía», con expulsiones y desplazamientos de población, mientras se imponían las dictaduras de los partidos comunistas. Después, con «una administración militar que aseguraba el dominio, en un proceso de desnazificación y sovietización», eliminando a grandes industriales y terratenientes y transformando las estructuras económicas y de clases sociales de los países ocupados. Y finalmente, con el estacionamiento de tropas, servicios secretos y de asesores políticos y militares.[13]

El Comisariado del Pueblo para Asuntos Internos (NKVD) se encargó de ayudar a construir las policías secretas de cada país, que sirvieron de «elemento de cohesión al sistema». Además de usar la violencia, se trataba de mostrar su «omnipresencia», un poder intimidatorio que paralizaba a la sociedad a través de la vigilancia y de la represión.[14]

La destrucción de la sociedad civil, de organizaciones independientes y religiosas, y de los enemigos políticos requirió un extenso aparato represivo de servicios de inteligencia, policía e informantes. En el caso de la Securitate rumana, participaron en esas tareas alrededor de 15.000 policías y medio millar de informantes. En Alemania Oriental la Stasi empleó 90.000 policías y 150.000 informantes activos para una población de 17 millones. Un informante se convertía en «colaborador» cuando ingresaba en el Partido Comunista, luego en un «colaborador pagado» y finalmente tenía la posibilidad de promocionar al grado de «policía político», con identidad protegida. Los informantes recibían beneficios económicos y otro tipo de privilegios si espiaban y denunciaban a parientes, amigos, vecinos o compañeros de trabajo. «No todos fueron voluntarios, o actuaban por venganza. Algunos lo hacían por temor a sufrir represalias o bajo chantaje.» La policía secreta de esos países, como se ha podido probar tras la apertura de archivos desde 1989, fabricó y conservó expedientes de visitantes occidentales, miembros de la elite, disidentes del comunismo y ciudadanos comunes. Su forma de reclutamiento, misión y actividad general fue notablemente similar en todos los países.

Aunque omnipresente y ubicua, la policía política no era sino el «brazo obediente» de los partidos comunistas que dominaron la región desde el final de la Segunda Guerra Mundial hasta 1989. Esos partidos controlaban la designación de funcionarios, tenían el monopolio de las diferentes áreas de la política, supervisaban los medios de comunicación y la producción artística «y restringieron derechos civiles básicos como la libertad de expresión, religión, opinión y asociación». Entre el partido y los servicios secretos había una relación jerárquica que mantenía el funcionamiento estable del sistema.[15]

El rápido crecimiento y expansión de esos cuerpos de seguridad fue necesario para asegurar el control político y la transición desde el nazismo al estalinismo. Durante un largo período no hubo diferencia entre el trabajo político y el policial. Después, los rasgos principales del desorden extremo de la inmediata posguerra, desde el caos administrativo al aumento del crimen y la falta de alimentos, comenzaron a disminuir. Y eso coincidió con la imposición en esos nuevos Estados del monopolio de la violencia, capaz de acabar con el denominado «período sin ley», de crimen común y de terribles excesos de las tropas soviéticas frente a nazis y fascistas.

A muchos sectores de la población no les quedó otra alternativa que adaptarse a las circunstancias, resignados tras años de violencia y tribulaciones. Lo prioritario era encontrar comida o una casa, especialmente en Alemania Oriental, en un escenario donde un cuarto de la población eran indigentes o sin techo, con familias diezmadas. Allí las nuevas autoridades comunistas se encontraron una «población pasiva» y no nazis fanáticos. Más que resistir a los ocupantes, la población alemana se doblegó al nuevo poder, tratándose de ajustar a la nueva vida en circunstancias extremas y esa pasividad «ayudó a allanar el camino para ese sorprendente rápido establecimiento del orden». Y aunque fue un orden basado en el agotamiento extremo de la población y en la represión de las fuerzas de ocupación soviéticas, proporcionó una salida al caos dejado por la guerra y el nazismo.[16]

Tras los primeros años de posguerra, «la violencia brutal e indiscriminada» del Ejército Rojo en su avance hacia Berlín «dio paso a una más selectiva de detenciones, tortura, ejecuciones y campos de concentración». Como sucedió en otros países de Europa Occidental, al principio los perseguidos fueron ex fascistas y colaboradores de los nazis. Pero en la zona ocupada por los soviéticos, la definición de «fascista» se hizo más extensa, para incluir no solo a los ex colaboracionistas sino también a anticomunistas.[17]

Tras el golpe de los comunistas checos en febrero de 1948, que obligó al presidente del Gobierno de Concentración Edward Benes a ceder el poder al secretario del Partido Comunista Klement Gottwal, sus camaradas hicieron lo mismo en el resto de países, donde ya se habían fusionado los partidos socialdemócratas y comunistas. Los comunistas utilizaron los gobiernos de «Frente Nacional» entre 1945 y 1948 como tapadera y pretexto de «maquinaciones políticas, represión y acumulación de poder absoluto».[18]

De gobiernos de coalición de partidos antifascistas con agrarios, liberales y nacionalistas se pasó a dictaduras de un solo partido, con políticas radicales de control estatal, purgas, colectivización y eliminación de quienes se oponían. El principal político anticomunista de Bulgaria, el líder agrario Nikola Petkov, fue ejecutado en septiembre de 1947. En Polonia, Stanislaw Mikolajczyk, líder del Partido Campesino y presidente del Gobierno en el exilio durante la guerra, huyó del país en 1947 tras las elecciones amañadas en las que su partido, mucho más numeroso que el comunista, apenas obtuvo el 10 por ciento de los votos frente al 80 por ciento del «bloque democrático». Béla Kovács, líder húngaro del Partido de los Pequeños Propietarios, que había conseguido una mayoría absoluta en las elecciones de noviembre de 1945, fue acusado de espionaje contra las fuerzas de ocupación y enviado a Siberia. Los socialdemócratas que se negaron a unirse al Partido Comunista también fueron condenados y castigados como enemigos del pueblo.[19]

Además de opositores no comunistas, miles de dirigentes comunistas locales fueron ejecutados, encarcelados y expulsados del partido. En Albania, el ex ministro del Interior Koci Xoxe fue ejecutado el 11 de junio de 1949, perseguido por su rival Enver Hoxha, acusado, entre otros cargos, de haber trabajado para los servicios de inteligencia británicos y estadounidenses durante la guerra. Xoxe había presidido los juicios de los «criminales de guerra albaneses» y dirigido la Sigurimi, la policía secreta. Unos meses después, fueron ahorcados Traicho Kostov, uno de los fundadores del Partido Comunista Búlgaro, y el ministro del Interior húngaro Lázló Rajk. Kostov y Rajk, como Ana Paukeer y Vasile Luca en Rumanía, fueron señalados por «desviaciones nacionalistas» y «titoísmo».[20]

Yugoslavia era un país diferente en la región porque el comunismo, con su líder Josip Broz Tito, había llegado al poder a través de una guerra «partisana» antifascista y no por la ocupación del Ejército Rojo. Y al contrario que ocurrió en el resto de los países, donde hubo un período de transición de casi tres años con gobiernos de «Frente Nacional», Tito instauró una dictadura del partido a finales de 1945, con la eliminación de sus oponentes políticos. Pero a la vez que, con su ortodoxia ideológica, parecería seguir a la URSS, Tito tenía mucha más independencia y carisma que los otros dirigentes comunistas. Stalin le acusó en marzo de 1948 de crear una «atmósfera antisoviética», lo comparó con Trotski y los dos países rompieron relaciones.

Tito, en lo que el historiador Seven Pavlowitch denominó «estalinismo sin Stalin», comenzó una «caza de brujas» contra los miembros más destacados prosoviéticos en el Partido Comunista Yugoslavo. Alrededor de 16.000 personas fueron arrestadas e internadas en campos inspirados en el Gulag. Pero Stalin utilizó a su vez la «apostasía» de Tito como pretexto para purgar a dirigentes y cuadros comunistas en todo el bloque.[21]

Los juicios y ejecuciones como los de Kostov, Rajk y Xoxe se repitieron en otros países. El mayor de todos esos «juicios espectáculo» se escenificó en Praga en noviembre de 1952. De los catorce acusados, once eran judíos, una categoría que se añadió a burgueses, traidores, nacionalistas y trotskistas. Los partidos comunistas de Europa Central y del Este tenían un número considerable de afiliados y dirigentes judíos. El paramilitarismo ultraderechista de los años veinte, algunos de los dictadores de esos países y el fascismo habían acusado a los judíos de «fabricar» el bolchevismo. El avance del Ejército Rojo hacia Berlín supuso la salvación para los judíos que habían sobrevivido al intento de exterminio por parte del nazismo. Y una buena parte de los cuadros dirigentes de los partidos comunistas que llegaron al poder en esa amplia región después de 1945 eran de origen judío.

Pero muchos de los que volvieron a sus países tras años de exilio, cárcel o de sobrevivir a los campos de concentración no siempre fueron bien recibidos. Stalin, cuyo antisemitismo era bien conocido, comenzó desde 1948, pasados los primeros años de posguerra, a orientar un cambio de actitud respecto a los judíos que se extendió por los países bajo su domino. El 23 de noviembre de 1951 Rudolf Slánsky, secretario general del Partido Comunista de Checoslovaquia, fue arrestado y otros destacados comunistas judíos siguieron el mismo camino. Tras ser torturados durante meses, se «preparó» un juicio, aprobado por Stalin. Once de los catorce acusados fueron condenados a muerte y ejecutados, y tres a cadena perpetua. El juicio sirvió como pretexto para masivas detenciones y expulsiones de judíos soviéticos.

Desde que tomó el poder, el Partido Comunista de ese país había «limpiado» con miles de «ceses» el aparato de seguridad y el ejército. Tras el golpe de febrero de 1948, decenas de miles de personas fueron purgadas. Y detrás de toda esa represión estuvo Rudolf Slánsky, quien declaró en septiembre de ese año, el día del funeral de Edward Benes en Praga, que el país necesitaba «campos de trabajo» para tratar al «enemigo de clase». En mayo de 1950, había 32.638 prisioneros en Checoslovaquia, de los que más de un tercio eran políticos. Antes de la muerte de Stalin, 27.000 checos y eslovacos habían sido sentenciados a cinco años o más de prisión por «crímenes políticos». Slánsky cayó en desgracia cuando fue acusado por otros dirigentes del partido, procesados y torturados, de ser el líder de los trotskistas en Checoslovaquia, mantener relaciones con la CIA y conspirar con otros poderes occidentales contra la seguridad nacional.

El caso fue conducido por los servicios secretos soviéticos. Slánsky negó los cargos de «alta traición, sabotaje, espionaje y conspiración». Y acusó a sus torturadores de racismo por utilizar el argumento condenatorio de que era judío. Slánsky no recurrió el veredicto del tribunal que lo sentenció a muerte el 27 de noviembre de 1952. A su mujer se le permitió visitarlo la noche antes de su ejecución. Fue colgado, tras los otros diez condenados. Eran las 5.42 de la mañana del 3 de diciembre de 1952. Los responsables de toda esa investigación y del «juicio espectáculo» fueron ascendidos y recompensados. Las propiedades de los ejecutados fueron subastadas y vendidas a precio de saldo.[22]

Esos «juicios espectáculo» en los diferentes países del bloque comunista tenían, según Tony Judt, una función pedagógica, exhibir ante la población la estructura jerárquica de la autoridad, «asignar las culpas de los fracasos políticos y el reconocimiento a la lealtad y a la sumisión». Los acusados pasaban de ser críticos u oponentes a una «pandilla» de traidores y conspiradores corruptos. Y una de sus principales funciones era «identificar chivos expiatorios» cuando las políticas no funcionaban. Los juicios destacaban las virtudes de Stalin y los «delitos de los enemigos». A los ojos de Stalin, «cualquier comunista que había pasado algún tiempo en Occidente», lejos del alcance soviético, «era considerado sospechoso». Muchos de los comunistas que habían intervenido en la guerra civil española pasaron por ese calvario, como el mencionado Lázló Rajk o el checoslovaco Otto Sting, dirigente cercano a Slánsky, quien declaró el 28 de mayo de 1951 que su caso «fue manejado desde Moscú y tenía como objetivo destruir a gente inocente que pasó tiempo en Inglaterra y que combatió en España». Judío como Slánsky, fue ahorcado el mismo día, el 3 de diciembre de 1952.[23]

Orlando Figes apuntó hace tiempo que ya en el partido bolchevique

que llegó al poder en octubre de 1917 había una división sustancial entre quienes pasaron los años de la Primera Guerra Mundial fuera y quienes estuvieron en Rusia. Mientras que los primeros, exiliados, tendían a ser más internacionalistas y cosmopolitas en sus puntos de vista, los segundos —con Stalin como mejor ejemplo— tenían menos conocimiento de lo que pasaba en Europa, de sus culturas y lenguas, estaban más acostumbrados a la clandestinidad, visitaban a menudo las cárceles zaristas y tenían una concepción más rígida del partido.

Fue en ese terreno, en el choque entre «nativos» y «cosmopolitas», donde residían las raíces sociales de las luchas que marcaron al partido en los años veinte entre «Socialismo en un solo país» y «Revolución mundial» y en las purgas de los años treinta, en las que la mayoría de los líderes exiliados de los partidos comunistas del Este habían sido eliminados. No resulta extraño, añade Figes, que los principales aliados de Stalin en su ascenso al poder (Mólotov, Kaganóvich o Kírov) hubieran permanecido en Rusia en los años de la Gran Guerra y que muchas de sus víctimas en el partido (Trotski, Bujarin, Zinóviev, Antónov-Ovséyenko), por el contrario, hubieran estado fuera.[24]

Occidente era siempre, según Stalin, una amenaza y no era casualidad que muchos de esos comunistas fueran víctimas de acusaciones de espionaje, haber colaborado con la CIA o con los servicios secretos británicos, aunque en los juicios hubo también un importante componente de «ajuste de cuentas». Pero más allá del castigo a esos comunistas, lo que conviene destacar es la escala «monumental de la represión a los ciudadanos de la URSS y de Europa Central y del Este durante la década siguiente a la Segunda Guerra Mundial. Los juicios fueron «la punta visible de un iceberg» de persecución a millones de personas, encarceladas, exiliadas o enviadas a batallones de trabajos forzados en Siberia o en Asia Central soviética.

El sistema comunista «vivió en un estado permanente de guerra no declarada contra sus propios ciudadanos». Además, las ejecuciones, la represión y la censura no eran desconocidas en esa parte de Europa que había sufrido un largo período de dictaduras ultraderechistas y después fascistas y en muchos casos los instrumentos de control y terror ya estaban instalados. Lo que hicieron en muchos lugares los hombres de Stalin fue perfeccionarlos. La ocupación soviética, como ya ha quedado claro en estas páginas, sucedió a la nazi. Y la transición entre una y otra no fue tan radical y brusca, aunque «los antiguos abusos ahora iban envueltos en una jerga retórica de igualdad y progreso social».[25]

En todas esas sociedades se instaló el miedo, la denuncia, la sumisión y la despolitización. La ciencia y la cultura fueron puestas al servicio de los partidos comunistas, que establecieron el control ideológico sobre la prensa, escritores, artistas, escuelas y universidades. Czeslaw Milosz, tras huir de Polonia en 1951, denominó a ese sistema de control dogmático «el pensamiento cautivo». En realidad, en esa parte de Europa los intelectuales llevaban ya años bajo el fanático dominio del autoritarismo, el antisemitismo y el extremismo ideológico.

La Iglesia católica suponía de entrada un gran obstáculo al dominio de esa nueva teocracia que era el estalinismo y la respuesta que encontró su apoyo a los pequeños partidos no comunistas en los primeros momentos de la posguerra fue la represión. El cardenal húngaro József Mindzenty fue detenido y sentenciado a cadena perpetua en 1949. En Yugoslavia, el arzobispo croata Alojzie Stepinac fue condenado a dieciséis años de trabajos forzados. Solo en Polonia, donde las instituciones católicas tenían una presencia extraordinaria, la Iglesia pudo seguir desempeñando una función pública de asistencia en hospitales, escuelas y prisiones. Fue un caso singular en el bloque soviético que permitió alimentar una disidencia constante que salió a la superficie como cultura alternativa desde finales de los años setenta.[26]

La Iglesia católica polaca era una institución poderosa que formaba parte integral de la vida nacional, reforzada tras la Segunda Guerra Mundial como resultado de los cambios territoriales, el extermino de los judíos y un notable renacimiento de la religión. Acusada al principio de haber mostrado simpatía y connivencia con los nazis, tras la muerte de Stalin los comunistas polacos pactaron una tregua informal con el Episcopado y desde ese momento la Iglesia gozó de libertades sin igual en los otros países del bloque. Todos los intentos del régimen comunista «de cortar los vínculos entre la Iglesia católica y la nación polaca acabaron en fracaso». Cada vez que aparecía una confrontación sobre el control de la educación o las designaciones eclesiásticas, «el régimen tenía que retractarse y el poder y prestigio de la Iglesia se fortalecían». El cardenal Stefan Wyszynski singularizó esa victoria en el conflicto entre la Iglesia y el Estado, especialmente en el período entre 1948 y 1956 cuando la Iglesia combatía por su supervivencia como institución religiosa independiente.[27]

Stalin murió el 6 de marzo de 1953. Millones de personas quisieron mostrar su sentimiento de duelo con ropas de luto y cintas negras. Multitud de personas se juntaron en las plazas de las principales ciudades en silencio. En Budapest lo hicieron alrededor de la gigantesca estatua de Stalin que había sido inaugurada en 1951. A su funeral acudieron todos los jefes de

Gobierno y máximos dirigentes de los partidos comunistas de los países del bloque. Klement Gottwald, presidente de Checoslovaquia, sufrió allí un ataque al corazón y murió unos días después. Lavrenti Beri y George Malenkov dieron discursos de despedida, aunque no mostraron, según un testigo, «ni una sola señal de pena».[28]

Con Stalin moría el constructor del comunismo, un dictador, la cabeza visible y máximo responsable de un sistema de terror que lleva su nombre, que liquidó a la vieja guardia del partido bolchevique y a millones de personas, de diferentes pueblos, grupos y clases. Pero también una autoridad sacralizada a través de la construcción y reconstrucción de un culto que incluía retratos, pósteres, cuadros, estatuas, bustos, películas, documentales, obras de teatro, poemas y canciones. «Productos de culto», en suma, que no surgieron de forma espontánea, sino creados por personas e instituciones a través de prácticas concretas.

La muerte de Stalin, además de la real, produjo «varias muertes simbólicas». Mucha gente sintió en ese momento una pérdida de «proporciones existenciales». Su culto y su «alquimia de poder» lo habían hecho aparecer casi inmortal. Cuando tras el discurso de Nikita Jrushchov de febrero de 1956 siguió una campaña masiva iconoclasta, dirigida a remover cualquier huella o imagen suya del espacio público soviético, las tensiones entre iconoclastia y culto no se cerraron. «Porque Stalin se había convertido en un símbolo y, como símbolo, significaba más que Stalin el hombre.» Era el símbolo de todo un sistema y estilo de concebir la política, la nación, la religión y la patria.[29]

Su muerte dejó a la Unión Soviética sin un claro sucesor. Los tres principales candidatos, Lavrenti Beria, George Malenkov y Nikita Jrushchov, representaban a la generación «más joven» del círculo de asesores más próximos a Stalin, que ya había participado en la purga de 1937-1938. Beria, que tanto había contribuido como jefe de la policía al aparato de seguridad y a la desaparición de otros, fue detenido unos meses después y ejecutado por el ejército el 23 de diciembre de 1953, acusado de traición y de ser un «agente imperialista». Malenkov duró algo más, porque dirigió el gobierno por un tiempo, pero al final también fue marginado en esa carrera por el poder. Lo consiguió finalmente Jrushchov a partir de marzo de 1958. Tenía entonces 63 años. Era hijo de un campesino minero, que no pudo estudiar y había trabajado antes de la subida al poder de Stalin como obrero metalúrgico. En febrero de 1956, en el XX Congreso del Partido, denunció las políticas totalitarias de Stalin. Durante cuatro horas, asombró a los delegados con un discurso en el que acusó a su predecesor de «intolerancia», «brutalidad» y «abuso del poder». La «desestalinización» y la apertura cultural, acompañada de una masiva liberación de presos políticos, que ese discurso proponía no impidió utilizar una brutal represión para aplastar una insurrección en Hungría unos meses después.[30]

Bajo la apariencia de uniformidad, disciplina y férreo control, en algunos lugares comenzaron a surgir protestas y manifestaciones de resistencia. La primera y más importante apareció en Alemania Oriental apenas tres meses después de la muerte de Stalin. Además de continuas disputas laborales y formas de resistencia cotidiana en varios países, las dos insurrecciones más amenazantes tuvieron lugar en Budapest en 1956 y en Praga en 1968. Cada vez que desde diferentes frentes se intentó renovar el sistema comunista desde arriba o derribarlo desde abajo, la intervención militar aplastó la resistencia. El sistema aguantó, pero cada vez era más difícil legitimar el argumento de que actuaba en nombre del pueblo o de las clases trabajadoras.

Insurrecciones

La historia de la zona de ocupación soviética entre 1945 y 1949 es crucial para comprender el desarrollo a largo plazo de la República Democrática Alemana (RDA). Fue en esos primeros años de ocupación cuando el escenario se fijó para el futuro, con el comportamiento sexual depredador del Ejército Rojo —que causó una oleada de suicidios de mujeres y la enemistad de muchas otras con el comunismo—, el establecimiento de los «campos especiales» tanto para antiguos nazis como para opositores democráticos, la creación del departamento K-5, embrión de la Stasi, y las reformas que quitaron las tierras a grandes propietarios. En aquellos años de ocupación y en los primeros de la era Ulbricht hubo una persecución brutal de socialdemócratas, liberales y democratacristianos, disturbios laborales y mucha resistencia, que, lejos de establecer una «dictadura de consenso», preparó el camino a una amplia agitación social que estuvo a punto de derribar al régimen en junio de 1953. Solo en 1950 había habido 78.000 juicios a opositores políticos.[31]

El 9 de junio de 1953 Walter Ulbricht anunció una serie de reformas que incrementaban la producción de los trabajadores industriales. El 17 de junio hubo protestas en más de quinientas localidades. Al día siguiente había más de 200.000 trabajadores en huelga. En vez de negociar, el máximo dirigente comunista recurrió a los tanques para aplastar la revuelta. Hubo veinticinco muertes y seiscientas ejecuciones como consecuencia de la represión.

Las quejas sociales, frente a las condiciones de vida y laborales, actuaron como catalizador para la lucha popular, alimentada por una «conciencia colectiva» de la agresión a los derechos civiles desde 1945. Según Gary Bruce, lo que ocurrió el 17 de junio de 1953 no fue solo un «levantamiento espontáneo» contra condiciones represivas en el trabajo, una expresión de disidencia o desobediencia, sino una «defensa colectiva popular» y de principios éticos y políticos. La existencia de un sistema político en la otra Alemania, la Occidental, que amparaba la libertad individual y permitía la participación política, dos pilares de la democracia, influyó en los motivos y aspiraciones de la protesta.[32]

Algunas de las reivindicaciones que exhibieron los trabajadores en huelga en diferentes sitios mostraban la naturaleza política y no solo económica de la revuelta. En la industria óptica Zeiss en Jena, los huelguistas reclamaron elecciones libres. Se sumaron muchos campesinos con idénticas reivindicaciones, que incluían también la libertad para los presos. Los informes policiales denunciaban ataques a los funcionarios del Partido Socialista Unificado de Alemania (SED) en las colectividades agrícolas. Hubo enfrentamientos en las calles de las principales ciudades, con jóvenes que arrojaban piedras y adoquines contra los tanques. Los principales objetivos de los manifestantes fueron los edificios relacionados con el aparato represivo: oficinas de policía, tribunales y prisiones.[33]

Las consecuencias más importantes de aquellos disturbios fueron «la expansión de los instrumentos de control» del SED. Se crearon «milicias de fábrica» y una policía motorizada de cuatro mil hombres, pero sobre todo se amplió la red de informantes para la Stasi, que no paró de crecer hasta los años setenta. La policía secreta de Alemania Oriental necesitó muchos más informantes que la Gestapo en el Tercer Reich, que operaba, como demuestra Robert Gellately, con un grupo relativamente pequeño de informantes y dependió de las denuncias espontáneas de mucha gente. Lo cual puede indicar, según sugiere Bruce, que en la RDA los ciudadanos no denunciaban espontáneamente a otros a la policía.[34]

Tres años después de esa revuelta la «desestalinizacion» llegó también al Politburó del SED, que renunció al culto a la personalidad y a los métodos terroristas del estalinismo, pero no afectó a las estructuras políticas ni al estricto control policial de los oponentes. Descendió el número de presos, aunque no el de las sentencias por «crímenes contra el Estado». Muchos ciudadanos, antes de hacer frente a la represión, eligieron huir a Alemania

Occidental. Varios cientos de miles huyeron antes de que en la noche del 13 de agosto de 1961 se levantara un muro en el centro de Berlín. Fue la solución de los gobernantes comunistas, incapaces de frenar la hemorragia de población que tantos costes políticos y económicos ocasionaba.[35]

Siguiendo los pasos de esos disturbios, las tensiones entre neoestalinistas y liberalizadores se agudizaron en otras ciudades del bloque comunista. En Hungría y Polonia algunos intelectuales comenzaron a explorar caminos de apertura. En Poznan trabajadores metalúrgicos iniciaron a finales de junio de 1956 una marcha y una protesta contra la carestía de alimentos y productos básicos, pidiendo «pan y libertad» y la libertad del cardenal Wyszynski. La multitud atacó la prisión y al menos 57 personas murieron por los disparos de la policía local. En octubre, en medio de una escalada de agitación social, el régimen soviético aceptó la rehabilitación y retorno al poder como secretario del Partido Obrero Unificado Polaco de Wladyslaw Gomulka, quien había sido purgado unos años antes.

Las causas que condujeron a la insurrección de octubre de 1956 en Hungría, la más importante de esa década, mostraban ya una profunda crisis en algunos de los pilares de dominio del sistema comunista. La economía se dirigía al desarrollo de la industria pesada, con una despreocupación por la justa distribución de los productos básicos de consumo. Intelectuales y críticos opusieron sentimientos nacionalistas, acompañados de simbolismos históricos, como la reivindicación del poeta de la revolución de 1848 Sándor Petöfi, frente a la represión por un poder extranjero. En el verano de 1956, el «círculo Petöfi», un club de debate abierto, atrajo audiencias de más de 6.000 personas. Fue el «preludio intelectual de la revolución».[36]

Además, la elite dirigente comunista se había dividido profundamente entre Mátyás Rákosi, uno de los más fieles seguidores de Stalin, que controlaba el partido, e Imre Nagy, quien había cuestionado la vía de industrialización y colectivización y no había participado en las purgas entre 1949 y 1953. En el verano de 1956 Rákosi cerró el «círculo Petöfi» y preparó la purga de Nagy y de cuatrocientos seguidores. La dirección comunista soviética no la aceptó y Rákosi dimitió el 18 de julio y se fue a Moscú.[37]

Su sucesor, Ernö Gerö, había sido delegado de la Komintern en España en los años treinta, donde tuvo un notable papel en la represión del POUM y de la CNT tras los sucesos de mayo de 1937 en Barcelona. Estaba muy unido a Rákosi, muy implicado en las purgas de comunistas húngaros, y como había sido coronel en el Ejército Rojo, símbolo de la ocupación de Hungría, no fue bien recibido por los sectores más nacionalistas. Frente a lo que había pasado en Polonia, el cambio en la dirección del partido siguió las directrices y deseos de Moscú.

En octubre de 1956 los estudiantes de varias ciudades comenzaron masivas protestas. El 22, en la Universidad Tecnológica de Budapest, pidieron libertad política en una lista de demandas conocida como los «Dieciséis Puntos», reformas económicas, la retirada de las tropas soviéticas y el nombramiento de Nagy como jefe de Gobierno. Al día siguiente, la estatua de ocho metros de altura de Stalin, situada en Városliget, en el parque principal de Budapest, donde el régimen comunista celebraba sus desfiles y conmemoraciones, símbolo del dominio soviético, fue derribada por la multitud, cortada por los pies, con las botas del dictador como único rastro sobre el pedestal. Fue el primer acto de la revolución y, entre escenas de gran júbilo, un camión transportó la estatua de bronce por las calles de la ciudad hasta dejarla tirada en las puertas del Teatro Nacional.

Lo que había comenzado como manifestaciones pacíficas de estudiantes se convirtió pronto en una insurrección armada en Budapest y en otros lugares de Hungría. En la mañana del 24 Budapest estalló en combates entre, por un lado, la policía secreta y las tropas soviéticas y, por otro, grupos de rebeldes con armas suministradas por los trabajadores de las fábricas de armamento. El Comité Central acordó nombrar a Nagy jefe de Gobierno. Se formaron consejos revolucionarias o nacionales, llamados «soviets antisoviets», que unos días después tenían todo el país bajo control.

La mayoría del ejército húngaro se alió con los insurgentes. Los soldados soviéticos y los emblemas de la represión fueron los principales objetivos de los grupos armados. Las tiendas rusas fueron saqueadas y algunos húngaros asociados con el dominio soviético fueron ejecutados en público. En doce días de desorden y euforia, los símbolos del régimen comunista sufrieron ataques continuos. «Luchadores por la libertad», como se les denominó entonces, hombres y mujeres jóvenes, armados con rifles y cócteles molotov, se enfrentaron al Ejército Rojo. Derribaron monumentos, liberaron a presos políticos y tomaron la sede de la radio nacional, el principal instrumento de propaganda.

El 27 Nagy formó un nuevo gobierno de «Frente Popular Patriótico», que inició negociaciones con los insurgentes, y los soviéticos acordaron retirar las tropas del país. Pero Nagy no controlaba la insurrección y su gobierno fue rechazado por un comité nacional revolucionario, dirigido por József Dudás. Nagy y Dudás acordaron formar un gobierno de coalición e introducir un sistema democrático. El gobierno, en un anuncio histórico, abolió «el sistema de un solo partido» y reconocía «la cooperación democrática» entre los diferentes partidos, «como existía en 1945». Era una ruptura con el comunismo y la destrucción del papel dirigente del partido. La revolución parecía haber triunfado y, lo que resultaba más increíble, amplios sectores del pueblo húngaro habían derrotado al poderoso Ejército Rojo y habían liberado a la nación del dominio soviético.

Poco duró la victoria, sin embargo. El 31 de octubre el Presidium soviético decidió intervenir para restaurar el orden comunista en Hungría. Moscú no podía permitir ese desafío a la autoridad por un país que había combatido con los alemanes en las dos guerras mundiales, ni tampoco que la revuelta se extendiera como modelo a otros países. El 4 de noviembre tres mil tanques soviéticos entraron en Hungría. Nagy y sus principales colaboradores se refugiaron en la embajada de Yugoslavia. El 7, aniversario de la revolución bolchevique, János Kádár fue encargado de iniciar la reconstrucción política del dominio comunista en Hungría.[38]

Kádár todavía tuvo que enfrentarse a alguna resistencia armada hasta el 14 de noviembre. El último acto de desafío masivo lo protagonizaron miles de mujeres que, vestidas de luto, marcharon silenciosamente al monumento a la tumba del soldado desconocido en Budapest. Kádár era partidario de utilizar métodos «blandos» de represión, pero las instrucciones de Moscú fueron en otra dirección. Las tropas soviéticas bombardearon todos los focos de resistencia. El 23 de noviembre, Nagy, a quien se le había prometido una salida del país, fue arrestado por las tropas soviéticas y conducido a un lugar secreto de Rumanía, para ser devuelto después a Hungría y ejecutado en la horca el 16 de junio de 1958.[39]

Miles de edificios quedaron en ruinas. Unos 4.000 húngaros y 700 soldados soviéticos murieron en los combates. Alrededor de 200.000 húngaros huyeron y la mayoría permanecieron en el exilio durante tres décadas. Trescientas personas fueron ejecutadas tras pasar por juicios sumarísimos sin garantías procesales y unos 22.000 más fueron internados en campos de trabajo. El cardenal Mindzenty, que había sido liberado por los insurgentes de su arresto domiciliario, se refugió en la embajada de Estados Unidos, donde permaneció hasta 1971.

Estados Unidos y el resto de países democráticos no hicieron nada más allá de emitir declaraciones de simpatía hacia el pueblo húngaro. Las democracias no intervinieron y la Unión Soviética mantuvo el control por la fuerza. Con esas dos posiciones iba a resultar muy difícil que hubiera cambios en esos países de Europa Central y del Este. Había resultado muy sorprendente la facilidad con la que el orden establecido se tambaleó e incluso se desmoronó por unos días. Todas las esperanzas abiertas por la desafección de los más jóvenes y de muchos trabajadores, que fueron quienes se echaron a las calles y combatieron a los tanques soviéticos, se frustraron por la brutal intervención armada.

Doce años después, todavía se utilizaron más hombres, tanques y armas en la invasión de Checoslovaquia. Los partidos comunistas de los diferentes países habían logrado contener en los años siguientes a la revolución húngara las resistencias abiertas anticomunistas. Pero 1968 fue un año de intensos conflictos en Europa. Las barricadas de mayo en París y las protestas estudiantiles reprimidas con violencia en Roma coincidieron con claras manifestaciones de descontento en el bloque comunista, que tuvieron que ser suprimidas de nuevo por la fuerza.

En octubre de 1964 Leónidas Brezhnev sustituyó a Jrushchov como primer secretario del Partido Comunista Soviético. Duró dieciocho años en lo más alto de la estructura de poder político y militar, «un período de estancamiento», como lo acuñaron los reformistas tras su muerte, en el que coincidió con dirigentes en otros países del bloque que, tras la «desestalinización», se movieron entre las reformas y la ortodoxia ideológica. En Polonia, Vladislaw Gomulka, el reformista de 1956, se transformó progresivamente en uno de los más fiables aliados de la Unión Soviética, con un programa antisemita, además, que echó a los judíos de los puestos dirigentes, como a Adam Rapacki, ministro de Asuntos Exteriores, y expulsó a miles de ellos del país. En Checoslovaquia, los intentos de descentralizar la economía y abrir el sistema político acabaron con la intervención militar. Como en 1953 y 1956, en 1968 la solidez del gran edificio soviético se erosionó, aunque tardó todavía más de dos décadas en destruirse. En realidad, la «primavera de Praga» causó un giro conservador frente a las reformas en todo el país.[40]

Checoslovaquia era el único de todos esos países comunistas que había conocido la democracia en los años veinte y treinta, antes de que el Pacto de Múnich de septiembre de 1938 diera paso a la ocupación nazi de su territorio más occidental. Tras la Segunda Guerra Mundial, el control gradual del Estado y de la sociedad por parte del Partido Comunista culminó en el «golpe» de febrero de 1948. Durante los veinte años siguientes, Checoslovaquia permaneció como un Estado estable dentro de la esfera de influencia soviética. Dirigido desde la muerte de Stalin por el intransigente Antonin Novotny, el Partido Comunista Checo se había distanciado de las tendencias liberalizadoras en los años del «deshielo» y Novotny había aplaudido la supresión militar por parte de los soviéticos de la «contrarrevolución» húngara de 1956.

Algunos especialistas señalaron hace tiempo, sin embargo, que el legado de la democracia prebélica, seguido del «interludio» democrático entre 1945 y 1948, había dejado en la sociedad, incluso en amplios sectores de los afiliados al Partido Comunista, «una cultura política que estaba en conflicto con el régimen estalinista y que finalmente salió a la superficie en los años sesenta y contribuyó a provocar un cambio fundamental, una ruptura con el comunismo "tipo soviético"». En contraste con la revolución húngara de 1956, y aprendiendo de sus consecuencias, los reformistas en Praga subrayaron que ellos querían un cambio dentro del socialismo. Sin embargo, según Jacques Rupnik, «al abolir la censura y separar el partido y el Estado alimentaron una dinámica que cuestionó los fundamentos del sistema comunista».[41]

La «primavera de Praga» no fue un episodio reducido a unos meses de 1968, sino un proceso que se inició a comienzos de esa década con un proyecto de reformas económicas identificadas con Ota Sik, con un resentimiento eslovaco —que representaba Alexander Dubcek— frente al centralismo de Praga y «la emancipación gradual del ámbito cultural del control absoluto de la censura ideológica», que explica «la edad de oro» de la literatura, el cine y el teatro checos. El año 1968 en Checoslovaquia no fue, por lo tanto, «un juego de salón» de burócratas del partido «inclinados a la reforma». Fue, en palabras de Václav Havel, «sobre todo una renovación cívica, una restauración de la dignidad humana, la confianza en la capacidad y posibilidades de los ciudadanos de emprender cambios en la sociedad».[42]

Novotny intentó bloquear las presiones a favor de las reformas y cuando a finales de diciembre de 1967 quiso dar un golpe de mano para eliminar a los comunistas eslovacos, el ejército no quiso cooperar. Tuvo que renunciar al poder y el 5 de enero de 1968 fue sustituido por Alexander Dubcek, defensor de un proyecto federal de autonomía eslovaca. En abril anunció un programa de reformas, conocido con el nombre simbólico de «socialismo de rostro humano». Prometió una reorientación a una economía de consumo, libertad de expresión, de prensa y de libre movimiento de ciudadanos. En el desarrollo de esas reformas, la «primavera de Praga», el Partido Comunista abrió grietas difíciles de tapar. «Cuando se levantó la censura, el escritor Ludvik Vaculik publicó en junio el manifiesto "Dos mil palabras", en el que llamaba al pueblo a tomar la iniciativa para conseguir cambios más radicales.» Algunos medios de comunicación, en esa atmósfera de libertad, comenzaron a denunciar la corrupción comunista.[43]

Los países vecinos de Checoslovaquia, especialmente Alemania Oriental y Polonia, temieron el contagio a sus poblaciones de esa «primavera».

Brezhnev, recordando los acontecimientos de Hungría en 1956, presionó a Dubcek para que no siguiera con las reformas, sobre todo con la libertad de prensa, que había alimentado ataques a los soviéticos. Dubcek le dijo, en una conversación telefónica: «si crees que os estamos engañando, entonces deberías tomar las medidas que tu Politburó cree que son necesarias». Brezhnev le respondió: «Sasha, entiendo que estás nervioso».[44]

En la noche del 20 al 21 de agosto de 1968, 200.000 hombres y 5.000 tanques de cinco países del Pacto de Varsovia (la Unión Soviética, Polonia, Hungría, Bulgaria y la República Democrática Alemana) invadieron Checoslovaquia. La población no ofreció oposición armada, evitando así un desastre como el de 1956 en Hungría, pero sí resistencia pasiva frente a los tanques, mostrada en decenas de fotografías y documentos. Setenta y dos personas murieron y setecientas fueron heridas en algunos enfrentamientos. Dubcek fue reemplazado por Gustáv Husak y expulsado del partido. La nueva dirección comunista restableció la censura, reforzó el control del partido con purgas masivas y echó atrás las reformas económicas.

La invasión fue justificada por lo que llegó a conocerse como la «doctrina Brezhnev», presentada oficialmente en septiembre de 1968: si el comunismo era amenazado en cualquier país, entonces los gobiernos de los otros Estados tenían la obligación de intervenir para preservarlo. «Cada partido comunista es libre de aplicar los principios del marxismo-leninismo y del socialismo en sus propio país», había declarado Brezhnev el 3 de agosto de 1968, cuando ya estaba preparando la invasión de Checoslovaquia, «pero no es libre de desviarse de dichos principios si quiere seguir siendo un partido comunista».[45]

Hubo participación juvenil, sobre todo estudiantes, en la resistencia pasiva a la invasión, pero la fuerza impulsora fue la generación previa que vivió la transición al comunismo entre 1945 y 1948. La mayoría de ellos, que había apoyado la toma del poder comunista en febrero de aquel último año, estaba frustrada y decepcionada con la revolución «desde arriba» y comenzó a pensar en una revolución «desde abajo» que culminó en 1968.

Comparada con el otro gran acontecimiento de ese año en Europa, Mayo en París, los principales actores de la «primavera» de Praga ansiaban libertad. Mientras que los revolucionarios en París y en Occidente miraban al Tercer Mundo, la culpa «poscolonial», la identidad europea fue un tema central en Praga. En palabras de Milan Kundera: «Mayo del 68 en París cuestionó las bases de lo que se denominó cultura europea y sus valores tradicionales. La primavera de Praga fue una defensa apasionada de la tradicional cultura europea (...) Nosotros luchamos por el derecho a mantener esa tradición que había sido amenazada por el mesianismo antioccidental del totalitarismo ruso».[46]

Tony Judt subraya cómo la izquierda de Europa Occidental vivía «ensimismada» e hizo oídos sordos a las muestras de descontento en Varsovia o Praga. La revolución cultural de la época «fue a todas luces provinciana» y de las «culturas ajenas cercanas a casa» la Europa Occidental de los años sesenta «sabía muy poco». El líder estudiantil alemán Rudi Dutschke visitó Praga en la primavera de 1968, en pleno auge del movimiento reformista checo, y los estudiantes de allí se quedaron sorprendidos ante su insistencia en exhibir como enemigo a la «democracia pluralista». Porque «para ellos era la meta» y por lo que acabaron luchando en aquellos turbulentos meses.[47]

Una de las características comunes de los hechos de mayo en Francia y de la primavera en Checoslovaquia fue la escasa violencia que los acompañó. Varios policías y estudiantes tuvieron que ser hospitalizados después de la «noche de las barricadas» del 24 de mayo en París. Pero no murió ningún estudiante, «los representantes políticos de la República no fueron atacados y sus instituciones nunca fueron seriamente cuestionadas». En comparación con revoluciones pasadas en Francia y en Hungría en 1956, las víctimas no han formado parte de la memoria de aquellos acontecimientos.[48]

Hubo una convergencia en la década siguiente entre intelectuales y activistas comunistas occidentales, que abandonaron el marxismo y se convirtieron en liberales antitotalitarios de diferentes colores, y los disidentes checoslovacos pos-68. Los temas en los que coincidieron fueron los derechos humanos, la sociedad civil y la superación de la partición de Europa. El Kremlin «prefirió un comunismo impopular pero obediente en Europa del Este a otro popular, nacionalista». Incluso una moderada liberalización parecía insoportable para los dirigentes del partido y en todos los países, desde la Unión Soviética hasta la República Democrática Alemana, los intentos de reforma se pospusieron. Fuera del Pacto de Varsovia, la supresión por la fuerza de los cambios en Checoslovaquia contribuyó al declive del atractivo del comunismo. Dentro, el desencanto fue todavía mayor. Los críticos de Europa del Este concluyeron que el sistema solo podría cambiar desde fuera y contra los partidos comunistas dominantes. «La ilusión de que el comunismo era reformable, de que la desviación estalinista todavía podía corregirse, de que el pluralismo democrático y el colectivismo marxista eran compatibles (...) quedó aplastada por los tanques en Praga en agosto de 1968.»[49]

La intervención armada de la mayoría de los integrantes del Pacto de Varsovia, con la importante excepción de Rumanía, demostró que el dominio soviético sobre esa amplia región de Europa era un tipo de imperialismo que sostenía diferentes dictaduras en Estados satélites. El uso de la fuerza para aplastar la disensión rompió el mito de la Unión Soviética como faro de progreso al que muchos comunistas de Europa Occidental se habían agarrado. La versión soviética de la modernización, por otro lado, había quedado desacreditada, porque «descansaba en la coerción más que en la cooperación voluntaria». La reivindicación comunista de un bienestar superior perdía encanto en dictaduras en las que no existían libertades básicas. En 1968, los intelectuales europeos a ambos lados del Telón de Acero parecían tener planes y fines contradictorios. «Mientras en Occidente los más radicales reclamaban la revolución socialista para acabar con la explotación capitalista y el imperialismo, los disidentes del bloque comunista volvieron a descubrir los derechos civiles como "garantía necesaria" de su libertad de expresión.» Esos objetivos cruzados limitaron la comunicación entre ellos, «generando una tensión irresuelta hasta 1989».[50]

En última instancia, la significación histórica de la «primavera» de Praga residía en su intento de solucionar la «ruptura histórica entre socialismo y democracia», que fue uno de los principales legados, cuyas heridas permanecían sin curar, de la revolución bolchevique de octubre de 1917. Según Kundera, fue «un intento (y por primera vez en el mundo) de crear un socialismo sin una omnipotente policía secreta, con libertad de expresión (...) y con ciudadanos que han perdido el miedo».[51]

La invasión impidió conocer si ese sueño de una verdadera forma de socialismo democrático podía haberse cumplido. Lo que llegó dos décadas después, en 1989, fue otra cosa. Cuando en ese año el sistema entero se derrumbó, se recordaron los legados de esas insurrecciones, las alternativas y esperanzas aplastadas por Moscú, en una especie de competencia para ver quién había contribuido más a la caída del imperio soviético. Los húngaros señalaron a la revolución de 1956. Los polacos a Solidaridad (*Solidarnosc*), el movimiento social más importante en Europa desde 1945, con diez millones de trabajadores, estudiantes e intelectuales, sofocado por el golpe militar de Wojciech Jaruzelski en diciembre de 1981, la confirmación definitiva de que el poder de esos partidos comunistas solo podía ser preservado por la fuerza de las armas.

En realidad, por mucho que esas insurrecciones hubieran sembrado las semillas, el objetivo conseguido en 1989 no fue ya la democratización del socialismo, sino, simplemente, la democracia, el libre mercado. La «tercera vía» entre el capitalismo y el socialismo de estilo soviético había sido ya enterrada. «La tercera vía lleva al Tercer Mundo», declaró Václav Klaus, el promotor de las reformas económicas radicales para establecer el libre mercado. En 1987, cuando Mijail Gorbachov visitó Checoslovaquia y un periodista preguntó cuál era la diferencia entre la «primavera» de Praga y la perestroika que había iniciado en la Unión Soviética, Gennadi Gerasimov, portavoz del ministro de Asuntos Exteriores, contestó: «Diecinueve años».[52]

El proyecto de Gorbachov de mediados de los años ochenta para renovar el comunismo ya no encontró eco en los países dominados por los soviéticos. El comunismo había perdido su credibilidad. «Las revoluciones de 1989 fueron un auténtico acontecimiento histórico mundial, un corte y división entre la historia anterior y posterior a esa fecha.» Durante ese año, lo que aparecía como un sistema casi indestructible e inmutable «se desplomó con una celeridad impresionante». Y no sucedió a causa de golpes externos —aunque la presión externa también contó—, como había sucedido con la Alemania nazi, «sino como consecuencia del desarrollo de tensiones internas insuperables». Los diferentes sistemas comunistas estaban «enfermos terminales» y la enfermedad afectaba principalmente a su «capacidad de autorregeneración». Tras décadas de idas y vueltas con reformas, había quedado claro que el comunismo no tenía recursos para su reajuste y la solución no estaba dentro, sino fuera «e incluso contra el orden existente».[53]

1989

El derrumbe del socialismo de Estado, de dictaduras de un solo partido, en Europa Central y del Este fue una transformación revolucionaria, pero sin mucha violencia ni muchos muertos que contar. Comparadas con las revoluciones anteriores, con los mártires y víctimas de las oleadas revolucionarias que hemos visto pasar por estas páginas, con lo que ocurrió durante la primera mitad del siglo XX, pero también en esos mismos países del Este a partir de 1949, los acontecimientos revolucionarios de 1989 fueron extraordinarios. En menos de doce meses, se puso fin a tiranías de larga duración. Y, salvo en Rumanía, de forma pacífica.

Esas revoluciones no fueron acompañadas de orgías de violencia, como las «grandes» revoluciones de 1789 en Francia y 1917 en Rusia, ni provocaron una brutal violencia contrarrevolucionaria como las insurrecciones fracasadas en los países vencidos tras la Primera Guerra Mundial. No produjeron equivalentes a Robespierre o Lenin. No fueron asaltados ni bastillas ni palacios de invierno, no se levantaron guillotinas o patíbulos. Tampoco han dejado tumbas individuales o memoriales colectivos de quienes murieron luchando por un nuevo orden o defendiendo el viejo. Hubo excepciones, como los enfrentamientos en Bucarest, Timisoara y en otras ciudades rumanas durante el momento final del régimen de Ceausescu, con su ejecución y la de su mujer Elena. Solo Rumanía vio tanques y pelotones de ejecución. La magnitud de aquellos cambios de 1989 contrasta con la escala limitada de violencia durante ese momento «y durante los procesos judiciales que en años posteriores intentaron saldar cuentas con los crímenes cometidos en el largo período comunista».[54]

No hubo violencia en el proceso de derrumbe de los regímenes comunistas, no hubo fuerzas contrarrevolucionarias —internas o externas— capaces de evitarlo y tampoco se registraron, en general, acciones vengativas para castigar a quienes habían detentado durante décadas el poder. ¿Por qué ocurrió así? Algunas de las razones están conectadas con la historia narrada en este capítulo.

Los regímenes prosoviéticos se desmoronaron desde dentro. La pérdida gradual del compromiso ideológico entre las elites envejecidas y sin opciones de seguir legitimando su «misión de emancipación» de las clases trabajadoras, aceleró el proceso de desintegración. Gorbachov, elegido secretario del Partido Comunista de la Unión Soviética en marzo de 1985, no fue el liberador de esos Estados socialistas, porque su intención inicial era reforzar el sistema y no arruinarlo, pero ya en 1988 reconoció que, si no se usaba la fuerza, el sistema no podría mantenerse. Rompió con la doctrina Brezhnev de soberanía limitada, formulada veinte años antes como justificación para aplastar la «primavera» de Praga y, al contrario que todos sus predecesores, «rechazó recurrir a los tanques» como último argumento político, estableciendo la «doctrina Sinatra»: «dejen que lo hagan a su manera». Esa nueva política exterior, la percepción soviética de que el este de Europa ya no era una necesidad estratégica, un cambio de las «reglas del juego», permitió unos años finales de disconformidad y movilización política.[55]

Pero el «factor Gorbachov» por sí solo no basta para explicar por qué esas elites dominantes no desplegaron sus fuerzas de seguridad y policía en una «desesperada» defensa de su poder y privilegios. Lo que se vio, excepto en el caso de Rumanía y solo en el círculo atrincherado alrededor de Ceausescu, fue la pérdida de confianza y fe de la elite en seguir gobernando. Algunos intelectuales habían anticipado el inevitable derrumbe del «sovietismo», pero pocos pensaron que eso ocurriría de forma tan rápida y sin violencia. Así, «uno de los más sorprendentes desarrollos de 1989-1990 fue la disposición de las elites comunistas en Hungría y Polonia primero a compartir y después a dejar el poder». El modelo de «socialismo de cuarteles», presente en Rumanía, Alemania Oriental, Bulgaria y Checoslovaquia, no tenía posibilidades de triunfar, tirado por la borda por los acontecimientos ya iniciados en los otros dos países y por la negativa de Moscú a utilizar los tanques para imponerlo.[56]

Aunque el Ejército Rojo no se utilizara contra disidentes y protestas anticomunistas, siempre quedarían los ejércitos nacionales de los diferentes Estados. Pero los precedentes históricos demostraban que no eran fiables. En 1953 los dirigentes militares checoslovacos se habían negado a sacar los tanques contra los huelguistas en Pilsen y en junio de ese mismo año algunas unidades militares de la República Democrática Alemana no quisieron salir de los cuarteles para abortar la insurrección. En Hungría, en 1956, el ejército se había unido a los revolucionarios al principio y en Polonia, en diferentes momentos de su historia bajo el dominio soviético, la represión siempre había partido de la policía más que del ejército. «Moscú no podía confiar en los ejércitos locales y ya no quería usar el suyo. Los regímenes del este de Europa estaban indefensos.»[57]

La violencia por parte del Estado se convirtió en ilegítima no solo a los ojos de amplias capas de población, sino también para la mayoría de los funcionarios del sistema. Fue una revolución comprometida con la no violencia, y su ausencia y rechazo fue fundamental en su desarrollo y éxito. El checo «Foro Cívico» y el eslovaco «El público contra la violencia» se formaron en noviembre de 1989 como reacción a la represión por parte de la policía de una manifestación estudiantil. Los participantes en las «Manifestaciones del lunes» en la República Democrática Alemana en el otoño de ese mismo año exhibieron los mismos principios. Las llamadas a la no violencia ocuparon un lugar destacado en las protestas de los revolucionarios de 1989 y fue ese compromiso el que limitó la respuesta de las fuerzas armadas de los diferentes Estados. Tenían masivos medios para ahogar las protestas en sangre, pero, salvo en los primeros momentos, nadie provocó desde abajo la represión, y el proceso de movilización de la sociedad civil —iglesias, comités de trabajadores, grupos intelectuales, asociaciones de vecinos— rompió con las estructuras caducas de control autoritario y con la dirección soviética, un proceso identificado como la «recuperación» de la libertad nacional.

Las revoluciones triunfantes de 1917 en Rusia y las derrotadas en otros países de Europa en los años siguientes fueron productos de la Primera Guerra Mundial y de las luchas por el legado de los imperios que se desintegraron en esos años. En 1989 no había paramilitares que alimentaran un nuevo culto de la violencia política y las instituciones del Estado no desaparecieron, con lo que no se produjo un vacío de poder como el que creó un amplio espacio para la violencia en las primeras revoluciones del siglo xx. Y como ya se ha señalado, fueron precisamente amplios sectores de la población quienes rechazaron usar la violencia para lograr sus fines e intereses. La historia les había enseñando, dijo Adam Michnik, que quienes comienzan asaltando bastillas finalizarán construyendo otras (las suyas).[58]

Mientras que las causas «estructurales de esa quiebra del comunismo fueron muy similares, su dinámica, ritmo y orientación dependió en buena medida de condicionantes locales». En Polonia y Hungría, los cambios radicales ocurrieron a través de negociaciones entre reformistas de las elites dominantes y representantes moderados de la oposición. En Checoslovaquia y en la República Democrática Alemana, la desaparición del escudo protector de la Unión Soviética, una vez que Gorbachov dejó claro que no utilizaría la fuerza contra manifestaciones de desobediencia civil, condujo a una «completa desbandada de la cúspide» y al derrumbe del aparato gubernamental y del partido. En Bulgaria los partidarios de Gorbachov se deshicieron del viejo líder Todor Zhivkov por un golpe de Estado respaldado por Moscú el 10 de noviembre de 1989, al día siguiente de la caída del muro de Berlín. Llevaba desde 1962 en el poder, solo superado por las cuatro décadas de Enver Hoxha en Albania.[59]

Nicolae Ceausescu, máximo dirigente del Partido Comunista Rumano desde 1965, había llevado al país en los años ochenta a una crisis de subsistencias, que encontró oposición en forma de protestas en algunas ciudades, brutalmente reprimidas por la policía. Para pagar una ingente deuda externa, Ceausescu ordenó un masivo crecimiento de exportaciones que tuvo como consecuencia una escasez de productos básicos y restricciones de acceso a la electricidad. Hacia mediados de esa década, sus apoyos se reducían a la guardia pretoriana de la Securitate. Y la llegada de Gorbachov al poder hizo inútil su apuesta por una política exterior separada de Moscú, que había querido demostrar desde 1968 con la condena de la invasión soviética de Checoslovaquia. En 1989 Rumanía se enfrentaba a un aislamiento internacional.

Al principio vivió con distancia y desprecio, como si nada pasara, la oleada de descontento en el resto de los países en 1989, aunque no pudo evitar que los ecos de la caída del muro y de otros regímenes comunistas llegaran a Rumanía. A finales de noviembre fue reelegido secretario del Partido Comunista Rumano y en un discurso de tres horas les dijo a sus camaradas que al socialismo le quedaba un largo futuro: «solo morirá cuando caigan peras de los manzanos». Controlaba las fuerzas de represión que le habían mantenido en el poder durante más de dos décadas y, al contrario que sus colegas en Berlín, Praga y Sofía —conocidos por su intransigencia como la «Banda de los Cuatro»—, tenía la voluntad y autoridad para combatir y matar por su puesto. Cuando le llegó la hora, sin embargo, la más poderosa y temida dictadura en Europa se derrumbó en cinco días.[60]

La crisis comenzó en Timisoara, una ciudad que ya había conocido protestas contra la carestía de productos básicos en diciembre de 1987. Dos años después, un joven pastor protestante, László Tökés, desafió a la autoridad, permitiendo a unos estudiantes recitar poemas durante un servicio en su iglesia. El obispo decidió trasladarlo a una lejana localidad, pero sus parroquianos y muchos ciudadanos de Timisoara, rumanos y húngaros, lo apoyaron. El 16 de diciembre de 1989, tras una vigilia que comenzó fuera de la iglesia, una manifestación de unas dos mil quinientas personas marchó hacia el centro y allí intentaron asaltar la sede del Partido Comunista, saquearon algunas librerías y quemaron libros de Ceausescu. La Securitate detuvo al pastor, a su mujer embarazada y a su hijo. Cuando Ceausescu recibió las noticias de los disturbios, reunió a los jefes de los servicios de seguridad y del ejército. La transcripción de la reunión muestra que mientras el resto del bloque comunista había negociado, o negociaba, con sus opositores, Ceausescu estaba dispuesto a liquidarlos. No iba a tener piedad, ni tampoco su mujer Elena. «Creíamos que era un pequeño problema y podíamos solucionarlo sin munición», dijo Julian Vlad, jefe de la Securitate. «Son unos cobardes», «deberíais dispararles», dijo Elena. Pero no con «balas de fogueo», sentencio Ceausescu.[61]

Esa tarde, domingo 17 de diciembre, unidades del ejército tomaron el control de las calles de Timisoara, disparando a civiles de forma indiscriminada. La Securitate detuvo a 700 personas. Hubo unos 60 muertos, pero Radio Free Europe, que se podía escuchar de forma clandestina, multiplicó la cifra hasta varios miles. Algunas voces se refirieron a un «terrible genocidio» en Transilvania.

A la mañana siguiente Ceausescu se fue de visita oficial a Irán, planeada con anterioridad, tras informarse de que la situación en Timisoara estaba en calma. Elena Ceausescu se quedó a cargo de Rumanía, como era habitual siempre que él estaba en el extranjero. Cuando Nicolae aterrizó de vuelta en Bucarest, en la tarde del 20 de diciembre, decidió organizar un gran acto de adhesión en Bucarest, que mostrara al mundo que era un líder querido por el pueblo.

La maquinaria del Partido trabajó para asegurar una multitud de asistentes. Movilizaron, y obligaron bajo amenaza de despido, a los trabajadores en las fábricas. Fletaron autobuses al centro de Bucarest, donde se les proporcionó banderas rojas, carteles con la foto de Ceausescu y pancartas de apoyo al comunismo. Se juntaron 110.000 personas, con amplia presencia de la Securitate repartida entre el gentío. Ceausescu apareció con Elena a mediodía en el balcón de la sede central del partido en la plaza del Palacio. Tras los aplausos y aclamaciones de rigor, desde la parte de atrás de la multitud surgieron abucheos y silbidos y el grito de ¡Timisoara! La televisión rumana transmitía el acontecimiento por orden de la autoridad. Cuando un grupo de gente comenzó a gritar «Ceausescu, somos el pueblo» y «Abajo el asesino», Elena le dijo: «Háblales. Ofréceles algo». Ceausescu anunció incrementos para las familias y pensiones de 2.000 lei mensuales (unos 2 dólares de la época).

A partir de ese momento, mediodía del 21 de diciembre, todo se precipitó. La policía no intervino. Miles de personas que habían visto en la televisión a Ceausescu transformarse en un instante de un poderoso tirano en un hombre viejo y débil acudieron a la plaza. En vez de negociar, decidió reprimir y usó la misma táctica que en Timisoara unos días antes. La policía comenzó a disparar. El ejército permaneció en sus cuarteles. Alrededor de 30 personas habían muerto, pero la Securitate se retiró de la plaza.[62]

Unas horas después, en la mañana del 22, el dictador tomó la decisión que volvió al ejército en su contra y aseguró su derrota. Culpó al ministro de Defensa, el general Vasile Milea, de «traición» por no haber ordenado a los soldados disparar a los manifestantes. Un comunicado oficial anunció a las 11.00 de la mañana que «el general Milea era un traidor y se había suicidado». Según la versión de su familia y de algunos jóvenes oficiales, un guardaespaldas de la Securitate lo condujo a su despacho y le disparó. Los comandantes de las fuerzas armadas abandonaron a Ceausescu y sus hombres se unieron a los manifestantes.

Los Ceausescu huyeron en un helicóptero, pero poco después fueron detenidos y entregados al ejército en un cuartel militar de Targoviste, donde pasaron sus tres últimos días. El día de Navidad de 1989 un tribunal militar los juzgó y condenó por asesinato en masa y otros crímenes. Después fueron ejecutados por un pelotón de fusilamiento.

Mientras tanto, en medio de la revuelta, se creó un Frente de Salvación Nacional. Estaba presidido por Ion Iliescu y lo acompañaban representantes militares y políticos del segundo nivel de la burocracia gubernamental y del Partido. No eran anticomunistas, ni demócratas o liberales prooccidentales. Hicieron todo lo posible por «contener el surgimiento de movimientos civiles y políticos comprometidos en llevar adelante las expectativas revolucionarias iniciales». Según Vladimir Tismaneanu, «el creciente abismo entre quienes esperaban que Rumanía rompería finalmente con su pasado comunista y las políticas autoritarias y restauradoras de los sucesores de Ceausescu condujo a un clima de conflicto continuo, sospechas y confrontación en la política rumana».[63]

Las primeras noticias que se expandieron por el mundo, citando fuentes oficiales del Frente de Salvación Nacional, se referían a decenas de miles de víctimas (hasta 80.000). El saldo final fue de 1.104 muertos, de los cuales 493 murieron en Bucarest y un tercio pertenecían a la Securitate. Hubo además 3.352 heridos. Desde la misma revolución, su memoria fue moldeada por relatos construidos sobre mitos: la imagen de revolucionarios jóvenes, la brutal violencia de la policía secreta, las cifras exageradas de las víctimas y la presencia de terroristas y agitadores externos. La falta de información fiable y el desencanto posterior reforzó muchos de esos mitos y dio pie a una amplia aceptación de la idea de la «revolución robada».[64]

El significado de 1989 ha sido muy debatido. ¿Fueron revoluciones auténticas? Como los años posteriores estuvieron plagados de agrias disputas políticas, corrupción política, economía desenfrenada y surgimiento de partidos y movimientos autoritarios, existe una tendencia a disminuir su impacto. Sus legados ambiguos cuestionarían de esa forma el éxito de las revoluciones. Existe toda una «retórica reaccionaria» que las deslegitima por sus resultados, porque ese escenario revolucionario, con el fin del «sovietismo», despertó tendencias todavía peores, durante largo tiempo dormidas, de esas culturas políticas nacionales, «incluidos el racismo, el fascismo residual, el fundamentalismo etnoclerical y el militarismo», mucho más peligrosas que el *statu quo* anterior. Y hay también quienes argumentan que nada cambió en realidad y que los propietarios del poder —burócratas del partido/Estado— no cambiaron, solo se adaptaron, y que, en cualquier caso, tras los primeros momentos, «demagogos y ladrones» utilizaron las nuevas oportunidades para establecer su dominio. Pero fue precisamente en los países en los que la revolución no ocurrió (Yugoslavia) o descarriló (Rumanía) donde la salida del comunismo resultó «particularmente difícil, tambaleante y, a largo plazo, problemática».[65]

Entre 1989 y 1991 el mundo contempló un acontecimiento extraordinario: «la disolución pacífica de un gran poder multinacional y de su imperio». El final del comunismo en esos países hasta entonces satélites aceleró el proceso de desintegración de la Unión Soviética y estimuló movimientos patrióticos nacionales en los países bálticos y en Ucrania. Como han señalado diferentes autores, el poder comunista en ese amplio territorio de la Unión Soviética a Hungría no fue destruido, «abdicó». De lo rápida y pacífica que resultó esa transformación dan fe también los nombres con los que se la designó en cada país. «Revolución suave» en Bulgaria; de «terciopelo» en Checoslovaquia; revolución «cantada» en Estonia, por la importancia que tuvieron allí las manifestaciones patrióticas musicales; y «refolución» llamó Timothy Arton Gash a la combinación de reforma y revolución que ocurrió en Polonia y Hungría: cambios «desde arriba», dirigidos por una minoría ilustrada, y presión popular «desde abajo».[66]

Además, y frente a lo que había pasado en las dos grandes revoluciones históricas de la edad moderna europea, en Francia y en Rusia, en 1989 no hubo un poder extranjero que interviniera militarmente para aplastar la revolución y preservar el orden existente. Los regímenes revolucionarios francés y ruso habían sobrevivido derrotando las intervenciones militares de potencias extranjeras, pero en ese proceso la violencia contrarrevolucionaria interna fue instigada y aumentó por las presiones de fuerzas armadas externas. Una buena parte de la violencia que acompañó a los trastornos revolucionarios que he narrado en este libro derivó no tanto de los acontecimientos iniciales como de las acometidas contrarrevolucionarias y los esfuerzos de los regímenes revolucionarios para defenderse de las fuerzas, reales o imaginadas, de la contrarrevolución. Las dos «grandes» revoluciones fueron seguidas por el terror y por violentas guerras civiles. En 1989 no hubo asalto violento al poder, ni resistencia armadas por parte de las elites y burocracias dominantes, ni intervención exterior de la Unión Soviética para ahogar en sangre el cambio.[67]

En 1989 una serie de revoluciones políticas causaron una transformación esencial e «irreversible» del orden existente. Los sistemas autocráticos, de un solo partido, dieron paso a formas de gobierno pluralista. El resultado no fue en todos los países, de modo automático, democracias liberales con buen funcionamiento. Pero en todos ellos se desmantelaron las dictaduras comunistas basadas en la uniformidad ideológica, la coerción política y la supresión de los derechos civiles.[68]

De forma súbita, hubo un cambio político con modificación de sus bases sociales y una inversión sustancial de la situación anterior. Fueron más que revueltas porque atacaron los fundamentos de los sistemas existentes y propusieron una reorganización completa de la sociedad. El hecho de que, al contrario que en las revoluciones «clásicas», tuvieran lugar sin una doctrina radical coherente y firmemente formulada, sin una visión mesiánica de la sociedad perfecta, sin una vanguardia —el partido— dirigiendo a las masas, y sin violencia —tanto por parte de quienes accedieron al poder como por los que lo detentaban— ha arrojado dudas sobre su autenticidad.

Es también una de las grandes paradojas de la historia del siglo XX vista desde el siglo XXI: debido al triunfo de relatos históricos revisionistas y a los usos políticos de la historia se reducen las revoluciones de 1917 a la violencia y a las de 1989 no se las considera genuinas porque no aparecieron multitudes airadas en las calles destruyendo todo, tanques, edificios en llamas y —salvo en Rumanía— tiranos ejecutados. Tampoco parece extraño, dada la evolución histórica, que, en general, a finales del siglo XX hubiera más intelectuales, estudiantes y grupos profesionales, e incluso eclesiásticos, orientando y activando los cambios que trabajadores y campesinos.

La desaparición de la Unión Soviética, consumada ante la incredulidad de una parte del mundo en diciembre de 1991, estuvo inextricablemente unida a la disolución del «imperio periférico» del centro y este de Europa provocada por las revoluciones de 1989. Eso es lo que permitió a Eric Hobsbawm y a otros historiadores interpretar que el ciclo histórico de la «Era de los Extremos» inaugurado por la Primera Guerra Mundial, la conquista bolchevique del poder en Rusia en 1917 y la guerra civil europea —global— posterior había concluido.[69]

Pero ese ciclo histórico no se ajusta bien a Yugoslavia, la gran excepción del «siglo XX corto», ni en los orígenes, porque las guerras en los Balcanes inauguraron una era de conflicto anterior a 1914, ni en el proceso de desintegración, porque en ese territorio el edificio construido por Tito se desmoronó gradualmente —sin revolución en 1989— y se disolvió en unas guerras violentas con episodios de limpieza étnica y genocidio, singulares y únicos en la Europa de la segunda mitad del siglo XX.

Yugoslavia

Yugoslavia apareció desde comienzos de los años noventa en las portadas de todos los medios de comunicación, con historias de masacres, violaciones, expulsiones y desplazamientos de población. Las llamadas «guerras de sucesión yugoslava» entre 1991 y 1995 —o entre 1990 y 1999, si se consideran todos los conflictos bélicos a lo largo de esa década— alimentaron todo tipo de asociaciones históricas entre violencia/baño de sangre y «Balcanes», relatos opuestos condicionados por «hechos» empíricos, pero también por las actitudes de observadores y participantes y por las alusiones a los «odios ancestrales» con las que se zanjaba cualquier intento de comprensión seria y documentada. Como los «Balcanes», que no eran solo Yugoslavia, ya acumulaban décadas de mala fama en Europa —la civilizada

Europa Occidental frente a la Oriental, zona cultural intermedia entre Europa y Asia—, la terminología usada en el análisis de esas guerras —sobre todo la que tuvo lugar en Bosnia— reflejó todo tipo de tópicos y explicaciones banales.[70]

Yugoslavia, con ese nombre, no existió hasta el siglo XX y aunque la historia de los «yugo-eslavos» (o eslavos del sur) puede rastrearse hasta el siglo VI, cuando las tribus eslavas se establecieron en ese área, fue la desintegración de los imperios Habsburgo y otomano como consecuencia de la Primera Guerra Mundial la que creó las condiciones y el escenario en el que emergió el Reino de los Serbios, Croatas y Eslovenos (1918-1929).

Ese reino, llamado Reino de Yugoslavia entre 1929 y 1941, fue la primera de las tres Yugoslavias que existieron en el siglo XX. En abril de 1941 dejó de existir, invadida por la Alemania nazi. Los alemanes mantuvieron una parte (Eslovenia, Banato y Serbia); los fascistas de la Ustacha, bajo el liderazgo de Ante Pavelic, establecieron un «Estado independiente de Croacia»; y el resto fue repartido entre los socios del Eje: Italia, Bulgaria y Albania.

A partir de 1945, con la derrota de los fascismos, surgió la segunda Yugoslavia, con Josip Broz Tito como jefe del nuevo Estado de las seis repúblicas (Eslovenia, Croacia, Bosnia-Herzegovina, Serbia, Montenegro y Macedonia) y dos provincias autónomas dentro de Serbia: Voivodina y Kosovo. La tercera nació, en medio del proceso de desintegración de la anterior, el 27 de abril de 1992 cuando Serbia y Montenegro —en realidad, Serbia, bajo el control de Slobodan Milosevic— establecieron la República Federal de Yugoslavia. Ese proceso de desintegración y sus consecuencias es el objeto de mi análisis, pero antes conviene introducir aspectos básicos de la historia de las dos primeras Yugoslavias.[71]

Las fronteras entre las nuevas repúblicas comunistas de Montenegro, Croacia, Serbia y Bosnia habían permanecido inestables desde que en 1878 el Tratado de Berlín había concedido a la monarquía de los Habsburgo la administración de la Bosnia otomana. Inmediatamente se enfrentaron a una oposición de las poblaciones locales musulmanas y ortodoxas, con rebeliones en ese mismo año y en 1882 que fueron brutalmente reprimidas. Tanto Serbia como Montenegro, que habían obtenido parte de Herzegovina en ese tratado, quisieron evitar más intervenciones de los Habsburgo, porque los serbios consideraban a los ortodoxos de Bosnia como una parte de su nación «no redimida», lo cual constituyó el núcleo de la ideología que definió más tarde al movimiento Chetnik.

Al final los musulmanes fueron «pacificados» por las autoridades del imperio Habsburgo, pero los serbios se opusieron a su dominio. Tras el asesinato del heredero a la corona de los Habsburgo, Francisco Fernando, en 1914, se propagó una campaña de odio contra Serbia —y su gobierno de Belgrado— acusada de instigar la acción terrorista del asesino serbiobosnio Gravilo Princip. Tras la quiebra de ese imperio, a finales de 1918, los musulmanes se convirtieron en el foco de diferentes proyectos nacionalistas para su expulsión, se les quitaron grandes propiedades, sufrieron crueles ataques durante la Segunda Guerra Mundial y, según Cathie Carmichael, «el genocidio en Bosnia en los años noventa puede en gran parte atribuirse a un resurgimiento de las ideas nacionalistas chetniks del período entre los años 1870 y 1940».[72]

Durante el siglo xx el país nunca consiguió ser una democracia estable, aunque Eslovenia, que pudo eludir en gran parte las guerras de los noventa, lo consiguió tras la separación en 1991. El reino del período de entreguerras estuvo en una crisis constante por la proliferación de milicias armadas y una corrupción política y económica generalizada. En enero de 1929 el rey Alejandro I estableció una dictadura, impuso una Constitución, pero fue asesinado en octubre de 1934 en su visita a Marsella por un nacionalista macedonio con la ayuda de un grupo de la Ustacha. El resentimiento entre bosnios y croatas hacia el dominio serbio y la aparición de movimientos fascistas facilitaron la partición y reparto de Yugoslavia decididos por Alemania en abril de 1941.

Como respuesta a la ocupación, surgieron dos importantes movimientos de resistencia: los Chetniks, liderados por Draza Mihajlovic, que buscaban una Yugoslavia dominada por serbios bajo una monarquía restaurada y que pasaron pronto a colaborar con los nazis; y los Partisanos, con composición más diversa, aunque con dominio de los comunistas de Tito. Fue una guerra contra los ocupantes, pero también civil entre sus propios pueblos. Fueron los Partisanos quienes llevaron el peso de la resistencia antifascista y quienes en la última fase de la guerra se ganaron la confianza de los Aliados.

Al final de la guerra, muchos de los seguidores de los regímenes de ocupación y miembros de los movimientos colaboracionistas fueron asesinados —como Mihajlovic— o pudieron huir. Algunos de los políticos de preguerra intentaron reconstruir partidos liberales y parlamentarios, pero los comunistas los suprimieron y crearon un Estado de un solo partido. Después de los primeros años en los que Tito imitó el sistema soviético, rechazó subordinar Yugoslavia al control del Stalin y aunque el país sufrió un embargo económico por parte de la Unión Soviética y fue expulsado de la Kominform, la sucesora de la Komintern/Tercera Internacional, el líder yugoslavo mantuvo hasta su muerte en 1980 un estricto control de las seis repúblicas de la federación.

Yugoslavia gozó de cierto prestigio internacional en la era de Tito (1945-1980). Porque desafió a la Unión Soviética, contribuyó a establecer el movimiento de países no alineados con ninguno de los dos grandes imperios de la Guerra Fría y puso en marcha un sistema de consejos obreros, de «autogestión», en el que supuestamente los trabajadores manejaban sus propias fábricas y empresas, que fue estudiado y elogiado por una buena parte de la izquierda mundial. El eslogan «Hermandad y unidad», que había sido ya utilizado durante la Segunda Guerra Mundial, se convirtió en un pilar central del sistema. Todo apuntaba, y así se propagó, a una forma liberal de comunismo, con una economía en alza, sobre todo desde la década de los sesenta, gracias en buena parte al desarrollo de la industria del turismo en la costa dálmata, y con una estructura federal que contenía a las políticas étnicas que habían resultado letales hasta 1945. La autoridad carismática de Tito y un ejército grande y políticamente significado fueron la garantía de esa «hermandad y unidad». Su muerte, para muchos analistas, significó el comienzo de la desintegración del país. Pero los intereses específicos de cada una de esas repúblicas habían activado antes diferentes nacionalismos.[73]

La Yugoslavia comunista juntó a gente con experiencias históricas y niveles sociales muy diversos. Fue un «Estado sin una lengua única», aunque las variedades eslavas eran similares y a menudo inteligibles entre ellas. En muchos sentidos, los comunistas «se enfrentaron a una casi insuperable tarea de radicalización y desconfianza mutua entre las "naciones" que pertenecían al nuevo Estado». Para afrontarlo, se inventaron la «noble mentira» de que los problemas de la región se debían a invasiones y amenazas externas y que los yugoslavos tenían «profundos vínculos» que estaban por encima de sus diferencias religiosas.«Mientras eso podía ser cierto de los Partisanos, sus combatientes enemigos durante la Segunda Guerra Mundial habían sido más los nacionalistas locales —Ustacha y los Chetniks— que los alemanes o italianos.»

En realidad, durante el período comunista todas las manifestaciones de identidad nacional fueron firmemente controladas por el régimen, que mostró poco respeto por las religiones y culturas tradicionales. Pese al intento comunista de crear una «cultura unificada», el descontento nacionalista salió a la superficie de vez en cuando, sobre todo en Croacia.[74]

Bastante antes de su desintegración, el poder político en Yugoslavia, en la última década de vida de Tito, «se estuvo desplazando desde las instituciones federales centrales a las repúblicas y provincias». La Constitución de

1974, la última de la era Tito, garantizó que cada república tuviera su propio banco central, su propio partido, sistema educativo y jurídico y policía. La única institución federal que se mantuvo fue el Ejército Popular Yugoslavo (JNA), junto con un cuerpo presidencial de ocho miembros que, tras la muerte de Tito, sirvió como órgano supremo de mando. Algunos apartados de esa nueva Constitución eran una respuesta reformista a demandas de autonomía local. Sin embargo, sin pretenderlo, «convirtieron a las repúblicas en rivales del Estado central, así como rivales una de otra». En esa situación, los dirigentes políticos «recurrieron a lealtades etnonacionales» y explotaron agravios que se remontaban a la Segunda Guerra Mundial. «Relatos históricos nacionales irreconciliables ayudaron a mantener identidades separadas que quitaron autoridad a una identidad yugoslava compartida.»[75]

La década siguiente a la muerte de Tito se llenó de problemas e inestabilidad para Yugoslavia. Una deuda internacional creciente y el aumento del paro dieron la impresión de que había una grave crisis social, política y económica que el sistema comunista no podía resolver. Las consecuencias de larga duración fueron «desintegración social, intensas luchas políticas internas, movimientos etnonacionalista y, finalmente, conflictos armados».[76]

Sin Tito, La Liga de los Comunistas de Yugoslavia careció de un líder reconocido. El tangible deterioro económico que había comenzado en 1979 provocó las quejas de muchos funcionarios que culparon de los problemas a la distribución del poder entre el gobierno federal y las repúblicas. Y la explosión de violencia en Kosovo en la primavera de 1981, cuando albaneses partidarios de la independencia quemaron coches y atacaron a los serbios, continuada con actos de sabotaje y explosión de bombas al año siguiente, produjo una reacción nacionalista en Serbia. El censo de población de ese año mostraba un descenso absoluto de la población serbia y montenegrina en Kosovo. Tras las disturbios, 10.000 serbios y montenegrinos se fueron de Kosovo a Serbia, principalmente a Belgrado, difundiendo historias de los abusos y crímenes por parte de los albaneses.

Entre 1961 y 1981 alrededor de 110.000 serbios se habían marchado de Kosovo. Hacia mediados de los ochenta, los periódicos en Serbia habían comenzado a publicar «historias salvajes sobre ataques sexuales a mujeres serbias por parte de albaneses». Esos relatos, reales o no, pudieron contribuir a sentar las bases de los numerosos episodios de violencia sexual contra las mujeres musulmanas en Bosnia en los años noventa.[77]

Aunque el surgimiento y «despertar» del nacionalismo serbio se ha atribuido a menudo a Sobodan Milosevic, quien llegó al poder dentro de la Liga de los Comunistas en 1987 después de varias intervenciones en la televisión de Belgrado sobre los serbios en Kosovo, en realidad esas ideas habían aparecido antes y fueron estimuladas por los medios de comunicación, la Iglesia ortodoxa y miembros de la Academia Serbia. Lo que hizo Milosevic fue hacer las creencias de los más radicales ampliamente aceptables, aprovechando la profunda pérdida de confianza en las estructuras del Estado comunista. Parece evidente que las memorias de los conflictos históricos, y especialmente del terror desatado durante la Segunda Guerra Mundial, desempeñaron un papel importante en los diferentes discursos políticos nacionalistas y que la autoridad oportunista de individuos como Milosevic fue crucial.[78]

El 27 de abril de 1987 el presidente serbio Ivan Stambolic envió a Milosovic, su protegido, a Kosovo para hablar con los dirigentes locales del partido, tras todos los conflictos y tensiones que habían explotado allí entre la mayoría albanesa y la minoría serbia. Dirigiéndose a una manifestación de serbios, que estaba siendo reprimida por la policía, les dijo: «Deberíais quedaros aquí. Esta es vuestra tierra. Aquí están vuestras casas (...) vuestras memorias (...) Nunca fue parte del carácter serbio ni montenegrino rendirse frente a los obstáculos, huir cuando es tiempo de luchar. Deberíais quedaros aquí por el bien de vuestros antepasados y descendientes».

En opinión de Eric D. Weitz, con esas palabras Milosevic captó «todos los temas esenciales del nacionalismo: la supuesta atemporalidad de la identidad nacional serbia, desde el pasado al presente y futuro; el recurso a heroicos ancestros y la petición a los descendientes de cumplir con su obligación defendiendo vivir en su histórica patria; el sentimiento de agravio, de una nación oprimida por otros; y la apelación a la acción violenta para reparar esos agravios con la promesa de un mundo mejor». Y las pronunció cerca del lugar de la batalla de Kosovo Polje (el Campo de los Pájaros Negros), donde los turcootomanos habían derrotado a Serbia en 1389. La mitología serbia siempre invocó a Kosovo y a esa batalla como su núcleo originario construido a partir de una tragedia nacional.[79]

En otras partes de Yugoslavia, el nacionalismo racial de Milosevic y sus intentos de recentralizar la federación se enfrentaron a una clara oposición en Eslovenia y Croacia. Eslovenia, la república más occidental y nacionalmente homogénea, expresó su intención de separarse en 1989. Cuando la Liga de los Comunistas se desplomó en enero de 1990, fue elegida una coalición de partidos demócratas nuevos (DEMOS) cuyo gobierno organizó un plebiscito sobre la independencia, respaldado por una amplia mayoría, y dirigió los pasos hacia la independencia a comienzos del verano de 1991. El Ejército Popular Yugoslavo quiso abortar ese movimiento, aunque no encontró apoyos políticos para combatir y las fuerzas de seguridad eslovenas resistieron. Tras diez días de combates y varias decenas de muertos, un acuerdo firmado en las islas Brioni finalizó las hostilidades y unos meses después el pequeño Estado alpino fue reconocido internacionalmente.[80]

En Croacia las elecciones de 1990 llevaron también al poder a un partido no comunista, la Unión Demócrata Croata, dirigido por el ex comunista Franjo Tudjman, quien galvanizó también los sentimientos nacionalistas de forma radical, reclamando una gran Croacia como bastión de la «Civilización Occidental» y haciendo claras asociaciones con el pasado y el legado de la fascista Ustacha. Tudjman y sus seguidores comenzaron a utilizar los mismos símbolos y emblemas nacionales tradicionales quc durante la Segunda Guerra Mundial habían abanderado el programa racista que había llevado a los campos de exterminio a miles de serbios, judíos, comunistas croatas y gitanos. El Ejército Popular Yugoslavo comenzó a armar a milicias en las partes de Croacia donde los serbios eran mayoría. En julio de 1991 atacaron algunas ciudades de la costa dálmata y a partir de ese momento la guerra se extendió por todo el territorio.

Al contrario que en Eslovenia y Croacia, en Bosnia-Herzegovina no había un grupo étnico mayoritario. En 1991 los musulmanes bosnios constituían el 43 por ciento de la población, los serbios el 31 por ciento y los croatas el 17 por ciento. En general, habían convivido, especialmente en las ciudades, con notables dosis de tolerancia, pero, al calor de lo que había pasado en las otras repúblicas, los nuevos partidos surgidos de la quiebra del monopolio comunista del poder se radicalizaron, presionados por los programas de Milosevic y Tudjman que no iban a aceptar ese escenario multiétnico.

Como en Croacia, el Ejército Popular Yugoslavo distribuyó armas a «unidades de defensa» serbias, lo que llevó a musulmanes y croatas dentro de ese territorio a buscar armas también, con grupos paramilitares compitiendo por el control. El gobierno bosnio de Alija Izetbegovic, acosado por los serbios nacionalistas de Radovan Karadžić, que habían establecido una entidad autónoma, la República Srpska, convocó un referéndum sobre la independencia para el 29 de febrero y 1 de marzo de 1992, boicoteado por los serbios, en el que una mayoría del electorado decidió aprobarla. Los paramilitares serbios y unidades del ejército, bajo el mando de Ratko Mládic, tomaron desde abril de ese año el 70 por ciento del país e iniciaron un largo y violento asedio de Sarajevo.

Fue la guerra más larga y violenta de todas y tuvo episodios de genocidio, como el asesinato de casi toda la población masculina musulmana de

Srebrenica, ocho mil personas, cuando las tropas de Mládic la ocuparon en julio de 1995. Los Acuerdos de Dayton (Ohio) en diciembre de ese año, donde se sentaron Milosevic, Izetbegovic y Tudjman, pararon la guerra en Bosnia-Herzegovina, aunque no sirvieron para evitar que Serbia lanzara unos años después una última campaña de limpieza étnica contra los musulmanes y separatistas albaneses en Kosovo, una guerra que contó también con las acciones terroristas del Ejército de Liberación de Kosovo y que continuó en el siglo XXI hasta la declaración de independencia en febrero de 2008.

El número total de muertos y heridos de esas guerras de secesión de Yugoslavia sigue siendo objeto de disputa. Una estimación bastante aceptada se resume en 200.000 muertos, alrededor de la mitad musulmanes, un tercio de serbios y del 15 al 20 por ciento de croatas. La Comisión de Derechos Humanos de las Naciones Unidas encontró evidencia de 12.000 violaciones de mujeres, aunque nuevas investigaciones elevan la cifra en Bosnia-Herzegovina a más de 20.000. Hubo más de un millón y medio de personas refugiadas y desplazadas a otros países, principalmente de Bosnia. Solo en Sarajevo, al menos 10.500 personas murieron y 50.000 resultaron heridas. Más del 70 por ciento de los edificios históricos, iglesias, cementerios, bibliotecas y archivos habían sido destruidos. El bombardeo de la Biblioteca Nacional y Universitaria por las fuerzas serbiobosnias el 25 de agosto de 1992 destruyó más de 600.000 libros, casi el 40 por ciento de sus fondos.

Cientos de miles de personas sufrieron daños psicológicos. Un gran número de serbios de Bosnia participó en atrocidades o fue testigo pasivo de ellas. La violencia doméstica contra las mujeres por parte de maridos y novios se disparó. «En Mostar muchas madres fueron golpeadas o recibieron palizas por parte de sus hijos, un fenómeno desconocido antes de la guerra.»[81]

Pero si por algo destacó la violencia en aquellas guerras de secesión de Yugoslavia fue por las violaciones de mujeres musulmanas en Bosnia-Herzegovina, un plan de terror organizado y orquestado por el mando militar serbiobosnio. La información de esas violaciones masivas —y también sobre las que ocurrieron por los mismos años en Ruanda— y el subsiguiente reconocimiento internacional como crímenes de guerra dio «legitimidad intelectual y urgencia ética» a estudiar la violencia sexual en todas las guerras anteriores.[82]

Las torturas y el asesinato acompañaron a las violaciones masivas en Bosnia-Herzegovina, con el objetivo de destruir a la comunidad musulmana. Esas violaciones, escenificadas en muchas ocasiones en público, no fueron el resultado de esporádicos estallidos de ira o de emociones enloquecidas por la guerra, sino «una política racional» planificada por la dirección política y militar serbia en Serbia y Bosnia-Herzegovina. Como los saqueos o ejecuciones, la violación era un «acto social que incluía a un número considerable de hombres». Los nacionalistas serbios eliminaron a los hombres musulmanes y violaron a las mujeres «para impedir cualquier apariencia de vida normal en familia y en la comunidad».[83]

Una de las primeras ciudades en caer bajo el ataque armado serbio fue Foca, en el sudeste de Bosnia, a orillas del río Drina. Antes de la guerra tenía 40.000 habitantes, de los cuales más de la mitad eran musulmanes y el resto, salvo pequeñas minorías, serbios. Durante la Segunda Guerra Mundial, los musulmanes, incluidas muchas mujeres, fueron masacrados en varias ocasiones por los Chetniks, lo que los estimuló a juntarse con los Partisanos, pero ningún relato de lo que pasó allí en 1942-1943 hace referencia a violaciones masivas. No había, por lo tanto, un legado o memoria histórica de violaciones ni había habido episodios de ese tipo antes de la guerra.

La ocupación de la ciudad duró diez días en abril de 1992. Las operaciones de «limpieza étnica», como las describen varios autores, comenzaron casi inmediatamente. Separaron a los hombres de las mujeres, los primeros llevados a una gran prisión, donde «desaparecieron» y las mujeres, niños, adolescentes y personas de mayor edad a varios centros de detención. De allí trasladaron a las mujeres a casas y apartamentos de la ciudad y fueron torturadas y violadas en grupos por soldados serbiobosnios, policía e integrantes de grupos paramilitares.

Las detenidas en un instituto de educación secundaria «declararon después haber sido violadas todas las noches, allí o tras ser conducidas a apartamentos cercanos». Tras pasar varias semanas en el instituto llevaron a las mismas víctimas a un polideportivo, que funcionó como un centro de violación al menos durante un mes. El polideportivo estaba a setenta metros de la comisaria de policía, cuyos miembros lo vigilaban y veían cómo soldados y paramilitares entraban libremente por las noches y se llevaban a las mujeres a los pisos.

Las detenidas en el polideportivo fueron liberadas el 13 de agosto de 1992 y deportadas a Montenegro, donde recibieron por primera vez atención médica. Algunas víctimas declararon después que, en ese ritual diario activado por diferentes grupos, habían sido violadas hasta ciento cincuenta veces en dos meses. Una de ellas contó a 29 soldados violándola, antes de perder el conocimiento.[84]

Veinte mil musulmanes fueron además expulsados de la ciudad, en un claro ejemplo de limpieza étnica. Aunque los líderes serbios, comandados por Karadžić, negaron las alegaciones de violaciones sistemáticas y organizadas en Foca, cuando la guerra acabó el Tribunal Penal Internacional para la antigua Yugoslavia estableció las primeras acusaciones en la historia que persiguieron la violación como crímenes específicos contra la humanidad y el 26 de junio de 1996 ocho hombres fueron acusados de cometer violaciones. Seis de ellos eran militares con autoridad en la policía militar, mandados por el jefe local Dragan Gargovic. Veinte mujeres bosnias testificaron ante el tribunal, sentando de nuevo un precedente en un juicio por crímenes de guerra, y los perpetradores fueron condenados a sentencias entre doce y veintiocho años. Se probó que actuaban bajo órdenes superiores y que hubo una amplia tolerancia por parte del resto de las fuerzas armadas hacia esos actos. Mládic y Karadžić negaron las acusaciones, aunque las investigaciones probaron que no fueron incidentes esporádicos, sino un deliberado y calculado uso de la violación como arma de guerra.[85]

Resulta difícil examinar e interpretar esas guerras que siguieron a la desintegración de Yugoslavia de acuerdo con un solo relato, pero vale la pena conocer los principales enfoques, tratar de responder a algunas preguntas básicas y mostrar similitudes y diferencias con otros casos extremos de violencia indómita que he analizado en este libro.

Al comienzo de aquellos conflictos bastantes analistas difundieron la idea, muy popular en los medios de comunicación occidentales, de que los Balcanes, y particularmente Bosnia-Herzegovina, eran un barril de pólvora de rivalidades étnicas preparado para explotar si alguien encendía la mecha. El «conflicto», solía decirse, representaba un estallido de «odios étnicos ancestrales», un choque inevitable de identidades sectarias e irreconciliables, definidas por nacionalidad y religión, en una región históricamente —y de forma permanente— inestable. La desaparición del comunismo y del «pannacionalismo» yugoslavo proporcionó, tras décadas de represión de esa «hostilidad sectaria», el escenario apropiado.

Una buena parte de esa literatura alimentó lo que V. P. Gagnon Jr. llamó el «mito del conflicto étnico», situando a los Balcanes occidentales como un lugar diferente y excepcional, con una larga historia muy propensa a la «cultura de la violencia». El político británico David Owen, representante de la Unión Europea en la zona y copresidente de la Conferencia Internacional para la antigua Yugoslavia entre 1992 y 1995, escribió, en un libro publicado poco después: «La historia apunta a una tradición en los Balcanes de disposición a solucionar las disputas cogiendo las armas..., a una cultura de la violencia en una encrucijada de civilizaciones».[86]

Según esa visión, la «identidad» (nacional o religiosa) y el «sino histórico» son factores explicativos clave para el inicio y naturaleza de aquellos combates armados. En el momento en que estaban sucediendo fue una visión ampliamente difundida en los medios de comunicación e influyó en las políticas adoptadas por las democracias occidentales. Estimuló además una generalizada aceptación de la «equivalencia moral», de que todas las partes eran igual de culpables y que como los «odios étnicos» ya se remontaban a una larga historia, muy compleja y difícil de entender, los demás países poco podían hacer para resolverla y, menos todavía, intervenir. En realidad, la falta de comprensión derivaba de la complejidad y de lo que difundían los diferentes contendientes, pero también de «una campaña deliberada de los comentaristas y estadistas occidentales para confundir el problema y, sobre todo, justificar la política de inacción».[87]

La mayoría de los académicos e historiadores especialistas han rebatido ese argumento de los «odios ancestrales» y han apuntado a la manipulación de esas identidades por parte de las elites, que construyeron y exageraron «relatos étnicos» y perpetraron acciones brutales para «polarizar a las comunidades». Las políticas étnicas fueron tanto una consecuencia como causa de la violencia. La desintegración política, la crisis del Estado, el derrumbe de la autoridad pública, sin garantías de seguridad, suscitó miedos frente a las intenciones agresivas de los otros grupos. La guerra no fue causada por el «sectarismo étnico», sino que fue la propia guerra la que lo causó. Según Susan Woodward, «explicar la crisis yugoslava como resultado del odio étnico es invertir el relato y comenzar por el final».[88]

La guerra y todas esas manifestaciones de violencia no fueron inevitables, un reflejo de esa historia tan «característica» de los Balcanes, sino el resultado de una desintegración política, que se puede explicar y ha ocurrido en otros escenarios históricos. Según Gagnon, la violencia de esa guerra fue parte de una estrategia utilizada por elites conservadoras de Serbia y Croacia, «no para movilizar a la gente, sino más bien como forma de *desmovilizar* a quienes estaban empujando a favor de cambios en las estructuras del poder económico y político que podrían afectar negativamente a los valores e intereses de esas elites». La violencia «fue impuesta a comunidades plurales desde fuera de esas comunidades por fuerzas militares y políticas desde Serbia y Croacia, como parte de una estrategia más amplia de desmovilización».[89]

Al negar que los «odios ancestrales» fueron las causas profundas de aquella guerra, esos autores no pretenden argumentar que la etnicidad no cuente, que la historia sea irrelevante o que Yugoslavia fuera un paraíso multiétnico. Las elites poscomunistas y nacionalistas, apoyadas por diferentes grupos militares y paramilitares, explotaron las tensiones étnicas a través de los medios de comunicación y la propaganda para movilizar a soldados y a la población civil, y para conseguir sus fines recurrieron a la manipulación de la historia, a agravios míticos y a las memorias más recientes de la Segunda Guerra Mundial. Vieron así una oportunidad, en el contexto de desintegración de las estructuras del Estado, de coger poder y territorio, ante la pasividad de instituciones internacionales como la Unión Europea, la OTAN y las Naciones Unidas.

Hubo, sin duda, factores coyunturales que procedían de la década posterior a la muerte de Tito, cuando en medio de la fragmentación de Yugoslavia, de la quiebra de las instituciones y de la autoridad pública, solo la Liga de los Comunistas y sobre todo el Ejército Popular Yugoslavo mantenían la cohesión del sistema. Susan L. Woodward sostiene que la severa crisis económica y los programas de austeridad de esos años fueron «la fuerza impulsora» del deterioro de las relaciones entre comunidades que permitió a las elites manipular y agravar el sectarismo. Más de una década de austeridad y deterioro de los niveles de vida desgastó el tejido social, los derechos y los planes de seguridad de los que individuos y familias habían dependido. La competición por esos recursos entre el gobierno central y las diferentes repúblicas derivó en conflictos constitucionales y en una crisis del Estado. Bosnia, una de las repúblicas más pobre y también la más heterogénea, notó especialmente el impacto de ese contexto social y económico.[90]

Nada de lo que ocurrió en ese proceso de crisis estaba predeterminado o era inevitable, como tampoco lo había sido en Armenia, en Rusia, en España o en la Alemania nazi. A comienzos de los años noventa, cuando los empeños por mantener la integridad de Yugoslavia habían fracasado, los mandos del Ejército Popular Yugoslavo y los líderes de la Liga de los Comunistas comenzaron a mirar a Serbia y al nacionalismo serbio como forma de mantener el sistema. Pero en un país y territorio de tanta diversidad, donde cada grupo podía ser una minoría dependiendo de las experiencias históricas o de la zona en que vivía, imponer un proyecto nacionalista único y exclusivo no resultaba sencillo.

Como había ocurrido en otros casos en el siglo xx europeo, examinados en este libro, los diferentes grupos intentaron «fijar» identidades, para determinar después quiénes merecían los derechos y privilegios otorgados por pertenecer a la nación. Pero, en palabras de Eric. D. Weitz, «cada acto de identificación conllevaba una visión particular de la historia, un esfuerzo para ocultar la complejidad del pasado (...) y los largos períodos de tolerancia y cooperación, así como de conflicto».[91]

Para los nacionalistas, todas las complejidades de las identidades nacionales y étnicas del pasado y del presente —fronteras cambiantes, movimientos de población, conversiones religiosas y matrimonios mixtos— eran «obstáculos que tenían que ser eliminados o ignorados». Como los soviéticos y los nazis a finales de los años treinta y en los cuarenta, los nacionalistas serbios usaron toda la información disponible, desde registros civiles a tarjetas de identidad, para encajar a la gente en diferentes categorías. En última instancia, redujeron a todos los musulmanes, como a los judíos en el Tercer Reich, a una «categoría biológica de la que nadie podía salirse». Los musulmanes tenían que ser expulsados o asesinados. «Pero para llegar a ese punto de respuesta radical, Yugoslavia tuvo primero que hundirse en una crisis en la que los nacionalistas serbios reivindicaban que tenían la solución.»[92]

En contraste con Polonia, Checoslovaquia, Alemania Oriental o Hungría, donde surgieron movimientos reformistas democráticos, los dirigentes políticos de cada una de las repúblicas de Yugoslavia, como Milosevic en Serbia, Milan Kokan en Eslovenia o Tudjman en Croacia, incitaron a sus poblaciones con sentimientos nacionalistas, aunque los eslovenos solo reclamaron la secesión, no una expansión territorial como la «Gran Serbia» o la «Gran Croacia».

Cuando las armas sustituyeron a las políticas, junto a los ejércitos regulares, entre los grupos paramilitares, como había ocurrido en Armenia y en otros lugares tras la Primera Guerra Mundial, destacaron elementos criminales, como la Guardia Voluntaria Serbia, los Tigres de «Arkan», de Zeljko Raznatovic. Miles de ciudadanos, además, participaron en las atrocidades, en los saqueos de propiedades y fueron cómplices de las acciones criminales. La deshumanización del contrario, de las víctimas —*balijas,* «perros», «paquetes», era como llamaban a los bosnios musulmanes—, cumplió también la función, como en otros ejemplos históricos de «atrocidad moral», de extender el terror y de eliminar la capacidad de resistencia.

En definitiva, en la última década del siglo XX, las guerras en la antigua Yugoslavia «pusieron de nuevo a los Balcanes en el mapa de Europa y despertaron memorias inquietantes de la Primera Guerra Mundial». Mientras Europa Occidental hacía frente a la inmigración masiva, a «sociedades multiculturales» y a nuevos retos para la democracia, y en el resto de los países del bloque comunista una serie de revoluciones causaban en 1989 una transformación esencial del orden existente, parecía que Yugoslavia volvía al pasado, a una «lógica histórica de guerras territoriales y de homogeneización étnica».[93]

Volvieron también las visiones tradicionales desde Occidente sobre los Balcanes, sus crónicos escenarios de conflicto y la interpretación de la «limpieza étnica» no tanto como parte de la «lógica europea de construcción del Estado nación», sino como la última de una serie de masacres tan comunes en su historia. Mark Mazower, uno los más cualificados especialistas en esa región, concluyó hace ya tiempo que «la vida en los Balcanes no fue más violenta que en otras partes» y que en realidad el imperio otomano fue «más capaz que la mayoría de acomodarse a una variedad de lenguas y religiones». La «limpieza étnica» —en los Balcanes en 1912-1913, en Anatolia en 1921-1922 o en la antigua Yugoslavia en 1991-1995— no fue, por lo tanto, la «erupción espontánea de odios primitivos, sino el uso deliberado de la violencia organizada contra civiles por grupos paramilitares y unidades del ejército», representó la versión extrema de fuerza requerida por los nacionalistas para separar y destrozar a una sociedad que, en condiciones normales, era capaz de pasar por alto «las fracturas mundanas de clase y etnicidad».[94]

Los tópicos y representaciones sobre esa región están tan afianzados que no se suele atender a los análisis históricos que los han desmontado. En muchos sentidos, las áreas que habían sido parte de Yugoslavia durante casi todo el siglo XX cambiaron hasta el punto de no ser reconocidas entre 1990 y los primeros años del siglo XXI. Paradójicamente, cuando la mayor parte de Europa parecía haberse deshecho del nacionalismo extremo de la primera mitad del siglo XX, «un pequeño grupo de serbios y croatas radicales lo reinventaban en la década de 1980». Por ese resurgimiento de los valores irredentistas y de la violencia que lo acompañó, «la desintegración de Yugoslavia se diferenció notablemente del final del comunismo en otros Estados del centro y este de Europa».[95]

Pero también en esos otros países, cuando se alejó 1989 y el momento feliz de lo que entonces se interpretó como un triunfo de los valores democráticos, aparecieron sombras persistentes del pasado con nuevos componentes de autoritarismo e «iliberalismo» que, de Polonia a Hungría, pasando por Eslovaquia, han vuelto a destacar valores nacionalistas e identitarios frente al «otro» inmigrante. Las diferencias culturales y sociales entre el Este y el Oeste no desaparecieron simplemente en 1989-1990. En los años siguientes se vio que la era poscomunista en Europa estaba cargada de todo tipo de amenazas, guerras que incluyeron episodios de limpieza étnica y genocidio, malestar social y «el ascenso infeccioso de viejos y nuevos tipos de populismo y tribalismo».[96]

La nostalgia por pasados nacionales heroicos, alejados tanto del comunismo como de la democracia, y la apelación a formas tradicionales de identidad comenzaron a ser comunes en varios de esos países cuando el siglo XX finalizaba. Lo que aparece en muchas ocasiones con la etiqueta de «histórico» se refiere más bien a tradiciones inventadas. Los pasados fracturados se recuerdan desde presentes divididos. Las memorias se cruzan y la historia europea compartida es matizada y bloqueada por las diferentes memorias nacionales. Con una mirada comparada a algunas de esas visiones sobre ese pasado hecho presente cerraré este libro.

Epílogo

Pasados fracturados, presentes divididos

Un siglo de violencia indómita, con cicatrices visibles u ocultas de masacres y destrucción. Un pasado hecho presente, recordado, olvidado, confrontado, reprimido.

Los recuerdos y conmemoraciones de pasados difíciles y violentos plantean enormes desafíos a los historiadores que intentamos diferenciar entre historia y memoria, entre conocimiento documentado y subjetividad. Al contrario que las luchas heroicas, los triunfos militares o las celebraciones de la grandeza nacional, «los pasados traumáticos o infames» no se prestan a relatos fáciles o de autobombo. «Las naciones son reacias a desenterrar un pasado que se percibe divisivo y perjudicial para su imagen oficial o mitología nacional.» En Francia, por ejemplo, el mito de la Resistencia impidió un análisis crítico de la colaboración del régimen de Vichy con la Alemania nazi. Durante la Guerra Fría, los memoriales en los campos de concentración situados en Europa del Este celebraban el combate soviético contra el fascismo, restándole importancia al sufrimiento de las víctimas del Holocausto. En la España de la transición y de la democracia se evitó una confrontación directa con los crímenes del franquismo.[1]

Las dos guerras mundiales se recuerdan de forma diferente en varios países europeos. Lo que se celebra en algunos como ejemplos de heroísmo se percibe en otros como acciones criminales. Los intentos por mostrar una historia compartida europea, necesaria para legitimar la integración, contrastan con las memorias de cada Estado en particular en ese pasado común. La «memoria colectiva» de las diferentes sociedades está muy conectada a las perspectivas nacionales expresadas en tradiciones y transmitidas con la ayuda de legados culturales. Y el legado cultural de cada nación europea está lleno de objetos simbólicos que transmiten conocimiento a las nuevas generaciones sobre conflictos pasados con otros Estados. Por eso es tan importante estudiar las formas e instrumentos de sus recuerdos y construcciones de las memorias. Esas «prácticas de recuerdo» y «teatros de la memoria», como los denominó Jay Winter hace tiempo, «ayudan a comprender cómo las sociedades crean sus héroes y deciden quiénes son las víctimas o los culpables».[2]

El deseo de olvidar, la voluntad de pasar página, no es solo específico de gobiernos e instituciones de poder. Las víctimas de la violencia perciben a menudo el silencio como una importante estrategia de sobrevivencia y de superación. «El silencio puede además operar como un escudo protector en ambientes sociopolíticos hostiles que no están dispuestos a escuchar las voces de las víctimas» ni quieren comprender los horrores sufridos. Tras la caída de la Unión Soviética y el fin del *apartheid* en Sudáfrica, muchos ciudadanos querían seguir adelante, disfrutar del consumismo «como compensación por las privaciones pasadas y olvidar los malos tiempos». Y mirar al futuro fue siempre una expresión utilizada en España durante la transición y la democracia por todos aquellos que no querían atender a las peticiones de memoria. «La amnesia y el escapismo parecen caminos seguros a la felicidad.»[3]

En Alemania los niños que habían vivido en familias nazis y los niños judíos que habían sobrevivido a los guetos y a los campos de la «solución final» no escribieron sus memorias hasta muchos años después, hasta que se jubilaron y comenzaron a preguntarse sobre la mejor forma de transmitir sus experiencias a sus nietos, las mismas que habían ocultado a sus hijos. La década de los noventa significó para esos supervivientes un punto de inflexión. Y hablaron y contaron sus traumas cuando sus hijos habían crecido. Más de un millón de niños habían muerto en la «solución final». Y el hambre fue la experiencia común de millones de niños en la guerra y posguerra, como lo había sido antes en la guerra civil rusa y en la posguerra española.[4]

El primer gran acontecimiento histórico del siglo XX que generó un aluvión de prácticas de recuerdo y conmemoración fue la Primera Guerra Mundial. Los contemporáneos se refirieron a ella como la Gran Guerra porque implicó a muchos más países y combatientes que las anteriores guerras decimonónicas de liberación o unificación. Como millones de padres, hermanos e hijos murieron o fueron heridos, mientras que muchos de sus cuerpos nunca aparecieron, perdidos en lugares desconocidos, «casi cada localidad europea levantó un monumento o memorial por los caídos en combate, un lugar de recuerdo patriótico.» Y en todo el continente, en cementerios militares y civiles, «filas interminables de pequeñas cruces blancas recordaban la enorme cuota de sangre de toda una generación masculina separada claramente por nacionalidad».[5]

Ante los cuerpos ausentes, las decenas de miles de desaparecidos nunca encontrados, los nombres servían parar estimular el recuerdo. En Francia, Bélgica, Alemania y el Reino Unido, las listas de los muertos se pusieron en placas en las estaciones de tren, en parques, escuelas y lugares públicos. En otros países de Europa del Este, sin embargo, sacudidos por trastornos revolucionarios y la destrucción de las estructuras políticas tradicionales, los muertos fueron olvidados.[6]

La revolución bolchevique, el paramilitarismo, los fascismos, las dictaduras y la Segunda Guerra Mundial introdujeron nuevos conflictos y nuevas representaciones, invenciones y apropiaciones del pasado. Casi todos los países del continente —excepto Portugal, Suiza y Suecia— sufrieron derrotas y ocupaciones, con episodios de colaboración, resistencia y políticas de exterminio. Diferentes naciones y grupos pugnaron por demostrar quiénes eran víctimas o verdugos. Los antagonismos sacaron a la luz estrategias de reacción, una rivalidad entre dos grandes paradigmas de memoria, con diferentes ramificaciones: el Holocausto y las víctimas del comunismo. Pero eso no ocurrió de forma inmediata y hubo que esperar varias décadas. Las memorias se cruzaron, tomaron múltiples direcciones. Y varios autores comenzaron a utilizar el término «guerras de memorias» para definir lo que apareció, y sigue estando presente, en sociedades marcadas con cicatrices por guerras civiles, genocidios y autoritarismos.[7]

Memorias cruzadas

Después de 1945, en la posguerra, el «pacto de silencio» se convirtió en una estrategia de la política europea y fue ampliamente adoptada durante el período de Guerra Fría, cuando muchas cosas tenían que olvidarse para consolidar la nueva alianza militar frente al bloque comunista. El término fue utilizado en 1983 por Hermann Lübbe, en una descripción retrospectiva, para mostrar que mantener silencio fue una «estrategia pragmática necesaria» adoptada en la posguerra en Alemania, y apoyada por los Aliados, para facilitar la reconstrucción y la integración de los antiguos nazis.[8]

Desde 1945 hasta la mitad de la década de los sesenta, la historia de la primera mitad del siglo xx, y sobre todo de los años de la Segunda Guerra Mundial, se difuminó, adaptándola a una «amnesia colectiva», en la que los ciudadanos olvidaban lo que ellos o sus padres habían hecho, lo que habían visto o lo que sabían.[9]

Tras un período en el que la guerra y sus terrores parecían hundirse en el olvido, generaciones más jóvenes comenzaron a preguntarse en Alemania, Francia o Italia, desde mediados de los años sesenta, qué había pasado durante la guerra y la posguerra. «El cambio paradigmático del modelo del "olvido" a una reorientación hacia el "recuerdo" ocurrió con la vuelta de la memoria del Holocausto, tras un período de estado latente.» Desde las imágenes del juicio a Adolf Eichmann en Jerusalén en 1961 al reconocimiento posterior en Alemania de su pasado como verdugo, el recuerdo, «recordar para nunca olvidar», se convirtió en la única respuesta adecuada para esa experiencia tan destructiva y devastadora y se rechazó el modelo, que había estado vigente hasta ese momento, de sellar el pasado traumático y mirar al futuro.[10]

Tras 1989, la apertura de archivos en Europa del Este desafió también algunas de las construcciones de la memoria y al recuerdo del Holocausto se sumó el del sufrimiento bajo el comunismo. Los temas de retribución y justicia se plantearon además en Sudáfrica y en los países del Cono Sur, donde las Comisiones de la Verdad y los Informes sobre violaciones de los derechos humanos tuvieron, tras la caída de las dictaduras, un carácter fundacional para la reconstrucción de la democracia y de la memoria colectiva. Cómo adaptar las memorias a la historia y la gestión pública del pasado se convirtió en asunto relevante en la última década del siglo XX y en la primera del XXI, cuando se asistió en muchos países a una «reorientación general desde las políticas del olvido a las nuevas culturas del recuerdo».[11]

El poder de las Comisiones de la Verdad reside no tanto «en descubrir la verdad, como en reconocerla». En marzo de 1992, dos años y medio después de la «pacífica» revolución en Alemania Oriental, el Bundestag de la República Federal de Alemania creó una comisión de investigación sobre la dictadura del Partido Comunista (SED), cuyo objetivo era elaborar un dictamen sobre «el comunismo y sus métodos». Se trataba también de establecer una «historia compartida» para que la conocieran todos los ciudadanos de la nueva Alemania reunificada. Los legados del nazismo y del comunismo desde el presente democrático.[12]

Desde finales de los años ochenta, la memoria del Holocausto, «con Auschwitz como lugar icónico y símbolo oficial», surgió como «el modelo dominante de referencia». Sin embargo, la internacionalización de ese modelo para comprender la violencia moderna y la insistencia en el carácter único del genocidio de los judíos, «el evento definitorio del siglo XX», el espejo frente al que todas las demás víctimas deberían mirarse, provocó diferentes reacciones y oposición. En algunos países de Europa del Este, tras el derrumbe de la Unión Soviética, ese modelo se percibió como una «forma occidental de imperialismo cultural» que ignoraba a las víctimas de la ocupación comunista.[13]

Diferentes voces revisionistas comenzaron a argumentar que Stalin tenía tanta culpa y responsabilidad como Hitler en provocar el inicio de la Segunda Guerra Mundial. La publicación del *Libro negro del comunismo* en 1997 trataba de probar que el comunismo era peor que el nazismo. El término «trauma colectivo» se utilizó para meter en el mismo saco a todas las formas de sufrimiento, para igualar a todas las víctimas. En el análisis histórico no puede cancelarse una forma de terror invocando a otra, pero eso es lo que se hizo, por ejemplo, en Alemania en los años cincuenta comparando el sufrimiento de los niños del Holocausto con el de los hijos de las familias alemanas. O más tarde, en años recientes, en España, interpretando la guerra civil como una especie de locura colectiva, con crímenes reprobables en los dos bandos, y olvidando todos los cometidos en las casi cuatro décadas de la dictadura de Franco, una continuación, en realidad, de la violencia puesta en marcha con el golpe de Estado de julio de 1936.[14]

Asimilar la historia del siglo XX y llegar a un acuerdo sobre ella ha sido una tarea muy complicada en la mayoría de los países europeos. Los verdugos insisten en que también ellos fueron víctimas. Los turcos acusan a los armenios de insurrección y de provocar la reacción legítima del Estado otomano; los soldados de la Wehrmacht aluden a los abusos y humillaciones a los que fueron sometidos como prisioneros de guerra en la Unión Soviética; y el número de alemanes expulsado por el Ejército Rojo de los territorios del este se compara con el de las víctimas en los campos de exterminio. «Trauma» es una categoría difícil de aplicar históricamente porque las representaciones de esos pasados suscitan controversias y debates políticos en la esfera pública.[15]

La magnitud de lo acontecido en Rusia desde 1914 es un excelente ejemplo de esas dificultades para reconciliar historia y memoria, recuerdo y olvido. Su turbulenta historia de dos guerras mundiales, dos revoluciones, guerras civiles, colectivización forzosa, terror, Gulag, la carnicería sufrida durante la ocupación alemana y la opresión que a su vez ejerció la Unión Soviética sobre otras nacionalidades y Estados europeos, convierten en casi imposible cualquier intento «racional» de explicar con fuentes y herramientas académicas esa recurrencia constante a la violencia.[16]

Frente a la universalización del paradigma del Holocausto, el «paradigma de la ocupación» refleja la memoria antisoviética en Europa del Este y la reivindicación de que las víctimas de los crímenes comunistas merecen igual reconocimiento. No resulta extraño, por lo tanto, que en la antigua Unión Soviética y en los países ocupados por ella la demanda de «descomunistización» haya girado en torno a los servicios secretos de inteligencia y a los instrumentos de represión puestos en marcha como terrorismo de Estado por los partidos comunistas. Tras la quiebra de esos regímenes en 1989 y 1991 hubo debates públicos sobre qué hacer con todos esos policías, informantes, funcionarios comunistas y con los archivos. Unos años después, todos esos países, excepto Yugoslavia, devastada por la guerra, habían promulgado leyes que prohibían a los funcionarios comunistas y a los agentes secretos intervenir en política y facilitaban el acceso a los documentos compilados por los servicios de seguridad estatal.[17]

Pero no todos los países adoptaron las mismas medidas de justicia transicional y hubo un amplio abanico entre «perdonar y olvidar» —cuyo mejor ejemplo fue Rusia— y «perseguir y castigar». Las primeras naciones en introducir políticas de purificación, y las que lo hicieron de forma más radical, fueron Alemania del Este y la República Checa, mientras que Hungría y Polonia lo hicieron más tarde, en 1994 y 1997, y solo después de negociaciones políticas entre los herederos del Partido Comunista y las fuerzas de la oposición que decidieron moderar el proceso de purgas. Sin embargo, no se juzgó a los asesinos y torturadores y, en los casos en los que se hizo, muy pocos llegaron a entrar en prisión. El resultado, en perspectiva comparada, fue muy similar a lo que ocurrió en otras transiciones de dictaduras a democracias en Latinoamérica, África y Asia. Y en otras antiguas repúblicas soviéticas, como Albania, Eslovaquia, Ucrania o Rusia, no hubo ningún interés en abordar políticas de retribución o llevar a juicio a los responsables.[18]

«El control del futuro requiere control del pasado y por eso se discute qué versión de él debería prevalecer.» Y dado que ese pasado que estoy analizando aquí incluyó guerras, genocidio y muchas otras formas de opresión y violencia, «que dividió a sus protagonistas y que ahora divide a sus descendientes», la disputa fue y continúa siendo muy significada.[19]

Como en los países del bloque comunista la historia «se congeló» durante la Guerra Fría, solo con su caída pudo haber un verdadero debate sobre el significado de las revoluciones de 1917, los fascismos, el comunismo y la Segunda Guerra Mundial. Para esos países, los años que pasaron desde 1989 fueron la posguerra «real», porque el período desde 1945 hasta la caída del muro son interpretados ahora, en palabras de Tony Judt, «como un epílogo extendido de la guerra civil europea que había comenzado en 1914, un interregno de cuarenta años desde la derrota de Hitler y la resolución final de los asuntos inconclusos dejados atrás por esa guerra».[20]

Los relatos oficiales de la propaganda comunista dieron paso a diferentes intentos de interpretar y reinterpretar los diferentes pasados nacionales, pero también de sacar a la luz trágicos y sensibles episodios como las masacres llevadas a cabo por la policía secreta soviética en Katyn, Polonia, o en Kurapaty en Bielorrusia. La exhumación de miles de víctimas en las fosas de ese bosque a las afueras de Minsk desde el verano de 1988 sirvió de causa al desarrollo de la conciencia nacional bielorrusa que culminó tres años después en la independencia de la Unión Soviética.

En todos esos países del centro y este de Europa aparecieron tras 1989 lo que Vladimir Tismaneanu denomina «fantasías de salvación», la búsqueda de un legado nacional no asociado con las décadas de comunismo. Criminales de guerra fascistas como Ferenç Szálasi o Ion Antonescu fueron rehabilitados como héroes nacionales.[21]

En Rumanía, en las décadas posteriores a la Segunda Guerra Mundial, la memoria de la destrucción de los judíos se perdió, porque los comunistas negaron las atrocidades, pero también porque mucha gente no quería destapar ese pasado oscuro. Tras la caída de Ceausescu, los escritos revisionistas y ultranacionalistas se multiplicaron y Antonescu fue rehabilitado y presentado como un liberador que ganó para Rumanía las provincias de Besarabia y Bukovina durante la Segunda Guerra Mundial. En pueblos y ciudades se erigieron estatuas en su honor y se le dedicaron calles. Muchos historiadores calificaron al régimen de Antonescu como «moderadamente antisemita» Las teorías negacionistas, desde las más radicales que atribuyen el Holocausto a una conspiración judía hasta otras más selectivas, ganaron terreno. El revisionismo y los intentos de rehabilitar criminales de guerra fascistas son característicos del poscomunismo en la mayoría de los países de centro y este de Europa, aunque el caso de Rumanía parece especialmente «indignante»: en ningún otro lugar un asesino en masa, fiel aliado de Hitler hasta el último momento, ha sido honrado de esa manera como un «héroe nacional».[22]

En realidad, Antonescu había sido ya una figura digna de ser recuperada desde que las políticas del dictador comunista Ceausescu se hicieron desde los años setenta cada vez más nacionalistas. Algunos historiadores comenzaron a buscar un linaje heroico, que incluía a Antonescu, en la imagen de Ceausescu de independencia y patriotismo respecto a Moscú. Las matanzas de judíos fueron atribuidas exclusivamente a los nazis. Los términos utilizados por los historiadores del largo período de dominio de Ceausescu para referirse al régimen de Antonescu también cambiaron. Al principio utilizaban el término «dictadura fascista», después «dictadura fascista-militar» y al final de los años ochenta la denominación fue cambiada a «dictadura personal» o «régimen totalitario», ocultando así la implicación del ejército. Nunca hubo durante la dictadura de Ceausescu una campaña abierta para rehabilitar a Antonescu, pero el silencio de los historiadores sobre su implicación y la de las autoridades rumanas en las atrocidades cometidas durante la guerra «facilitaron la difusión en los años noventa de relatos heroicos sobre Antonescu, a menudo complementarios a las posiciones que negaban el Holocausto».[23]

Como algunos historiadores han advertido y demostrado, en la amplia literatura sobre el Holocausto no hay ningún tema tan debatido —y tan sometido a falsedades y prejuicios raciales— como las relaciones entre los judíos y los polacos durante la Segunda Guerra Mundial. A comienzos de 2016, la Fiscalía de Polonia inició una investigación contra el historiador Jan T. Gross tras un artículo de este en el diario alemán *Die Welt* en el que, a propósito de la insolidaridad mostrada por Polonia —y Hungría y Eslovaquia— en ese momento con los refugiados, recordaba de nuevo el papel de los polacos en la matanza de los judíos durante la Segunda Guerra Mundial: «mataron más judíos que alemanes». Gross se había convertido en el centro de ataques nacionalistas, xenófobos y ultraderechistas desde que en 2000 publicara *Vecinos*, sobre la matanza en el pueblo de Jedwabne.

El 22 de junio de 1941, las fuerzas alemanas tomaron la localidad de Jedwabne, en la región de Lomza, en el nordeste de Polonia. Varios días después, el 10 de julio, la comunidad judía, cuyas raíces se remontaban a más de trescientos años, fue destruida por sus propios vecinos polacos (y no por los nazis). Con la publicación de ese libro, Gross, emigrante en Estados Unidos desde que tuvo que abandonar Polonia en 1968, obligó a los polacos a confrontar la implicación ciudadana en aquella masacre. La tesis de Gross, ampliada después en otros libros, desencadenó un aluvión de controversias, con algunas críticas enfurecidas desde el antisemitismo y el revisionismo y con otros recordando a los polacos «como héroes y víctimas». Víctimas primero de los nazis y después de los soviéticos.[24]

Lo que había sido imposible antes de 1989, la aparición de posiciones ultranacionalistas, antisemitas y neofascistas, ganó fuerza después de que el fin del comunismo fuera presentado como la muerte de todas las ideologías izquierdistas que derivaban del pensamiento de la Ilustración. Una parte de la clase política en Polonia y Hungría deforman en la actualidad aquella historia de guerra, genocidio, violencia y ocupación, para adaptarla a sus propios fines y justificar el presente.

En el caso de Hungría, Viktor Orbán y la derecha húngara hace tiempo que están empeñados en demostrar que había una tradición conservadora, rota por dos ocupaciones extranjeras de Hungría, la nazi y la soviética, protagonizadas por dos ideologías totalitarias ajenas a la verdadera historia del país. Solo así se explica el fracaso del liberalismo y de la democracia, la radicalización de la política, el patriotismo de Horthy, atrapada como quedó la nación, luchando por su independencia y soberanía, entre dos terribles y violentos superpoderes totalitarios. Y fue, por supuesto, un factor externo, la ocupación nazi, el que justifica la parte de la historia más complicada de explicar para los conservadores: la persecución de los judíos, iniciada ya con Horthy, y el desarrollo fatídico de los hechos que llevó a la conquista del poder de los fascistas húngaros de la Cruz Flechada en octubre de 1944.

Desde la caída del comunismo, pero sobre todo desde la celebración, en 2006, del cincuenta aniversario, la revolución de 1956 —su historia y memoria— se convirtió en un tema profundamente ideologizado y controvertido. Los acontecimientos de octubre de aquel año se conectaron con los símbolos tradicionales de la derecha ultrarreaccionaria y de las ideologías ultranacionalistas y fascistas de las dos décadas anteriores a la Segunda Guerra Mundial.

La propaganda de Kádár, que restableció el comunismo tras la insurrección, describió 1956 como una revuelta organizada por reaccionarios húngaros —antiguos terratenientes, el clero, miembros del partido pronazi Cruz Flechada y seguidores de Horthy— para volver al Antiguo Régimen o al fascismo. En su interpretación, fascismo y anticomunismo eran lo mismo, así que la revuelta contra el Estado comunista había sido en realidad fascista. Algunos de los juicios sumarísimos pos-1956 intentaban demostrar esa continuidad, y la ejecución en 1957 de Mihaly Francia Kiss, uno de los asesinos de las masacres del «Terror Blanco» en 1920, parece confirmar la fuerza de esa teoría de la conspiración que vio en el gobierno de Nagy a un agente de la contrarrevolución.

Escritores e intelectuales húngaros en el exilio, y los historiadores fuera del bloque soviético, rechazaron la versión «kadarista» y señalaron que aquel levantamiento espontáneo popular había sido provocado por la brutal represión del régimen estalinista de Rákosi. Los insurrectos combatieron contra la dictadura y por la independencia nacional, y no por la restauración del orden social tradicional. Fue una combinación de valores y postulados de la democracia occidental y de la «democracia socialista». Democracia, pero con claros tintes igualitarios. Y así lo mostraron muchos de los exiliados en sus entrevistas. Aunque no fue la única versión que se divulgó fuera de Hungría. El negacionista del Holocausto David Irving publicó en 1981 un libro en el que describía el «levantamiento» de 1956 como un pogromo contra comunistas de origen judío, como Rákosi (Nagy no lo era).[25]

Después de 1989 apareció con fuerza la revisión ultraderechista de la revolución de 1956, una forma extrema de nacionalismo «etnicista» y anticomunista. Esa revisión corrió paralela a los intentos en Hungría, y en otros países, de rehabilitar antiguos fascistas, dirigentes de ultraderecha, criminales de guerra y antisemitas. Hungría, según ese relato, debería haber vuelto, tras la caída del comunismo, a sus raíces históricas genuinas, representadas muy bien por el régimen de Horthy de 1920 a 1944. Viktor Orbán se ha encargado de filtrar esa versión y situar 1956 en un lugar sagrado de la memoria nacional. Y en la difusión más radical de ese revisionismo, Robert Szalay escribió que 1956 era la continuación del combate «antibolchevique» iniciado por Ferenç Szálasi y la Cruz Flechada en 1944. Su libro fue promovido en el diario político semioficial del gobierno de Orbán en 1999 como un posible texto para las escuelas.[26]

Una línea común a varios países desde los años noventa es la ruptura del consenso posbélico y el desarrollo de los relatos de heroísmo nacional frente al comunismo y, especialmente, el que subraya que todas las partes habrían sido víctimas por igual de la guerra. La transición poscomunista en Europa del Este ha ocasionado una amplia reescritura de la historia dirigida a dar la vuelta a la interpretación comunista.[27]

En Serbia, por ejemplo, en 2002 el ministro de Educación aprobó un nuevo manual de historia para los centros de enseñanza secundaria que contenía un relato compasivo con la colaboración con los nazis y una opinión crítica de la insurrección partisana. El consenso sobre las actividades criminales de los principales colaboradores serbios se rompió. Dragoljub Mihajlovic, líder de los insurgentes chetniks, y el general Dimitrije Ljotic, jefe del Gobierno colaboracionista entre septiembre de 1941 y octubre de 1944, «son retratados esencialmente como personajes morales motivados por su deseo de proteger al pueblo serbio de la cólera de Hitler». Frente a ellos, los partisanos se representan como «fanáticos cuyo levantamiento condujo a represalias contra la nación serbia». Varios concejales del Ayuntamiento de Smerderevo hicieron una campaña para que la principal plaza de la ciudad, la de la República, pasara a llamarse Dimitrije Ljotic.[28]

Esa interpretación revisionista de la colaboración con la Alemania nazi y la «rehabilitación» de sus principales protagonistas se basa fundamentalmente en la opinión de que la cooperación con los ocupantes alemanes de

Serbia fue un ejemplo de «colaboración de escudo», «una alianza con el enemigo para proteger a la población civil del aniquilamiento». En la misma línea, el editor del mencionado libro de texto, Nebojsa Jovanovic, declaró que la colaboración con los nazis fue una forma de preservar «la esencia biológica del pueblo serbio».

También en Italia el final del comunismo y la creación de la «segunda república» en 1994 rompió el mítico relato fundacional tras 1944 de una nación de antifascistas y abrió un nuevo espacio para versiones rivales sobre el pasado, con la entrada de los «neofascistas» de la Alleanza Nazionale de Gianfranco Fini en el gobierno de Berlusconi. Su mensaje revisionista fue que todas las partes habían sido víctimas en la guerra y que Italia había superado las divisiones del pasado. Un juego de equivalencia moral, «la equiparación totalitaria», que evita el debate sobre las atrocidades cometidas por los italianos en los Balcanes, en las colonias, en los campos de concentración o en la guerra civil española. El fascismo italiano como «mal menor» respecto al nacionalsocialismo y al comunismo.[29]

Las memorias se cruzaron todavía con más ardor en España desde los años noventa, después de un largo período de indiferencia política y social hacia la causa de las víctimas de la represión franquista. Coincidió ese cambio con la importancia que en el plano internacional iban adquiriendo los debates sobre los derechos humanos y las memorias de guerra y dictadura. Una parte de la sociedad civil comenzó a movilizarse, se crearon asociaciones para la recuperación de la memoria histórica, se abrieron fosas en busca de los muertos que nunca fueron registrados, y los descendientes de los asesinados por los franquistas, sus nietos más que sus hijos, se preguntaron qué había pasado, por qué esa historia de muerte y humillación se había ocultado y quiénes habían sido los verdugos. Las acciones para que esas víctimas tuvieran un reconocimiento público y una reparación moral encontraron, sin embargo, muchos obstáculos.

Más allá de las aulas universitarias o de los libros de historia, se abrió una agria disputa política y mediática acerca de ese pasado. La llegada al gobierno del socialista José Luis Rodríguez Zapatero en marzo de 2004 abrió un nuevo ciclo. Por primera vez en los casi treinta años de democracia, el poder político tomaba la iniciativa. Ese era el principal significado del proyecto de ley presentado a finales de julio de 2006, conocido como Ley de Memoria Histórica. Con esa ley, la memoria adquiriría un debate público sin precedentes y el pasado se convertiría en una lección para el presente y el futuro. El proyecto de ley no entraba en las diferentes interpretaciones del pasado, no intentaba delimitar responsabilidades ni decidir sobre los culpables. Y tampoco proponía crear una Comisión de la Verdad que, como en otros países, registrara los mecanismos de muerte, violencia y tortura e identificara a las víctimas y a sus verdugos.

La ley, aprobada finalmente el 31 de octubre de 2007, aunque insuficiente, abrió nuevos caminos a la reparación moral y al reconocimiento jurídico y político de las víctimas de la guerra civil y del franquismo. Pero con la crisis económica y la victoria del Partido Popular en las elecciones de noviembre de 2011, esa ley y las diferentes acciones de gestión pública que de ella derivaban murieron por falta de presupuesto y de voluntad política. El juego de «equiparación» de víctimas y responsabilidades ha dominado la mayoría de las representaciones divulgadas en los medios de comunicación y ha sacado a la luz una clara confrontación entre las narraciones y los análisis de los historiadores y los usos políticos y recuerdos.

Los relatos y las memorias de la guerra civil y de la dictadura se han manifestado en un campo de batalla cultural y político, de apropiación de símbolos, con disputas sobre calles, memoriales y monumentos, con el Valle de los Caídos y la exhumación de Franco, hecha realidad el 24 de octubre de 2019, en el centro de la disputa. Franco estuvo allí 44 años, como símbolo poderoso e intacto de la interpretación de los vencedores de la guerra civil y de la dictadura.

La rivalidad entre el paradigma del Holocausto y el de las víctimas del comunismo, la retórica del «doble genocidio», ha orientado también la creación de nuevos museos y memoriales, sobre todo en Europa del Este, en los que las memorias del nazismo y del comunismo, de la «doble ocupación», se enfrentan con grandes relatos documentales y audiovisuales. Son lugares de memoria que sirven, sobre todo, como espacios de propaganda.

Lugares de memoria y espacios de propaganda

Desde los primeros momentos de la transición a la democracia, la historia se convirtió en los antiguos países comunistas en un tema central de debate público. Los monumentos asociados con los regímenes caídos fueron o «borrados de la memoria o renovados e imbuidos con un mensaje anticomunista». En Alemania, los antiguos cuarteles de la Stasi, la policía secreta de la República Democrática, se transformaron en un museo donde los visitantes pueden inspeccionar las celdas de interrogatorios y contemplar exhibiciones de los instrumentos de tortura. Lugares así se utilizan ahora como parques temáticos, algunos con notables elementos didácticos y de recuerdo, y otros como meros espacios de propaganda. Hungría, Letonia y Rusia tienen buenos ejemplos de lo que se presenta como «historia verdadera» de un pasado negro.[30]

En el Memorial de las Víctimas del Comunismo y de la Resistencia Anticomunista en la localidad rumana de Sighetu es más importante la glorificación de quienes padecieron los crímenes que el escrutinio de ese pasado. Allí se construyó en 1897 una prisión que fue utilizada después de 1945 como centro de detención y tortura de derechistas, fascistas y miembros de la elite de Rumanía, desde políticos hasta periodistas, pasando por sacerdotes o grupos profesionales. En 1993 se inauguró en ese mismo lugar el Memorial. «La victoria más grande del comunismo —se dice en la explicación de su significado—, fue crear gente sin memoria: un nuevo hombre con el cerebro lavado incapaz de recordar lo que fue, lo que tenía o lo que hizo antes del comunismo.» Por eso el Memorial «es un medio de contrarrestar esa victoria, de resucitar la memoria colectiva».[31]

En Hungría, los símbolos externos que recordaban a los héroes comunistas, centenares de monumentos y estatuas, se convirtieron en objeto de disputa. Y aunque una parte de la población defendió la solución más drástica, su destrucción, el Ayuntamiento de Budapest decidió crear un parque de memoria a las afueras de la ciudad. Inaugurado en junio de 1993, en él se exhiben varias decenas de especímenes de escultura «totalitaria», representativas del dominio comunista. Según Ákos Eleod Jr., encargado del diseño, «el parque trata sobre la dictadura. Y al mismo tiempo (...) sobre la democracia. Al fin y al cabo, solo la democracia puede dar la oportunidad de pensar libremente sobre la dictadura». Martin Evans cree que esas piezas de museo son «el símbolo definitivo de la derrota: el comunismo reducido a un parque temático *kitsch* para turistas». Un político local lo apodó «Disneylandia del viejo comunismo».[32]

Mientras la izquierda luchaba por distanciarse del pesado legado del comunismo, la derecha buscaba demostrar que había una tradición conservadora, rota por dos ocupaciones extranjeras de Hungría, la nazi y la soviética, protagonizadas por dos ideologías totalitarias ajenas a la tradición política del país. De acuerdo con esa visión de la historia, desde el injusto tratado de paz de Trianón dictado por las potencias occidentales tras la Primera Guerra Mundial, Hungría tuvo «el castigo como destino», en expresión de Jószef Antall, el primer presidente elegido democráticamente tras la caída del comunismo.

En Letonia la memoria de la Segunda Guerra Mundial fue «reubicada» tras la desaparición del régimen comunista. Como los demás países bálticos, sufrió varias ocupaciones en aquellos años. El 17 de junio de 1940, durante el período del Pacto Nazi-Soviético, fue invadida por el Ejército Rojo. Un año después, por la Alemania nazi, una ocupación que duró hasta mayo de 1945. Desde ese momento fue parte de la Unión Soviética hasta su desintegración a finales de agosto de 1991.

El 22 de abril de 1970, para conmemorar el centenario del nacimiento de Lenin, se inauguró en la plaza del Ayuntamiento de Riga el museo de los Fusileros Letones, en homenaje a las tropas de choque que desempeñaron un papel principal en la toma del poder bolchevique. Era la forma de presentar la anexión soviética de junio de 1940 no como una invasión, sino como el equivalente nacional de la revolución de octubre de 1917, «una acción fraternal que puso al país en la senda hacia el comunismo».

Cuando Letonia recuperó la independencia, el 6 de septiembre de 1991, el museo experimentó una drástica transformación. Dos años después se convirtió en el museo de la Ocupación de Letonia, 1940-1991, para explicar cómo «la identidad nacional» había sido «eliminada» por dos regímenes totalitarios, el nazi y el estalinista. El gobierno incluyó al nuevo museo como parte oficial del protocolo de visitas para los jefes de Estado extranjeros.[33]

Aunque el contenido allí expuesto no rehúye ni ignora las memorias que no se ajustan al relato heroico de resistencia frente al totalitarismo, el principal tema de exhibición y recuerdo, como ocurre en otras instituciones creadas desde los años noventa en Europa Central y del Este, es la equiparación entre esos dos males. La mayor parte del dinero para su fundación salió de letones exiliados desde 1945 al Reino Unido, Estados Unidos y Australia y el hilo conductor del relato, presentado como una «explicación verdadera del pasado», es contar la historia de Letonia desde el punto de vista del discurso —de la Guerra Fría— de «democracia liberal frente a totalitarismo».[34]

Frente a ese revisionismo en los países bálticos, de igualdad en sufrimiento nacional ante las ocupaciones y justificación de la persecución de los judíos por su apoyo al comunismo, en la Rusia de Vladimir Putin se ha fortalecido el culto a la «Gran Guerra Patriótica», como parte del orgullo nacional por su contribución a la derrota del nazismo. Resulta ilustrativo tener en cuenta que el Museo Central de la Guerra Patriótica en el parque de la Victoria de Moscú, que había sido proyectado desde la misma Segunda Guerra Mundial, no se creara hasta 1995, después del derrumbe de la Unión Soviética. En un país con notables problemas de identidad nacional, donde el pasado imperial, revolucionario y comunista provoca profundas divisiones, la «Gran Guerra Patriótica» contra los nazis constituye una de las pocas fuentes de continuidad y legitimidad popular.[35]

Durante los últimos años del siglo xx, la reconstrucción de batallas históricas, la exposición de equipamiento militar y los museos comenzaron a presentarse como importantes aspectos de la cultura popular y del turismo de masas. El término «turismo negro» se acuñó en referencia a excursiones a lugares en donde se habían cometido atrocidades y en ese apartado, en Europa, Auschwitz ocupó un lugar destacado. Se consideró un lugar único para «tocar» la historia, hacer fotos y comprar recuerdos. La manipulación política de huellas y lugares históricos no es algo nuevo, pero con la Segunda Guerra Mundial, el Holocausto y las memorias alternativas ha adquirido diferentes variaciones nacionales, presentadas como parte de una «memoria colectiva europea», de culpas repartidas, de construcción de mitos que sirven en diferentes períodos y procesos políticos.[36]

Son maneras de ver y manipular la historia. En vez de enfrentarse de verdad a los diferentes y terribles pasados, se elaboran historias para el uso y la tranquilidad de quienes quieran, o sientan la necesidad, de identificarse con ellas. No son los hechos históricos los que se investigan y discuten, sino la interpretación de esos hechos que mejor sirve a los gobernantes y grupos políticos para montar una versión oficial de la historia, utilizando los museos como modelo de educación y celebración.

Defensa de la historia

Las conmemoraciones de pasados violentos, difíciles y traumáticos, plantean retos relacionados con contextos históricos, políticos y socioculturales. Muchos memoriales se construyen en los lugares donde ocurrieron masacres y atrocidades y establecer un espacio conmemorativo parece fundamental para llorar y honrar a las víctimas.

El problema es que los «lugares de terror» a menudo cuentan múltiples y complejas historias de violencia repetida, borrando la distinción entre verdugos y víctimas. En muchos países —de Europa del Este a España, pasando por Alemania— grupos rivales de víctimas hacen oír sus voces y quieren ser reconocidas, a veces a costa de las otras. Esos antagonismos conducen a «estrategias reactivas —contramemorias, contrarrelatos, símbolos alternativos y guerras de cifras— cuyo fin es restar importancia a las reclamaciones de victimismo por parte de otros grupos».[37]

Las memorias cambian con el tiempo, conforme la sociedad y la política evolucionan, y cambian también sus formas de difusión en los medios de comunicación. Como ocurre con el análisis de la historia, la memoria invita a varias y controvertidas lecturas. Por un lado, la información no contrastada y la opinión difuminan las fronteras entre los historiadores profesionales y los aficionados a la historia. Por otro, cuando se trata del siglo XX —de guerras, revoluciones, limpiezas étnicas y genocidios—, resulta difícil distinguir entre las investigaciones sólidas, contrastadas, debatidas en congresos y trabajos científicos, y los relatos propagandísticos o políticos. Los testigos de los hechos no son historiadores, pero reclaman autenticidad y, además de contar las cosas, hablar de sí, «ponerse», en palabras de Alessandro Portelli, «en el centro del relato». O como escribe Krzystof Pomian, «toda memoria humana no es solo selectiva; es además necesariamente egocéntrica. Lo organiza todo en torno al Yo del que es memoria». Es la confrontación entre el historiador y «las memorias todavía doloridas y las posturas ideológicas capaces de despertar intensas pasiones».[38]

Y lo advertía también Tzvetan Todorov hace más de dos décadas: hay una distinción «entre la *recuperación* del pasado y su subsiguiente *utilización*».[39] En esa utilización, la historia ya no cae solo bajo el exclusivo ámbito del historiador profesional y es tratada cada vez más en los medios de comunicación, en exposiciones, documentales y en la ficción. El historiador «no es un mago» capaz de desvelar completamente el pasado, «sino un guía» que estimula a leer y pensar críticamente.

La mayoría de la gente no está interesada en los debates, las interpretaciones, las respuestas conceptuales o las diferencias metodológicas, sino, por el contrario, en la «historia como espectáculo, anécdota de entretenimiento o prueba de conspiración». El desarrollo de la historia profesional y en las universidades «parece hoy una carretera secundaria y menor comparado con la autopista de las series de televisión» o la difusión que hacen de la historia periodistas aficionados que nunca mencionan las fuentes.[40]

Las fuentes históricas son siempre incompletas, iluminan algunos aspectos y dejan otros en la penumbra. Pocos creen ya que el objeto del historiador es presentar a los lectores «la verdad sin mancha ni pintura», o que el pasado existe independientemente de la mente de los individuos y lo que tiene que hacer el historiador, en consecuencia, es representarlo de forma objetiva.

Que los hechos de la historia nunca nos llegan en estado «puro» es algo que popularizó Edward H. Carr hace ya muchos años y había sido dicho ya por los historiadores estadounidenses de la «New History» a comienzos del siglo XX. Pero asumiendo que la verdad absoluta es inalcanzable, la función del historiador debería ser todavía, en palabras de François Bédarida, «la de descubrir modestamente las verdades, aunque sean parciales y precarias, descifrando parcialmente en toda su riqueza los mitos y las memorias».[41]

No hay una única historia europea, sino múltiples historias que se superponen y se entrecruzan unas con otras. En este libro he seguido muchas reconstrucciones de grandes y pequeños episodios, de la vida de sus protagonistas y de aquellos que los presenciaron. He manejado los trabajos de decenas de historiadores que han investigado de forma constante en archivos, hemerotecas y bibliotecas. Sin todos esos miles de documentos y libros, poco sabríamos hoy de esa historia de violencia indómita.

Mi labor ha sido ajustar las piezas de ese enorme mosaico incompleto que es la historia del siglo XX, seleccionar los fragmentos y relatos sobre temas específicos, para formar un todo coherente, aunque no definitivo. Dado que la historia nunca es una calle de una sola dirección, lo que al final he ofrecido es una variedad caleidoscópica de voces y lecturas sobre la violencia indómita del siglo XX europeo.

Notas

Introducción

1. Volker R. Berghahn, *Europe in the Era of Two World Wars. From Militarism and Genocide to Civil Society, 1900-1950*, Princeton University Press, Princeton, 2006, www.jstor.org/stable/j.ctt7rngt.downloaded from 128.112.203.62 on Tue, 23 Oct 2018, p. 1. Todas las traducciones de las citas de las fuentes en otros idiomas son mías y, salvo en los casos en que así lo indique, he usado las versiones originales, aunque existan traducciones al castellano.

2. Citado en Alex Danchev (ed.), *Fin de Siècle. The Meaning of the Twentieth Century*, I. B. Tauris, Londres, 1995, p. v.

3. John Kenneth Galbraith, *The Age of Uncertainty*, Houghton Mifflin, Boston, 1977, pp. 133-134 (traducción al castellano en Plaza & Janés, Barcelona, 1981).

4. Andrew Sinclair, *The Last of the Best. The Aristocracy of Europe in the Twentieth Century*, Weidenfeld and Nicolson, Londres, 1969, p. 283. La «gran muerte» y la cita sobre los hijos en pp. 57-59.

5. Feliks Gross, *Violence in Politics. Terror and Political Assassination in Eastern Europe and Russia*, Mouton & Co, N. V., Publishers, La Haya, 1972, p. 59.

6. Eric Hobsbawm, *Age of Extremes. The Short Twentieth Century 1914-1991*, Abacus, Londres, 1995, p. 6 (primera edición en 1994, edición en castellano en Crítica, 1995). La explicación de Hobsbawm del surgimiento de esa civilización en el «largo siglo XIX» en su trilogía, publicada en castellano por Crítica, *La era de la revolución 1789-1848; La era del capital 1848-1875; La era del imperio 1875-1914.*

7. Eric Hobsbawm, *Age of Extremes*, p. 6.

8. Volker R. Bergahn, *Europe in the Era of the Two World Wars*, p. 6.

9. *Ibidem*. La tesis de Cathie Carmichael en *Genocide Before the Holocaust*, Yale University Press, New Haven y Londres, 2009, pp. 4-5. El entrecomillado sobre los campos de concentración procede de Richard J. Evans, aunque él no nombra los de Cuba, *The Pursuit of Power. Europe 1815-1914*, Viking, Nueva

York, 2016, p. xix (traducción al castellano en Crítica, 2017). Las semillas de la violencia antes de 1914 constituyen también un argumento básico del primer capítulo («On the Brink») de *To Hell and Back. Europe 1914-1949*, de Ian Kershaw, Viking, Nueva York, 2015, pp. 9-43 (traducción al castellano en Crítica, 2016).

10. «El descarrilamiento del liberalismo» (p. 47) en el período de entreguerras, tema clásico de la historiografía en los últimos años, está bien resumido en Adam Tooze, *El diluvio. La Gran Guerra y la reconstrucción del orden mundial (1916-1931)*, Crítica, Barcelona, 2016, pp. 29-64, de donde proceden los entrecomillados.

11. Ese argumento es compartido por Emilio Gentile, «Paramilitary Violence in Italy: The Rationale of Fascism and the Origins of Totalitarianism», en Robert Gerwarth & John Horne, *War in Peace. Paramilitary Violence in Europe after the Great War*, Oxford University Press, Oxford, 2013, p. 85; y Matteo Millan, «The Institutionalization of Squadrismo: Disciplining Paramilitary Violence in the Italian Fascist Dictatorship», *Contemporary European History*, 22, 4 (2013), p. 552.

12. Eric D. Weitz, *A Century of Genocide. Utopias of Race and Nation*, Princeton University Press, Princeton, 2003, www.jstor.org/stable/j.ctt7rngt downloaded from 128.112.203.62 on Tue, 25 Sep 2018, p. 246.

1. Un mundo de privilegio, lujo y poder

1. Andrew Sinclair, *The Last of the Best. The Aristocracy of Europe in Twentieth Century*, p. 4, de quien tomo también la cita de la duquesa di Sermoneta que abre este capítulo. «Indian summer», definido en inglés como un período de calma y tiempo cálido a comienzos del otoño.

2. Paula Bartley, *Queen Victoria*, Routledge, Londres y Nueva York, 2016, pp. 293-295, y Julia P. Gelardi, *Born to Rule. Five Reigning Consorts, Granddaughters of Queen Victoria*, St. Martin's Press, Nueva York, 2005, pp. xix-xxi.

3. El impacto de la obra de Arno Mayer, *The Persistence of the Old Regime in Europe to the Great War*, Pantheon Books, Nueva York, 1981 (versión en castellano en Alianza Ed., Madrid, 1984), con sus seguidores y detractores, puede seguirse en la introducción de Yme Kuiper a Ime Kuiper, Nikolai Bijleveld y Jaap Dronkers (eds.), *Nobilities in Europe in the Twentieth Century. Reconversion, Strategies, Memory Culture and Elite Formation*, Peeters, Lovania, 2015, pp. 1-26.

4. Andrew Sinclair, *The Last of the Best*, pp. 21-22. El historiador George L. Mosse contó la importancia de esos lazos matrimoniales en su prominente y rica familia judía alemana: *Confronting History. A Memoir*, The University of Wisconsin Press, Madison, 2000, pp. 19-20.

5. Andrew Sinclair, *The Last of the Best*, p. 4, donde se incluyen varias de esas fotografías.

6. Robert O. Paxton, *Europe in the Twentieth Century,* Columbia University, Nueva York, 2002, pp. 15-16.

7. Andrew Sinclair, *The Last of the Best*, pp. 6-7 y 15; y Robert O. Paxton, *Europe in the Twentieth Century,* p. 14.

8. Ivan T. Berend, *Decades of Crisis. Central and Eastern Europe before World War II,* University of California Press, Berkeley, 1998, pp. 24-27 (el entrecomillado procede de la p. 25).

9. Eric Dorn Brose, *A History of Europe in the Twentieth Century,* Oxford University Press, Nueva York, 2005, p. 27 (el entrecomillado procede de la p. 25).

10. Citado en Volker R. Berghahn, *Europe in the Era of Two Wold Wars. From Militarism and Genocide to Civil Society, 1900-1950*, p. 9.

11. Ann Taylor Allen, *Women in Twentieth-Century Europe*, Palgrave Macmillan, 2008, Londres, pp. 1-5.

12. Sobre el lugar central de Europa a comienzos del siglo XX y cómo había llegado a él puede verse el reciente trabajo de Richard J. Evans, *The Pursuit of Power. Europe 1815-1914*. También, Rober O. Paxton, *Europe in the Twentieth Century,* p. 27. Las contradicciones del sistema, con los privilegios reservados a una minoría, en Eric Dorn Brose, *A History of Europe in the Twentieth Century,* pp. 21-22.

13. Buena introducción en Philip Pomper, «Russian Revolutionary Terrorism», en Marta Crenshaw (ed.), *Terrorism in context,* Pensilvania State University Press, University Park, Pa, 1995, pp. 63-105. Puede verse también Feliks Gross, *Violence in Politics. Terror and Political Assassination in Eastern Europe and Russia,* Mouton, La Haya-París, 1972; y Astrid von Borcke, «Violence and Terror in Russia Revolutionary Populism: The Narodnaya Volya, 1879-83», y Manfred Hildermeir, «The Terrorist Strategies of the Socialist-Revolutionary Party in Russia, 1900-14», en Wolfgang J. Mommsen y Gerhard Hirschfeld, *Social Protest, Violence and Terror in Niteteent – and Twentieth-Century Europe,* The Macmillan Press, Londres, 1982.

14. Philip Pomper, «Russian Revolutionary Terrorism», pp. 89-91.

15. La reacción de los gobiernos ante esa forma de terrorismo individual en Feliks Gross, *Violence in Politics,* pp. 34-35 y es uno de los argumentos básicos del reciente libro de Richard Bach Jensen, *The Battle against Anarchist Terrorism. An International History, 1878-1934,* Cambridge University Press, Cambridge, 2014, que reproduce el Acta final de esa Conferencia, pp. 366-371.

16. Sigo aquí el retrato del conde Egon Corti, «Elisabeth and Lucheni», en *Elisabeth. Empress of Austria,* Yale University Press, New Haven, 1936, basado en la documentación oficial del Procurador General de Ginebra, pp. 456-493. Puede verse también Julia Bachiega, «Entre la propaganda por el hecho y los magnicidios anarquistas a finales del siglo XIX», *Revista Relaciones Internacionales,* n.º 50 (segmento digital), Instituto de Relaciones Internacionales, UNLP, 2016.

17. En diferentes páginas de la web —wikipedia, murderpedia...— se da el 19 de octubre de 1910 como fecha de su suicidio. Según Egon Corti, *Elisa-*

beth, ocurrió el 16 de octubre (p. 492) y es la fecha que yo he aceptado como buena. En el International Institute of Social History de Ámsterdam, en la colección «Anarchist Assaults», se conserva una ficha de Luigi Lucheni, en la que se lee que el suicidio fue en 1909 (www.iisg.ul/collections/anarchis-assaults/lucheni.php).

18. Esas dos corrientes de acción directa dentro del anarquismo fueron bien identificadas hace años por José Álvarez Junco, *La ideología política del anarquismo español (1868-1910)*, Siglo XXI, Madrid, 1976, pp. 495-510.

19. Citado en Clara E. Lida, «El discurso de la clandestinidad anarquista», en Bert Hofmann, Pere Joan i Tous y Manfred Tietz (eds.), *El anarquismo español y sus tradiciones culturales*, Vervuet-Iberoamericana, Madrid, 1995, p. 201.

20. Las raíces de esa violencia anarquista, su desarrollo y las principales manifestaciones están bien resumidas por Rafael Núñez Florencio en *El terrorismo anarquista (1888-1909)*, Siglo XXI, Madrid, 1983. El origen del término «propaganda por el hecho» y el surgimiento del terrorismo político en el momento de decadencia del movimiento anarquista internacional están recogidos en Ulrich Linse, «'Propaganda by Deed' and 'Direct Action': Two Concepts of Anarchist Violence», en Wolfagang J. Mommsen y Gerhard Hirschfeld, *Social Protest, Violence and Terror in Nineteenth -and Twentieth- Century Europe*, pp. 201-207. El análisis reciente más exhaustivo en Juan Avilés Farré, *La daga y la dinamita. Los anarquistas y el nacimiento del terrorismo,* Tusquets, Barcelona, 2013.

21. Lo de la ineficacia de la policía y de la administración españolas es un asunto resaltado por los principales especialistas. Lo hace Rafael Núñez Florencio, *El terrorismo anarquista* (p. 63), y también Joaquín Romero Maura en su pionero trabajo «Terrorism in Barcelona and Its Impact on Spanish Politics 1904-1909», *Past & Present*, n.º 41 (1968), pp. 132-133. Sobre el «castillo maldito», José Álvarez Junco, *El emperador del paralelo. Lerroux y la demagogia populista*, Alianza Ed., Madrid, 1990, pp. 133-176.

22. Vicente Blasco Ibáñez, *La bodega*, una novela sobre esos sucesos publicada en 1905, de la que Francisco Caudet ha hecho una cuidada edición en Cátedra, 1998, de donde proceden las dos citas (pp. 491 y 498, respectivamente). En febrero de 1883 la Guardia Civil anunció el descubrimiento de una organización conspirativa, la Mano Negra, supuestamente involucrada en el incendio de cosechas y el asesinato de propietarios. Las pruebas aducidas eran unos cuantos crímenes descubiertos en los últimos meses en la zona de Jerez y se utilizó para perseguir a jornaleros «revoltosos» y a miembros de las organizaciones anarquistas. La persecución fue sonada, con numerosas condenas a deportaciones o largos años de prisión. Peor fueron las cosas para siete de los detenidos, que fueron condenados a muerte por sentencia de la Audiencia de Jerez el 18 de junio de 1883, ratificada por el Tribunal Supremo el 5 de abril de 1884, y ejecutados el 14 de junio de ese mismo año: Clara E. Lida, *Anarquismo y revolución en la España del siglo XIX*, pp. 252-253. Puede verse también Demetrio Castro Alfín, *Hambre en Andalucía. Antecedentes y cir-*

cunstancias de la Mano Negra, Ayuntamiento de Córdoba, 1986, y la reconstrucción de los hechos por Juan Madrid, *La Mano Negra. Caciques y señoritos contra los anarquistas*, Temas de Hoy, Madrid, 1998.

23. Detalles sobre todos esos antentados, con documentación y testimonios de la época, en Rafael Núñez Florencio, *El terrorismo anarquista*, pp. 51-60.

24. Citado en José Álvarez Junco, *El emperador del paralelo*, p. 153. Sobre ese orden público militarizado hay que ver Manuel Ballbé, *Orden público y militarización en la España constitucional (1812-1983)*, Alianza Ed., Madrid, 1983, con útiles referencias sobre la Mano Negra, asalto campesino de Jerez, atentado de Pallás... (pp. 238-239, 252, 255). Y también Eduardo González Calleja, *La razón de la fuerza. Orden público, subversión y violencia política en la España de la Restauración (1875-1917)*, Madrid, CSIC, 1998.

25. Relatos al detalle de todos esos incidentes en Joaquín Romero Maura, «Terrorism in Barcelona», pp. 147-157, quien, sin pruebas, carga sobre anarquistas «desorientados» los atentados. Más prudente en la búsqueda de responsables se muestra Rafael Núñez Florencio, *El terrorismo anarquista*, pp. 70-82. La primera aproximación relevante sobre el asunto fue la de Enric Jardí, *La ciutat de les bombes: el terrorisme anarquista a Barcelona*, Dalmau, Barcelona, 1964.

26. Según José Álvarez Junco, quien examina con minuciosidad toda la documentación existente, Estévanez transportó la bomba desde Francia, Morral la arrojó, Ferrer financió la operación y Lerroux debería sublevar Barcelona «y proclamar la República en el momento en que llegaran las noticias de la muerte del soberano»: *El emperador del paralelo*, p. 306.

27. Juan Avilés Farré, *La daga y la dinamita*, pp. 18-19, quien cita un artículo en *La Révolté*, el periódico fundado por Kropotkin, identificando en 1880 la «propaganda por el hecho» con «la revuelta permanente mediante la palabra, el escrito, la daga, el fusil y la dinamita» (p. 358).

28. Richard Jensen, «Daggers, Rifles and Dynamite: Anarchist Terrorism in Nineteenth Century Europe», en *Terrorism and Politica Violence*, 16, 1 (2004), pp. 116-117, 134-135. La bomba que Émile Henry colocó en el café Terminus de París, el 12 de febrero de 1894, que causó un muerto y veinte heridos, es examinada por algunos autores como el momento de transición entre el tiranicidio, el asesinato individual y la muerte de ciudadanos comunes «inocentes», el inicio del terror moderno, aunque la bomba del Teatro del Liceo en Barcelona, el año anterior, había causado más víctimas: John Merriman, *The Dynamite Club. How a Bombing in Fin-de-Siècle Paris Ignited the Age of Moern Terror*, Houghton Mifflin Harcourt, Nueva York, 2009, p. 213.

29. Citado en Richard Jensen, «Daggers, Rifles and Dynamity», p. 117. La cita de Cesare Lombroso, *Los anarquistas*, Imprenta Elzeviriana de P. Tonini, Buenos Aires, 1895, p. 24.

30. Heinz-Gerhard Haupt y Klaus Weinhauer, «Terrorism and the state», en Donald Bloxham y Robert Gerwarth, *Political Violence in Twentieth-Century*

Europe, Cambridge University Press, Cambridge, 2011, p. 181. La principal excepción a esa difusión de pequeños grupos fue la Organización Interna Revolucionaria de Macedonia, que contó con diferentes ramas en Macedonia y Bulgaria y protagonizó la revuelta de Ilinden contra el imperio otomano en 1903.

31. Michael Newton, *Famous Assassinations in World History. An Ecyclopedia*, volumen 1: A-P, ABC-Clio, Santa Bárbara, California, 2014, pp. 9-10.

32. Un buen ejemplo de esa historiografía centrada en Europa Occidental en Dick Geary, *European Labour Protest 1848-1939*, Croom Helm, Londres, 1981, aunque incorpora también algunas referencias a Rusia, Italia o España. Un análisis reciente de las transformaciones políticas y sociales experimentadas por la clase obrera británica en el siglo xx en Selina Todd, *The Rise and Fall of the Working Class 1910-2010*, John Murray, Londres, 2015 (versión en castellano en Akal, 2018).

33. Hay una buena reflexión sobre esos legados decimonónicos en Pamela Pilbeam, «Chasing Rainbows: the Nineteenth-Century Revolutionary Legacy», en Moira Donald y Tim Rees (eds.), *Reinterpreting Revolution in Twentieth-Century Europe*, Macmillan, Londres, 2001, pp. 19-40.

34. Citado en Orlando Figes, *A People's Tragedy. The Russian Revolution 1891-1924*, Penguin, Nueva York, 1996, p. 35 (traducción al castellano en Edhasa, Barcelona, 2000).

35. Allan K. Wildman, *The End of the Russian Imperial Army*, Princeton University Press, Princeton, 1980, vol. 1, p. 306.

36. Walter Laqueur, *Black Hundred. The Rise of the Extreme Right in Russia*, Harper Collins, Nueva York, 1993 y Donald C. Rawson, *Russian Rightists and the Revolution of 1905*, Cambridge University Press, Nueva York, 1995.

37. Abraham Ascher, *The Revolution of 1905. Russia in Disarray*, Standford University Press, Standford, California, 2 vols. 1988 y 1992. En las páginas 1-7 del primer volumen Ascher cuestiona que 1905 fuera un «ensayo general», como mantuvo Lenin y copió la historiografía posterior soviética, que preparó e hizo inevitable la revolución bolchevique de 1917, y lo identifica, por el contrario, como «un momento crítico que abrió varios caminos» (p. 2). Puede verse también Moira Donald, «Russia 1905: the Forgotten Revolution», en Moira Donald y Tim Rees (eds.), *Reinterpreting Revolution in Twentieth-Century Europe*, pp. 41-54.

38. Citado en Irina Marin, *Peasant Violence and Antisemitism in Early Twentieth-Century Eastern Europe*, Palgrave Macmillan (Springer Nature), Cham, Suiza, 2018, p. 3, un estudio detallado de esa insurrección campesina de 1907 que sigo en estas páginas.

39. *Ibidem*, p. 5.

40. *Ibidem*, p. 13.

41. *Ibidem*, pp. 5-6.

42. *Ibidem*, pp. 276-279 y 7.

43. La referencia pionera y básica sobre esos hechos es Joan Connelly Ullman, *La Semana Trágica. Estudios sobre las causas socioeconómicas del anticlericalismo*

en España (1898-1912), Ariel, Barcelona, 1979; la historia social y política de esa década en Joaquín Romero Maura, *La Rosa de Fuego. Republicanos y anarquistas: La política de los obreros barceloneses entre el desastre colonial y la Semana Trágica, 1899-1909*, Grijalbo, Barcelona, 1975. Estudios más recientes en Eloy Martín Corrales (ed.), *Semana Trágica. Entre las barricadas de Barcelona y el Barranco del Lobo*, Edicions Bellaterra, Barcelona, 2011. Algunos de esos temas aparecen incorporados en José Álvarez Junco, *El emperador del Paralelo*. También en Temma Kaplan, *Red City, Blue Period: Social Movements in Picasso's Barcelona*, University of California Press, Berkeley, 1992 (traducido al castellano en Península, Barcelona, 2003); y Chris Ealham, *La lucha por Barcelona: clase, cultura y conflicto, 1898-1937*, Alianza Ed., Madrid, 2005.

44. Joan Connelly Ullman, *La Semana Trágica*, p. 295.

45. *Ibidem*, p. 296.

46. De esa y de otras insurrecciones y del terrorismo anarquista me ocupé en «Terror and Violence: The Dark Face of Spanish Anarchism», *International Labor and Working-Class History*, N.º 67, Spring 2005, pp. 79-99.

47. Cathie Carmichael, *Genocide Before the Holocaust*, pp. 1-2.

2. La semilla de 1914

1. Hay una introducción a su personalidad, ambición e ideas sobre la supremacía blanca en Robert I. Rotberg, *The Founder: Cecil Rhodes and the Pursuit of Power*, Oxford University Press, Oxford, 1988. La cita que abre este capítulo aparece en Volker R. Berghahn, *Europe in the Era of Two World Wars. From Militarism and Genocide to Civil Society, 1900-1950*, p. 14. Javier Reverte le dedicó un reportaje, «Un racista imponente», en *El País Semanal*, 8 de enero de 2006.

2. Richard J. Evans, *The Pursuit of Power. Europe 1815-1914*, p. 643.

3. *The Times*, 5 de mayo de 1898. El discurso, las repercusiones en España y su visión del imperialismo en Rosario de la Torre del Río, «La prensa madrileña y el discurso de Lord Salisbury sobre las "naciones moribundas"», *Cuadernos de Historia Moderna y Contemporánea*, n.º 6, 1985, pp. 163-180.

4. Konrad H. Jarausch, *Out of Ashes. A New History of Europe in the Twentieth Century*, Princeton University Press, Princeton, 2015, p. 42. Un balance y sus consecuencias en Roberto Ceamanos, *El reparto de África. De la Conferencia de Berlín a los conflictos actuales*, Los Libros de la Catarata, Madrid, 2016.

5. Eric Dorn Brose, *A History of Europe in the Twentieth Century*, p. 14. Balance de esos cambios desde la revolución francesa hasta la Primera Guerra Mundial en Hew Strachan, «Military Modernization 1789-1918», en T. C. W. Blanning (ed.), *The Oxford History of Modern Europe*, Oxford University Press, Oxford, 2000, pp. 76-100.

6. Volker R. Berghahn, *Europe in the Era of Two World Wars*, p. 6.

7. Eric Dorn Brose, *A History of Europe in the Twentieth Century,* p. 18. La rivalidad británica-alemana en Konrad H. Jarausch, *Out of Ashes,* pp. 55-56.

8. John A. Hobson, *Imperialism. A Studty.* James Pott & Company, 1902.

9. *Ibidem,* p. 66.

10. Richard J. Evans, *The Pursuit of Power,* p. 644.

11. Documental «The Eugenics Crusade. What's Wrong with Perfect?», estrenado en el canal público de televisión PBS el 16 de octubre de 2018 (https://www.pbs.org/wgbh/americanexperience/films/eugenics-crusade/). La relevancia del movimiento eugenésico en Europa antes de 1914, con argumentos racistas contra «asociales» y minorías étnicas, en Volker R. Berghahn, *Europe in the Era of Two World Wars,* pp. 16-17. También en Ian Kershaw, *To Hell and Back. Europe 1914-49,* de quien procede la referencia a Galton y el entrecomillado sobre la esterilización (p. 20).

12. Ivan T. Berend, *Decades of Crisis,* pp. 37-39.

13. Richard J. Evans, *The Pursuit of Power,* pp. 683-684, quien proporciona diferentes ejemplos de aquelllos libros de texto.

14. Volker R. Berghahn, *Europe in the Era of Two World Wars,* p. 18.

15. Hannah Arendt, *The Origins of Totalitarianism,* Harcourt Brace and Co, Nueva York, 1951 (segundo volumen *Imperialism.* Traducción al castellano en Alianza Ed., Madrid, 1974). Adam Hochschild, «Leopold's Congo: a Holocaust We Have Yet to Comprehend», *The Cronicle of Higher Education,* 12 de mayo de 2000, p. B4. La violencia extrema de esas guerras coloniales en Isabel V. Hull, *Absolute Destruction: Military Culture and the Practices of War in Imperial Germany,* Cornell University Press, Ithaca, 2005.

16. Matthew G. Stranard, *Selling the Congo. A History of Europpean Pro-Empire Propaganda and the Making of Belgian Imperialism,* University of Nebraska Press, Lincoln & London, 2011, pp. 6-7.

17. *Ibidem,* pp. 29-30 y 45.

18. Adam Hochschild, *King Leopold's Ghost. A Story of Greed, Terror and Heroism in Colonial Africa,* Houghton Mifflin Company, Boston/Nueva York, 1998 (traducción al castellano en Península, *El fantasma del rey Leopoldo,* Barcelona, 2007). Una minuciosa discusión de la historia y memorias de olvido de aquellos acontecimientos en Sarah De Mul, «The Holocaust as a Pradigm for the Congo Atrocities: Adam Hochschild's *King Leopold's Ghost*», *Criticism,* vol. 53, n.º 4 (Otoño de 2011), pp. 587-606. Interpretaciones sobre ese pasado colonial, tanto en la historiografía como en polémicos documentales, en Michel Dumoulin, *Léopold II un roi génocidaire?,* Académie Royal de Belgique, Bruselas, 2005.

19. Adam Hochschild, *King Leopold's Ghost,* pp. 145-146. Mark Twain también dedicó un panfleto a esos abusos: *King Leopold's Soliloquy,* Waren Co, Boston, 1905.

20. Eric D. Weitz, *A Century of Genocide. Utopias of Race and Nation,* p. 240. La información y cifras en Ben Kiernan, *Blood and Soil. A World History of Genocide*

and Extermination from Sparta to Darfur, Yale University Press, New Haven y Londres, 2007, pp. 381-386.

21. Michael Mann, *The Dark Side of Democracy. Explaining Ethnic Cleansing*, Cambridge University Press, Nueva York, 2005, p. 107 (versión en castellano en PUV, Valencia, 2009). Matthew G. Stranard, *Selling the Congo*, p. 10. Balances de esas atrocidades en Volker R. Berghahn, *Europe in the Era of Two World Wars*, pp. 18-25; Richard J. Evans, *The Pursuit of Power*, pp. 654-669; Michael Mann, en el capítulo «Genocidal Democracies in the New World», pp. 70-110 y para el caso francés en la conquista de Argelia y de África del Sudoeste Ben Kiernan, *Blood and Soil*, pp. 364-390.

22. Donald Bloxham y Robert Gerwarth (eds.), *Political Violence in Twentieth-Century Europe*, Cambridge University Press, Cambridge, 2011, pp. 14-15. Dierk Walter ha desarrollado un concepto más amplio, «guerra imperial», que le permite comparaciones entre imperios en diferentes épocas: *Colonial Violence: European Empires and the Use of Force*, Oxford University Press, Oxford, 2017.

23. Volker R. Berghahn, *Europe in the Era of Two World Wars*, pp. 22-23.

24. Richard J. Evans, *The Pursuit of Power*, p. 683.

25. Sobre la guerra de Marruecos y su incidencia en la política española puede verse Sebastian Balfour, *Abrazo mortal: de la guerra colonia a la Guerra Civil de España y Marruecos (1909-1939)*, Península, Barcelona, 2002; Federico Villalobos Goyarrola, *El sueño colonial: las guerras de España en Marruecos*, Ariel, Barcelona, 2004; y María Rosa de Madariaga, *En el Barranco del Lobo: las guerras de Marruecos*, Alianza Ed., Madrid, 2005.

26. Sobre el militarismo en aquellos años es básica la obra de Carolyn P. Boyd, *La política pretoriana en el reinado de Alfonso XIII*, Alianza Ed., Madrid, 1990. Y también Eduardo González Calleja, *La razón de la fuerza. Orden público, subversión y violencia política en la España de la Restauración (1875-1917)*, CSIC, Madrid, 1998. Sobre el reinado de Alfonso XIII y la figura del monarca Javier Moreno Luzón (ed.), *Alfonso XIII. Un político en el trono*, Marcial Pons, Madrid, 2003.

27. Cathie Carmichael, *Genocide Before the Holocaust*, p. 5. La confrontación violenta entre las formas militares y civiles de organizar la sociedad es uno de los hilos conductores de la narración de Julián Casanova y Carlos Gil Andrés en *Historia de España en el siglo XX*, Ariel, Barcelona, 2009 (versión en inglés, *Twentieth-Century Spain. A History*, en Cambridge University Press, Cambridge, 2014).

28. Cathie Carmichael, *Genocide Before the Holocaust*, pp. 2-4.

29. Orlando Figes, *A People's Tragedy*, p. 242.

30. Paul Preston, *El holocausto español. Odio y exterminio en la Guerra Civil y después*, Debate, Barcelona, 2011, pp. 71-92. El estudio más completo sobre los orígenes del mito, su impacto y el antisemitismo internacional en Norman Cohn, *Warrant for Genocide. The Myth of the Jewish world-conspiracy and the Protocols of the Elders of Zion*, Scholar Press, Chico, CA, 1981 (primera edición en 1967), de donde procede la información básica que aquí se utiliza.

31. *Ibidem*, pp. 108-109.

32. Estudio detallado de la formación de esa organización y sus estrategias en Don C. Rawson, *Russian Rightists and the Revolution of 1905*.

33. Maxim Lvovich Razmolodin, *The Ideology of the Black Hundreds in Russia in 1905-1917,* Glasstree, 2017, p. 26.

34. Walter Laqueur, *Black Hundred. The Rise of the Extreme Right in Russia,* pp. 16-22. Un relato contemporáneo en L. Bernstein, *Les Cent Noirs ou Les Nationalistes Russes,* n.º 11. Publications Périodiques de la Société Des Amis Du Peuple Russe, noviembre de 1907. El «Affair Dreyfus» causó en Francia, entre 1897 y 1899, una profunda crisis política y social, con exacerbado antisemitismo y campañas de «muerte a los judíos». Sobre Francia como laboratorio de las ideas que culminaron en el fascismo puede verse Zeev Sternhell, *La Droite révolutionnaire 1885-1914. Les Origins françaises du fascisme,* Gallimard, París, 1997. Y más reciente, Michel Winock, *Nationalisme, antisémitisme et fascisme en France,* Editions du Seuil, París, 2014.

35. Citado en Cathie Carmichael, *Genocide Before the Holocaust,* p. 22.

36. Don C. Rawson, *Russian Rightists and the Revolution of 1905*, p. 137.

37. Walter Laqueur, *Black Hundred,* p. 27.

38. Sobre la transición del imperio a los Estados nación y sus consecuencias para Macedonia Ipek Yosmaoglu, *Blood Ties. Religion, Violence and the Politics of Nationhood in Ottoman Macedonia, 1878-1908,* Cornell University Press, Ithaca, 2014.

39. Sigo aquí a Richard C. Hall, «Balkan Wars (1912-1913)», en Gordon Martel (ed.), *Twentieth-Century War and Conflict. A Concise Encyclopedia,* Wiley Balckwell, Malden, MA, 2015, pp. 19-23, y a John R. Lampe, *Balkans into Southeastern Europe 1914-2014. A Century of War and Transition,* Palgrave/Macmillan, Nueva York, 2014 (primera edición en 2006), pp. 30-34. Una breve y general introducción a la historia en Mark Mazower, *The Balkans. A Short History,* The Modern Library, Nueva York, 2000 (traducción al castellano en Mondadori, 2001). La conexión entre esas dos guerras y la Primera Guerra Mundial —«tercera guerra de los Balcanes»— en Christopher Clark, *Sonámbulos. Cómo Europa fue a la guerra en 1914,* Galaxia Gutenberg/Círculo de Lectores, Barcelona, 2014, pp. 133, 285 y 640.

40. Philip Ther, *The Dark Side of Nation-States. Ethnic Cleansig in Modern Europe,* Berghahn Books, Nueva York, 2014, p. 61.

41. Cathie Carmichael, *Genocide Before the Holocaust,* pp. 13-14. La cita del vicecónsul británico en Richard J. Evans, *The Pursuit of Power,* p. 697. La del informe de la delegación internacional en James Macmillan, «War», en Donald Bloxham y Robert Gerwarth (eds.), *Political Violence in Twentieth-Century Europe,* p. 47. Las persecuciones a musulmanes en Philipp Ther, *Tha Dark Side of Nation-States. Ethnic Cleansing in Modern Europe,* p. 59.

42. Feliks Gross, *Violence in Politics. Terror and Political Assassination in Eastern Europe and Russia,* pp. 45-47.

43. Citado en *ibidem*, p. 46. Información sobre esas masacres en Cathie Carmichael, *Genocide Before the Holocaust*, pp. 17-18 y Richard J. Evans, *The Pursuit of Power*, p. 689.

44. Citado en Ben Kiernan, *Blood and Soil. A World History of Genocide and Extermination from Sparta to Darfur*, p. 399.

45. *Ibidem*, p. 400.

46. Información sobre la Dashnak y la masacre de armenios en Eugene Rogan, *La caída de los otomanos. La Gran Guerra en el Oriente Próximo*, Crítica, Barcelona, 2015, pp. 43-47.

47. Philipp Ther, *The Dark Side of Nation-States. Ethnic Cleansing in Modern Europe*, p. 61.

48. Richard C. Hall, *The Balkan Wars, 1912-1913: Prelude to the First World War*, Routledge, Londres, 2000. Hall es también el editor de una exhasutiva *War in the Balkans: an encyclopedic history from the fall of the Ottoman Empire to the breakup of Yugoslavia*, ABC-CLIO, Santa Bárbara, California, 2014. La idea de la «Larga Primera Guerra Mundial» en el frente este (de 1912 a 1923) constituye el hilo conductor de algunos de los trabajos en Jochen Böhler; Wlodzimierz Borodziej, y Joachim von Puttkamer (eds.), *Legacies of Violence. Eastern Europe's First World War*, Oldenbourg Verlag, Múnich, 2014.

49. Donald Bloxham y A. Dirk Moses, «Genocide and ethnic cleansing», en Donald Bloxham y Robert Gerwarth, *Political Violence in Twentieth-Century Europe*, p. 95.

50. Ivan T. Berend, *Decades of Crisis*, pp. 43 y 45.

51. Robert Gerwarth y John Horne «Vectors of Violence: Paramilitarism in Europe after the Great War, 1917-1923», *The Journal of Modern History*, vol. 83, n.º 3 (septiembre de 2011), pp. 494-495.

52. La cita de Stern en Christopher Clark, *Sonámbulos*, p. 21. Eric Hobsbawm, *Age of Extremes. The Short Twentieth Century 1914-1991*.

53. Donald Bloxham y Robert Gerwarth (eds.), *Political Violence in Twentieth-Century Europe*, p. 37.

54. Citado en Richard J. Evans, *The Pursuit of Power*, p. 698.

55. Christopher Clark, *Sonámbulos*, p. 255, quien examina en el apartado «Soldados y civiles» (pp. 254-266) las tensiones que creaba la lucha entre militares y políticos/diplomáticos.

56. Konrad H. Jarausch, *Out of Ashes*, pp. 63-64.

57. Lucy Hughes-Hallett, *El gran depredador. Emblema de una época*, Ariel, Barcelona, 2014, pp. 351 y 374. F. T. Marinetti, «Le Futurisme», *Le Figaro*, 20 de febrero de 1909 (traducción al castellano por Ramón Gómez de la Serna en *Prometeo*, II, n.º 6, abril de 1909): «Queremos glorificar la guerra —única higiene del mundo—, el militarismo, el patriotismo, el gesto destructor de los anarquistas, las bellas ideas que matan y el desprecio a la mujer (...) combatir el moralismo, el feminismo y todas las cobardías oportunistas y utilitarias».

58. Christopher Clark, *Sonámbulos*, p. 645.

59. *Ibidem*, p. 137.

60. *Ibidem*, p. 465.

61. Ruth Henig, *The Origins of the First World War*, Routledge, Londres, 1993, p. 32.

62. Volker R. Berghahn, *Europe in the Era of Two Wold Wars*, pp. 27-28.

63. *Ibidem*, pp. 29-30.

64. Christopher Clark, *Sonámbulos*, p. 644.

3. Culturas de guerra y revolución

1. Citado en Richard J. Evans, *The Pursuit of Power*, p. 703.

2. Nicholas Atkin (ed.), *Daily Lives of Civilians in Wartime Twentieth-Century Europe*, Greenwood Press, Westport, Connecticut, 2008, p. 3.

3. La cita de Churchill en Ruth Henig, *The Origins of the First Wold War*, p. 1.

4. James McMillan, «War», p. 49. Balance de esa guerra, con estadísticas de las víctimas en David Stevenson, *1914-1918: The History of the First World War*, Allen Lane, Londres, 2004 (versión en castellano en Debate, 2013). Análisis detallado del entramado complejo de alianzas, cambios y decisiones políticas y militares que llevaron a la guerra en Margaret MacMillan, *The War that Ended Peace: The Road to 1914*, Penguin Random House, Londres, 2014 (en castellano en Turner, Madrid, 2013). También en Max Hastings, *1914. El año de la catástrofe*, Crítica, Barcelona, 2013. Hay una reciente y útil exposición historiográfica sobre la responsabilidad por causar la guerra en Volker R. Berghahn, *Europe in the Era of Two World Wars*, pp. 33-39.

5. El punto de inflexión marcado por la Primera Guerra Mundial por su escala y brutalidad en Richard Overy, «Warfare in Europe since 1918», en T. C. W. Blanning (ed.), *The Oxford History of Modern Europe*, pp. 214-233. El proceso de «brutalización» política lo desarrolló hace tiempo para Alemania George L. Mosse, *Fallen Soldiers. Reshaping the Memory of the World Wars*, Oxford University Press, Nueva York, 1990 (versión en castellano en Prensas de la Universidad de Zaragoza, 2016). Ese concepto de «brutalización» ha sido discutido por investigaciones más recientes —como las de Robert Gerwarth— y resulta menos útil para explicar la posguerra en países vencedores como Gran Bretaña, Francia o Bélgica. Puede verse Ángel Alcalde, «La tesis de la brutalización (George L. Mosse) y sus críticos: un debate historiográfico», en *Pasado y Memoria. Revista de Historia Contemporánea*, n.º 15 (2016) pp. 17-42.

6. La obra más relevante sobre ese tema, que no estaba en el foco de investigación hasta hace poco, es la de Robert Gerwarth, *The Vanquished: Why the First World War Failed to End (1917-1923)*, Allen Lane, Londres, 2016 (versión en castellano en Galaxia Gutemberg, 2017). Gerwarth ha desarrollado su tesis en

diferentes trabajos siguiendo la senda que inició Peter Holquist para Rusia. Según Holquist, las revoluciones rusas, en su gestación y consecuencias, formaron parte de un proceso más amplio: *Making War, Forging Revolution: Russia's Continuum of Crisis, 1914-1921*, Harvard University Press, Cambridge, Mass, 2002. Gerwarth denomina un «continuum of violence» a ese largo período de guerra: «The continuum of violence», en Jay Winter (ed.), *The Cambridge History of the First World War.* Volumen II: *The State,* Cambridge University Press, Cambridge, 2014, pp. 638-662. «Guerra en paz» fue una expresión usada en un titular del periódico conservador austriaco *Innsbrucker Nachrichten* (25 de mayo de 2019), para mostrar precisamente la continuidad de la violencia, citada por Gerwarth.

7. Ian Kershaw, «War and Political Violence in Twientieth-Century Europe», *Contemporary European History,* vol. 14, 1 (febrero de 2005), pp. 110-112. También el primer capítulo en Donald Bloxham y Robert Gerwarth (eds.), *Political Violence in Twentieth-Century Europe*, pp. 11-39.

8. Citado en James McMillan, «War», p. 40, a quien pertenece también el entrecomillado; y Richard Bessel, *Violence. A Modern Obsession*, Simon & Schuster, Londres, 2015, pp. 272-273.

9. Hew Strachan, «Military Modernization 1789-1918», p. 77. La desaparición de la distinción legal y cultural entre el civil y el combatiente en Heather Jones, «The Great War: How 1914-18 Changed the Relationship Between War and Civilians», *The RUSI Journal,* 159, 4, 2014, pp. 84-91 (versión en castellano en David Alegre, Miguel Alonso y Javier Rodrigo (coords.), *Europa desgarrada. Guerra, ocupación y violencia 1900-1950,* Prensas de la Universidad de Zaragoza, 2018.

10. Donald Advery, «Chemical Warfare», en Gordon Martel (ed.), *Twentieth-Century War and Conflict*, pp. 38-40.

11. James McMillan, «War», pp. 49-55. La cita es de John Horne y Alan Kramer, *German Atrocities 1914. A History of Denial,* Yale University Press, Londres y New Haven, 2001, p. 291.

12. La destrucción de objetos culturales y artísticos como parte de una guerra cultural y simbólica contra el enemigo en Alan Kramer, *Dynamics of Desctruction: Culture and Mass Killing in the First World War,* Oxford University Press, Oxford, 2007, pp. 6-20. Los civiles asesinados en John Horne y Alan Kramer, *German Atrocities,* pp. 74-84. Los discursos religiosos como forma de atraer apoyo y legitimar los asesinatos en James McMillan, «War», pp. 53-55.

13. Volker R. Berghahn, *Europe in the Era of Two World Wars*, p. 46. Sophie Delaporte, *Gueules cassées. Les blessés de la face de la Gran Guerre,* A. Viénot, París, 2004. Sobre las memorias de ese trauma puede verse Jay Winter, *Sites of Memory, Sites of Mouning: The Great War in European Cultural History*, Cambridge University Press, Cambridge, 1995.

14. «Guerra de treinta años» en Arno J. Mayer, *Why did the Heavens not Darken? The «Final Solution» in History*, Pantheon Books, Nueva York, 1988, p. 20.

Lo de «atrocidad moral» en Charles Maier, «Consigning the Twentieth Century to History: Alternative Narratives for the Modern Era», *American Historical Review*, n.º 105 (junio de 2000), p. 812.

15. Heather Jones, *Violence against Prisoners of War in the First World War. Britain, France and Germany, 1914-1929*, Cambridge University Press, Cambridge, 2001, pp. 3-6.

16. *Ibidem*, pp. 19-23 y James McMillan, War», pp. 57-58, de quien procede también la información que sigue sobre los presos italianos y serbios.

17. Nicholas Atkin (ed.), *Daily Lives of Civilians in Wartime Twentieth-Century Europe*, p. 4.

18. Introducción de Jochen Böhler, Wlodzimierz Borodzief y Joachim von Puttkamer (eds.), *Legacies of Violence. Eastern Europe's First World War*, pp. 1-2. El concepto de «zona despedazada» en Omer Bartow y Eric D. Weitz (eds.), *Shatterzone of Empires. Coexistence and Violence in the German, Habsburg, Russian, and Ottoman Borderlands*, Indiana University Press, Bloomington, 2013. Lo había utilizado por primera vez Donald Bloxham en *The Final Solution: a Genocide*, Oxford University Press, Oxford, 2009, p. 81.

19. Jochen Böhler *et al.*, *Legacies of Violence*, p. 3.

20. Robert Gerwarth y John Horne (eds.), *War in Peace. Paramilitary Violence in Europe after the Great War*, Oxford University Press, Oxford, 2012. Antes de que esa combinación de factores marcara una ruta muy diferente para el este de Europa, el exterminio de armenios por los otomanos en 1915 representó la peor atrocidad contra civiles cometida durante la guerra. Al menos un millón de ellos murieron como consecuencia de una política sistemática de asesinato y deportaciones. De todo ello trataré en el capítulo 5.

21. Citado en Rex A. Wade, *The Russian Revolution, 1917*, Cambridge University Press, Cambridge, 2005 (segunda edición ampliada; primera en 2000), p. 18.

22. Testimonio de F. Starunov, citado en S. A. Smith, *The Russian Revolution. A Very Short Introduction*, Oxford University Press, Oxford, 2002, p. 13.

23. Allan K. Wildman, *The End of the Russian Imperial Army*, 2 volúmenes, Princeton University Press, Princeton, 1980-1987 (la cita en Prefacio, XV, I).

24. Peter Holquist, *Making War, Forging Revolution*, p. 12.

25. Christopher Read, *War and Revolution in Russia, 1914-22. The Collapse of Tsarism and the Establishment of Soviet Power*, Palgrave Macmillan, Houndmills, Basingstoke, Hamphire, 2013, p. 27.

26. James Mcmillan, «War», pp. 58-59. La persecución de judíos en el este y centro de Europa en esos años en Priot J. Wróbel, «Foreshadowing the Holocaust: The Wars of 1914-1921 and Anti-Jewish Violence in Central and Eastern Europe», en Jochen Böhler *et al.* (eds.), *Legacies of Violence*, pp. 169-208.

27. Peter Gatrell, *A Whole Empire Walking: Refugees in Russia during World War I*, Indiana University Press, Bloomington, 1999, pp. 2-3.

28. He hecho un balance, relato e interpretación de esas revoluciones en *La venganza de los siervos. Rusia, 1917*, Crítica, Barcelona, 2017. Y de la abundante producción historiográfica he tratado en «Viejos y nuevos relatos sobre las revoluciones de 1917», *Historia Social*, n.º 88 (2017), pp. 87-103.

29. Reinhart Koselleck, «Historical Criteria of the Modern Concept of Revolution», en *Futures Past: On the Semantics of Historical Time*, Columbia University Press, Nueva York, 2004, pp. 46-49 (primera edición en The MIT Press, Cambridge, Mass, 1985; hay traducción en castellano en Paidós, Barcelona, 1992); David Armitage, «Every Great Revolution is a Civil War», en Keith Michael Baker y Dan Ellstein (eds.), *Scripting Revolution: A Historical Approach to the Comparative Study of Revolutions»*, Stanford University Press, Stanford, 2015, pp. 57-68. La relación entre revolución y guerras civiles a lo largo de la historia tiene una notable y actualizada síntesis en David Armitage, *Civil War. A History of Ideas*, Yale University Press, New Haven, Connecticut, 2017 (traducción al castellano en Alianza Ed., 2018).

30. Buen análisis en Peter Holquist, «Violent Russia, Deadly Marxism? Russia in the Epoch of Violence, 1905-21», *Kritika: Explorations in Russia And Eurosia History*, 4 (3), verano de 2002, pp. 627-652. Holquist argumenta que en el debate sobre las causas de la violencia —con claros paralelismos con el debate sobre el terror en la revolución francesa y en el de la «solución final» en el Holocausto—, los especialistas se han adscrito a la teoría de las «circunstancias» o a la de la «ideología», es decir, una «oposición binaria» entre «contexto» e «intención». Lo que él plantea, más que situarse a favor o en contra de una de esas dos teorías, es «estudiar las condiciones históricas en las que circunstancias e ideologías se cruzaron/relacionaron para crear el Estado bolchevique y la sociedad soviética» (p. 628). Y lo aplica al escenario ruso entre 1905 y 1921 («Tiempos de conflictos») y dentro de las convulsiones europeas entre 1914-1924.

31. Dietrich Beyrau, «The Long Shadow of the Revolution: Violence in War and Peace in the Soviet Union», en Jochen Böhler *et al.* (eds.), *Legacies of Violence*, pp. 285-316, una detallada y aguda discusión de las diferentes manifestaciones y fases de la violencia.

32. Martin Conway y Robert Gerwarth, «Revolution and Counterrevolution», p. 151.

33. Dietrich Beyrau, «The Lond Shadow of the Revolution», p. 286.

34. Orlando Figes, *A People's Tragedy*, p. 341. La información sobre las deserciones y el entrecomillado sobre soldados y prostitutas en p. 380.

35. *Ibidem*, p. 365.

36. Citado en A. S. Smith, *The Russian Revolution*, p. 31. James C. Scott, *Weapons of the Weak. Everyday Forms of Peasant Resistance*, Yale University Press, New Haven, CT, 1985.

37. Dietrich Beyrau, «The Long Shadow of the Revolution», p. 289. La destrucción del orden está bien narrada en Orlando Figes, *A People's Tragedy*, pp. 520-

521. El saqueo de la bodega del Palacio de Invierno en p. 494, de donde procede lo de «provocadores de la burguesía».

38. Sheila Fitzpatrick, «Ascribing Class: The Construction of Social Identity in Soviet Russia», *Journal of Modern History*, vol. 65, n.º 4 (1993), pp. 745-770.

39. Citado en Orlando Figes, *A People's Tragedy*, p. 520.

40. S. A. Smith, *The Russian Revolution*, p. 45.

41. Rex A. Wade, *The Russian Revolution, 1917*, p. 286. El entrecomillado sobre los dirigentes bolcheviques es de Peter Gatrell, «War after the War: Conflicts, 1919-23», en John Horne (ed.), *A Companion to World War I*, Blackwell Publishing, Londres, 2010, p. 559.

42. Christopher Read, *War and Revolution in Russia, 1914-1922*, p. 140. Read traza una buena síntesis de la guerra civil y de las razones de la derrota de los blancos (pp. 138-155).

43. Orlando Figes, *People's Tragedy*, pp. 680-681.

44. Peter Holquist, *Making War, Forging Revolution*, p. 241.

45. Dietrich Beyrau, «The Long Shadow of the Revolution», pp. 293-294.

46. John Channon, «The peasantry in the revolution of 1917», en E. R. Frankel *et al.* (eds.), *Revolution in Russia: Reassessments of 1917*, Cambridge University Press, Cambridge, 1992, pp. 105-130. Análisis e interpretación elaborados en Aaron B. Retish, *Russia's Peasants in Revolution and Civil War: Citizenship, Identity, and the Creation of the Soviet State, 1914-1922*, Cambridge University Press, Cambridge, 2008.

47. A. S. Smith, *The Russian Recvolution*, pp. 97-99.

48. Arno Mayer, *The Furies*, p. 4. La cita de Latsis en Chistopher Read, *War and Revolution in Russia*, p. 176.

49. A. S. Smith, *The Russian Revolution*, pp. 62-63.

50. Dietrich Beyrau, «The Long Shadow of the Revolution», p. 293.

51. A. S. Smith, *The Russian Revolution*, entrecomillado sobre el saqueo y despojo, p. 64, y Dietrich Beyrau, p. 291. Sobre el antisemitismo del terror blanco Orlando Figes, *Peoples Tragedy*, pp. 676-679. Enzo Traverso, *The Marxists and the Jewish Question. The History of a Debate, 1843-1943*, Humanities Press Internartional, Atlantic Highlands, NJ, 1994.

52. En el relato del plan de Trotsky y asesinato de la familia real sigo a Orlando Figes, *People's Tragedy*, pp. 635-640.

53. La edición de la correspondencia entre el zar y la zarina, una fuente valiosa para el análisis del poder autocrático y de la actuación de los monarcas durante la Primera Guerra Mundial, en *The Nicky-Sunny Letters: Correspondence of the Tsar and the Tsaritsa 1914-1917*, Academic International, Hattiesburg, Miss., 1970. Las cartas fueron encontradas en una caja negra en la última prisión de la familia real en Ekaterimburgo tras su asesinato.

54. Norman M. Naimark, *Stalin's Genocides*, Princeton University Press, Princeton, 2010, p. 34.

55. Orlando Figes, *A People's Tragedy*, pp. 627-630.

56. Dietrich Beyrau, «The Long Shadow of the Revolution», pp. 288-289 para la cita y 293 para la política como escenario de combate.

57. Los efectos devastadores de la guerra civil, el hambre, los desplazamientos masivos de población y refugiados en Sam Johnson, «The Daily Lives of Civilians in the Russian Civil War», en Nicholas Atkin (ed.), *Daily Lives of Civilians in Wartime Twentieth-Century Europe*, pp. 49-71.

58. Argumento básico en la obra de Peter Holquist, *Making War, Forging Revolution. Russia's Continuum of Crisis, 1914-1921*, que desarrolla en pp. 143, 202-203 y 282-288.

59. Peter Holquist, «Violent Russia», p. 645.

60. Julián Casanova, «Civil Wars, Revolutions and Counterrevolutions in Finland, Spain, and Greece (1918-1949): A Comparative Análisis», *International Journal of Politics, Culture and Society*, vol. 13, 3, 2000, pp. 515-537 (traducción al castellano en Julián Casanova, comp., *Guerras civiles en el siglo XX*, Editorial Pablo Iglesias, Madrid, 2001). La vida de Béla Kun transcurrió por caminos similares a las de otros revolucionarios rusos y del este de Europa: empezó como socialdemócrata, trabajó como propagandista de la revolución rusa y de la Tercera Internacional y acabó en los años treinta encarcelado, acusado de desviacionismo y trotskismo, y ejecutado (agosto de 1938). Puede verse Iván Völgyes, *Hungary in Revolution, 1918-19. Nine Essays*, University of Nebraska Press, Lincoln, 1971; Ivan T. Berend, *Decades of Crisis. Central and Eastern Europe before World War II*, University of California Press, Berkeley, 1998, pp. 119-144; y Jochen Böhler, «Generals and Warlords, Revolutionaries and Nation-State Builders: The First World War and its Aftermath in Central and Eastern Europe», en Jochen Böhler *et al.* (eds.), *Legacies of Violence*, pp. 51-66.

61. Dick Geaey, *European Labour Protest 1848-1939*, pp. 156-164.

62. Richard Bessel, *Violence*, pp. 104-105, de quien procede también el entrecomillado sobre los intentos revolucionarios y la sangrienta respuesta. George L. Mosse, *Fallen Soldiers;* Julia Eichenberg y John Paul Newman, «Introduction: Aftershoks: Violence in the Dissolving Empires after the First World War», *Contemporary European History*, vol. 19, n.º 3 (2010), pp. 183-194. El último entrecomillado pertenece a Robert Gerwarth, «The continuum of violence», p. 641.

4. La guerra que no acabó en 1918

1. *Admiral Nicholas Horthy: Memoris*, Annotated by Andrew L. Simon, Simon Publications, Safety Harbor, Fl, 2000, pp. 114-118 (primera edición en inglés en 1957; primera edición en húngaro, Buenos Aires, 1953; edición en castellano en AHR, Barcelona, 1955).

2. Béla Bodo, «The White Terror in Hungary, 1919-1921: The Social World of Paramilitary Groups», *Austrian History Yearbook*, 42 (2011), p. 133. Introducción general a ese turbulento período en Mária Ormos, *Hungary in the Age of the Two Worl Wars, 1914-1945*, Columbia University Press, Nueva York, 2007.

3. Peter Gatrell, «War after the War: Conflicts, 1919-23», p. 558.

4. Cambios en las percepciones historiográficas y políticas sobre el régimen de Horthy —fascismo, semifascismo, autoritarismo conservador o democracia conservadora— en Béla Bodo, «The White Terror in Hungary, 1919-1921», pp. 135-136. Ejemplo de lavado de su imagen controvertida en Thomas Sakmysly, *Hungary's Admiral on Horseback: Miklos Horthy, 1918-1944*, Eastern European Monographs, distributed by Columbia University Press, Boulder, CO, 1994. Una biografía reciente en Catherine Horel, *L'Amiral Horthy*, Perrin, París, 2014.

5. Citado en Robert Gerwarth, *The Vanquished*, p. 248.

6. Piotr Wróbel, «The Seeds of Violence. The Brutalization of an East European Region, 1917-1921», *Journal of Modern History*, vol. 1, n.º 1 (2003), p. 125.

7. Robert Gerwarth, *The Vanquished*, p. 8. La cita de Churchill en Norman Davies, *White Eagle, Red Star: The Polish-Soviet War, 1919-20*, Pimplico, Londres, 2004, p. 21.

8. Emilio Gentile, «Paramilitary Violence in Italy: The Rationale of Fascism and the Origins of Totalitarianism», en Robert Gerwarth y John Horne (eds.), *War in Peace*, pp. 85-106. «Apóstoles del militarismo» en Jon Lawrence, «Forging a Peaceble Kingdom: War, Violence, and Fear of Brutalizataion in Post-First World War Britain», *The Journal of Modern History*, vol. 75, n.º 3 (2003), p. 558.

9. Explicación general y comparada de ese fenómeno en Robert Gerwarth y John Horne, «Vectors of Violence: Paramilitarism in Europe after the Great War, 1917-1923», *The Journal of Modern History*, n.º 83 (septiembre de 2011), pp. 489-512. Los antecedents del paramilitarismo en Hungría en Béla Bodo, «The White Terror in Hungary, 1919-1921», pp. 137-138.

10. Le dediqué un amplio espacio en «Civil Wars, Revolutions and Counterrevolutions in Finland, Spain and Greece (1918-1949): A Comparative Analysis». Un estudio más reciente centrado en la violencia en Pertti Haapala y Marko Tikka, «Revolution, Civil War, and Terror in Finland in 1918», en Robert Gerwarth y John Horne (eds.), *War in Peace*, pp. 73-84, de donde procede el entrocomillado y la cifra de muertos.

11. Anthony F. Upton, *The Finnish Revolution 1917-18*, University of Minnesota Press, Minneapolis, 1980, 519, de quien tomo también las cifras de la represión.

12. Pertti Haapala y Marko Tikka, «Revolution, Civil War, and Terror in Finland in 1918», p. 84.

13. Detallado análisis de esos conflictos por diferentes territorios en Peter Gatrell, «War after the War», de quien proceden los entrecomillados finales (p. 570). El del bolchevismo en Martin Conway y Robert Gerwarth, «Revolution

and counter-revolution», en Donald Bloxham y Robert Gerwarth (ed), *Political Violence in Twentieth-Century Europe*, p. 152.

14. *Ibidem*, pp. 151-152.

15. Robert Gerwarth y Jonh Horne, «Vectors of Violence», pp. 491-492.

16. Detlev J. Peukert, *The Weimar Republic. The Crisis of Classical Modernity*, Hill and Wang, Nueva York, 1993, p. 26.

17. Eberhard Kolb, *The Weimar Republic,* Unwin Hyman, Londres, 1988, p. 5.

18. Carta de un miembro de los *Freikorps* a su hermana, citada en Reinhard Kühnl, *Las República de Weimar,* Edicions Alfons El Magnànim, Valencia, 1991, p. 29.

19. Béla Bodo, «The White Terror in Hungary, 1919-1921», pp. 141-142. Las cifras en Robert Gerwarth, «The Central European Counter-Revolution: Paramilitary Violence in Germany, Austria and Hungary after the Great War», *Past & Present*, n.º 200 (2008), pp. 185-186.

20. *Ibidem*, pp. 186-187.

21. Generación de guerra y «retoños adolescentes» en Richard Vinen, *A History in Fragments. Europe in the Twentieth Century,* Abacus, Londres, 2002, pp. 119-135 (edición en castellano en Península, Barcelona, 2002). La cultura de la juventud y la rebelión generacional en las SA en Peter H. Merkl, «Approaches to Political Violence: The Storm-troopers, 1925-33», en Wolfgang J. Mommsen y Gerhard Hirschfeld, *Social Protest, Violence and Terror in Nineteenth - and Twentieth-Century Europe*, pp. 379-380.

22. Citado en Peter Gatrell, «War after the War», p. 568.

23. Volker R. Berghahn, *Europe in the Era of Two World Wars,* pp. 56-57.

24. Piotr Wróbel, «The Seeds of Violence», pp. 141-143.

25. Robert Gerwarth, «The Central European Counter-Revolution», pp. 176-177.

26. *Ibidem*, pp. 183-184. La cultura militar compartida en Isabel V. Hull, *Absolute Destruction: Military Culture and the Practices of War in Imperial Germany*, Cornell University Press, Ithaca y Londres, 2005, pp. 2-3.

27. Béla Bodo, «The White Terror in Hungary, 1919-1921», pp. 142-143. Una introducción al personaje en Miklós Zeidler, «Gyula Gömbös: An Outside's Attempt at Radical Reform», en Rebecca Haynes y Martyn Rady (eds.), *In the Shadow of Hitler. Personalities of the Right in Central and Eastern Europe,* I. B. Tauris, Londres, 2014, pp. 121-137.

28. El establecimiento de esas repúblicas y los posteriores intentos revolucionarios fracasados en Ivan T. Berend, *Decades of Crisis. Central and Eastern Europe before World War II,* pp. 118-138.

29. Recuerdo del veterano de los *Freikorps*, Friderich Wilhelm Heinz, citado en Robert Gerwarth, «The Central European Counter-Revolution», p. 185.

30. *Ibidem*, pp. 188-189.

31. Francisco Lacruz, *El Alzamiento, la revolución y el terror en Barcelona*, Librería Arysel, Barcelona, 1943, pp. 129 y 264-265.

32. Los entrecomillados son de Béla Bodo, «The White Terror in Hungary, 1919-1921», p. 147. Esas revoluciones y contrarrevoluciones en Europa Central y del Este están examinadas en Ivan T. Berend, *Decades of Crisis*, pp. 119-144.

33. Información detallada en Piotr J. Wróbel, «Foreshadowing the Holocaust», pp. 198-208.

34. Winston Churchill, «Zionism versus Bolshevism», *Illustrated Sunday Herald*, 8 de febrero de 1920.

35. Robert Gerwarth, «The Central European Counter-Revolution», pp. 201-202 y Béla Bodo, «The White Terror in Hungary, 1919-1921», pp. 150 y 156-157. Según Mária Ormos, dado que una notable proporción de las figuras dirigentes de la República Soviética Húngara eran judíos, con su derrota «el antisemitismo se propagó ampliamente por primera vez en la historia húngara»: *Hungary in the Age of the Two World Wars, 1914-1945*, p. 59.

36. Sascha Bru y Anke Gilleir, «Red Rosa: On the Gender of the November Revolution in the German Avant-Gardes», *Modernism/modernity*, vol. 24, n.º 3 (2017), pp. 461-483. Robert Gerwarth, «Sexual and Nonsexual Violence against Politicized Women in Central Europe after the Great War», en Elisabeth D. Heineman (ed.), *Sexual Violence in Conflict Zones. From the Ancient World to the Era of Human Rights»*, University of Pennsylvania Press, Filadelfia, 2011, pp. 122-136.

37. Matthew Kovac, «'Red Amazons'? Gendering Violence and Revolution in the Long First World War, 1914-23», *Journal of International Women's Studies*, 20, 4 (2019), p. 69.

38. Sascha Bru y Anke Gilleir, «Red Rosa», p. 461. Las imágenes de los *Freikorps* sobre esas mujeres fue analizada por Klaus Theweleit en *Male Fantasies* (2 vols. 1987-1989), citado en Robert Gerwarth, «Sexual and Nonsexual Violence against Politicized Women in Central Europe after the Great War», p. 125.

39. Citado en Matthew Kovac, «'Red Amazons'?», pp. 74-75.

40. Robert Gerwarth, «Sexual and Nonsexual Violence against «Politicized Women»», p. 124.

41. Mattew Kovac, «'Red Amazons'?», p. 76; «masculinidad ultramilitarizada» en Robert Gerwarth, *ibidem*, p. 128. La importancia del género para comprender el terror revolucionario y contrarrevolucionario en Hungría en Eliza Ablobatski, «Between Red Army and White Guard: Women in Budapest, 1919», en Nancy M. Wingfield y Maria Bucur (eds.), *Gender and War in Twentieth-Century Eastern Europe*, Indiana Univerisy Press, Bloomington, 2006, pp. 71-92.

42. Robert Gerwarth, «The Central European Counter-Revolution», pp. 204-206.

43. Piotr Wróbel, «The seeds of Violence», pp. 145-146.

44. Norman M. Naimark, *Ethnic Cleansing in Twentieth Century Europe*, The Henry M. Jackson School of International Studies, University of Washing-

ton, 1988, p. 21. También David Pizzo, «Greko-Turkish War (1919-1923», en Gordon Martel (ed.), *Twentieth-Century War and Conflict,* pp. 80-84. Una visión más favorable de ese intercambio forzoso de población y de sus efectos positivos en la disminución del conflicto sobre minorías entre esos dos países en Harry J. Psomiades, *The Eastern Question: The Last Phase. A Study in Greek-Turkish Diplomacy,* Institute for Balkan Studies, Tesalónica, 1968, pp. 60-68. Introducción general a los traslados de población en Matthew Frank, *Making Minorities History. Population Transfer in Twentieth-Century Europe,* Oxford University Press, Oxford, 2017 (el intercambio entre Grecia y Turquía en pp. 72-93).

45. La continuidad de esa cultura de la violencia en George L. Mosse, *Fallen Soldiers*, p. 160. Para el caso alemán, el paramilitarismo auxiliar de los movimientos políticos comunista y nazi, incluso cuando la República de Weimar logró cierta estabilidad entre 1923 y 1929, en Eve Rosenhaft, *Beating the Fascists? The German Communists and Political Violence 1929-1933,* Cambridge University Press, Cambridge, 1983, pp. 1-3.

46. Béla Bodo, «The White Terror in Hungary, 1919-1921», pp. 160-162.

47. Emilio Gentile, «Paramilitary Violence in Italy», p. 85.

48. El primer entrecomillado procede de Adrian Lyttelton, uno de los primeros en aproximarse a ese tema desde la investigación histórica: «Fascism and Violence in Post-War Italy: Political Strategy and Social Conflict», en Wolfgang J. Mommsen y Gerhard Hirschfeld (eds.), *Social Protest, Violence and Terror in Nineteenth - and Twentieth-century Europe*, p. 257; el segundo de Emilio Gentile, *ibidem*, p. 85; lo de «elemento unificador» en Matteo Millan, «The Institutionalisation of *Squadrismo.* Disciplining Paramilitary Violence in the Italian Fascist Dictatorship», *Contemporary European History,* 22, 4 (2013), p. 552. Introducciones precisas al fascismo en Emilio Gentile, *Fascismo. Storia e Interpretazione,* Laterza, Roma, 2002 (versión en castellano en Alianza Ed., 2004); Robert Paxton, *The Anatomy of Fascism*, Alfred A. Knopf, Nueva York, 2004 (traducción al castellano en Capitán Swing, 2019); Kevin Passmore, *Fascism: A Very Short Introduction*, Oxford University Press, Oxford, 2014; y António Costa Pinto, *The Nature of Fascism Revisited,* Social Science Monographs, Boulder/Columbia University Press, Nueva York, 2012.

49. Lucy Hughes-Hallet, *El gran depredador. Gabrielle D'Annunzio. Emblema de una época*, Ariel, Barcelona, 2014, p. 473.

50. *Ibidem*, p. 259; «victoria nuestra» en p. 480.

51. Kevin Passmore, «Introduction: Political Violence and Democracy in Western Europe, 1918-1949», en Chris Millington y Kevin Passmore (eds.), *Political Violence and Democracy in Western Europe, 1918-1940,* Palgrave Macmillan, Nueva York, 2015, p. 6. El entrecomillado sobre D'Annunzio en Lucy Hughes-Hallet, *El gran depredador*, p. 12.

52. R. J. B. Bosworth, *Mussolini,* Península, Barcelona, 2002, p. 175.

53. Adrian Lyttelton, «Fascism and Violence in Post-War Italy», p. 269, y Matteo Millan, «The Institutionalisation of *Squadrismo*», p. 556.

54. Paul Corner, *Fascism in Ferrara, 1915-1925*, Oxford University Press, Oxford, 1974, y Anthony L. Cardoza, *Agrarian Elites and Italian Fascism. The Province of Bologna 1901-1926,* Princeton University Press, Princeton, 1982. Las cifras y composición social del fascismo en Martin Blinkhorn, *Mussolini and Fascist Italy*, Methuen, London, 1984, p. 15.

55. Matteo Millan, «The Institutionalisation of *Squadrismo*», p. 557.

56. Emilio Gentile, «Paramilitary Violence in Italy», p. 94.

57. Renzo De Felice, *Mussolini il duce.* Vol. 1: *Gli anni del consenso, 1929-1936*, Einaudi, Turín, 1974. Los entrecomillados proceden de Matteo Millan, «The Institutionalisation of *Squadrismo*», p. 558. Debates recientes sobre el «consenso» o la represión en Patrick Bernhard, «Renarrating Italian Fascism. New Directions in the Historiography of a European Dictatorship», con respuestas de Paul Corner, Robert Pegher, Ciulia Albanese y Lucy Riall, en *Contemporary European History,* vol. 23, n.º 1 (2014). Las peculiaridades del fascismo italiano en Paul Corner, «The Road to Fascism: An Italian Sondeweg?», *Contemporary European History*, vol. 11, n.º 2 (2002), pp. 273-295.

58. Argumento de Matteo Millan, «The Institutionalisation of *Squadrismo*», a partir de los archivos policiales (pp. 562-563).

59. *Ibidem*, pp. 567-570, de donde procede también la información que sigue sobre Tamburini y Bonacorsi.

60. Nigel H. Jones, *Hitler's Heralds: the Story of the Freikorps 1918-1923*, John Murray, Londres, 1987, p. 248.

61. Ivan T. Berend, *Decades of Crisis*, p. 301.

62. El caso húngaro y el rumano están bien resumidos en Michael Mann, *Fascists*, Cambridge University Press, Cambridge, 2004, pp. 237-295 (versión en castellano en PUV, Valencia, 2007). Puede verse también Philip Morgan, *Fascism in Europe, 1919-1945,* Routledge, Londres y Nueva York, pp. 64-118. El camino hacia el «autoritarismo nacionalista» en Europa Central y del Este se examina en Ivan T. Berend, *Decades of Crisis,* pp. 185-202.

63. Robert Gerwarth, «The continuum of violence», pp. 639-642. Sugerentes observaciones sobre los contrastes entre Italia y Alemania en Mark Jones, «Political Violence in Italy and Germany after the First World War», en Chris Millington y Kevin Passmore (eds.), *Political Violence and Democracy in Western Europe, 1918-1940,* pp. 14-30.

64. Kevin Passmore, «Introduction: Political Violence and Democracy in Western Europe», pp. 9-11 (el entrecomillado en p. 11).

65. Jon Lawrence, «Forging a Peaceable Kingdom: War, Violence and Fear of Brutalization in Post-First World War Britain», *The Journal of Modern History,* vol. 75, n.º 3 (2003), pp. 557-589. También Anne Dolan, «The British Culture of Paramilitary Violence in the Irish War of Independence», en Robert Gerwarth y John Horne (eds.), *War in Peace,* pp. 200-215. Para Irlanda, con una sugerente comparación con Polonia, Julia Eichenberg, «The Dark Side of Independence:

Paramilitary Violence in Ireland and Poland after the First World War», *Contemporary European History*, 19, 3 (2010), pp. 231-248.

66. Julia Eichenberg, «The Dark Side of Independence», de donde procede el entrecomillado, pp. 236-237. Sobre la guerra civil puede verse la clásica obra de David Fitzpatrick, *The Two Irelands 1912-1939*, Oxford University Press, Oxford, 1998 (y en castellano su «Guerras civiles en la Irlanda del siglo XX», en Julián Casanova, comp., *Guerras civiles en el siglo XX*, Editorial Pablo Iglesias, Madrid, 2001, pp. 79-92). Breve y útil introducción en Helen Litton, *The Irish Civil War. An Illustrated History*, Wolfhound Press, Dublín, 1995. Más reciente, Peter Hart, *The IRA at War, 1916-1923*, Oxford University Press, Oxford, 2003; y Richard S. Gayson, *Dublin's Great Wars: The First World War, the Easter Rising and the Irish Revolution*, Cambridge University Press, Cambridge, 2018.

67. Julia Eichenberg, «The Dark Side of Independence», p. 237.

68. Jon Lawrence, «Forging a Peaceable Kngdom», p. 576, y Anne Dolan, «The British Culture of Paramilitary Violence in the Irish War of Independence», p. 202.

69. Julia Eichenberg, «The Dark Side of Independence», pp. 237-243, y Anne Dolan, *ibidem*, p. 208.

70. *Ibidem*, pp. 240-242, quien diferencia entre el motivo religioso de Polonia del de género, con connotaciones sexuales, de Irlanda.

71. El entrecomillado del párrafo anterior en *ibidem*, p. 232. Los diferentes niveles de violencia en Robert Gerwarth y John Horne, «Vectors of Violence», pp. 511-512.

72. Jon Lawrence, «Forging a Peaceable Kingdom», p. 559, quien examina el debate que hubo en el verano de 1920 sobre la decisión del gobierno de castigar al general Dyer (pp. 574-575).

73. *Ibidem*, pp. 561 y 588.

74. John Horne, «Defending Victory. Paramilitary Politics in France, 1918-1926: A Counter-example», en Robert Gerwarth y John Horne, *War in Peace*, p. 218.

75. *Ibidem*, pp. 223-224.

76. Citado en Robert Gerwarth y John Horne, «Vectors of Violence», p. 508. Sobre la «Croix de Feu», el uso de la violencia como arma política y el control del paramilitarismo por el Estado, Robert Soucy, «French Fascism and the Croix de Feu: A Dissinting Interpretation», *Journal of Contemporary History*, 29, 1 (1991), pp. 159-188. Sobre la abundancia de «ligas» ultraderechistas y el debate sobre el carácter fascista o no de la principal organización ultraderechista francesa, convertida después, con su líder François de la Roque, en Parti Social Français (PSF), puede verse William D. Irvine, «Fascism in France and the Strange Case of the Croix de Feu», *The Journal of Modern History*, 63, 2 (1991), pp. 271-295.

77. Caroline Campbell, «The Colonial Roots of Political Violence in France: the Croix de Feu, the Popular Front and the Riots of 22 March 1936 in Morocoo», en Chris Millington y Kevin Passmore (eds.), *Political Violence and Democracy in Western Europe, 1918-1940*, pp. 127-143.

78. Annette Finley-Croswhite y Gayle K. Brunelle, «Lighting the Fuse: Terrorism as Violent Political Discourse in Interwar France», *ibidem*, pp. 144-146.
79. *Ibidem*, pp. 148-149.
80. *Ibidem*, pp. 146 y 153.
81. Un análisis detallado en Albert Balcells, «Violència i Terrorisme en la lluita de clases a Barcelona de 1913 a 1923», en *Violència social i poder politic. Sis estudis histórics sobre la Catalunya contemporània,* Pòrtic, Barcelona, 2011, pp. 11-118. Resumí esos temas en «La cara oscura del anarquismo», pp. 83-91.
82. El camino que llevó de la sublevación a la guerra, de las tensiones sociales al exterminio del contrario, tuvo consecuencias de largo alcance en la historia de España del siglo xx. Decenas de estudios monográficos han sacado a la luz la violencia de los diferentes contendientes de la guerra y de la dictadura de cuarenta años que salió de ella. Lo que hace falta, más allá de los estudios empíricos, es seguir incorporando todas esas investigaciones a la trayectoria de las guerras, revoluciones y violencia en Europa que comenzó en los Balcanes en 1912 y acabó en la misma región en los años noventa del siglo xx, en análisis comparados de similitudes y diferencias. La peculiaridad de la guerra santa y el odio anticlerical la introduje en una síntesis pensada para el público internacional, *A Short History of the Spanish Civil War*, I. B. Tauris, Londres, 2013 (con traducción al turco, árabe y castellano con el título *España partida en dos. Breve historia de la guerra civil española*, Crítica, 2013). Y con más detalle en *La Iglesia de Franco*, Crítica, 2005, pp. 171-235.
83. Frances Lannon, *Privilegio, persecución y profecía. La Iglesia Católica en España 1875-1975*, Alianza Ed., Madrid, 1987, p. 127.

5. Violencia sin fronteras

1. Carta de J. B. Jackson, cónsul de Estados Unidos en Alepo (Siria) a su superior, Henry Morgenthau, embajador de Estados Unidos en Constantinopla, 3 de agosto de 1915, citada en Eric D. Weitz, *A Century of Genocide,* p. 1.
2. Introducción a los casos más significativos en diferentes «oleadas de violencia» en Donald Bloxham y A. Dirk Moses, «Genocide and ethnic cleansing», pp. 87-139, y Norman M. Naimark, *Ethnic Cleansing in Tweentieth Century Europe,* The Henry M. Jackson School of International Studies, Univesity of Washington, 1998. Naimark extendió años después su investigación y argumentos en *Fires of hatred: ethnic cleansing in Twentieth-century Europe,* Harvard University Press, Cambridge, MA, 2001 y en *Genocide. A World History*, Oxford University Press, Oxford, 2016. Bloxham ha publicado varios libros que constituyen una de las investigaciones más innovadoras sobre diferentes genocidios: *The Great Game of Genocide. Imperialism, Nationalism and the Destruction of the Ottoman Armenians,* Oxford University Press, 2005; *Genocide, the World Wars and the Unweaving of Europe,* Vallentine Mitchell, Londres, 2008; y *The Final Solution: A Genocide,* Oxford University Press, 2009.

Buena introducción también en Alan Kramer, «Asesinatos en masa y genocidio de 1914 a 1945: un intento de análisis comparativo», *Ayer,* n.º 76 (2009), pp. 177-205. Análisis globales ya citados en el capítulo 2 en Michael Mann, *The Dark Side of Democracy*; y Ben Kiernan, *Blood and Soil.* También en Benjamin Lieberman, *Terrible Fate: Ethnic Cleansing in the Making of Modern Europe,* Ivan R. Dee, Chicago, 2006.

3. Donald Bloxham y A. Dirk Moses, «Genocide and ethnic cleansing», p. 88.

4. *Ibidem*, p. 89. Interpretación y casos empíricos en Roger D. Petersen, *Understanding Ethnic Violence. Fear, Hatred, and Resentment in Twentieth-Century Eastern Europe,* Cambridge University Press, Cambridge, 2002.

5. Los entrecomillados de los dos últimos párrafos proceden de Eric D. Weitz, *A Century of Genocide,* pp. 247-251.

6. Norman M. Naimark, *Ethnic Cleansing in Twentieth Century Europe,* p. 18; Philipp Ther, *The Dark Sides of Nation-States. Ethnic Cleansing in Modern Europe,* p. 1. La definición, compartida por diferentes especialistas, en Drazen Petrovic, «Ethnic Cleansing», en Gordon Martel (ed.), *Twentieth-Century War and Conflic*, p. 68.

7. Philipp Ther, *The Dark Side of Nation-States,* p. 51, quien identifica al «nacionalismo moderno» como una de las «precondiciones básicas» de la limpieza étnica. Puede verse también Steven Béla Várdy y T. Hunt Tooley, «Introduction. Ethnic Cleansing in History», en Steven Béla Várdy y T. Hunt Tooley (eds.), *Ethnic Cleansing in Twentieth-Century Europe,* Columbia University Press, Boulder, 2003. La utilización extendida del término a partir de la guerra en la antigua Yugoslavia en los años noventa es subrayada tanto por Naimark como por Petrovic en los trabajos citados en la nota anterior.

8. Con ligeros matices, esa periodización de la violencia coincide en Norman M. Naimark, *Ethnic Cleansing in Twentieth Century Europe*, pp. 11-15 (de quien procede lo de «fenómeno primitive balcánico», p. 15); en Donald Bloxham y A. Dirk Moses, «Genocide and ethnic cleansing», pp. 90-131; y Philipp Ther, *The Dark Side of Nation-States*, pp. 57-59. En este capítulo introduciré los casos y fenómenos más relevantes de limpieza étnica, genocidio y violencia sexual hasta 1945, de las dos primeras fases, y dejaré los de la tercera y cuarta para los dos capítulos siguientes.

9. Norman M. Naimark, *Ethnic Cleansing in Twentieth Century Europe,* pp. 18-36. El entrecomillado sobre las mujeres en p. 35.

10. Sigo aquí el relato de Donald Bloxham, «The Armenian Genocide of 1915-1916: Cumulative Radicalization and the Development of a Destruction Policy», *Past & Present,* n.º 181 (2003), pp. 141-191; de Norman M. Naimark, *ibidem,* p. 19; de Michael Mann, *The Dark Side of Democracy*, pp. 111-139; y Ben Kiernan, *Blood and Soil,* pp. 395-415. Una detallada y reciente investigación en Ronald Grigor Suny, *«They can live in the desert but nowhere else». A History of the Armenian genocide*, Princeton University Press, Princeton, 2015. Una introducción

en castellano en Raymond H. Kévorkian, «El genocidio de los armenios», en Javier Rodrigo (ed.), *Políticas de la violencia. Europa, siglo XX*, Prensas de la Universidad de Zaragoza, 2012, pp. 63-80.

11. El entrecomillado es de Donald Bloxham, «The Armenian Genocide of 1915-1916», pp. 141-142.

12. *Ibidem*, p. 142. Donald Bloxham y Fatma Müge Göcek introducen una clara exposición de las diferentes interpretaciones historiográficas en «The Armenian Genocide», en Dan Stone, *The Historiography of Genocide*, Palgrave Macmillan, Nueva York, 2008, pp. 344-372, un volumen que recoge en diferentes estudios el aparato teórico e interpretativo del genocidio y los casos históricos más relevantes. Sobre el pasado y presente de esas polémicas sobre el caso armenio puede verse Alfred de Zayas, «The Twientieth Century's First Genocide: International Law, Impunity, the Right to Reparations, and the Ethnic Cleansing Against the Armenians, 1915-16», en Steven Béla Várdy y T. Hunt Tooley, *Ethnic Cleansing in Twentiet-Century Europe*, pp. 157-180. Estudio exhaustivo en Tener Akcam, *A Shameful Act: The Armenian Genocide and the Question of Turkish Responsaibility,* Metropolitan Books/Henry Holt & Company, Nueva York, 2006.

13. Donald Bloxham, «Rethinking the Armenian Genocide», *History Today*, junio de 2005, pp. 28-30. El entrecomillado pertenece a la carta que el cónsul estadounidense en Alepo, S. B. Jackson, escribió al embajador de su país en Constantinopla, con la que hemos abierto el capítulo, citada en Eric D. Weitz, *A Century of Genocide,* p. 1. Descripción del «proceso genocida» en Michael Mann, *The Dark Side of Democracy,* pp. 145-156.

14. La conexión entre Enver y los militares alemanes en Ben Kiernan, *Blood and Soil,* p. 395. Biografía en Feroz Ahrmad, «Enver Pasha, Ismail», en *1914-1918-online. International Encyclopedia of the First World War,* editada por Ute Daniel, Peter Gatrell, Oliver Janz, Heather Jones, Jennifer Keake, Alan Kramer y Bill Nasson, Freie Universität, Berlín, 18 de septiembre de 2015.

15. Los entrecomillados están sacados de Michael Richards, *Un tiempo de silencio. La guerra civil y la cultura de la represión en la España de Franco, 1936-1945,* Crítica, Barcelona, 1999, pp. 62-64. Véase Antonio Vallejo-Nágera, *Eugenesia de la hispanidad y regeneración de la raza española,* Talleres Gráficos El Noticiero, Burgos, 1937. Sobre Vallejo-Nágera, su justificación de la política de niños robados y la creación del Gabinete de Investigaciones Psicológicas puede verse Ricard Vinyes, *Irredentas. Las presas políticas y sus hijos en las cárceles franquistas,* Temas de Hoy, Madrid, 2003, pp. 58-61, y Paul Preston, *El holocausto español*, pp. 665-667. Análisis más detallado en Michael Richards, «Antonio Vallejo Nájera: herencia, psiquiatría y guerra», en Alejandro Quiroga y Miguel Ángel del Arco (eds.), *Soldados de Dios y Apóstoles de la Patria. Las derechas españolas en la Europa de entreguerras*, Comares, Granada, 2010. El papel de los médicos en Norman M. Naimark, *Ethnic Cleansing in Twentieth Century Europe,* p. 11.

16. Eric D. Weitz, *A Century of Genocide*, pp. 1-5. Las causas próximas de las masacres y su relación con las características del régimen de los Jóvenes Turcos en Donald Bloxham, «The Armenian Genocide of 1915-1916», pp. 143-155.

17. Michael Mann, *The Dark Side of Democracy*, pp. 164-167.

18. Volker R. Berghahn, *Europe in the Era of the Two World Wars*, pp. 119-120.

19. Philipp Ther, *The Dark Side of Nation-State*, pp. 68-70.

20. Donald Bloxham y A. Dirk Moses, «Genocide and ethnic cleansing», p. 106.

21. *Ibidem*, pp. 106-107.

22. Norman M. Naimark, *Ethnic Cleansing in Twentieth Century Europe*, pp. 16-17.

23. Primo Levi, *Los hundidos y los salvados*, Personalia de Muchnik Editores, Barcelona, 2000, p. 35.

24. Norman M. Naimark, *Stalin's Genocides*, p. 15.

25. Información y cita sobre Lemkin en *ibidem*, p. 16.

26. Donald Bloxham, *Genocide on Trial: War Crimes Trials and the Formation of Holocaust History and Memory*, Oxford University Press, Oxford, 2001, p. 203. Sobre las presiones soviéticas para que se condenaran los crímenes del fascismo y prevenir que se consideraran los suyos puede verse en Norman M. Naimark, *ibidem*, pp. 17-18 y Eric D. Weitz, *A Century of Genocide*, p. 9.

27. Reflexiones sobre lo único e incomparable en la investigación histórica en Eric D. Weitz, *ibidem*, pp. 10-14, quien estudia y compara cuatro casos: la Unión Soviética de Stalin, la Alemania nazi, la Camboya de los Jémeres Rojos y la guerra en Bosnia y en la antigua Yugoslavia en los años noventa. Un análisis comparado no es lo mismo que un relato de sucesivos episodios de limpieza étnica, exterminio o genocidio ordenados por períodos y lugares. De ahí que normalmente los análisis comparados requieran un claro aparato conceptual y una reducción de casos de estudio.

28. James McMillan, «War», pp. 68-69.

29. Sobre los conceptos y la relación histórica entre esos dos fenómenos puede verse Stig Förster y Myriam Gessler, «The Ultimate Horror. Reflections on Total War and Genocide», en Roger Chickering, Stig Förster y Bernd Greiner, *A World of Total War. Global Conflict and the Politics of Destruction, 1937-1945*, German Historical Institute (Washington D. C)-Cambridge University Press, Nueva York, 2005, pp. 53-68. Hay un relato sintético y preciso de la «guerra terrorista» en Volker R. Berghahn, *Europe in the Era of Two World Wars*, pp. 99-113.

30. James McMillan, «War», pp. 70-71. El argumento sobre la conexión entre el ejército, el Estado y la sociedad en Omer Bartov, *Hitler's Army. Soldiers, Nazis, and War in the Third Reich*, Oxford University Press, Nueva York, 1992, pp. 9-10.

31. Omer Bartov, Aitna Grossmann y Mary Nolan (ed.), *Crimes of War. Guilt and Denial in the Twentieth Century*, The New Press, Nueva York, 2002, p. xiii.

32. Eric D. Weitz, *A Century of Genocide*, pp. 108-114 (la diferencia con la utopía comunista en p. 110). El establecimiento de una «comunidad del pueblo» y las políticas raciales en Robert Gellatelly y Nathan Stolzfus, *Social Outsiders in Nazi Germany*, Princeton University Press, Princeton, 2001, y Robert Gellatelly, *The Gestapo and German Society. Enforcing Racial Policy 1933-1945*, Clarendon Press, Oxford, 1991.

33. Marion Kaplan, *Between Dignity and Depair: Jewish Life in Nazi Germany*, Oxford University Press, Oxford, 1998, p. 229.

34. Eric D. Weitz, *A Century of Genocide*, p. 140. Ver Doris L. Bergen, «The Nazi Concept of "Volksdeutsche" and the Exacerbation of Anti-Semitism in Eastern Europe, 1939-1945», *Journal of Contemporary History*, vol. 29, n.º 4 (1994), pp. 569-582.

35. Los prisioneros de guerra han sido un foco principal de atención en las dos últimas décadas. Información y debates en Ilse Dorothee Pautsch, «Prisoners of War and Internees in the Second World War - a Survey of Some Recent Publications», *Contemporary European History*, vol. 12, n.º 2 (2003), pp. 225-238.

36. Volker R. Berghahn, *Europe in the Era of the Two World Wars*, pp. 106 y 111-112. Una reciente y útil compilación de conocimientos e investigaciones en Jonathan C. Fiedman, *The Routledge History of the Holocaust*, Routledge, Londres y Nueva York, 2012. Una síntesis en Doris L. Bergen, *War & Genocide. A Concise History of the Holocaust*, Rowmann & Littlefield Publishers, Lanham, Maryland, 2009.

37. Gilad Margarit, *Germany and Its Gypsies. A Post-Auschwitz Ordeal*, The University of Wisconsin Press, Madison, 2002, pp. 25-55; y Guenter Lewy, *The Nazi Persecution of the Gypsies*, Oxford University Press, Nueva York, 2000.

38. Eric D. Weitz, *A Century of Genocide*, pp. 142-143.

39. Estudios detallados de los perpetradores en Michael Mann, *The Dark Side of Democracy*, pp. 212-317.

40. Rebecca Haynes y Martyn Rady (eds.), *In the Shadow of Hitler. Personalities of the Right in Central and Eastern Europe.* La distinción entre «autoritarios conservadores» y «fascistas radicales» no siempre nítida, en la introducción de Rebecca Haynes, pp. 1-19.

41. Hay una buena introducción a esos hechos en Ignác Romsics, *Hungary in the Twentieth Century*, Corvina/Osiris, Budapest, 1999.

42. *Admiral Nicholas Horthy: Memoirs:* p. 268. Sobre la figura de Horthy, István Deák, «A Hungarian Admiral on Horseback», en *Essays of Hitler's Europe*, University of Nebraska Press, Lincoln y Londres, 2001, pp. 148-158.

43. Sobre la Cruz Flechada y Szálasi, Nicholas M. Nagy-Talavera, *The Green Shirts and the Others. History of Fascism in Hungary and Rumania*, Hoover Institution Press, Standford University, CA, 1970. Una historia detallada de los meses finales de la Segunda Guerra Mundial en Peter Kenez, *Hungary from the Nazis to the Soviets. The Establishmet of the Communist Regime in Hungary, 1944-1948*, Cambridge University Press. Véase también Martyn Rady, «Ferenc Szálasi, 'Hun-

garism', and the Arrow Cross», en Rebecca Haynes y Martyn Rady (eds.), *In the Shadow of Hitler*, pp. 261-277.

44. Ignác Romsics, *Hungary in the Twentieth Century*, pp. 234-235.

45. Richard J. Evans, *In Hitler's Shadow. West German Historian and the Attemt to Escape from the Nazi Past,* Pantheon Books, Nueva York, 1989, p. 88. Charles S. Maier, *The Unmasterable Past. History, Holocaust, and German National Identity,* Harvard University Press, Cambridge, Mass, 1988, p. 76, quien hizo entonces consideraciones inteligentes sobre la comparación entre la Alemania nazi y la Unión Soviética de Stalin, pp. 67-99. El entrecomillado sobre el Holocausto procede de Norman M. Naimark, *Stalin's Genocides,* p. 122.

46. Las cifras de Edwin Bacon, *The Gulag at War: Stalin's Forced Labour System in the Light of the Archives,* Macmillan, Londres, 1994, p. 167. Similitudes y diferencias en el «imperio de los campos» entre Alemania y la Unión Soviética en Richard Overy, *The Dictators. Htiler's Germany and Stalin's Russia,* W. W. Norton & Company, Nueva York, 2006, pp. 593-634 (versión en castellano en Tusquets, Barcelona, 2006).

47. Norman M. Naimark, *Stalin's Genocides,* pp. 30-32.

48. Richard Overy, *The Dictators,* pp. 38-39. La «liquidación de los kulaks como clase», la represión y sus consecuencias en la hambruna de 1936-1937 en Sheila Fitzpatrick, *Stalin's Peasants. Resistance and Survival in the Russian Village after collectivization,* Oxford University Press, Nueva York, 1994.

49. Un episodio con abundante bibliografía desde la obra de Robert Conquest, *Harvest of Sorrow: Soviet Collectivization and the Terror-Famine*, Oxford University Press, Nueva York, 1986. La consideración del Holodomor como un genocidio en Norman M. Naimark, *Stalin's Genocides,* pp. 70-79. Estudio reciente y exhaustivo en Anne Applebaum, *Red Famine. Stalin's War on Ukraine,* Doubleday, Nueva York, 2017 (la información que aparece en el párrafo en pp. xxv-xxvi; versión en castellano en Debate, 2019).

50. Richard Overy, *The Dictators*, pp. 181 y 597.

51. Interpretación del «Gran Terror» por la «paranoia y xenofobia» de Stalin más que por amenazas reales a la seguridad soviética en Norma M. Naimark, *Stalin's Genocides*, pp. 99-120. Robert Conquest también anticipó una revisión de todo ese tema en *The Great Terror: A Reassessment,* Oxford University Press, Nueva York, 1990. Una investigación reciente, comparando además a Hitler, Stalin y sus regímenes, en Timothy Snyder, *Bloodlands. Europe Between Hitler y Stalin*, Basic Books, Nueva York, 2010 (versión en castellano en Galaxia Gutenberg, Barcelona, 2011).

52. Eric D. Weitz, *A Century of Genocide*, pp. 73-74.

53. *Ibidem*, pp. 91-94.

54. *Ibidem*, pp. 75.78.

55. Terry Martin «The Origins of Soviet Ethnic Cleansing», *The Journal of Modern History,* vol. 70, n.º 4 (1998), p. 487. Las cifras en pp. 855 y 858. Una sín-

tesis y valoración de las sucesivas limpiezas étnicas en Philipp Ther, *The Dark Side of Nation-State,* pp. 112-119.

56. Sobre la masacre, la ocultación y memoria puede verse George Sanford, *Katyn and the Soviet Massacre of 1940. Truth, justice and memory,* Routledge, Londres, 2009. Además del «reasentamiento» de polacos a comienzos y finales de la Segunda Guerra Mundial, los soviéticos pusieron en marcha deportaciones masivas de otras minorías étnicas a lo largo del conflicto, detalladas en J. Otto Pohl, *Etnic Cleansing in the URSS, 1937-1949,* Greenwood Press, Westport, CT, 1999.

57. Marin Malia, «The Soviet Tragedy: A History of Socialism in Russia», en David Hoffmann (ed.), *Stalinism: The Essential Readings,* Blackwell, Oxford, 2003, p. 68. Norman M. Naimark subraya los rasgos biográficos que pudieron convertirle en ese violento asesino en el capítulo segundo de *Stalin's Genocides,* titulado significativamente «The Making of a Genocidaire», pp. 30-50. Comprender a Hitler y Stalin a través de la historia «militar, política, económica, social, cultural e intelectual», insistiendo en que «ningún acontecimiento pasado está más allá de la comprensión y del alcance de la investigación histórica» en Timothy Snyder, *Bloodlands,* XVIII.

58. Stéphane Courtois *et al.*, *Le libre noir du communism: Crimes, terreur et répression*, Robert Lafont, París, 1997 (edición en castellano en Planeta/España, Barcelona/Madrid, 1998). Puede verse la reseña que le dedicó José Álvarez Junco con el significativo título de «Los intelectuales y el comunismo: engreimiento, sacerdocio, ceguera», en *Revista de Libros,* II época, n.º 18, 1 de junio de 1998.

59. Citado en Norman M. Naimark, *Stalin's Genocides,* p. 122.

60. *Ibidem,* pp. 131-137 y 125.

61. Eric D. Weitz, *A Century of Genocide,* pp. 100-101. En esa línea hay autores que se refieren a medidas de «dimensiones genocidas», que no representan «genocidio en sentido estricto, porque el objetivo no era el exterminio de esos grupos» (Stig Förster y Myriam Gessler, «The Ultimate Horror. Reflections on Total War and Genocide», p. 63) o que incluyendo al estalinsimo entre los regímenes criminales del siglo xx no identifican sus acciones como «genocidas» (Michael Mann, *The Dark Sido of Democracy*, p. 318).

62. Richard Overy, *The Dictators,* p. 594.

63. Donald Bloxham, «Dresden as a War Crime», en Paul Addison y Jeremy A. Crang (eds.), *Firestorm: The Bombing of Dresden, 1945,* Pimlico, Londres, 2006, pp. 180-208. Sobre los bombardeos Tami Davis Biddle, *Rhetoric and Reality in Air Warfare: The Evolution of Ideas about Strategic Bombing, 1914-1945*, Princeton University Press, Princeton, 2002.

64. Ben Shepherd, *War in the Wild East. The German Army and Soviet Partisans,* Harvard University Press, Cambridge, Mass, 2004. En castellano puede verse Antony Beevor, *Stalingrado*, Crítica, Barcelona, 2000, y Jochen Hellbeck, *Stalingrado. La ciudad que derrotó al Tercer Reich,* Galaxia Gutenberg, Barcelona, 2018.

65. Introducción de Dagmar Herzog al conjunto de estudios que ella compiló en *Brutality and Desire. War and Sexuality in Europe's Twentieth Century,* Palgrave Macmillan, Houndsmills, Basingstoke, Hampshire, 2009, p. 3. Nuevas formas de abordar experiencias bélicas del siglo xx desde la perspectiva de género en Nancy M. Wingfield y Maria Bucur (eds.), *Gender and War in Twentieth-Century Eastern Europe,* Indiana University Press, Bloomington e Indianápolis, 2006.

66. Citado en Matthias Bjornlund, «'A Fate Worse Than Dying': Sexual Violence during the Armenian Genocide», en Dagmar Herzog (ed.), *Brutality and Desire,* p. 16.

67. Elisabeth D. Heineman, «Introduction: The History of Sexual Violence in Conflict Zones», en E. D. Heineman (ed.), *Sexual Violence in Conflict Zones,* pp. 2-3. Análisis general en Joanne Bourke, *Rape, Sex, Violence, History,* Shoemaker Hoard, Berkeley, 2007.

68. Matthias Bjornlund, «'A Fate Worse Than Dying'», pp. 17-19.

69. *Ibidem,* pp. 19-21. Sobre el concepto de «feminicidio», genocidio «integral» y diferentes casos históricos, Adam Jones, «Gendercide and Genocide», *Journal of Genocide Research,* vol. II, n.º 2 (2000), pp. 185-211 (versión online en www.gendercide.org/gendercide_and_genocide_2.html).

70. Matthias Bjornlund, «'A Fate Worse Than Dying'», p. 23.

71. *Ibidem,* p. 25.

72. *Ibidem,* pp. 26 y 29-30.

73. Regina Mühlhaüser, «Between 'Racial Awareness' and Fantasies of Potency: Nazi Sexual Politics in the Occupied Territories of the Soviet Union, 1942-1945», en Dagmar Herzog (ed.), *Brutality and Desire,* p. 197, y Birgit Beck, «Sexual Violence and Its Prosecution by Courts Martial of the Wehrmacht», en Roger Chickering, Stig Förster y Bernd Greiner, *A World at Total War,* pp. 317-331. Un balance de las violaciones en guerra en diferentes escenarios y períodos del siglo xx en Raphaëlle Branche y Fabrice Virgili (eds.), *Rape in Wartime,* Palgrave Macmillan, Houndmills, Basingstoke, Hampshire, 2012.

74. Regina Mühlhaüser, «Between 'Race Awareness' and Fantasies of Potency», pp. 200-203. Investigación más detallada de la misma autora en «The Historicity of Denial: Sexual Violence against Jewish Women during the War of Annihilation, 1941-1945», en Ayse Gül y Andrea Petö (eds.), *Gendered Wars, Gendered Memories. Feminist Conversations on War, Genocide and Political Violence,* Routledge, Londres y Nueva York, 2016, pp. 29-54.

75. Na'ama Shik, «Sexual Abuse of Jewish Women in Auschwitz-Birkenau», en Dagmar Herzog (ed.), *Brutality and Desire,* pp. 222-225.

76. Doris L. Bergen, «Sexual Violence in the Holocaust: Unique and Typical?», en Dagmar Herzog (ed.), *Lessons and Legacies VII: The Holocaust in International Perspective,* Northwestern University Press, Evanston, III, 2006, p. 191.

77. Na'ama Shik, «Sexual Abuse of Jewish Women in Auschwitz-Birkenau», p. 229.

78. *Ibidem*, p. 230.

79. *Ibidem*, pp. 231 y 235.

80. Introduje ese tema, con ejemplos singulares de mujeres notables —Amparo Barayón, Juana Capdevielle o María Domínguez—, en *La Iglesia de Franco*, Crítica, Barcelona, 2005 (primera edición en Temas de Hoy, 2001), y las investigaciones sobre la represión de mujeres durante el franquismo ha experimentado una profunda transformación en las dos últimas décadas, tanto en español como en inglés. Julio Prada Rodríguez ofrece diversas referencias bibliográficas recientes en «Escarmentar a algunas y disciplinar a las demás. Mujer, violencia y represión sexuada en la retaguardia sublevada», *Historia Social*, n.º 87 (2017), pp. 67-83. Un balance en Mary Nash (ed.), *Represión, resistencias, memoria. Las mujeres bajo la dictadura franquista*, Comares, Granada, 2013.

81. Maud Joly, «Las violencias sexuadas en la guerra civil española: paradigma de una lectura cultural del conflicto», *Historia Social*, n.º 61 (2008), pp. 89-107. Relatos y ejemplos en Enrique González Duro, *Las rapadas. El franquismo contra las mujeres*, Siglo XXI, Madrid, 2012. Sobre la violación como instrumento de conquista por las tropas moras, Maud Joly, «The Practice of War, Terror and Imagination: Moor Troops and Rapes during the Spanish Civil War», en Raphaëlle Branche y Fabrice Virgili (eds.), *Rape in Wartime*, pp. 103-114. La autora subraya la importancia de las fuentes orales para reconstruir aquellos episodios, porque las violaciones «no han dejado pistas de registros legales, policiales o médicos» (p. 104).

82. Testimonio de Ana Macías en el reportaje de Elsa Cabra, «La copla de la pelona», *El País*, 17 de mayo de 2010.

83. El ritual y escenografía en Galicia, que puede ampliarse a otras zonas, está bien detallado en Julio Prada Rodríguez, «Escarmentar a algunas y disciplinar a las demás», pp. 68-72.

84. Interpretración de esas prácticas en *ibidem*, pp. 79-83.

85. Fabrice Virgili, *Shorn Women. Gender and Punishmen in Liberation France*, Berg, Oxford, 2002, p. 1 (versión original en francés, *La France «virile». Des femmes tondues à la Libération*, Editions Payot & Rivages, París, 2000). Hay un resumen de sus argumentos en castellano en «Víctimas, culpables y silenciosas: memoria de las mujeres rapadas en la Francia de la posguerra», en Julio Aróstegui y François Godicheau (eds.), *Guerra civil: mito y memoria*, Marcial Pons, Madrid, 2006, pp. 361-372.

86. Fabrice Virgili, *Shorn Women*, pp. 37 y 6.

87. *Ibidem*, pp. 220, 224, 228-229 y 234.

88. Esas dos dinámicas conectadas de «brutalidad y deseo» constituyen el hilo conductor de la serie de investigaciones compiladas por Dagmar Herzog, *Brutality and Desire* (la cita procede de su introducción, p. 5). «Vías de empoderamiento» en el capítulo de Lulu Anne Hansen, «'Youth Off the Rails': Teenage Girls and German Soldiers - A Case Study in Occupied Denmark, 1940-1945»,

pp. 156-158. Las dificultades de abordar el tema de la «historia de amor» entre mujeres francesas y soldados alemanes es también subrayada por Fabrice Virgili, *Shorn Women*, pp. 26-28.

89. Robert Sommer, «Camp Brothels: Forced Sex Labour in Nazi Concentration Camps», en Dagmar Herzog (ed.), *Brutality and Desire*, pp. 168-196.

90. *Ibidem*, p. 172.

91. *Ibidem*, pp. 188 y 182-183 para los requisitos.

92. Los silencios historiográficos sobre esas acciones de mujeres en Andrea Petö, «Forgotten Perpatrators: Photogrpahs of Female Perpatrators after WWII», en Ayse Gül Altinay y Andrea Petö, *Gendered Wars, Gendered Memories*, pp. 203-217; y en «Gendered Exclusions and Inclusions in Hungary's Right Radical Arrow Cross Party (1939-1945): A Case Study of Three Female Party Members», *Hungarian Studies Review*, vol. XLI, n.[oe] 1-2 (2014), pp. 107-130. Fotografías sobre mujeres guardias en los campos en el álbum de fotografías donadas en enero de 2007 a los archivos del United States Holocaust Memorial Museum, tomadas en Auschwitz por Karl Höcker, adjunto al comandante del campo Richard Baer, entre mayo de 1944 y enero de 1945 (https://www.ushmm.org/collections/the-museums-collections/collections-highlights/auschwitz-ssalbum).

93. Apuntes biográficos en Carolyn Harris, «The Women Warriors of the Russian Revolution», *Smithsonian.com*, 28 de abril de 2017. La implicación de las mujeres en la guerra y revolución en Jane McDermid y Anna Hillyar, *Midwives of the Revolution. Female Bolsheviks and Women Workers in 1917*, Ohio University Press, Athens, OH, 1999. Bochkareva, semianalfabeta, relató a comienzos del verano de 1918 su historia al periodista Isaac Don Levin, en Nueva York, publicada en 1919 como *Yashka. My Life as Peasant. Exile and Soldier*, Constable and Comany Limited, Londres, 1919 (puede consultarse online en Archive.org; hay edición en castellano con el título *El batallón de mujeres de la muerte*, El Desvelo Ediciones, Santander, 2016).

94. John Barber, «Women in the Soviet War Effort, 1941-1945», en Roger Chickering, Stig Förster y Bernd Greiner (eds.), *A World at Total War*, pp. 233-244. La guerra como «cosa de hombres» y los cambios a partir de la Primera Guerra Mundial en Joanna Bourke, *Deep Violence. Military Violence, War Play and the Social Life of Weapons*, Counterpoint, Berkeley, 2015, p. 5.

95. John Barber, «Women in the Soviet War Effort, 1941-1945», p. 233, y Olga Kucherenko, *Little Soldiers. How Soviet Children Went to War, 1941-1945*, Oxford University Press, Oxford, 2011, pp. 250-251.

96. *Ibidem*, pp. 1-2.

97. *Ibidem*, pp. 2-3 y 14. Durante el primer tercio del siglo xx en Rusia —y en el resto del mundo— la sociedad estaba dividida entre niños y adultos —entre quienes trabajaban y no, pese a la explotación infantil— y el concepto de adolescente (*teenager*), unido a una forma de vivir urbana e industrial, a la libertad, al consumo y al automóvil, fue algo que comenzó en los años veinte en Estados Uni-

dos y no se generalizó en Occidente hasta después de la Segunda Guerra Mundial. En la de 1914-1918 hubo «adolescentes» y «jóvenes adultos» en el frente en varios países, como pasó también, en menor medida, durante la guerra civil española, pero fue en la Unión Soviética donde, entre 1941 y 1945, ese fenómeno adquirió una magnitud reseñable. Puede verse John Demos y Virginia Demos, «Adolescence in Historical Perspective», *Journal of Marriage and Family*, vol. 31, n.º 4 (1969), pp. 632-638.

98. Pionero estudio en Alan M. Ball, *And Now My Soul is Hardened. Abandoned Children in Soviet Russia, 1918-1930*, University of California Press, Berkeley, 1994. Actualización reciente en Olga Kucherenko, *Soviet Street Children and the Second World War. Welfare and Social Control Under Stalin*, Bloomsbury, Londres, 2016.

99. *Ibidem*, pp. 1-2 y 173-176.

100. Nicholas Stargardt, *Witnesses of War. Children's Lives Under the Nazis*, Vintage Books, Nueva York, 2007, pp. 13-14, notable reconstrucción del orden social nazi a través de los testimonios de las experiencias de los entonces niños.

101. Resumen de la colaboración y resistencia en la Europa de Hitler en Robert Paxton, *Europe in the Twentieth Century*, pp. 431-443.

6. De los escombros y las cenizas

1. Ion Antonescu, interrogatorio, 14 de abril de 1946, transcripción del abogado de la acusación Avran Bunacin. Citado en Radu Ioanid, quien hace un detallado relato de su juicio y muerte: *The Holocaust in Romania. The Desctruction of Jews and Gypsies under the Atnonescu Regime, 1940-1944*, Ivan R. Dee y United States Holocaust Memorial Museum, Chicago, 2000.

2. La escena puede verse en YouTube, «Ejecución de Ion Antonescu». Aparece descrita en Radu Ioanid, p. 3.

3. Reproducido en *ibidem*, p. 260. Maria Antonescu pasó varios años en la cárcel, deportada y recluida en Rumanía, hasta su muerte el 18 de octubre de 1964.

4. Dennis Deletant, *Hitler's Forgotten Ally. Ion Antonescu and his Regime, Romania 1940-1944*, Palgrave Macmillan, Londres, 2006, p. 1. Un buen resumen de su tesis en «Ion Antonescu: The Paradoxe of His Regime, 1940-1944», en Rebecca Haynes y Martyn Rady, *In the Shadow of Hitler*, pp. 278-294.

5. *Ibidem*, p. 280 y Rebecca Haynes, «Germany and the Establishment of the Romanian National Legionary State, September 1940», *Slavonic and East European Review*, vol. 77, n.º 4 (1999), pp. 700-725.

6. Citado en Dennis Deletant, «Ion Antonescu», p. 280.

7. Radu Ioanid examina la tradición antisemita, las masacres y el papel de Antonescu en *The Holocaust in Romania.*

8. Dennis Deletant, «Ion Antonescu», p. 288 y Radu Ioanid, *ibidem*, pp. 225-237.

9. Delirio y megalomanía en Martyn Rady, «Ferenc Szálasi, 'Hungarism' and the Arrow Cross», en Rebecca Hayness y Martyn Rady, *In the Shadow of Hitler*, pp. 261-262.

10. Andrea Petö, «Gendered Exclusions and Inclusions in Hungary's Right-Radical Arrow Cross Party (1939-1945): A Case Study of Three Female Party Members», pp. 203-217, quien señala que Lutz, que se peinaba al estilo de la famosa estrella cinematográfica Katalin Karády, es objeto de culto en internet, recordada como mujer de Szálasi, más que como su compañera soltera durante dos décadas.

11. Horthy, de 76 años cuando fue depuesto, no estuvo entre los condenados porque «se dio crédito a sus esfuerzos para salvar a los judíos de Budapest» y a sus intentos de octubre de 1944 de sacar a Hungría de la guerra (Ignác Romsics, *Hungary in the Twentieth Century*, p. 228).

12. Itsván Deák, *Europe on Trial. The Story of Colaboration, Resistanbce and Retribution During World War II*, Westview Press/Perseus Book Group, Filadelfia, 2015 pp. 86, 104 y 192, y Tzvetan Todorov, *The Fragility of Goodness: Why Bulgarian Jews Survived the Holocaust,* Princeton University Press, Princeton, 2001.

13. Jovan Byford, «Willing Bystanders: Dimitrije Ljotic, «Shield Collaboration» and the Destruction of Serbia's Jews», en Rebecca Haynes y Martyn Rady, *In the Shadow of Hitler*, pp. 295-309.

14. Rebecca Haynes, «Corneliu Zelea Codreanu: The Romanian 'New Man'», en *ibidem*, pp. 169-187 (asesinato y cifras en p. 180). Para una interpretación del movimiento puede verse Constantin Iordachi, *Charisma, Politics and Violence: The Legion of the «Archangel Michael» in Inter-War Romania*, Trondheim Studies on East European Cultures and Societies, Trondheim, 2004. También Francisco Veiga, *La guardia de hierro. Rumanía, 1919-1940*, Universitat de Barcelona, 1987.

15. La conversación entre Mussolini y Badoglio está reproducida en Pietro Badoglio, *Italy in the Second World War. Memories and Documents,* Geoffrey Cumberlege/Oxford University Pres, Londres/Nueva York/Toronto, 1948, pp 14-15 (edición en castellano en Ed. Bell, Buenos Aires, 1947). Badoglio, tras indicar a Mussolini «Su Excelencia, sabe perfectamente que no estamos preparados, en absoluto», añadió: «Esto es un suicidio».

16. Richard Vinen, *A History in Fragments,* p. 227.

17. Itsván Deák, *Europe on Trial,* p. 179, la introducción más precisa disponible sobre ese complejo y amplio tema. También, José M. Faraldo, *La Europa clandestina. Resistencias a las ocupaciones nazis y soviética, 1938-1948*, Alianza Ed., Madrid, 2011.

18. Itsván Deák, *Europe on Trial,* p. 180.

19. Itsván Deák, «Introduction», en István Deák, Jan T. Gross y Tony Judt (eds.), *The Politics of Retribution in Europe. World War II and Its Aftermath,* Princeton University Press, Princeton, 2000, p. 3. La bibliografía sobre ese tema, silen-

ciado durante mucho tiempo, es ahora extensa, con buenas monografías por países y notables síntesis. A él le dedicó Tony Judt los dos primeros capítulos de su *Postwar: A History of Europe since 1945,* Williman Heineman, Londres, 2005 (traducción al castellano en Taurus, Madrid, 2006), pp. 13-62. Más extensa y detallada Giles Macdonogh, *After the Reich: The Brutal History of the Allied Occupation*, Basic Books, Nueva York, 2007 (versión en castellano en Galaxia Gutenberg, 2010) y sobre todo Keith Lowe, *Savage Continent. Europe in the Aftermath of World War II,* St. Martin Press, Nueva York, 2012 (Galaxia Gutenberg, 2012).

20. La cita de Pétain en Gerhard Hirschfeld, «Collaboration in Nazi Occupied France: Some Introductory Remarks», en G. Hirschfeld y Patrick Marsh (eds.), *Collaboration in France: Politics and Culture during the Nazi Occupation, 1940-1944,* Berg, Oxford, 1989, p. 12, y Jan T. Gross, «Themes for a Social History of War Experience and Collaboration», en I. Deák, J. T. Gross y T. Judt, *The Politics of Retribution in Europe,* pp. 24-28.

21. Resumen de ese proceso de *l'epuration* en José Luis Ledesma, «Violencia para salir de una guerra: la «depuración» en la Francia de finales de la Segunda Guerra Mundial», en Javier Rodrigo (ed.), *Políticas de la violencia. Europa, siglo XX,* Prensas de la Universidad de Zaragoza, 2014, pp. 357-400. Para explicar los orígenes y razones de esa depuración y ponerla con conexión con Vichy puede verse la obra ya clásica de Robert Paxton, *Vichy France: Old Guard and New Order, 1940-1944,* edición revisada, Columbia University Press, Nueva York 2001 (versión en castellano de la primera edición en francés en Seuil, en Noguer Ediciones, 1974) y Henry Rousso, *Vichy, l'événement, la mémoir, l'histoire,* Points, París, 2001.

22. Jonathan Dunnage, *Twetieth-Century Italy: A Social History,* Longman, Londres, 2002, p. 132, de quien procede el entrecomillado del párrafo anterior. En Italia abrió vías novedosas de investigación Claudio Pavone, *Una guerra civile. Saggio storico sulla moralitá nella Resistenza,* Bollati Boringhieri, Turín, 1991. Una síntesis de todas esas manifestaciones de violencia en Hans Woller, *I conti con il fascismo. L'epurazione in Italia, 1943-1948,* Il Mulino, Bolonia, 1997.

23. Ignác Romsics, *Hungary in the Twentieth Century,* pp. 224-225.

24. László Karsai, «The People's Courts and Revolutionary Justice in Hungary», p. 236.

25. Sobre el proceso de toma y consolidación del poder por parte de los partidos comunistas en esos países existe una bibliografía amplia. Para el caso singular de Polonia, Krystyne Kersten, *The Establishment of Communist Rule in Poland, 1943-1948*, University of California Press, Berkeley, California, 1991, con prólogo de Jan T. Gross. La mejor historia general, Tony Judt, *Postwar: A History of Europe Since 1945.*

26. László Karsai, «The People's Courts and Revolutinary Justice in Hungary», p. 233. Las cifras anteriores en Ignác Romsics, *Hungary in the Twentieth Century,* p. 227.

27. Albert Camus, «Défense de l'intelligence», 15 de marzo de 1945, *Ac-*

tuelles. Écrits politiques, Gallimard, París, 1997. La ausencia de acuerdo en la definición de «colaboración» en István Deák, «Introduction», p. 10.

28. István Deák, *Europe on Trial,* p. 193.

29. *Ibidem,* p. 198.

30. Richard Bessel, *Violence. A Modern Obsession,* pp. 22-23. Los rituales están bien descritos en Richard J. Evans, *Rituals of Retribution: Capital Punishment in Germany, 1600-1887*, Oxford University Press, Oxford, 1996.

31. Pieter Spierenburg, *The Spectacle of Suffering: Executions and the Evolution of Repression: from a Preindustrial Metropolis to the European Experience*, Cambridge University Press, Cambridge, Nueva York, p. 183 y Richard Bessel, *Violence,* p. 24, de quien procede el entrecomillado del párrafo anterior.

32. Concepción Arenal, *El reo, el pueblo y el verdugo. La ejecución pública de la pena de muerte*, 1867, consultado en la Biblioteca Virtual Miguel de Cervantes (www.cervantesvirtual.com).

33. Richard Bessel, *Violence*, p. 27. La información sobre España en Óscar Bascuñán Añover, «La pena de muerte en la Restauración: una historia del cambio social», *Historia y Polítca*, n.º 35 (2016), pp. 203-230.

34. Niños, venta de bebidas y helados en Andrzej Gass, «Auschwitz Commandant Rudolf Hoess on the Gallows», *Focus Historia,* vol. 1 (2007). Extracto en internet en http://auschwitz.org/en/museum/news/auschwitz-commandant-rudolf-hoess-on-the-gallows,461.html. Sobre Greiser, Catherine Epstein, *Model Nazi: Arthur Greiser and the Occupation of Wester Poland,* Oxford University Press, Oxford, 2010, pp. 334-335.

35. Andrzej Gass, «Auschwitz Commandant Rudolf Hoess on the Gallows».

36. Ildefonso-Manuel Gil, *Concierto al atardecer,* Gobierno de Aragón, Zaragoza, 1992. Julián Zugazagoitia, *Guerra y vicisitudes de los españoles*, Tusquets, Barcelona, 2001, pp 134-135. Testimonio de Valladolid recogido en Ronald Fraser, *Recuérdalo tú y recuérdalo a otros. Historia oral de la guerra civil española*, Crítica, Barcelona, 1979, tomo I, p. 227. Hilari Raguer, *El general Batet. Franco contra Batet: crónica de una venganza,* Península, Barcelona, 1996, pp. 284-285. El testimonio de Gumersindo de Estella, del 15 de noviembre de 1937, en *Fusilados en Zaragoza, 1936-1939. Tres años de asistencia espiritual a los reos,* Mira Editores, Zaragoza, 2003, p. 79.

37. Nicholas Stardgart, *Wirtnesses of War. Children's Lives Under the Nazis,* p. 316.

38. Andrea Petö, «Memory and the Narrative of Rape in Budapest and Vienna in 1945», en Richard Bessel y Dirk Schumann (eds.), *Life and Death. Approaches to a Cultural and Social History of Europe during the 1940s and 1050s,* Cambridge University Press, Nueva York, 2003, pp. 130-132.

39. Atina Grossmann, «The 'Big Rape: Sex and Sexual Violence, War, and Occupation in Post-World War II. Memory and Imagination», en Elizabeth D. Heineman, *Sexual Violence in Conflict Zones,* p. 137 y 283 (nota 1 para el censo de

Berlín). Grossmann, como Petö, subraya «la falta de atención» sobre ese tema hasta los años noventa, cuando los numerosos episodios de violencia sexual en la antigua Yugoslavia suscitaron un interés en la historia anterior.

40. Hay un buen análisis en Norman M. Naimark, *The Russians in Germany. A History of the Soviet Zone of Occupation, 1945-1949*, Harvard University Press, 1997, pp. 69-140. Antony Beevor hace un relato de las violaciones por las tropas soviéticas en su avance por Prusia del Este, Pomerania, Silesia y Berlín, que ya había introducido Naimark, y concluye que «en total al menos 2 millones de mujeres alemanas fueron violadas y una sustancial minoría, si no una mayoría, parece haber sufrido violaciones múltiples»: *Berlin. The Downfall 1945*, Viking, Londres, 2002, p. 410 (versión en castellano en Crítica, *Berlín. La caída: 1945*, Barcelona, 2005).

41. Susan Brownmiller, *Against Our Will: Men, Women and Rape*, Penguin Random House, Londres, 1993. Eslava y no eslava en Norman M. Naimark, «Soviet Soldiers, German Women, and the Problem of Rape», p. 107.

42. Citas en Atina Grossmann, «The Big Rape», p. 138.

43. Citado en Norman M. Naimark, *The Russians in Germany*, pp. 107-108,

44. Norman M. Naimark , quien examina a la luz de las interpretaciones de Gerda Lerner y las investigaciones de Eva Levin y Laura Engelstein el papel de la violación en la cultura patriarcal rusa, en los conceptos de honor y deshonra que la impregnaron desde el Medievo (*ibidem*, pp. 113-114).

45. *Ibidem*, p. 115.

46. Nicholas Stargardt, *Witneses of War*, pp. 317-319.

47. Esa información sobre padres, hijos y vida cotidiana procede de Nicholas Stargardt, *ibidem*, pp. 321-330.

48. Volker R. Berghahn, *Europe in the Era of Two World Wars*, pp. 131-132.

49. Eugene M. Kulischer, *Europe on the Move: War and Population Changes, 1917-1947*, Columbia University Press, Nueva York, 1948, pp. 264 y 302-304. Perspectiva e interpretación más reciente en Mark Mazower, *Dark Continent: Europe's Twientieth Century*, Penguin Books, Londres, 1998, pp. 217-228 (versión en castellano en Barlin Paisaje, Valencia, 2017). Balance actualizado en el número monográfico «World Wars and Population Displacement in the Twentieth Century», *Contemporary European History*, vol. 16, n.º 4 (2007, especialmente en Peter Gatrell, «Introduction», pp. 415-426). Puede verse también Matthew Frank, *Making Minorities History. Population Transfer in Twentieth-Century Europe*, Oxford University Press, Oxford, 2017.

50. Jan T. Gross, «Themes for a Social History of War Experience and Collaboration», p. 22.

51. Tony Judt, *Posguerra*, p. 67.

52. James McMillan, «War», p. 84 (cifras de funcionarios). La disminución de los castigos y las amnistías en Itsván Deák, «Introduction», p. 12 , de donde procede el entrecomillado.

53. Tony Judt, *Posguerra*, p. 100. La cita de Adenauer en p. 103.

54. Eric Hobsbawm, *Age of Extremes*, pp. 2-17.

55. El entrecomillado sobre los tanques procede de Tony Judt, *Posguerra*, p. 25.

56. Konrad H. Jarausch, *Out of Ashes*, pp. 411-415 y Harmut Kaelble, *A Social History of Europe, 1945-2000. Recovery and Transformation after Two World Wars*, Berghahn Books, Múnich, 2013, pp. 2 y 7.

57. Steven Philip Kramer, «The Return of History in Europe», *The Washington Quarterly*, 35, 4 (2012), p. 81.

58. Exposición de los diferentes planteamientos y salidas en Mark Mazower, «Reconstruction: The Historiographical Issues», *Past & Present 2011*, suplemento 6, pp. 17-28.

59. Volker R. Berghahn, *Europe the Era of Two World Wars*, p. 5.

60. Jonathan Dunnage, *Twentieth-Century Italy*, p. 133.

61. *Ibidem*, pp. 139-144.

62. La reconstrucción de Europa Occidental en esos años en Robert O. Paxton y Julie Hessler, *Europe in the Twentieth Century*, Wadsworth Cengage Learning, Boston, 2012, pp. 425-445.

63. *Ibidem*, pp. 428-430 (de donde proceden los entrecomillados sobre católicos y comunistas)

64. Harmut Kaelble, *A Social History of Europe, 1945-2000*, pp. 312-313.

65. *Ibidem*, pp. 313-314.

66. Konrad H. Jarausch, *Out of Ashes*, p. 530.

67. Volker R. Berghahn, *Europe in the Era of Two World Wars*, pp. 139-141.

68. El entrecomillado procede de David Armitage, *Civil Wars: A History in Ideas*, Alfred A. Knopf, Nueva York, 2017, p. 5 (versión en castellano en Alianza Ed., 2018). Una discusión sobre ese libro, la idea de la guerra civil y los problemas fundamentales planteados por ese tipo de conflicto armado a lo largo de la historia puede verse en el «Book Forum», publicado en *Critical Analysis Of Law*, vol. 14, n.º 2 (2017). Mi contribución en «A World of Civil Wars», pp. 170-178. La respuesta de Armitage, «On the Genealogy of Quarrels», pp. 178-189.

69. Charles Tilly fue uno de los autores que más insistieron en la conexión entre la violencia política —acción colectiva— y la construcción del Estado nación. Véase, por ejemplo, «War Making and State Making as Organized Crime», en P. Evans, D. Rueschemeyer y T. Skocpol (eds.), *Bringing the State Back*, Cambridge University Press, Cambridge, 1985, pp. 169-186.

70. Para la aplicación del concepto de «guerra civil europea» al período de 1914-1945 fue muy influyente y controvertida la obra de Ernst Nolte publicada por primera vez en Alemania —y de la que no hay traducción al inglés— en 1987: *Der europaische Bürgerkrieg. Nationalsozialismus and Bolschevismus* (versión en castellano en Fondo de Cultura Económica, México, 2001). Sobre esa guerra civil europea profundizó, con una interpretación muy diferente, Enzo Traverso: *A feu et a sang. De la guerre civil européene 1914-1945* (2007, versión en castellano en PUV, Valencia, 2009). Mi aproximación en *Europa contra Europa, 1914-1945* (Crítica,

2011). Sobre esa «globalización de la guerra civil» puede verse la reciente obra de Javier Rodrigo y David Alegre, *Comunidades rotas. Una historia global de las guerras civiles, 1917-2017,* Galaxia Gutenberg, Barcelona, 2019.

71. Francisco Moreno, «Huidos, guerrilleros, resistentes. La oposición armada a la dictadura», en Julián Casanova (coord.), *Morir, matar, sobrevivir. La violencia en la dictadura de Franco,* Crítica, 2002, pp. 197-195, y Secundino Serrano, *Maquis. Historia de la guerrilla antifranquista,* Temas de Hoy, Madrid, 2001.

72. John L. Hondros, «Greece and the German Occupation», en David H. Close (ed.), *The Greek Civil War, 1943-1950. Studies of polarization*, Routledge, Londres, 1993, p. 32. Analicé el escenario de las diferentes fases de la guerra civil y el triunfo de la contrarrevolución en «Civil Wars, Revolutions and Counterrevolutions in Finland, Spain and Greece (1918-1949): A Comparative Analysis», pp. 515-537.

73. L. Baerentzen y David H. Close, «The British Defeat of EAM», en David H. Close (ed.), *The Greek Civil War, 1943-1950. Studies of polarization*, Routledge, Londres, 1993, pp. 91-92.

74. Richard Clogg, *Modern Greece*, The Historical Asociation, Londres, 1981, p. 30.

75. David H. Close, *The Origins of the Greek Civil War*, Longman, Londres, 1995, pp. 219-221

76. Robert O. Paxton y Julie Hessler, *Europe in the Twentieth Century,* pp. 479-481.

77. *Ibidem*, p. 481.

78. James McMillan, «War», pp. 76-78.

79. Raphaëlle Branche, «Sexual Violence in the Algerian War», en Dagmar Herzog, *Brutality and Desire. War and Sexuality in Europe's Twentieth Century,* pp. 248-249.

80. *Ibidem*, pp. 253-256, de donde proceden los entrecomillados. La referencia a la obra de Anne-Marie Sohn, *Du premier baiser à l'alcôve. La sexualité des Francais au quotidien (1850-1950)* en p. 256.

81. Richard Bessel, «Women and Children», en *Violence*, pp. 173-185.

82. Introducción breve y precisa a las diferentes organizaciones terroristas de las segunda mitad del siglo xx en Eduardo González Calleja, *El terrorismo en Europa,* Arco Libros, Madrid, 2002. *El laboratorio del miedo. Una historia general del terrorismo*, Crítica, Barcelona, 2012. Más información y análisis en Juan Avilés Farré, José Manuel Azcona y Matteo Re (eds.), *Después del 68. La deriva terrorista en Occidente,* Silex, Madrid, 2019. También en Heinz-Gerhard Haupt y Klaus Weinhauer, «Terrorism and the State», en Donald Bloxham y Robert Gerwarth, *Political Violence in Twentieth-Century Europe,* pp. 176-209. Sobre ETA puede verse, entre la amplia bibliografía existente, Gaizka Fernández Soldevilla y Raúl López Romo (eds.), *Sangre, votos, manifestaciones. ETA y el nacionalismo vasco radical (1958-2011),* Tecnos, Madrid, 2012.

83. António Costa Pinto y Filipa Raimundo, «Violence, Repression and Terror in Mass Dictatorships: A View from the European Margins», en Paul Corner y Jie-Hyun Lim, *The Palgrave Handbook of Mass Dictatorships,* Palgrave Macmillan, Londres, 2016, pp. 105-117.

84. Sobre las dificultades para conceptualizar la dictadura de Franco debido a esa dimensión cronológica, Enrique Moradiellos, «Franco y el franquismo en tinta sobre papel: narrativas sobre el régimen y su caudillo», en Julián Casanova (ed.), *Cuarenta años con Franco,* pp. 311-350. Para la periodización histórica en el caso portugués, Manuel Loff, «Coming to Terms with the Dictatorial Past in Portugal after 1974. Silence, Remembrance and Ambiguity», en Stefan Troebst y Susan Baumgarty (eds.), *Postdiktatorische Geschichtskulturen im Süden und Oste Europas. Bestandsautnahmen und Forschungsperspektiven,* Wallstein Verlag, Gotinga, 2010, pp. 55-70.

85. *Ibidem*, pp. 56-57, y António Costa Pinto y Filipa Raimundo, «Violence, Repression and Terror in Mass Dictatorships», pp. 109-110.

86. Además de los trabajos ya citados de Costa Pinto y Raimundo, a quienes pertenece la cita (p. 110), y de Manuel Loff, puede verse Irene Pimentel, *Víctimas de Salazar: Estado Novo e Vigilância Política*, Esfera dos Livros, Lisboa, 2007.

87. Manuel Loff, «Coming to Terms with the Dictatorial Past in Portugal after 1974», pp. 64 y 58-59.

88. «Economía de terror» en H. Martins, «Portugal», en S. J. Wolf (ed.), *European Fascism,* Weindenfeld & Nicolson, Londres, 1968, p. 329.

89. Thomas W. Gallant, *Modern Greece. From the War of Independence to the Present*, Bloomsbury, Londres, 2016, pp. 275-282. Un estudio más detallado en Christopher M. Woodhouse, *The Rise and Fall of the Greek Colonels*, Granada, Londres, 1985.

90. Nicos P. Mouzelis, *Modern Greece. Facets of Underdevelopment,* Homes and Meier Publishers, Nueva York, 1978, p. 111.

91. Richard Clogg, *A Short History of Modern Greece,* Cambridge University Press, Cambridge, 1990, p. 168.

92. *Ibidem*, pp. 188-189 y 206.

93. Sobre la tortura y la violencia sexual Katerina Stefatos, «The Female and Political Body in Pain: Sexual Torture and Gendered Trauma during the Greek Military Dictatorship (1967-1974)», en Ayse Gül y Andrea Petö, *Gendered Wars, Gendered Memories. Feminist Conversations on War, Genocide and Political Violence*, pp. 69-92. Sobre torturas y sus métodos Anna Papaeti, «Music and "Reeducation" in Greek Prison Camps: From Makronisos (1947-1955) to Giaros (1967-1968)», *Torture,* vol. 23, 2 (2013), pp. 34-43.

94. Thomas W. Gallant, *Modern Greece*, pp. 280-282 y Richard Clogg, *A Short History of Modern Greece,* p. 199.

95. Dimitris Anoniou, Kostis Kornetis, Anna-Maria Sichani y Katerina Stefatos, «Introduction: The Colonel's Dictatorship and Its Afterlives», *Journal of Modern Greek Studies*, n.º 2, 2017, p. 285.

96. Guillermo O'Donnell, Philippe C. Schmitter y Laurence Whitehead (comps.), *Transiciones desde un gobierno autoritario. Perspectivas comparadas 3*, Paidós, Buenos Aires, 1988, pp. 16-17 y 58.

97. Helen Graham y Alejandro Quiroga, «After the Fear Was Over? What Came After Dictatorship in Spain, Greece, and Portugal», en Dan Stone (ed.), *The Oxford Handbook of Postwar European History*, Oxford University Press, Oxford, 2012, p. 506.

98. Sobre las causas de la duración de la dictadura de Franco y las dificultades de la transición puede verse Julián Casanova y Carlos Gil Andrés, *Historia de España en el siglo XX*, pp. 291-342 (*Twentieth-Century Spain*, 277-327).

7. Caminos diferentes, escenarios de confrontación: Europa Central y del Este

1. Winston Churchill, «Iron Curtain Speech», Westminster College, Fulton, Misuri, 5 de marzo de 1946, consultado en https://winstonchurchill.org/resources/speeches/1946-1963-elder-statesman/the-sinews-of-peace/

2 Ivan T. Berend, *Decades of Crisis. Central and Eastern Europe before World War II*, pp. 403-405.

3. Jan T. Gross, «Social Consequences of War: Preliminaries to the Study of Imposition of Communist Regimes in East Central Europe», *Eastern European Politics and Society*, vol. 3, n.º 2, 1989, p. 198.

4. *Ibidem*, p. 202

5. *Ibidem*, pp. 203-204.

6. Mark Mazower, «Reconstruction: The Historiographical Issues», *Past & Present* (2011), suplemento 6, p. 22.

7. Richard Bessel, «Establishing Order in Post-War Eastern Germany», en Mark Mazower, Jessica Reinisch y David Feldman (eds.), *Post-War Reconstrución in Europe: International Perspectives,* Oxford University Press, Oxford, 2011, pp. 140-141.

8. Anne Applebaum, *Iron Curtain. The Crushing of Eastern Europe 1944-56*, Allen Lane, Londres, 2012 (traducción al castellano en Debate, Madrid, 2014), pp. xxvii-xxviii, utiliza el término «Europa del Este» para describirlos. Buenas aproximaciones a los diferentes países en Vladimir Tismaneanu (ed.), *Stalinism Revisited. The Establishmen of Communist Regimes in East-Central Europe and the Dynamic of the Soviet Bloc,* Central European University Press, Budapest y Nueva York, 2009. Historias generales en R. J. Crampton, *Eastern Europe in the Twentieth Century,* Routledge, Londres y Nueva York, 1994 y Mark Pittaway, *Eastern Europe 1939-2000,* Bloomsbury Academic, Londres, 2004.

9. Mark Mazower, «Reconstruction: The Historiographical Issues», p. 20.

10. Olga Kucherenko, *Soviet Street Children and the Second Worl War,* p. 137.

11. José M. Faraldo, «Terror y sueño. Europa del Este tras 1945», en Javier Rodrigo (ed.), *Políticas de la violencia. Europa, siglo XX*, a quien pertenecen los entrecomillados, pp. 404-407.

12. Jan T. Gross, «Social Consequences of War», pp. 210-214. La cita de Ulbrich en Wolfgang Leonhard, miembro entonces de ese grupo dirigente, *Child of the Revolution,* Henry Regnery, Chicago, 1958, p. 203.

13. Konrad H. Jarausch, *Out of Ashes,* p. 432.

14. José M. Faraldo, «Terror y sueño», pp. 419-420.

15. Lavinia Stan, «Introduction», en L. Stan (ed.), *Transitional Justice in Eastern Europe and the Former Soviet Union. Reckoning with the Communist Past,* Routledge, Londres y Nueva York, 2009, pp. 6-7, de quien procede la información, entrecomillados y cifras. El análisis más detallado en castellano en José M. Faraldo, *Las redes del terror. Las policías secretas comunistas y su legado,* Galaxia Gutenberg, Madrid, 2018.

16. Richard Bessel, «Establishing Order in Post-war Eastern Germany», pp. 154 y 157.

17. Anne Applebaum, *Iron Curtain,* pp. 94-95.

18. Robert O. Paxton y Julie Hessler, *Europe in the Twentieth Century*, p. 452.

19. El proceso de control en los diferentes países es examinado por Tony Judt en *Posguerra,* pp. 203-211. El golpe de Praga en pp. 213-216. Los juicios contra los comunistas sobre los que informo después en pp. 270-278.

20. La información de Xoci Xoxe está sacada de oxford.reference.com

21. Robert O. Paxton y Julie Hessler, *Europe in the Twentieth Century*, de donde procede la cita de Pavlowitch, pp. 459-461.

22. Análisis detallado de ese caso, las purgas y una comparación con otros países comunistas en Igor Lukes, «Rudolf Slanksy. His Trials and Trial», *Cold War International History Project*, Working Paper n.º 50, 79, p. 2006, de quien procede la información que transmite en esos párrafos.

23. La cita de Sting en *ibidem*, p. 27. Los entrecomillados de Tony Judt en *Posguerra*, pp. 282-284.

24. Orlando Figes, *A People's Tragedy*, pp. 296-297.

25. Tony Judt, *Posguerra,* pp. 288-293. Examen detallado de las diferentes manifestaciones de violencia y represión en Anne Applebaum, *Iron Curtain,* especialmente pp. 68-157 y 265-318.

26. Robert O. Paxton y Julie Hessler, *Europe in the Twentieth Century*, pp. 462-463, de donde procede la cita de Milosz.

27. José Casanova, *Public Religions in the Modern World,* The University of Chicago Press, Chicago, 1994 (traducción al castellano en PPC, Madrid, 2000), pp. 92-102, de quien proceden los entrecomillados. También Elizabeth Valkenier, «The Catholic Church in Communist Poland, 1945-1955», *The Review of Politics,* vol. 18, n.º 3, 1956, pp. 305-326.

28. Anne Applebaum, *Iron Curtain*, pp. 462-463.

29. Jan Plamper, *The Stalin Cult. A Study in the Alchemy of Power*, Yale University Press, New Haven y Londres, 2012, pp. xiv-xv, 221 y 226.

30. Robert O. Paxton y Julie Hessler, *Europe in the Twentieth Century*, pp. 465-466. El proceso de sucesión y cambios tras la muerte de Stalin, aunque más centrado en el periodo de Brezhnev que de Jrushchov, en Seweryn Bialer, *Stalin's Successors: Leadership, Stability and Change in the Soviet Union,* Cambridge University Press, Cambridge, 1982.

31. Gary Bruce, «Review: East Germany», *The Historical Journal,* vol. 52, n.º 3, 2009, pp. 804-805.

32. Gary Bruce, *Resistance with the People. Repression and Resistance in Eastern Germany 1945-1955,* Rowman & Littlefield Publishers, Oxford, 2003, quien dedica las páginas de la introducción a las diferentes percepciones de historiadores sobre el concepto de resistencia y a las similitudes y diferencias entre las protestas en la RDA y en la Alemania de Hitler, pp. 5-12.

33. *Ibidem*, pp. 224-225 y 254.

34. *Ibidem*, pp. 235-236. Robert Gellately, *The Gestapo and German Society: Enforcing Racial Policy 1933-1945*, Clarendon Press of Oxford University, Oxford, 1990 (traducción al castellano en Paidós, Barcelona, 2004).

35. Gary Bruce, *Resistance with the People,* pp. 260-261.

36. Ferenc A. Vali, *Rift and Revolt in Hungary: Nationalism versus Communism,* Harvard University Press, Cambridge, Mass, 1961, p. 220. Ver también Anne Applebaum, *Iron Curtain,* pp. 477-483. Las conexiones entre los acontecimientos en Polonia y Hungría y la respuesta soviética en Mark Kramer, «The Soviet Union and the 1956 Crises in Hungary and Poland: Reassessment and New Findings», *Journal of Contemporary History,* vol. 23, n.º 2, 1998, pp. 163-214.

37. Sigo aquí la crónica detallada de Victor Sebestyen, *Twelve Days: The Story of the Hungarian Revolution,* Pantheon Books, Nueva York, 2006. Y R. J. Crampton, *Eastern Europe in the Twentieth Century,* Routledge, London and New York, 1994, pp. 288-303. Puesta al día de análisis y debates en László Eörsi, *The Hungarian revolution of 1956: myths and realities,* Center for Hungarian Studies and Publications, Boulder, Colorado, 2006.

38. R. J. Crampton, *Eastern Europe in the Twentieth Century*, pp. 299-300.

39. János M. Rainer, *Imre Nagy: A Biography*, I. B. Tauris, Londres, 2009.

40. Examen de ese período entre 1956 y 1968, con los cambios y contrarreformas en los diferentes países, en R. J. Crampton, *Eastern Europe in the Twentieth Century*, pp. 307-325.

41. Jacques Rupnik, «Utopias and "Normality": 1968 Revisited. Fifty Years On», *Slavic Review,* 77, n.º 4 (2018), p. 891. La influencia de los legados en Gordon H. Skilling, *Czechoslovakia's Interrupted Revolution*, Princeton University Press, Princeton, 1976.

42. Citado en Jacques Pupnik, «Utopias and "Normality"», p. 890, de quien procede el argumento que expongo en el párrafo.

43. Konrad H. Jaraushch, *Out of Ashes*, p. 600. Narración de aquellos meses y de la represión en Kieran Williams, *The Prague Spring and its Aftermath: Czechoslovak Politics 1968-1970*, Cambridge University Press, Cambridge, 1997.

44. «Prague Spring Revisited», *The New York Times*, 20 de agosto de 1968 en su versión impresa, con carta y trascripciones de reuniones y conversaciones en inglés en nytimes.com/1998/08/20/opinion/prague-spring-revisited.html.

45. El significado de la doctrina Brezhnev y cómo él mismo se la explicó a Dubcek en Victor Sebestyen, *Revolution 1989. The Fall of the Soviet Empire*, Phoenix, Londres, 2009, p. 20.

46. Citado en Jacques Pupnik, «Utopias and "Normality"», p. 894.

47. Tony Judt, *Posguerra*, p. 613.

48. El entrecomillado procede de *ibidem*, p. 600.

49. Tony Judt, *Posguerra*, p. 650. Robert O. Paxton y Julie Hessler, *Europe in the Twentieth Century*, pp. 627-638, de quienes procede el entrecomillado sobre el Kremlin. La convergencia entre revolucionarios occidentales y disidentes checos en Jacques Pupnik, «Utopias and "Normality"», p. 894. El aplastamiento de la ilusión en Tony Judt, *Posguerra*, p. 650.

50. Konrad H. Jaraushch, *Out of Ashes*, p. 602. Las visiones y giros de los partidos comunistas occidentales más importantes, el francés y el italiano, están examinados con detalles en Maud Bracke, *Which Socialism, Which Déténte? West European Cummunism and the Czechoslovak Crisis of 1968*, Central European University, Budapest, 2007, especialmente en el capítulo 4, «West European Communism and the Prague Spring: reform and déténte».

51. Citado en Jerome Karabel, «The Revolt of Intellectuals», *Irle Working Paper*, 20-90, May 1990, p. 82.

52. Citado en Jacques Rupnik, «Utopias and "Normality"», p. 894, de quien procede también el argumento sobre la «competición» por esos legados (p. 895).

53. Vladirmir Tismaneanu, «The Revolutions of 1989: Causes, Meaning, Consequences», *Contemporary European History*, vol. 18, n.º 3, 2009, pp. 271-272. Análisis de esa incapacidad de regeneración en Archie Brown, *Seven Years that Changed the World. Perestroika in Perspective*, Oxford University Press, Oxford, 2007.

54. Son muchos los autores que ponen énfasis en esa ausencia de violencia en perspectiva histórica comparada, una especie de seña de identidad de 1989 frente a la historia. Por ejemplo, Martin Conway y Robert Gerwarth, «Revolution and Counterrevolution», en Donald Bloxham y Robert Gerwarth (eds.), *Political Violence in Twetieth Century Europe*, pp. 167-168, de donde procede el entrecomillado; Timothy Garton Ash, *The Magic Lantern. The Revolutions of 89 Witnessed in Warsaw, Budapest, Berlin, and Prague*, Random House, Nueva York, 1990; Richard Bessel, *Violence*, p. 85; y con mayor profundidad en Victor Sebestyen, *Revolution 1989. The Fall of the Soviet Empire*, Phoenix, Londres, 2009. Narración e

interpretación de ese carácter festivo, aunque solo referido a algunos países, en Padraic Kenney, *A Carnival of Revolution. Central Europe 1989,* Princeton University Press, Princeton, 2002.

55. Vladimir Tismaneanu, «The Revolutions of 1989», pp. 278-279. El protagonismo de Gorbachov en la transformación de la Unión Soviética y en el final del comunismo en Archie Brown, *The Gorbachev factor*, Oxford University Press, Oxford 1997. La «doctrina Sinatra» en David Stark y Laszló Bruszt, *Postsocialist Pathways. Transforming Politics and Property in East Central Europe,* Cambridge University Press, Cambridge, p. 220.

56. Vladimir Tismaneany, «The Revolutions of 1989», p. 274 y Timothy Garton Ash, *The Magic Lantern,* pp. 141-142.

57. R. J. Crampton, *Eastern Europe in the Twentieth Century*, p. 408.

58. La referencia a Michnik en Timothy Garton Ash, *The Magic Lantern*, pp. 139-140. Richard Bessel, *Violence*, pp. 86-89 y Martin Conway y Robert Gerwarth, «Revolution and Counterrevolution», pp. 168-169.

59. Vladimir Tismaneanu, «The Revolutions of 1989», p. 281. Resumen de acontecimientos por países en R. J. Crampton, *Eastern Europe in the Twentieth Century,* pp. 391-407. Análisis profundo por especialistas en Sorin Antohi y Vladimir Tismaneanu (eds.), *Between Past and Future. The Revolutions of 1989 and their Aftermath,* Central European University, Budapest, 2000. Alemania Oriental y sus peculiaridades en Charles Maier, *Dissolution: The Crisis of Communism and the End of East Germany,* Princeton University Press, Princeton, 1997 y Mary Fullbrook, *The People's State: East Germany Society from Hitler to Honecker,* Yale University Press, New Haven y Londres, 2005.

60. Sigo aquí el relato de Victor Sebestyen, *Revolution 1989*, pp. 380-400; de R. J. Crampton, *Eastern Europe in the Twentieth Century,* pp. 399-400; y el análisis más detallado de Peter Siani-Davies, *The Romanian Revolution of December 1989,* Cornell University Press, Ithaca, 2007. La importancia de la represión para mantener el sistema en Dennis Deletant, *Ceausescu and the Securitate: Coercion and Dissent in Romania, 1965-1989*, Routledge, Londres, 1995.

61. La transcripción del intercambio de opiniones en Victor Sebestyen, *Revolution 1989,* pp. 384-385.

62. Esa información y la que sigue sobre el final de Ceausescu procede de *ibidem*, pp. 386-398.

63. Vladimir Tismaneanu, «The Revolutions of 1989», p. 282. Existe un debate sobre si hubo un golpe orquestado desde el exterior y llevado a cabo por ex jerarcas comunistas rumanos con el apoyo de servicios de inteligencia húngaros y occidentales: Eduard Rudolf Roth, «The Romanian Revolution of 1989 and the Veracity of the External Subversion Theory», *Journal of Contemporary Central and Eastern Europe*, vol. 24, n.º 1, 2015, pp. 37-50, quien da poco crédito, contrastadas las fuentes, a ese complot externo. El proceso desde los antecedentes a la confrontación posterior en Tom Gallagher, *Modern Romania. The End of Communism, the*

Failure of Democratic Reform, and the Theft of a Nation, Nueva York University Press, Nueva York, 2005.

64. Peter Siani-Davies, «The Myths and Realities of Revolution», capítulo 7 de *The Romanian Revolution of December 1989,* pp. 267-286.

65. Vladimir Tismaneanu, «The Revolutions of 1989», pp. 272-273.

66. Timothy Arton Gash, *The Magic Lantern,* p. 14. El entrecomillado y lo de abdicación procede de R. J. Crampton, *Eastern Europe in the Twentieth Century,* p. 407.

67. Richard Bessel, *Violence,* pp. 94 y 96-97.

68. Vladimir Tismaneanu, «The Revolutions of 1989», pp. 277-278.

69. Eric Hobsbawm, *The Age of Extremes: A History of the World.*

70. Dzemal Sokolovic, «How to Conceptualizc the Tragedy of Bosnia: Civil, Ethnic, Religious War or...?», *War Crimes, Genocide & Crimes Against Humanity,* vol. 1, n.º 1, 2005, pp. 115-130. Discusión precisa de las diferentes interpretaciones en el capítulo 7 («Bosnia 1992-1995») de Edward Newman, *Understanding Civil Wars. Continuity and Change in Intrastate Conflict,* Routledge, Londres y Nueva York, 2014, pp. 119-135. Repaso historiográfico exhaustivo en Sabrina P. Ramet, *Thinking about Yugoslavia. Scholarly Debates about the Yugoslav Breakup and the Wars in Bosnia and Kosovo,* Cambridge University Press, Cambridge, 2005. Observaciones útiles sobre los tópicos acerca de los Balcanes en la introducción de Mark Mazower a *The Balkans. A Short History,* pp. xxv-xiiii. Una excelente introducción al siglo xx yugoslavo en Sabrina P. Ramet, *The Three Yugoslavias. State Building and Legitimation, 1918-2005,* Indiana University Press, Bloomington e Indianápolis, 2006.

71. Para esas tres Yugoslavias, además de la obra de Ramet, puede verse el resumen de Maja Povrzanovic Frykman, «Staying Behind: Civilians in the Post-Yugoslav Wars, 1991-95», en Nicholas Atkin (ed.), *Daily Lives of Civilians in Wartime. Twentieth Century Europe,* pp. 163-167. Una visión de conjunto en John R. Lampe, *Yugoslavia as History. Twice There a was a Country,* Cambridge University Press, Cambridge, 2000 (segunda edición). De esas fuentes procede la información que transmito sobre su historia en los párrafos siguientes.

72. Cathie Carmichael, «Brothers, Strangers and Enemies: Ethno-Nationalism and the Demise of Communist Yugoslavia», en Dan Stone, *The Oxford Handbook of Postwar European History,* p. 550.

73. Examinados con detalle en el capítulo 10 («Nationalist Tensions 1968-1990») de Sabrina P. Ramet, *The Three Yugoslavias,* pp. 285-323. Puede verse también Geoffrey Swain, *Tito. A Biography,* I. B. Tauris, Londres, 2010.

74. Cathie Carmichael, «Brothers, Strangers and Enemies», pp. 547-552, de donde proceden los entrecomillados.

75. Maja Povrzanovic Frykman, «Staying Behind», p. 165.

76. *Ibidem,* p. 165.

77. Cathie Carmichael, «Brothers, Strangers and Enemies», p. 553. Los disturbios de 1981 en Sabrina P. Ramet, *The Three Yugoslavias,* pp. 300-304, quien traza la historia de los antecedentes.

78. Sinisa Malesevic, *Ideology, Legitimacy and the New State: Yugoslavia, Serbia and Croatia,* Frank Cass, Londres, 2002. Detallada crónica e interpretación en Sabrina P. Ramet, *Balkan Babel: The Disintegration of Yugoslavia From the Death of Tito to the Fall of Milosevic,* Routledge, Londres, 2002. También Susan Woodward, *Balkan Tragedy: Chaos and Dissolution after the Cold War,* Brookings Institutions, Washington D. C., 1995. En castellano pude verse Carlos Taibo, *La desintegración de Yugoslavia,* Catarata, Madrid, 2018 y Francisco Veiga, *La trampa balcánica,* Grijalbo, Barcelona, 1995.

79. Eric D. Weitz, *A Century of Genocide,* pp. 192-193.

80. Resumen preciso de esos conflictos armados iniciados en Eslovenia en John E. Ashbrook, «Yugoslav Seccession, Wars of (1990-1999)», en Gordon Martel (eds.), *Twentieth-Century War and Conflict. A Concise Encyclopedia,* pp. 380-385.

81. Las cifras y costes de la guerra, con todas las fuentes originales de información, en Sabrina P. Ramet, *The Three Yugoslavias,* pp. 466-469.

82. Introducción de Darmag Herzog a *Brutality and Desire. War and Sexuality in Europe's Twentieth Century,* p. 3. La primera investigación influyente fue la de Alexandra Siglmayer, *Mass Rape: The War against Women in Bosnia-Herzegovina,* University of Nebraska, Lincoln, NE, 1994. También Teresa Iacobelli, «The "Sum of Such Actions". Investigating Mass Rape in Bosnia-Herzegovina through a Case Study of Foca», en Darmag Herzog (ed.), *Brutality and Desire,* pp. 261-283. Aproximación historiográfica a diferentes casos en Gaby Zipfel, «Blood, Sperm and Tears», *Frankfurter Allgemeine Zeitung* (20 de febrero de 2001), disponible en www.eurozine.com

83. Eric D. Weitz, *A Century of Genocide,* pp. 228-229. La planificación de esas violaciones en Normar Cigar, *Genocide in Bosnia: The Policy of 'Ethnic Cleansig',* Texas A&M University Press, College Station, TX, 1995, p. 4.

84. La información de Foca procede de Teresa Iacobelli, «The "Sum of Such Actions"», pp. 265-268.

85. *Ibidem*, pp. 270-278.

86. David Owen, *Balkan Odyssey,* Indigo, Londres, 1996, pp. 1-3. Resumen de esas interpretaciones referidas a Bosnia, que básicamente sigo aquí, en Edward Newman, *Understanding Civil Wars,* pp. 120-122. El análisis más completo sobre «controversias y disputas metodológicas» en la obra ya citada de Sabrina P. Ramet, *Thinking about Yugoslavia,* que las resume en pp. 305-318. La obra influyente de V. P. Gagnon Jr., *The Myth of Ethnic War: Serbia and Croatia in the 1990s,* Cornell University Press, Ithaca, Nueva York y Londres, 2004, coincide con otros autores y con un equipo internacional de investigadores del proyecto *Confronting the Yugoslava Controversies: A Scholar's Initiative,* compilado por Charles Ingrao y Thomas A. Emmert y publicado en Purdue University Press, West Lafayette, Indiana, 2012.

87. Christopher Bennett, *Yugoslavia's Bloody Collapse: Causes, Course and Consequences,* Nueva York University Press, Nueva York, 1995, p. 240. Debate también ese asunto Maja Povrzanovic Frykman, «Staying Behind», pp. 165 y 171-173.

88. Susan L. Woodward, *Balkan Tragedy*, p. 18. El argumento del párrafo procede de Edward Newman, *Understanding Civil Wars,* p. 121.

89. V. P. Gagnon Jr., *The Myth of Ethnic War,* p. xv.

90. Susan L. Woodward, *Balkan Tragedy,* p. 15, y Stathis N. Kalyvas y Nicholas Sambanis, «Bosnia's Civil War. Origins and Violence Dynamics», en Paul Collier y Nicholas Sambanis (eds.), *Understanding Civil War. Evidence and Analysis*, vol. 2: *Europe, Central Asia and Other Regions,* The World Bank, Washington, D. C., 1995, p. 207.

91. Eric D. Weitz, *A Century of Genocide*, pp. 201-202.

92. *Ibidem*, pp. 204-205.

93. Mark Mazower, *The Balkans,* p. 147.

94. *Ibidem*, pp. 147-148.

95. Cathie Carmichael, «Brothers, Strangers and Enemies», p. 560.

96. Vladimir Tismaneanu, «The Revolutions of 1989», p. 275.

Epílogo. Pasados fracturados, presentes divididos

1. El entrecomillado y los ejemplos proceden de Florence Vatan y Marc Silberman, «Introduction. After the Violence: Memory», en M. Silberman y F. Vatan (eds.), *Memory and Postwar Memorials. Confronting the Violence of the Past,* Palgrave Macmillan, Nueva York, 2013, p. 2.

2. Jósef Niznic (ed.), *Twentieth Century Wars in European Memory,* Peter Lang Edition, Frankfurt, 2013, «Preface», pp. 11-12; Jay Winter, *Remembering War. The Great War Between Memory and History in the Twentieth Century,* Yale University Press, New Haven y Londres, 2006.

3. Florence Vatan y Marc Silberman, «Introduction. After the Violence: Memory», p. 3.

4. Nicholas Stargardt, *Witnesses of War. Children's Lives Under the Nazis,* pp. 5 y 8-9.

5. Konrad H. Jarausch, *Out of Ashes,* p. 74.

6. Richard Bessel, *Violence. A Modern Obsession,* pp. 240-242.

7. Dan Stone, «Memory Wars in the "New Europe"», en D. Stone (ed.), *The Oxford Handbook of Postwar European History,* pp. 714-731.

8. Aleida Assmann, «From Collective Violence to a Common Future: Four Models for Dealing with a Traumatic Past», en Ruth Wodak y Gertraud Auer Borea (eds.), *Justice and Memory. Confronting traumatic pasts. An international comparison,* Passagen Verlag, Viena, 2009, pp. 33-34, un claro análisis de las diferentes formas de tratar o superar las traumáticas historias de violencia.

9. Tony Judt, «Preface», en István Deák, Jan T. Gross y Tony Judt (eds.), *The Politics of Retribution in Europe,* VII.

10. Aleida Assmann, «From Collective Violence to a Common Future: Four Models for Dealing with a Traumatic Past», p. 35.

11. *Ibidem*, p. 34.

12. Un examen detallado de esa Comisión en Alemania, comparada con la de Sudáfrica, en Molly Andrews, «Grand National Narratives and the project of truth commissions: a comparativa analysis», *Media, Culture & Society*, vol. 25, n.º 1, 2003, pp. 45-60, de donde procede el entrecomillado (p. 49).

13. Florence Vatan y Marc Silberman, «Introduction», p. 4. El carácter único del Holocausto, «evento definitorio» en Mark Mazower, «Violence and the State in the Twentieth Century», *The American Historical Review*, vol. 107, n.º 4 (2002), p. 1159 (traducción al castellano en *Historia Social*, n.º 51, 2005, pp. 139-160).

14. Sobre el «trauma colectivo» y la equiparación del sufrimiento de los niños en Alemania, Nicholas Stargardt, *Witnesses of War,* pp. 365-366.

15 Verdugos que se ven como víctimas en Omer Bartov, Atina Grossmann y Mary Nolan (eds.), *Crimes of War. Guilt and Denial in the Twentieth Century*, p. xxiii.

16. Karl Schlögel, «The Cube on Red: A Memorial for the Victims of Twentieth-century Russia», en Marc Silberman y Florence Vatan (eds.), *Memory and Postwar Memorials,* pp. 31-49. De las ortodoxias y revisiones a las que dieron lugar algunos de esos acontecimientos he tratado en «Viejos y nuevos relatos sobre las revoluciones de 1917», *Historia Social*, n.º 88 (2017), pp. 87-103.

17. Lavinia Stan, «Introduction: post-communist transition, justice and transicional justice», en L. Stan (ed.), *Transitional Justice in Eastern Europe and the Former Soviet Union. Reckoning with the communist past,* pp. 7-8.

18. *Ibidem*, p. 8 y Lavinia Stan, «Conclusion. Explaining country differences», *ibidem*, pp. 248-262.

19. Dan Stone, «Memory Wars in the "New Europe"», p. 717.

20. Tony Judt, *Postwar,* p. 749.

21. Vladimir Tismaneanu, *Fantasies of Salvation: Democracy, Nationalism and Myth in Post-Communist Europe,* Princeton University Press, Princeton, 1998.

22. Radu Ioanid, *The Holocaust in Romania*, pp. xxii-xxiv.

23. Marius Cazan, «Ion Antonescu's Image in Postcommunist Historiography», en Alexandru Florian (ed.), *Holocaust Public Memory in Postcommunist Romania,* Indiana University Press, Bloomington, 2018, pp. 216-217. Tampoco resulta extraño que, en medio de esos presentes tan divididos sobre el pasado, el mismo Ceausescu provoque elogios y repugnancia a la vez, una división entre los rumanos que surgió durante su larga dictadura y se intensificó después de su muerte. Todo eso está bien examinado en David A. Kideckel, «The Undead: Nicolae Ceausescu and Paternalist Politics in Romanian Society and Culture», en John Borneman (ed.), *Death of the Father. An Anthropology of the End in Political Authority,* Berghahn Books, Nueva York/Oxford, 2004 pp. 124-137.

24. Jan T. Gross, *Vecinos. El exterminio de la comunidad judía de Jedwabne*, Crítica, Barcelona, 2002. Sobre la controversia apareció, tres años después de su publicación en inglés y en la misma editorial, Antony Polonski y Joanna B. Michlic (eds.), *The Neighbors Respond: The Controversy over the Jedwabne Massacre in Poland*, Princeton University Press, Princeton, 2004. La continuación de la controversia ha sido puesta al día por Michlic en «"At the Crossroads": Jedwabne and Polish Historiography of the Holocaust», *Dapim: Sudies on the Holocaust*, vol. 31, n.º 3, 2017, pp. 296-306. Otro libro de Jan T. Gross, *Fear. Anti-Semitism in Poland after Auschwitz. An Essay in Historical Interpretation* (Random House, Nueva York, 2006), publicado dos años después en polaco (Znak, Cracovia, 2008), generó también críticas de historiadores a las «falacias históricas» del autor y ataques en la esfera pública sobre la pertenencia de Gross al «*lobby* judío estadounidense» (resumidos en Marek Czyzewski, «The Polish Debate around *Fear* by Jan Tomasz Gross from the Perspective of the Intermediary Discourse Analysis», en Ruth Wodak y Gertraud Auer Borea (eds.), *Justice and Memory*. pp. 147-168.

25. David Irving, *Uprising!: The Hungarian Revolution de 1956*, Hodder and Stoughton, Londres, 1981. Las diferentes memorias de 1956, que aquí reproduzco, están examinadas en András Mink, «The Revisions of the 1956 Hungarian Revolution», en Michal Kopecec (ed.), *Past in the Making. Historical Revisionism in Central Europe after 1989*, Central European University, Budapest, 2008, un libro básico para indentificar ese revisionismo sobre la República Democrática Alemana, Chequia, Hungría y Ucrania. Disponible online, generado en 2013: https://books.openedition.org/ceup/1598?lang=es

26. *Ibidem*.

27. Jovan Byford, «Willing Bystanders: Dimitrije Ljotic, "Shield Collaboration" and the Destruction of Serbia's Jews», en Rebecca Haynes y Martyn Rady (ed), *In the Shadow of Hitler*, p. 295.

28. *Ibidem*, pp. 295-296, de donde procede también el siguiente párrafo.

29. La aparición de esas posiciones revisionistas en varios países, con Italia como buen ejemplo, es subrayada por Dan Stone, «Memory Wars in the "New Europe"», pp. 719-732. Para Italia, Robert A. Ventruca, «Mussolini's Ghost: Italy's Duce in History and Memory», *History and Memory*, vol. 18, n.º 1, pp. 86-119, y Ruth Ben-Ghiat, «A Lesser Evil? Italian Fascism and the Totalitarian Equation», en Helmut Dubiel y Gabriel Motzkin (eds.), *The Lesser Evil: Moral Approaches to Genocide Practices*, Routledge, Londres, 2004, pp. 137-153.

30. Buen análisis en Martin Evans, «Memories, Monuments, Histories: The Re-thinking of the Second World War since 1989», *National Identities*, vol. 8, n.º 4, 2006, pp. 317-348 (entrecomillado en p. 329).

31. http://www.memorialsighet.ro/memorial-en/.

32. Deroy Murdock, «A Home for Reds in Bronze», *The Wall Street Journal*, 27 de diciembre de 1996. La cita de Martin Evans en *ibidem*, p. 329. En la página web www.mementopark.hu, además de la típica información sobre el lugar, se

ofrecen enlaces a los museos «temáticos» de otras ciudades y países en Berlín, Bulgaria, Lituania, Moscú, Praga y Rumanía.

33. Martin Evans, «Memories, Monuments, Histories», pp. 317-320.

34. *Ibidem*, p. 321.

35. Dan Stone, «Memory Wars in the "New Europe"», p. 725.

36. La materialización de las diferentes memorias en espacios en Urszula Josecka, «War Toursism in Poland and Germany», en Jósef Niznik (ed.), *Twentieth Century Wars in European Memory*, pp. 151-178.

37. Florence Vatan y Marc Silberman, «Introduction. After the Violence: Memory», pp. 2-3.

38. Krzystof Pomian, *Sobre la historia*, Cátedra, Madrid, 2007, la primera cita en p. 177, la segunda en 244. Alessandro Portelli, «El uso de la entrevista en la historia oral», en *Historia, memoria y pasado reciente*, Anuario n.º 20 (2003-2004), Escuela de Historia, Universidad Nacional de Rosario, Rosario-Santa Fe-Argentina, 2005, p. 38.

39. Tzvetan Todorov, *Los abusos de la memoria*, Paidós, Barcelona, 2008, pp. 24-25 (original en francés en 1995).

40. Jeremy Black, *Clio's Battles. Historiography in Practice*, Indiana University Press, Bloomington & Indianápolis, 2015, p. 18 (el historiador no es un mago en p. 16).

41. «La verdad sin mancha ni pintura» fue una expresión utilizada por John B. Bury en la conferencia inaugural impartida en 1902 cuando sucedió a lord Acton como Regius Professor de Historia Moderna en Cambridge. Utilizo aquí la versión del texto que aparece en *The Varieties of History. From Voltaire to the Present*, edición de textos básicos de diferentes historiadores seleccionada e introducida por Fritz Stern, Vintage Books, Nueva York, 1973 (primera edición en 1956), pp. 210-223. En esa misma selección de textos puede verse «That Noble Dream», publicado por Charles A. Beard en 1935, uno de los fundadores, junto con James H. Robinson y Frederick J. Turner, de la «New History» en Estados Unidos. Beard escribió en él: «Nosotros no adquirimos la mente neutral, sin color, porque declaremos nuestra intención de hacerlo así. Lo que hacemos, más bien, es clasificar la mente al admitir sus intereses y las normas culturales —intereses y normas que controlarán, y estorbarán, la selección y organización de los materiales históricos» (cita que traduzco de la p. 238). La expresión de Carr está sacada de *¿Qué es la historia?*, Seix Barrral, Barcelona, 1979 (primera edición en castellano en 1966), pp. 33 y 40. La cita de François Bedarida es de «El tiempo presente, la memoria y el mito», en José Manuel Trujillano Sánchez (ed.), *Historia y fuentes orales. «Memoria y sociedad en la España contemporánea»*, actas III jornadas, Ávila, abril de 1992, Fundación Cultural Santa Teresa, Ávila, 1993, p. 25.

Cronología

ESPECÍFICA SOBRE VIOLENCIA	GENERAL
1868	
Últimas ejecuciones públicas en Austria y Reino Unido.	
1877	
	1 de enero: Victoria I de Inglaterra es declarada emperatriz de la India.
1878	
	Junio-julio: Tratado de Berlín: independencia de Serbia, Montenegro y Rumanía, autonomía de Bulgaria en el seno del imperio otomano. Bosnia pasa a ser gobernada por el Imperio Austrohúngaro. Se obliga al sultán Abdul Hamid II a proteger a la minoría cristiana armenia en Anatolia.
1881	
	1 de marzo: asesinato del zar Alejandro II por el grupo terrorista Naródnaia Vólia (Voluntad del Pueblo).
1883	
	Francis Galton acuña el término «eugenesia».

1884-1885	
	Conferencia de Berlín: reparto colonial de África. Reconocimiento del Éstat Indépendent du Congo, colonia personal del rey belga Leopoldo II.
1886	
4 de mayo: lanzamiento de una bomba contra la policía durante una manifestación en la Haymarket Square de Chicago.	
1892	
Noche del 8 al 9 de junio: centenares de campesinos armados con hoces intentan liberar a compañeros presos en la cárcel de Jérez de la Frontera.	
1893	
24 de septiembre: Paulino Pallás lanza dos bombas contra el general Martínez Campos en Barcelona. 7 de noviembre: Santiago Salvador arroja dos bombas «Orsini» en el Liceo barcelonés; causa 22 muertos.	Nueva Zelanda es el primer país en permitir el sufragio femenino.
1894	
24 de junio: el italiano Sante Caseri asesina en Lyon al presidente francés Sadi Carnot.	
1894-1897	
Masacres hamidianas de armenios en el imperio otomano: alrededor de 300.000 víctimas mortales.	
1895-1898	
	Guerra de independencia cubana. Creación de campos de concentración en la isla.
1896	
7 de junio: atentado de la procesión del Corpus en la calle Cambios Nuevos de Barcelona (12 muertos).	

1897	
8 de agosto: el anarquista Michele Angiolillo dispara letalmente contra al presidente del Gobierno español, Antonio Cánovas del Castillo, en el balneario de Santa Águeda.	Abril-mayo: guerra greco-turca por la soberanía de Creta.
1898	
10 de septiembre: el anarquista Luigi Lucheni asesina en Ginebra a Isabel de Baviera (Sissi), emperatriz austriaca.	Noviembre-diciembre: se celebra en Roma la Conferencia Internacional para la Defensa Social contra los Anarquistas.
1899	
	Mayo-julio: Conferencia de La Haya sobre limitación de armamentos.
1899-1902	
	Segunda guerra bóer en Sudáfrica.
1900	
29 de julio: el anarquista italo-estadounidense Gaetano Bresci asesina en Monza al rey italiano Humberto I.	
1901	
6 de septiembre: el anarquista Leon Czolgosz tirotea al presidente estadounidense William McKinley.	
1902	
	Las mujeres votan por primera vez en Australia. John A Hobson publica su obra *Imperialism: A Study.* Publicación en San Petersburgo del libelo los Protocolos de los sabios de Sión.
1903	
10 de junio: oficiales de la «Mano Negra» masacran en Belgrado al rey serbio Alejandro I Obrenović y a su esposa. Abril: pogromo de Kishinev (49 muertos y decenas de mujeres violadas).	

1904

12 de abril: el anarquista Joaquín Miguel Artal atenta sin éxito contra el presidente del Gobierno español, Antonio Maura.

Julio: los socialistas revolucionarios asesinan al ministro del Interior ruso W.K. Plehve.

Acuerdo secreto entre España y Francia por el que delimitan las zonas en Marruecos que mantener bajo su dominio.

1904-1905

Guerra ruso-japonesa (enero de 1904-septiembre de 1905).

1904-1907

Los alemanes masacran en África del Sudoeste al 80% de la etnia herero y casi el 50% de los nama.

1905

17 de febrero: asesinato del gran duque ruso Sergei Alexandróvich, tío del zar Nicolás II.

31 de mayo: en París una bomba estalla bajo el coche que lleva al rey Alfonso XIII y el presidente francés Émile Loubet.

21 de julio: revolucionarios armenios atentan con bomba, pero sin éxito, contra el sultán turco Abdul Hamid II.

Octubre: se funda en San Petersburgo la organización ultraderechista Unión del Pueblo Ruso. Se crean las hermandades paramilitares Centurias Negras (*Chornaya Sotnya*).

22 de enero: «Domingo Sangriento» en San Petersburgo, matanza de manifestantes pacíficos. Revolución a lo largo de todo el año.

28 de noviembre: fundación del movimiento irlandés Sinn Féin.

1906

31 de mayo: atentado de Mateo Morral en Madrid durante la boda de Alfonso XIII con Victoria Eugenia de Battenberg.

31 de julio: las Centurias Negras asesinan a los diputados liberales de la Duma Mijaíl Herzenstein y Grigori Jollos.

Enero-abril: Conferencia de Algeciras, por la que España y Francia acuerdan crear un protectorado en Marruecos.

Marzo: se aprueba la ley de Jurisdicciones en España.

Se aprueba el sufragio femenino en Finlandia.

1907

8 de febrero: revuelta en Flamanzi (Rumanía) de los campesinos contra un terrateniente y contra familias judías, y que se extiende por todo el país durante semanas; entre 2.000 y 11.000 muertos a causa de la represión gubernamental.

Febrero: pogromo de Elisavetgrad (Ucrania).

Junio-octubre: (segunda) Conferencia de La Haya sobre el control de armamentos.

19 de octubre: en Barcelona se funda el periódico anarquista *Solidaridad Obrera*.

1908	
1 de febrero: asesinato a tiros del rey Carlos I de Portugal y del príncipe heredero Luis Felipe.	Julio: revolución de los Jóvenes Turcos, que derrocan al sultán Abdul Hamid II. Noviembre: Leopoldo II cede el Congo a Bélgica.
1909	
Abril: masacre de Adana, con 30.000 armenios asesinados. 26 de julio-2 de agosto: sucesos de la Semana Trágica en Barcelona. 13 de octubre: ejecución en Barcelona de Francisco Ferrer i Guardia.	Febrero: Filippo Tommaso Marinetti publica el *Manifiesto futurista* en la *Gazzetta dell'Emilia*. Julio-diciembre: guerra de Melilla.
1910	
	1 de noviembre: fundación en Barcelona de la Confederación nacional del Trabajo (CNT).
1911	
18 de septiembre: el revolucionario Dimitri Bogrov asesina en Kiev al primer ministro ruso Piotr Stolypin.	
1911-1912	
	Guerra ítalo-turca en Libia.
1911-1927	
	Guerra del Rif en Marruecos.
1912	
12 de noviembre: el anarquista Manuel Pardiñas asesina al presidente del Gobierno español, José Canalejas.	
1912-1913	
	Primera guerra balcánica; finaliza con el Tratado de Londres (30-V-1913), creación de Albania.
1913	
18 de marzo: Alexandros Schinas asesina en Tesalónica al rey Jorge I de Grecia.	Las mujeres pueden votar en Noruega. Segunda guerra balcánica (junio-agosto): derrota de Bulgaria. Tratado de Constantinopla.

1914

28 de junio: Gavrilo Prinzop asesina en Sarajevo al archiduque Francisco Fernando, heredero de la corona austrohúngara, y a su esposa Sofía Chotek.
Desde finales del verano: ataques contra asentamientos de población armenia en ambos lados de la frontera del imperio otomano.
Noviembre: la campesina Maria Bochkareva recibe permiso para alistarse en el ejército imperial ruso.

1 de agosto: Alemania declara la guerra a Rusia.
2 de agosto: Rusia entra en guerra contra Alemania y Austria-Hungría
3 de agosto: Alemania declara la guerra a Francia.
4 de agosto: Alemania invade Bélgica y el Reino Unido le declara la guerra.

1914-1918

Primera Guerra Mundial: agosto de 1914-noviembre de 1918. Ocho millones de soldados muertos en los diferentes frentes.

1915

20 de abril: rebelión armenia en la ciudad otomana de Van.
Desde 24 de abril: encarcelamiento de miembros destacados de la comunidad armenia otomana en Constantinopla y otras ciudades.

Abril: el Estado Mayor alemán acepta la propuesta del científico Fritz Haber para el uso de gases tóxicos en el frente occidental.
Italia entra en la guerra del lado de la Entente.

1915-1916

Marchas de la muerte en el imperio otomano: deportaciones y asesinatos de armenios: al menos un millón de muertos. Alrededor de 200.000 soldados armenios en el ejército otomano fueron desarmados y masacrados.

1916

24-29 de abril: alzamiento de Pascua en Dublín contra el Gobierno británico: 66 irlandeses muertos, 143 británicos.

1917

Mayo: se crea un batallón de mujeres combatientes en Rusia.
7 de diciembre: creación de la Comisión Extraordinaria [*Cheká*] Rusa para el combate contra la contrarrevolución y el sabotaje

Marzo-noviembre: revolución rusa.
2 de marzo: Nicolás II abdica a favor de su hermano el gran duque Miguel, que no aceptó la corona.
7 de noviembre: los bolcheviques se hacen con el poder en San Petersburgo.
6 de diciembre: el parlamento finés proclama la independencia de Finlandia, Gran Ducado autónomo en la Rusia zarista desde 1809.

1917-1920

Guerra civil rusa: noviembre de 1917-noviembre de 1920.

1917-1922

La revolución, la guerra civil, el terror bolchevique, el hambre y las enfermedades causan 10 millones de muertos en Rusia.

1918

27 de enero-13 de abril: guerra civil finlandesa, 36.000 muertos; la represión posterior causó 4.745 víctimas hasta principios de junio.
Noche del 16 al 17 de julio: asesinato de la familia imperial rusa en Ekaterimburgo por orden de los dirigentes bolcheviques en Moscú. Varios miembros más de la familia fueron asesinados al día siguiente.
30 de agosto: la social-revolucionaria Sofía Kaplan hiere de un disparo a Lenin.

6 de enero: los bolcheviques disuelven la Asamblea Constituyente.
8 de enero: el presidente estadounidense Woodrow Wilson anuncia los 14 Puntos como base de unas negociaciones de paz.
3 de marzo: Alemania y Rusia firman el tratado de paz de Brest-Litovsk (anulado por los aliados el 18 de noviembre).
29 de septiembre: Erich Ludendorff, jefe de las fuerzas armadas alemanas, solicita formalmente el armisticio a las autoridades imperiales.
30 de octubre: proclamación de una república independiente cosaca en la región del Don.
9 de de noviembre: el káiser alemán Guillermo II abdica.
11 de noviembre: firma del Armisticio y final de la Primera Guerra Mundial.
12 de noviembre: proclamación de la República de Austria.

Noviembre de 1918-junio de 1921

Los *squadristi* en Italia causan el asesinato de 986 personas.

1918-1922

La Checa y los grupos de Seguridad Interna bolcheviques asesinan a 280.000 personas.

Noviembre: creación del Reino de los Serbios, Croatas y Eslovenos.

1919

15 de enero: asesinato en Berlín de Rosa Luxemburgo y Karl Liebkneckt.
13 de julio: masacre de Amritsar (India), en la que el ejército indio Británico ametralló a una multitud sij, musulmana e hindú durante la celebración del festival de Año Nuevo

1 de enero: fundación del Partido Comunista Alemán (KPD, por sus siglas en alemán).
5 -12 de enero: insurrección de la Liga Espartaquista, liderada por Rosa Luxemburgo y Karl Liebkneckt, contra el Gobierno provisional alemán.

(Vaisakhi); 379 muertos y más de 1.200 heridos. Otoño: torturas y asesinatos de prisioneros políticos en la prisión militar del Bulevar Margit de Budapest.	23 de marzo: fundación del primer Fascio di Combattimento en un edificio de la piazza de San Sepolcro de Milán Marzo-agosto: República Soviética Húngara. 12 de septiembre: Gabriele d'Annunzio, al frente de 2.600 soldados italianos, ocupa la ciudad de Fiume (Rijeka), que mantendrá ocupada hasta el 31 de diciembre de 1920.
1919-1920	
Bienio rosso en Italia: huelgas y revueltas en las regiones agrícolas de la Toscana y Emilia-Romagna, y en las fábricas de automóviles de Milán y Turín. Huelgas en Francia, promovidas por la Conféderation Générale du Travail (CGT).	
1919-1921	
	Guerra de independencia irlandesa.
1919-1923	
Atentados en Barcelona de bandas de pistoleros a sueldo de la patronal y con connivencia de la policía contra trabajadores y líderes sindicales.	
1920	
	13-17 de marzo: golpe de estado fallido contra la República de Weimar, liderado por Wolfgang Kapp y el general Walther von Lüttwitz.
1921	
8 de marzo: asesinato del jefe del Gobierno español, Eduardo Dato.	18 de marzo: firma del Tratado de Riga , fin de la guerra entre la Unión Soviética y Polonia (1919-1920) 26 de agosto: asesinato en Bad Griesbach de Matthias Erzeberger, que había firmado el Tratado de Versalles, por dos ex oficiales de la Marina. 22 de julio-9 de agosto: desastre de Annual, derrota militar española ante las cabilas rifeñas de Marruecos, dejando 15.000 soldados muertos. 9 de noviembre: fundación en Roma del Partido Nacional Fascista, presidido por Benito Mussolini y que reúne a los diversos Fasci di Combattimento.

6 de diciembre: firma en Londres del tratado fundacional del Estado Libre de Irlanda.

1922

6 de febrero: se reorganiza la Checa, que pasa a ser la Administración Política del Estado (OGPU, por sus siglas en ruso).
24 de junio: asesinato del ministro de Asuntos Exteriores alemán, Walther Rathenau por miembros de la ultraderechista Organización Cónsul.
22 de agosto: el ala intransigente del IRA asesina a Michael Collins.

28-29 de octubre: «Marcha sobre Roma», Mussolini es nombrado primer ministro italiano.
28 de diciembre: Tratado de Creación de la Unión Soviética en una conferencia de plenipotenciarios de las repúblicas socialistas de Rusia, Transcaucasia, Ucrania y Bielorrusia.

1923

12 de enero: creación de la Milizia Voluntaria per la Sicurezza Nazionale (MVSN), la organización paramilitar fascista italiana.
10 de marzo: asesinato del dirigente anarcosindicalista Salvador Seguí.

24 de julio: firma del Tratado de Lausana, que pone fin a la guerra en Anatolia entre Grecia y la República de Turquía.
13-15 de septiembre: golpe de estado del capitán general de Cataluña, general Miguel Primo de Rivera, con apoyo de la corona española.
8-9 de noviembre: Putsch en Múnich contra la República de Weimar, encabezado por Adolf Hitler, líder del NSDAP.

1923-1925

Ocupación franco-belga de la región alemana del Ruhr (11 de enero de 1923-25 de agosto de 1925) para forzar al Gobierno alemán a pagar las indemnizaciones de guerra.

1924

21 de enero: muerte de Lenin.
11 de junio: asesinato en Roma del dirigente socialista italiano Giaccomo Matteotti, secuestrado por milicias fascistas un día antes.

1925

3 de enero: Mussolini, mediante un discurso en el parlamento, proclama la dictadura fascista en Italia.
16 de abril: la VMRO búlgara comete en la catedral de Sofía un sangriento atentado (182 muertos).

1926	
31 de octubre: el joven Anteo Zamboni intenta asesinar en Bolonia a Mussolini. 6 de noviembre: aprobación del *Testo unico delle leggi di pubblica sicurezza*, que institucionaliza la violencia y el terror fascistas	
Mayo de 1926-abril de 1974	
	Dictadura en Portugal, primero con Oliveira Salazar (hasta 1968) y después con Marcelo Caetano.
1927	
Mayo-junio: creación de la Organizzazione di Vigilanza e Repressione dell'Antifascismo (OVRA), la policía política del régimen fascista italiano.	
1928-1932	
	Primer Plan Quinquenal de la URSS, que proyectaba la colectivización agraria y la rápida industrialización de la economía.
1929	
27 de diciembre: Stalin anuncia oficialmente la «liquidación de los kulaks como clase social», aprobada mediante una resolución del Politburó del Comité Central del PCUS tres días después.	3 de octubre: se crea el Reino de Yugoslavia (hasta abril de 1941).
1931	
	14 de abril: proclamación de la Segunda República Española.
1932	
29 de diciembre: miembros de la Guardia de Hierro asesinan al primer ministro rumano Ion Duca. Invierno de 1932-1933 Hambruna y enfermedades por malnutrición en Ucrania y Rusia (*Holodomor*): cerca de 5 millones de muertes.	
1933	
10-12 de enero: insurrección anarquista en Casas Viejas (Cádiz), ahogada en sangre por la Guardia Civil y la de Asalto.	30 de enero: designación de Adolf Hitler como canciller de Alemania.

29 de agosto: creación de la Polícia de Vigilância e de Defesa do Estado (PVDE) en Portugal.	
1934	
30 de junio a 1 de julio: «Noche de los Cuchillos Largos» en Alemania: arresto y asesinato de decenas de miembros de las SA y rivales políticos de Hitler. 25 de julio: asesinato de Engelbert Dollfuss, canciller de Austria 10 de septiembre: el Comisario del Pueblo para Asuntos Internos (NKVD, por sus siglas en inglés) sustituye a la OGPU. 5-18 de octubre: insurrección en Asturias, reprimida por las fuerzas armadas, con un saldo de 1.100 víctimas entre los revolucionarios y 300 en la Guardia Civil y el Ejército 9 de octubre: asesinato del rey yugoslavo Alejandro I en un atentado ordenado por la Ustasha croata. 1 de diciembre: asesinato del jefe del PCUS en Leningrado, Serguéi Kistrikov, conocido como Kírov.	
1934-1947	
Alrededor de 6,7 millones de personas entraron en los campos soviéticos del Gulag (siglas en ruso de la Dirección General de Campos de Trabajo Correccional y Colonias), puestos bajo supervisión y control de la NKVD; 980.000 personas murieron en los campos entre 1941 y 1944.	
1935	
15 de septiembre: promulgación en Alemania de las leyes raciales de Núremberg.	
Octubre de 1935-mayo de 1936	
	Invasión italiana y guerra de Etiopía.
1936	
	17-23 de julio: sublevación militar en España, que fracasa y da paso a una larga guerra civil (hasta 1 de abril de 1939). 5 de diciembre: promulgación de la Constitución de la Unión Soviética, que limita la proliferación de nacionalidades y establece el gobierno de la URSS.

1936-1937

Atentados en Francia organizados por miembros del Comité Secret d'Action Révolutionnaire o Cagoule contra el Gobierno de Léon Blum.	

1936-1938

Procesos de Moscú contra Girgori Zinóviev, Lev Kaménev (ejecutados el 25 de agosto de 1936) y Nikolai Bujarin (ejecutado el 13 de marzo de 1938), entre otros dirigentes bolcheviques caídos en desgracia. Gran Terror en la URSS: alrededor de 800.000 personas fueron arrestadas, deportadas o ejecutadas por su nacionalidad.	

1937

Noche del 11 al 12 de junio: ejecución del mariscal soviético Mijaíl Tujachevski y otros altos oficiales del Ejército Rojo.	29 de diciembre: el Estado Libre de Irlanda pasa a llamarse Éire.

1938

30 de noviembre: la policía rumana asesina a Corneliu Codreanu, líder de la Guardia de Hierro, y a 13 de sus seguidores.	30 de septiembre: acuerdos de Múnich, en relación con la crisis de los Sudetes, firmados por los jefes de gobierno de Alemania, Italia, Reino Unido y Francia.

1939

	23 de agosto: firma del Tratado de no Agresión entre Alemania y la Unión Soviética (Pacto Ribbentrop-Molotov).

Abril de 1939-noviembre de 1975

	Dictadura de Francisco Franco en España.

Septiembre de 1939-enero de 1940

Operación Tannenberg: liquidación de los líderes políticos y religiosos polacos por las tropas alemanas.	

Septiembre de 1939-comienzos de 1943

Se calcula que más de 30 millones de europeos fueron obligados a cambiar de país, deportados o dispersados.	

1939-1945	
	Segunda Guerra Mundial: 1 de septiembre-8 de mayo/2 de septiembre de 1945.
1940	
Abril-mayo: masacre del bosque de Katyn (cerca de Smolensk, Rusia), en la que 22.000 oficiales y miembros de la inteligencia polaca fueron ejecutados por pelotones de la NKVD soviética.	Abril-junio: *Blitzkrieg* o guerra relámpago de Alemania contra Europa Occidental. 17 de junio: la URSS invade y «recupera» Estonia, Letonia y Lituania. 23 de noviembre: Rumanía se une al Eje. 7 de septiembre: inicio del Blitz o los bombardeos sostenidos por Alemania contra el Reino Unido, y que se mantendrían hasta mayo de 1941; hasta 60.000 británicos murieron durante los bombardeos.
1941	
8 de agosto-16 de octubre: asedio rumano de Odessa; tras la rendición de la ciudad 39.000 judíos fueron asesinados.	6-18 de abril: invasión alemana de Yugoslavia. Abril-junio: invasión y ocupación alemanas de Grecia.
3 de septiembre: primer uso del gas Zyklon B con cientos de prisioneros soviéticos en el campo de exterminio de Auschwitz (Polonia). Octubre: Heinrich Himmler ordena crear dos «barracones burdeles» en los campos de concentración de Mauthausen y Gusen para uso de los prisioneros. 8 de diciembre: entra en funcionamiento el campo de exterminio de Chelmno (Polonia).	10 de abril: proclamación del Estado Independiente de Croacia, bajo la presidencia de Ante Pavelić. 22 de junio: Operación Barbarroja: Alemania y sus aliados invaden la URSS y rompen el Pacto Ribbentrop-Molotov. 7 de diciembre: ataque japonés sobre la base estadounidense de Pearl Harbor, que implica la entrada de Estados Unidos en el conflicto global.
Junio de 1941-abril de 1942	
Masacres y asesinatos en masa de la población judía en Ucrania, Letonia y Lituania: informes de los Einsatzgruppen.	
1941-1945	
Entre 60.000 y 300.000 niños soviéticos sirvieron en el Ejército Rojo como *frontoviki* (soldados del frente). Más de un millón de niños fueron abandonados en las grandes ciudades soviéticas. Medio millón de europeos no alemanes combatieron a los rusos en las divisiones de extranjeros de las Waffen-SS; 47.000 españoles lo hicieron en la División Azul.	

Septiembre de 1941-febrero de 1944

Sitio alemán de Leningrado: 1,2 millones de personas mueren como consecuencia de los ataques de artillería y aéreos.

Diciembre de 1941-noviembre de 1943

Asesinato en masa en los campos de exterminio de Chelmno, Belzec, Sobibor, Treblinka, Madjanek y Auschwitz-Birkenau de alrededor de 1,6 millones de personas (Operación Reinhard). Más de cien mil gitanos europeos también fueron asesinados.

1942

20 de enero: Conferencia de Wannsee, presidida por Reinhard Heydrich, en la que se trazan las líneas maestras de la logística de la «solución final de la cuestión judía»

27 de mayo: miembros de la resistencia checa atentan contra el protector de Bohemia y Moravia, Reinhard Heydrich, que muere de sus heridas el 4 de junio.

1943

25 de julio: el Gran Consejo Fascista destituye a Benito Mussolini como jefe del Gobierno italiano.
29 de noviembre: se crea la República Democrática Federal de Yugoslavia.

Comienzos de 1943-finales de 1948

20 millones de europeos son obligados a cambiar de país.
Dos años después de la guerra 12,5 millones de refugiados y expulsados de los países del Este llegan a Alemania.

Septiembre de 1943-abril de 1945

Formación de la República Social Italiana (República de Saló), con Mussolini al frente y bajo protección de la Alemania nazi.

Agosto de 1942-febrero de 1943

Asedio y batalla de Stalingrado (Rusia), con 1,4 millones de bajas soviéticas (al menos 300.000 civiles) y 820.000 bajas alemanas.

1943-1946

Alrededor de 20.000 mujeres francesas fueron rapadas, acusadas de haber colaborado con las fuerzas alemanas de ocupación.

1944

11 de enero: juicios de Verona, en los que Galeazzo Ciano y otros antiguos colaboradores de Mussolini son condenados a muerte por el régimen de Saló.
Mayo-julio: deportación a Auschwitz de cerca de medio millón de judíos húngaros.

19-23 de marzo: Operación Margarita: ocupación alemana de Hungría.
6 de junio: desembarco aliado en Normandía.
23 de agosto: el rey Miguel I destituye y arresta a Ion Antonescu, jefe del Gobierno rumano.

20 de julio: atentado fallido contra Hitler en la Guarida del Lobo (Polonia).
30 de agosto: el Ejército Rojo ocupa Bucarest.
Noviembre: Raphael Lemkin define el «genocidio» en su libro *Axis Rule in Occupied Europe*.

15 de octubre: el regente Miklós Horthy anuncia que ha solicitado un armisticio con los aliados. Hitler responde con la Operación Panzerfaust, que detiene a Horthy y favorece la toma del poder de Ferenç Szálasi, líder de la Cruz Flechada, que gobierna hasta el 28 de marzo de 1944.

1945

Febrero-abril: juicios populares en Bulgaria, con un saldo de 11.000 personas procesadas y 230 condenadas a muerte, entre ellos los tres regentes que ejercían la autoridad en la minoría de edad del rey Simeón II: el príncipe Kyril, el primer ministro Bogdan Filov y el general Nikola Mikhov
13-14 de febrero: bombardeo aliado sobre Dresde (Alemania), con un mínimo de 35.000 muertes.
28 de abril: ejecución de Benito Mussolini y algunos de sus colaboradores por los partisanos italianos.
Primavera de 1945: entre 100.000 y 2 millones de mujeres pudieron ser violadas en Alemania desde el inicio de la ofensiva final.
15 de agosto: condena a muerte, conmutada por prisión perpetua, de Philippe Pétain, máximo colaborador francés con la Alemania nazi.
15 de octubre: ejecución de Pierre Laval, jefe del Gobierno de Vichy.

27 de enero: liberación del campo de concentración de Auschwitz-Birkenau.
4-11 de febrero: Conferencia aliada de Yalta y anuncio de la Declaración de la Europa Liberada.
Abril: asalto soviético sobre Berlín.
13 de febrero: rendición de Budapest a las tropas soviéticas, que la mantuvieron bajo asedio desde el 29 de octubre anterior.
24 de octubre: fundación en San Francisco de la Organización de las Naciones Unidas (ONU).
29 de noviembre: se crea la República Federal Popular de Yugoslavia; al mes siguiente, Josip Broz «Tito» instaura una dictadura del partido comunista.

Febrero de 1945-abril de 1950

Procesos judiciales en Hungría: 60.000 personas pasan por estos tribunales. Se condena a 27.000 personas, con 10.000 penas de cárcel y 477 condenas a muerte.

Noviembre de 1945-octubre de 1946

Juicios de Núremberg en Alemania: procesos judiciales de los Aliados contra 24 jerarcas del régimen nazi y altos mandos militares capturados al final de la guerra.

1946

11 de enero: proclamación de la República Popular de Albania, con Enver Hoxha al frente.
12 de marzo: ejecución en Budapest de Ferenç Szálasi.
1 de junio: ejecución de Ion Antonescu y tres de sus colaboradores en la prisión de Jilava, cerca de Bucarest.
17 de julio: ejecución en Belgrado del general Draza Mihajlovic fundador del movimiento guerrillero chetnik en Serbia.

Marzo: elecciones en Grecia, las primeras desde 1936.
5 de marzo: discurso del Telón de Acero de Winston Churchill en la Universidad de Fulton, Misuri.
2 de junio: referéndum sobre la monarquía en Italia: 54,3% de votos a favor; fundación de la República de Italia.

Marzo de 1946-octubre de 1949

Guerra civil en Grecia, con un balance de alrededor de 150.000 muertos, 140.000 exiliados y un millón desplazados.

1947

16 de abril: ejecución de Rudolf Höss, comandante de Auschwitz-Birkenau, en el propio campo; última ejecución pública en Polonia.
2 de julio: se funda el Museo estatal de Auschwitz-Birkenau.

5 de junio: el secretario de Estado estadounidense George Marshall enuncia en la Universidad de Harvard las líneas principales del llamado «Plan Marshall» o Programa de Recuperación Europea, vigente hasta 1956.

1948

La Convención para la Prevención y Sanción del Delito de Genocidio, organizada por la Organización de las Naciones Unidas, precisa el significado del genocidio.
21-25 de febrero: golpe de estado comunista en Checoslovaquia.
Abril: se pone fin al estado de guerra en España, vigente desde el final de la guerra civil en abril de 1939.

28 de junio: la Kominform, organización sucesora de la III Internacional, expulsa de su seno a la Yugoslavia de Tito.

1949

1 de abril: establecimiento de la República de Irlanda.
23 de mayo: fundación de la República Federal Alemana (RFA).
7 de octubre: fundación de la República Democrática Alemana (RDA).

1952

Noviembre: proceso de Praga contra Rudolf Slánský y otros trece ex dirigentes comunistas checos; Slánský fue ejecutado el 13 de diciembre.

1953

5 de marzo: muerte de Stalin en Moscú.
17 de junio: protestas y huelgas en la RDA; el ejército reprime las manifestaciones y se producen 25 muertos y 600 ejecuciones posteriores.
23 de diciembre: ejecución de Lavrenti Beria, jefe de la NKVD.

27 de agosto: firma del Concordato entre el Vaticano y España.
26 de septiembre: firma de los Acuerdos entre Estados Unidos y España.

1954

Noviembre: primeros atentados en Argelia.

1954-1962

Guerra de independencia de Argelia: alrededor de 300.000 muertos, la mayoría civiles y 2 millones de desplazados: tras el final de la guerra el FLN asesinó a 10.000 *pieds-noirs* y a 150.000 *harkis*.

1955

14 de diciembre: España ingresa en la ONU.

1956

14-26 de febrero: XX Congreso del PCUS en Moscú, durante el cual Nikita Jrushchov pronuncia su «Discurso secreto» que denuncia los crímenes de Stalin.
Junio: marchas y protestas en Poznán (Polonia); al menos 57 muertos por disparos de la policía.
30 de septiembre: explosión de dos bombas en Argel, dentro de la campaña de terrorismo urbano iniciada por el FLN.

23 de octubre-10 de noviembre: revolución contra el gobierno de la República Popular de Hungría. La URSS decide intervenir el 31 de octubre e invade el país y depone al presidente Imre Nagy el 4 de noviembre. Balance: 4.000 húngaros y 700 soldados soviéticos muertos en combate, 200.000 exiliados, 300 personas ejecutadas y 22.000 internados en campos de trabajo.

1957

9 de febrero: muerte en Estoril de Miklós Horthy, exiliado en Portugal desde 1948.

1958

16 de junio: ejecución de Imre Nagy tras un juicio secreto.

1959

Julio: fundación de la organización terrorista ETA (*Euskadi Ta Askatasuna*, «País Vasco y Libertad»).
28 de diciembre: muerte en Madrid de Ante Pavelić, huido a Argentina desde 1948 y refugiado en España desde 1958.

1961

Creación de la Organization Armée Secréte u OAS, organización terrorista de extrema derecha.
13 de agosto: la RDA inicia la construcción del muro de Berlín.

1962-1963

31 de mayo: ejecución de Adolf Eichmann en la prisión israelí de Ramala

7 de abril: se constituye la República Federativa Socialista de Yugoslavia.

1964

14 de octubre: Leonid Breznev sustituye a Nikita Jruschov como secretario general del PCUS.

1967

21 de abril: golpe de estado en Grecia, que abre el período de la «Dictadura de los Coroneles» hasta el 24 de julio de 1974.
13 de diciembre: contragolpe del rey Constantino II de Grecia contra la junta militar, que fracasa.

1968

Enero-agosto: «Primavera de Praga», período de liberalización política y protestas populares en Checoslovaquia. El 21 de agosto se produce la intervención militar del Pacto de Varsovia en Checoslovaquia: 200.000 soldados y 5.000 tanques. Balance: 72 muertos y 700 heridos.
7 de junio: asesinato del agente de la Guardia Civil José Pardines, primer asesinato cometido por ETA.
2 de agosto: asesinato del inspector de policía Melitón Manzanas por ETA.

22 de marzo-20 de junio: disturbios estudiantiles y oleada de huelgas en Francia («Mayo francés»).
26 de septiembre: se anuncia la «Doctrina Breznev», por la que los estados miembros del Pacto de Varsovia asumen la obligación de intervenir en cualquier país donde el comunismo esté amenazado.

1969

Marzo: primeros atentados con bomba de la Ulster Volunteer Force (UVF) contra barrios protestantes de Belfast (Irlanda del Norte).

1970

14 de mayo: primera acción terrorista de la Banda Baader-Meinhof/«Fracción del Ejército Rojo» (RAF).
Diciembre: proceso de Burgos contra 16 detenidos por su vinculación con ETA.

1972

30 de enero: «Domingo Sangriento» en Londonderry: durante una manifestación de la minoría católica se producen 14 muertos.
21 de julio: el IRA hace explotar 22 bombas en Belfast.
3-5 de septiembre: masacre de Múnich, durante los Juegos Olímpicos, cuando la organización terrorista Septiembre Negro secuestra y asesina a los miembros de la delegación israelí.

1973

20 de diciembre: ETA asesina al presidente del Gobierno, el almirante Luis Carrero Blanco.

1 de junio: proclamación de la República Helénica [Grecia].

1974

18 de abril: las Brigadas Rojas italianas secuestran en Roma al juez Mario Sossi.
25 de abril: revolución de los Claveles, caída de la dictadura en Portugal.

21 de febrero: entra en vigor una nueva Constitución de Yugoslavia, que garantiza instituciones propias para cada república federada.

		20 de julio: Turquía invade Chipre, hecho que provoca la caída de la dictadura militar en Grecia.
1975		20 de noviembre: muerte de Francisco Franco; dos días después Juan Carlos I asume la corona y se restaura la monarquía en España.
1976	9 de mayo: aparece ahorcada Ulrike Meinhof en su celda de la prisión de Stammheim (Stuttgart).	
1977	7 de abril: asesinato del fiscal general de la RFA, Siegfried Buback, por la RAF. 30 de junio: asesinato del ejecutivo de Deutsche Bank, Jürgen Ponto, por la RAF. 13-18 de octubre: secuestro del vuelo 181 de Lufthansa por miembros del Frente Popular para la Liberación de Palestina y bajo la dirección de la RAF. 18 de octubre: suicidio colectivo en prisión de Andreas Baader, Gudrun Ensslin, Jan-Carl Raspe e Irmgard Möller, integrantes de la RAF.	15 de junio: primeras elecciones generales en España desde 1936.
1978	16 de marzo: las Brigadas Rojas secuestran al ex primer ministro italiano Aldo Moro; se halla su cuerpo el 9 de mayo.	8 de noviembre: aprobación de la Constitución española.
1979-1980	Período más sangriento de ETA: 167 asesinatos.	
1980	2 de agosto: atentado con bomba en la estación de ferrocarril de Bolonia, obra de la organización terrorista neofascista Nuclei Armati Rivoluzionari; 85 muertos.	4 de mayo: muerte de Josip Broz Tito.
1981	23 de febrero: golpe de estado fracasado por parte de algunos mandos del ejército español.	

Marzo-abril: protestas de estudiantes y algaradas violentas en Kosovo, reclamando más autonomía en el seno de la república yugoslava. 13 de diciembre: ante la popularidad del sindicato Solidarność (Solidaridad) y su líder Lech Walesa, se produce en Polonia el golpe del general Wojciech Jaruzelski, que impone la ley marcial.	
1985	
	11 de marzo: elección de Mijaíl Gorbachov como secretario general del PCUS.
1986	
28 de febrero: asesinato en Estocolmo del primer ministro sueco Olof Palme.	26 de abril: accidente en la central nuclear de Chernóbil (URSS).
1987	
27 de abril: Slobodan Milošević pronuncia un discurso en Pristina, donde enuncia la idea de Kosovo como cuna de la patria serbia.	
1989	
Mayo: rehabilitación política en Hungría de los condenados por la revolución de 1956. 24 de agosto: se forma en Polonia un gobierno no comunista, presidido por Tadeusz Mazowiecki.	
16-20 de octubre: el parlamento húngaro permite el multipartidismo. 25 de octubre: se enuncia la «doctrina Sinatra», por la que el Gobierno de Gorbachov rompe con la Doctrina Breznev y se rechaza el uso de la fuerza militar para intervenir en los países del bloque comunista. 9 de noviembre: caída del muro de Berlín. 10 de noviembre: «dimisión» de Todor Zhikov, secretario del Partido Comunista de Bulgaria; deja el gobierno el día 17. 19 de noviembre: fundación del Foro Cívico de Václav Havel y de Público contra la Violencia en Checoslovaquia. 27 de noviembre: huelga general y caída del gobierno de Checoslovaquia. 3 de diciembre. En la RDA Egon Krenz dimite como último secretario general del SED.	

16-25 de diciembre: revolución en Rumanía, iniciada tras una manifestación en Timisoara, reprimida el día 17 por la Securitate (60 muertos y 700 detenidos); caída del líder Nicolae Ceausescu el día 22, juzgado y ejecutado junto a su esposa Elena el día de Navidad. Balance: 1.104 muertos (un tercio de la Securitate) y 3.352 heridos.
29 de diciembre: Václav Havel es elegido presidente de Checoslovaquia.

1990

18 de marzo: primeras elecciones libres en la RDA.
Abril-mayo: primeras elecciones libres en Croacia; Franjo Tudjman es elegido presidente de Croacia.
10 de junio: primeras elecciones libres en Bulgaria.

15 de marzo: Gorbachov es elegido presidente de la URSS.
3 de octubre: se promulga la Ley Fundamental de Alemania, culminación del proceso de reunificación de Alemania iniciado a finales del año anterior.

1991

19-21 de agosto: golpe de estado fallido en la URSS.
27 de junio-6 de julio: guerra de independencia de Eslovenia; 44 muertos.
8 de diciembre: los presidentes de las repúblicas soviéticas de Rusia, Ucrania y Bielorrusia acuerdan la disolución de la URSS.

25 de junio: declaración unilateral de independencia de Eslovenia.
25 de diciembre: Gorbachov renuncia a la presidencia de la URSS, que se disuelve al día siguiente.

Marzo de 1991-agosto de 1995

Guerra de independencia de Croacia: alrededor de 20.000 muertos y 300.000 desplazados.

1992

29 de febrero-1 de marzo: referéndum sobre la independencia de Bosnia-Herzegovina.
Marzo: el Budestag alemán crea la Comisión de Investigación para el Tratamiento del Pasado y las Consecuencias de la Dictadura del SED en Alemania.
Abril: ocupación serbia de la ciudad de Foca, en Bosnia, violaciones sistemáticas de mujeres y limpieza étnica.
27 de abril: se crea la República Federal de Yugoslavia, formada por las repúblicas de Serbia y Montenegro.

Abril de 1992-diciembre de 1995

Guerra de Bosnia: alrededor de 100.000 muertos y 1,3 millones de desplazados.

1993

1 de enero: se separan pacíficamente la República Checa y Eslovaquia.
Enero: creación del Memorial de las Víctimas del Comunismo y la Resistencia Anticomunista en la prisión de Sighetu (Rumanía).
Junio: creación del Parque de la Memoria en Budapest.
29 de noviembre: muerte en Madrid de Horia Sima, sucesor de Corneliu Codreanu en el liderazgo de la Guardia de Hierro rumana.

1995

9 de mayo: se inaugura el Museo Central de la Guerra Patriótica en Moscú.
11-22 de julio: matanza de Srebrenica (Bosnia), asesinato de casi toda la población musulmana de esta localidad (8.372 personas).
14 de diciembre: firma de los Acuerdos de Dayton (Ohio), que ponen fin a las guerra de Bosnia.

1997

Noviembre: publicación en Francia de *El Libro negro del comunismo: crímenes, terror y represión*.

1998

10 de abril: Acuerdos del Viernes Santo por parte de los gobiernos británico e irlandés, y con apoyo de la mayoría de partidos políticos norirlandeses y que cierra un período con 3.636 asesinatos.

1999

24 de marzo-10 de junio: campaña de bombardeos de la OTAN sobre Yugoslavia durante la guerra de Kosovo (febrero de 1998-junio de 1999). Balance de la guerra: alrededor de 13.500 muertos.

2007

31 de octubre: el Congreso de los Diputados español aprueba la Ley de Memoria Histórica.

2008

17 de febrero: Kosovo declara unilateralmente su independencia de Serbia.

2011

20 de octubre: ETA anuncia el «cese definitivo» de su «actividad armada»; desde 1968 causó 854 asesinatos.

2019

24 de octubre: exhumación de los restos de Francisco Franco del Valle de los Caídos.

Bibliografía

25 fuentes básicas sobre violencia en el siglo XX europeo*

ALTINAY, Ause Güll, y Andrea PETÖ (eds.), *Gendered Wars, Gendered Memories. Feminist Conversations on War, Genocide and Political Violence*, Routledge, Londres, 2016.

BEREND, Ivan T., *Decades of Crisis. Central and Eastern Europe before World War II*, University of California Press, Berkeley, 1998.

BERGHAHN, Volker R., *Europe in the Era of Two World Wars. From Militarism and Genocide to Civil Society, 1900-1950*, Princeton University Press, 2006.

BESSEL, Richard, *Violence. A Modern Obsession,* Simon & Schuster, Londres, 2015.

BLOXHAM, Donald, *The Great Game of Genocide. Imperialism, Nationalism and the Destruction of the Ottoman Armenians*, Oxford University Press, Oxford, 2005.

BLOXHAM, Donald, y Robert GERWARTH (eds.), *Political Violence in Twentieth-Century Europe*, Cambridge University Press, Cambridge, 2001.

BÖHLER, Jochen, Vlodzimierz BORODZIEJ, y Joachim VON PUTTKAMER, *Legacies of Violence. Easter Europe's First World War,* Oldenbourg Verlag, Múnich, 2014.

CARMICHAEL, Cathie, *Genocide Before the Holocaust*, Yale University Press, New Haven y Londres, 2009.

* Como puede verse en las numerosas notas, para la elaboración de este libro he utilizado cientos de referencias, la mayoría de ellas procedentes de libros colectivos o revistas científicas, pero no hay una sola obra que cubra todas las manifestaciones de violencia en el siglo XX. En la selección de obras que hago aquí, no obstante, están algunos de los autores más citados en el texto. Las que están traducidas, aparecen en esta lista en su edición en castellano, aunque yo haya utilizado siempre el original.

CHICKERING, Roger, Stig FÖRSTER, y Bernd GREINER (eds.), *A World of Total War. Global Conflict and the Politics of Destruction, 1937-1945,* German Historical Institute y Cambridge University Press, Washington, 2005.

DEÁK, Itsván, *Europe on Trial. The Story of Collaboration, Resistance, and Retribution During Worl War II,* Westview Press, Filadelfia, PA, 2015.

GAGNON, V. P. Jr., *The Myth of Ethnic War. Serbia and Croatia in the 1990s,* Cornell University Press, Ithaca y Londres, 2004.

GERWARTH, Robert, *Los vencidos. Por qué la Primera Guerra Mundial no concluyó del todo, 1917-1923,* Galaxia Gutenberg, Madrid, 2017.

GERWARTH, Robert, y John HORNE (eds.), *War in Peace: Paramilitary Violence in Europe after the Great War*, Oxford University Press, Oxford, 2012.

HAYNES, Rebecca, y Martyn RADY (eds.), *In the Shadow of Hitler. Personalities of the Right in Central and Easter Europe,* I. B., Tauris, Londres, 2011.

HERZOG, Dagmar (ed.), *Brutality and Desire. War and Sexuality in Europe's Twentieth Century,* Palgrave Macmillan, Nueva York, 2009.

JUDT, Tony, *Posguerra. Una historia de Europa desde 1945,* Taurus, Madrid, 2012.

KERSHAW, Ian, *Descenso a los infiernos. Europa 1914-1949*, Crítica, Barcelona, 2016.

MANN, Michael, *El lado oscuro de la democracia. Un estudio sobre la limpieza étnica,* Publicacions de la Universitat de València, Valencia, 2009.

MARTEL, Gordon (ed.), *Twentieth-Century War and Conflict. A Concise Encyclopedia,* Wiley Blackwell, Malden, MA, 2015.

MILLINGTON, Chris, y Kevin PASSMORE (eds.), *Political Violence and Democracy in Western Europe, 1918-1940,* Palgrave Macmillan, Nueva York, 2015.

MOSSE, George L., *Soldados caídos. La transformación de la memoria de las guerras mundiales,* Prensas de la Universidad de Zaragoza, Zaragoza, 2016.

NAIMARK, Norman M., *Fires of hatred: ethnic cleansing in twentieth-century Europe,* Harvard University Press, Cambridge, MA, 2001.

PETERSEN, Roger D., *Understanding Ethnic Violence. Fear, Hatred, and Resentment in Twentieth-Century Eastern Europe*, Cambridge University Press, Cambridge, 2002.

RAMET, Sabrina P., *The Three Yugoslavias. State-Building and Legitimation, 1918-2005*, Indiana University Press, Bloomington, IN, 2006.

WEITZ, Eric D., *A Century of Genocide. Utopias of Race and Nation*, Princeton University Press, Princeton, 2003.

Índice onomástico

Los autores citados por sus obras o argumentos aparecen en cursiva.

Índice analítico

Índice

Otros títulos del autor en Booket: